LE VOTE DES EUROPÉENS

CORINNE DELOY

LE VOTE DES EUROPÉENS

Vingt-trois ans d'élections nationales en Europe

Préface de
Dominique Reynié

LES ÉDITIONS DU CERF

Ouvrage publié avec le soutien de la Fondation pour l'innovation politique.

Nos vifs remerciements à Clément De Caro qui a effectué un contrôle de l'ensemble des données.

Les résultats des 210 scrutins analysés dans cet ouvrage proviennent de différentes sources, notamment des commissions électorales de chacun des pays ou de sites internet dédiés aux élections, le plus souvent dépendant du ministère de l'Intérieur ou de celui de la Justice, qui existent dans certains États.

www.editionsducerf.fr
24, rue des Tanneries
75013 Paris

ISBN : 978-2-204-15790-2

PRÉFACE

Que nous disent les élections nationales dans l'Union européenne ?

Ce livre est étonnant par l'ampleur de son objet. Il rassemble les résultats des élections nationales dans les États de l'Union européenne depuis l'année 2001. Nous devons ce travail précieux à Corinne Deloy, chargée d'études au CERI, le Centre de recherches internationales, un laboratoire de Sciences Po et du CNRS[1]. La chronique des élections nationales en Europe propose une présentation des résultats de chacun des scrutins, accompagnée d'une description des forces en présence ainsi que des thèmes qui ont dominé la campagne. Il faut d'emblée préciser que les élections locales, régionales et européennes ne sont pas étudiées ici[2]. Les informations rassemblées concernent les scrutins nationaux organisés au suffrage universel, soit

---

1. Pour retracer en quelques lignes l'origine de ces chroniques électorales, on peut rappeler qu'elles furent initialement rédigées à mon initiative et sous ma direction pour le compte de la Fondation Robert Schuman, où Jean-Dominique Giuliani et Pascale Joannin les accueillent toujours fidèlement, ce dont il faut les remercier vivement. Parallèlement, chaque année, une présentation et une analyse de ces élections est publiée dans l'ouvrage intitulé *L'Opinion européenne*, né en 2000, à partir de l'édition de 2002, et dans le cadre de la Fondation pour l'innovation politique à partir de 2009. Comme son titre l'indique, *L'Opinion européenne* veut contribuer au décryptage et à la compréhension des mouvements politiques et des courants d'opinion en Europe, en associant des études de fond à l'analyse d'enquêtes quantitatives et des résultats électoraux ; 22 volumes sont parus, la crise de la Covid-19 nous ayant conduits à rassembler les années 2020, 2021 et 2022 en un seul volume (*L'Opinion européenne 2020-2022*, Paris, Éditions Marie B, 231 pages).
2. Cf. Corinne Deloy et Dominique Reynié, *Les élections européennes de 2004*, Paris, Presses universitaires de France, 2005, 236 pages ; Corinne Deloy, Pascal Perrineau et Dominique Reynié, *Élections européennes 2009: analyse des résultats en Europe et en France*, Paris, Fondation pour l'innovation politique, septembre 2009, 49 pages (en libre accès sur fondapol.org) ; Guillemette Lano, Raphaël Grelon, Victor Delage et Dominique Reynié, *Élections européennes 2019. Le poids des électorats politiques comparé au poids électoral des groupes parlemtentaires*, Paris, Fondation pour l'innovation politique, juillet 2019, 20 pages (en libre accès sur fondapol.org).

deux grandes catégories : la première, la plus importante en nombre de consultations, réunit les élections parlementaires qui sont le fondement de la vie politique et démocratique des États de l'Union. On verra qu'il s'agit principalement de l'élection des députés. L'objectif de suivre l'évolution des opinions politiques a conduit Corinne Deloy à ne pas prendre en compte les résultats des élections sénatoriales, à l'exception de celles qui se déroulent au suffrage universel et le même jour que l'élection des députés. En pratique, seules l'Espagne, la Roumanie, l'Italie et la Pologne désignent leurs sénateurs à la fois au suffrage universel et le même jour que leurs députés. On trouvera donc ci-après les résultats des élections sénatoriales pour ces quatre pays seulement[3]. La seconde catégorie de scrutins sont les élections présidentielles lorsqu'elles se déroulent au suffrage universel, ce qui est le cas dans 14 États : Autriche, Bulgarie, Chypre, Croatie, Finlande, France, Irlande, Lituanie, Pologne, Portugal, République tchèque (depuis 2013), Roumanie, Slovaquie et Slovénie.

Il faut également rappeler que, suivant les élargissements successifs de l'Union européenne, le nombre des États concernés par l'observation des élections nationales est passé de 15, en 2001, à 25 en 2004, puis à 27 à partir de 2007 et à 28, après le dernier élargissement à ce jour, en 2013 avec l'adhésion de la Croatie. Enfin, le nombre des pays concernés est revenu à 27 depuis le 31 janvier 2020, après la mise en œuvre du Brexit décidé par les Britanniques, lors du référendum du 23 juin 2016. Au total, et pour le moment, le travail, toujours en cours, de Corinne Deloy couvre 210 élections nationales organisées au cours du premier quart du XXIe siècle.

Il est devenu nécessaire et prudent d'accorder une attention systématique, aussi documentée que possible, aux 27 vies politiques nationales, aux décisions électorales et aux majorités auxquelles elles donnent le jour à intervalles réguliers, au rythme des consultations. L'écho favorable que ces chroniques électorales ont reçu aussitôt et l'intérêt qu'elles suscitent depuis leur création nous confortent dans l'idée de les promouvoir.

3. Notons qu'en Belgique, depuis 2014, les sénateurs ne sont plus élus au suffrage universel mais au suffrage indirect, comme en France. Enfin, si les Tchèques choisissent leurs sénateurs au suffrage universel, le Sénat étant renouvelé par tiers tous les deux ans et la date du scrutin ne coïncidant pas avec l'élection des députés, les élections sénatoriales tchèques n'ont pas été retenues dans les résultats électoraux présentés et analysés dans ce volume.

La chronique électorale témoigne de l'européisation des démocraties nationales

Dans l'édition de 1873-1874 de son *Dictionnaire de la langue française*, Émile Littré distingue « chronique » et « histoire » en ces termes : les « chroniques », nous dit-il, sont des annales « selon l'ordre des temps » ; elles ne doivent pas être confondues avec l'histoire « où les faits sont étudiés dans leurs causes et leurs suites ». Année après année, pays par pays, élection après élection, le travail réalisé par Corinne Deloy nous montre que si l'on ne peut confondre la chronique et l'histoire, la première sert assurément la compréhension de la seconde.

Sur l'ensemble de la période, trois grandes tendances apparaissent au fil de la lecture : la première illustre un phénomène d'européisation des vies politiques nationales. Pour être nationales, les élections qui ont lieu dans l'espace de l'Union européenne non seulement affectent la perception qu'ont les Européens de leur évolution politique, mais sont aussi de plus en plus souvent attendues, regardées, discutées et comprises comme des événements communs, significatifs de la réalité politique européenne, de même que dans chacun des États membres une élection législative partielle ou des élections locales nous renseignent sur la situation du pays. Désormais, les responsables politiques, les élus, les cadres de la fonction publique locale, nationale et européenne, les journalistes, les chercheurs, les responsables d'entreprises, de syndicats et d'associations ainsi qu'une part sans doute croissante des citoyens éprouvent le besoin de connaître les transformations de la réalité électorale européenne.

Loin de donner à voir une fragmentation ou une désarticulation des paysages politiques nationaux, pris sur la durée, les résultats font apparaître bien différemment la convergence d'un certain nombre d'événements importants : le déclin des partis de gouvernement, de gauche et de droite, la montée en puissance des formations protestataires également qualifiées de populistes, la droitisation du paysage politique et une tendance à l'abstention. À leur manière, à côté des élections européennes proprement dites, les élections nationales se répondent entre elles, obéissant à des évolutions de même type. Une part de cette convergence résulte nécessairement de la similarité des systèmes institutionnels ; or, avant d'être européens ces systèmes sont démocratiques. On peut donc s'attendre à retrouver un certain nombre de traits communs avec des États démocratiques mais non européens. C'est un fait. D'un autre côté, une réalité proprement européenne se manifeste. Elle est inévitablement l'une des conséquences de l'appartenance à l'Union. Le fait d'avoir en partage un très grand nombre de règles, de mécanismes et d'institutions explique au moins en partie la convergence des résultats.

De même, par les mécanismes qui lui sont propres, par ses institutions singulières, une citoyenneté européenne en sus de la citoyenneté nationale, des politiques publiques, dans la plupart des domaines, découlant de la nature transnationale de son organisation, et particulièrement s'agissant de la monnaie pour 20 des 27 États membres, l'Union européenne en tant que telle œuvre puissamment à l'européisation des agendas politiques et des partis en compétition. Ces mouvements prennent place dans un contexte d'opinion qui est aussi caractérisé par une large adhésion à l'idée européenne. Pour autant, il apparaît que cette adhésion est d'autant plus solide qu'elle s'appuie sur des réalisations que l'opinion juge pertinentes parce qu'elles remplissent deux critères qui sont de satisfaire l'intérêt des Européens et d'affirmer la puissance européenne, pour ainsi dire à la fois dans le monde et face au monde. Du point de vue de l'opinion et de l'élection, l'euro est à ce jour le meilleur exemple d'une politique européenne jugée pertinente tandis que l'absence de défense des frontières communes illustre, pour les uns, le défaut qu'il faut au plus vite corriger, et pour d'autres l'échec fatal de l'idée européenne.

Un processus de démocratisation

La deuxième tendance observable est l'accélération des processus de démocratisation, c'est-à-dire des mouvements par lesquels le développement économique entraîne un développement politique visible dans le passage de régimes autoritaires aux régimes démocratiques. À la fin des années 1980, lorsque Samuel Huntington identifiait une succession de « vagues de la démocratisation [4] », il situait le début de la première vague dans la première moitié du XIXe siècle et la voyait se déployer jusqu'aux années 1920. Cette vague concernait principalement les États-Unis et l'Europe. La deuxième vague de démocratisation a fait suite à la Deuxième Guerre mondiale. Elle combinait une restauration de la démocratie là où elle s'était effondrée, entre les années 1920 et les années 1940, notamment en Italie, en Allemagne et en France, avec un processus d'extension, notamment en Asie orientale (Japon, Corée du Sud et Taïwan), en Amérique latine, au Liban. La troisième vague partait du milieu des années 1970, et une suite particulièrement riche d'événements a montré que l'on pouvait l'étendre jusqu'au milieu des années 1990. Elle a touché l'Amérique latine, en particulier avec le Chili et l'Argentine, l'Europe du Sud, avec la chute des dictatures militaires, en Grèce, en Espagne et au Portugal. La troisième vague s'est affirmée avec l'effondrement de l'Europe communiste.

---

4. Cf. Samuel HUNTINGTON, *The Third Wave: Democratization in the Late Twentieth Century*, Norman, University of Oklahoma Press, 1991.

En dehors de Chypre et de Malte, la vague de démocratisation des systèmes politiques concerne davantage l'Europe centrale et orientale, puisqu'elle fait suite à l'intégration des pays de l'ancien bloc soviétique, en 2004, avec la République tchèque, l'Estonie, la Hongrie, la Lettonie, la Lituanie, la Pologne, la Slovaquie et la Slovénie, puis, en 2007, avec la Bulgarie et la Roumanie, et enfin en 2013, avec la Croatie, qui est à ce jour le dernier pays à avoir intégré l'Union. L'européisation de ces pays implique leur démocratisation. En effet, rejoignant l'Union européenne, ils ont été conduits à en adopter les principes, les institutions et les règles de fonctionnement. En Europe, européisation et démocratisation s'accomplissement simultanément. L'un vaut pour l'autre. C'est donc une forme de transition démocratique ; elle se distingue de la forme observée plus généralement dans le monde et que l'école développementaliste analyse comme une conséquence des transformations sociales faisant suite au développement économique d'un pays, la croissance économique et la modernisation d'une société favorisant la montée en puissance des classes moyennes, lesquelles portent l'aspiration des populations à vivre selon des valeurs d'émancipation. Si ce processus lié au développement est vérifié en ce qui concerne les États européens, leur démocratisation est tout autant, voire davantage, la conséquence à la fois d'un événement historique soudain – l'effondrement du communisme – et de leur adhésion devenue possible à l'Union européenne, ainsi qu'à l'OTAN. La chronique de Corinne Deloy nous aide à voir que l'adhésion des nouveaux États issus d'un système dictatorial – le communisme stalinien – étendu aux dimensions d'un empire – l'URSS –, accomplit simultanément le passage d'un régime autoritaire à un régime démocratique et une européisation de leur vie politique nationale. C'est ce que permet de vérifier la prise en compte des élections libres et non faussées organisées en Europe centrale et orientale. Leurs résultats expriment un puissant attachement des populations nationales à l'Union européenne.

Le risque d'une transition autoritaire

Enfin, la troisième tendance que l'on retrouve ici nous ramène aux interrogations sur la situation de la démocratie. En effet, si elle devait se confirmer, cette dernière tendance signifierait la perte de vitalité, voire l'épuisement des deux premières tendances que sont l'européisation et la démocratisation, ouvrant sur un possible retournement, qui verrait la combinaison d'un affaiblissement des forces électorales pro-européennes, menaçant le fonctionnement de l'Union d'un dérèglement, et l'affirmation de courants protestataires et autoritaires au sein du Parlement européen comme au plan national, dans un ou plusieurs des États membres.

Les résultats électoraux nationaux recueillis et présentés ici montrent que l'Europe dans son ensemble réagit à une condition historique éprouvée par les Européens : le vieillissement démographique, la pression exercée par le cours de la globalisation, la poussée migratoire, la montée des périls militaires, en particulier incarnés par la Russie, la Chine, voire la Turquie, compte tenu de son agressivité à l'endroit de la Grèce et de Chypre, ou la menace islamiste. La refondation du débat public par les réseaux sociaux a pour effet de dénationaliser l'organisation et la régulation du débat démocratique, de la liberté d'opinion et de la liberté de la presse. De ce fait, les régimes démocratiques se trouvent dans une situation non seulement inédite mais surtout incohérente avec leurs réquisits. Les États démocratiques européens sont déstabilisés. Ils semblent aux prises avec des puissances de l'histoire qui ne leur sont pas favorables. La quatrième vague de démocratisation que l'on croyait pouvoir observer entre la fin des années 1990 et le début des années 2000 ne s'est pas déployée avec l'intensité espérée. L'échec des « Printemps arabes » fut l'un des signes de la stagnation, puis du reflux de la démocratisation [5].

L'affaiblissement du mouvement apparaît moins lié à la perte d'un élan qu'au rôle de forces hostiles. On songe aux efforts déployés par Vladimir Poutine en Biélorussie [6], en Géorgie, au Kirghizistan ou en Serbie pour briser ce mouvement d'émancipation qui menace d'atteindre la société russe. C'est tout l'enjeu de la guerre lancée par Moscou contre l'Ukraine.

Jusqu'à présent, le XIXe siècle donne plutôt à voir une démocratie non seulement menacée – elle l'est par nature depuis toujours –, mais à nouveau confrontée à un avenir incertain. L'abstention, le vote protestataire, voire antisystème, la polarisation et la radicalisation des opinions, l'ensauvagement du débat, la défiance à l'égard des élites politiques, scientifiques et sociales, des institutions élues, des médias, le désintérêt croissant pour l'information, l'expression montante d'une remise en cause de la procédure électorale, et même de son résultat, dont atteste de manière spectaculaire le coup de force des partisans de Donald Trump à la suite de la défaite électorale de leur champion, le 6 janvier 2021, sont des signes très alarmants. La régression n'épargne pas les régimes démocratiques qui paraissent plus solides parce

5. Sur les mouvements de reflux de la démocratie, voir Gerard ALEXANDER : « Les défis de la consolidation dans les nouvelles démocraties », *Revue internationale de politique comparée*, Vol. 18, n° 1, 2011, pp. 53-67.
6. Pour l'Ukraine, la Biélorussie et la Géorgie, voir les données d'opinion recueillies pour l'enquête internationale menée au second semestre 2021 et dont les résultats ont été publiés en janvier 2022 dans le document *Libertés : l'épreuve du siècle. Une enquête planétaire sur la démocratie dans 55 pays*, sous la direction de Dominique REYNIÉ, Paris, Fondation pour l'innovation politique, 2022, (en libre accès sur fondapol.org).

qu'ils sont plus anciens. Les pays de l'Union européenne ne font plus exception. Ainsi, des gouvernements élus, en particulier en Europe centrale et orientale[7], formalisent et assument la remise en cause de l'État de droit en se revendiquant d'une « démocratie illibérale », une démocratie privée de l'indépendance des magistrats, de l'indépendance de la presse, sans séparation des pouvoirs, une démocratie sans l'État de droit[8]. L'illibéralisme est un projet de transition autoritaire. Il prend place dans une entreprise politique de grande ampleur, que l'on peut qualifier de réactionnaire au sens littéral, puisqu'elle vise non seulement à stopper mais à inverser le processus de démocratisation menaçant les systèmes despotiques.

L'année de son entrée en fonction, le président Joe Biden a tenu à réunir un sommet international « pour la démocratie[9] », à l'ouverture duquel, le 9 décembre 2021, il avertissait les représentants des 110 pays présents : « Aujourd'hui, la démocratie est sous pression plus qu'elle ne l'a jamais été depuis les années 1930. D'après [l'ONG] Freedom House, sur les 41 pays régulièrement classés « libres » de 1985 à 2005, vingt-deux ont enregistré des restrictions sensibles de la liberté au cours des cinq dernières années[10]. » Il devient alors évident que la globalisation n'est pas nécessairement une mauvaise nouvelle pour les régimes despotiques. En effet, si, comme le soutient Fukuyama, il « est hors de doute que les pays les plus développés de la planète sont aussi les démocraties les mieux réussies[11] », la globalisation modifie cependant la position des différents États, donc des différents types de régime, dans le système économique mondial. Un pays peut accéder au développement, rejoindre le groupe des économies qui ont le vent en poupe tout en bloquant le déploiement du libéralisme politique. L'intégration des États les plus despotiques, au premier rang desquels la Chine, dans l'Organisation mondiale du commerce (OMC) a rendu possible une politique de sélection des effets de l'intégration économique planétaire : prendre les bénéfices économiques du libéralisme mondial en refusant les effets politiques. Sans pouvoir citer la Chine dans l'édition de 1992 de son ouvrage

7. Cf. Jacques Rupnik : « La crise du libéralisme en Europe centrale », *Commentaire*, Hiver 2017-2018, Vol 40, n° 160, pp. 797-806.

8. Cf. András Sajó, Renáta Uitz, Stephen Holmes (éd.), *Routledge Handbook of Illiberalism*, 2022, notamment : Yves Bertoncini et Dominique Reynié : "The illiberal challenge in the European Union", pp. 822-839.

9. Les pays représentés n'étant pas tous démocratiques ou ne l'étant pas au même degré, la réunion, organisée en ligne compte tenu de la crise sanitaire, a finalement été intitulée « sommet *pour* la démocratie » et non « sommet *de* la démocratie ».

10. Joseph R. Biden, Jr. : « Why America must lead again. Rescuing U.S. foreign policy after Trump », *Foreign Affairs*, mars-avril 2020.

11. Francis Fukuyama, *La fin de l'histoire et le dernier homme*, [1992], Paris, Flammarion, 2018, p. 18.

La fin de l'histoire et le dernier homme, Fukuyama rappelait cependant que l'« on relève de nombreux exemples historiques et contemporains de capitalisme technologiquement avancé, coexistant avec un autoritarisme marqué, depuis le Japon du Meiji et l'Allemagne de Bismarck jusqu'à la Thaïlande et Singapour à l'heure actuelle. Dans de nombreux cas, les États autoritaires sont capables de produire des taux de croissance économique irréalisables dans les sociétés démocratiques [12]. »

Aujourd'hui, près de 25 ans après son adhésion à l'OMC, en 2001, la Chine fait partie des quelques États qui se sont montrés capables d'enrichir leur pays, au point de donner le jour à une classe moyenne comprenant des dizaines, voire des centaines de millions de personnes, sans leur accorder aucune liberté individuelle ou collective, pas plus bien sûr qu'au reste de la population. À la différence de la guerre froide, les États despotiques, impérialistes ou menaçant de l'être ont été rendus capables, par la globalisation, de performances économiques exceptionnelles. C'est le cas de la Chine que ses dirigeants présentent eux-mêmes comme « une démocratie socialiste aux caractéristiques chinoises », selon les mots de Xi Jinping. Globalisée et technophile, l'économie du XXIe siècle pourrait modifier profondément la situation politique des régimes despotiques en leur offrant les ressources et les moyens pour parvenir à la prospérité tout en perpétuant leur système politique oppressif.

À partir de novembre 2013, la protestation populaire revendiquant la démocratisation de l'Ukraine s'est affirmée dans la demande d'intégration à l'Union européenne. Les manifestations pro-européennes du mouvement « Euromaïdan » ont relancé l'aspiration à la liberté sous une forme qui ne pouvait pas rester sans effet sur les populations soumises à une autorité despotique, notamment les Iraniens, les Chinois et les Russes. Les fondements des pouvoirs dictatoriaux s'en sont trouvés ébranlés. La radicalisation de la surveillance chinoise, au point que l'on parle d'un « totalitarisme high tech », le dramatique coup de force de Pékin à Hong Kong en 2019, ses pressions incessantes sur Taïwan ; en Russie, l'intensification de la répression politique ordonnée par Vladimir Poutine ; en Iran, depuis 2022, la persécution du mouvement « Femmes, vie, liberté » ; en Turquie, le coup d'État de 2016, en forme de contre-coup d'État, dessinent un tableau ambivalent de la démocratie dans le monde. D'un côté, les réactions autoritaires parviennent à freiner, voire à stopper le déploiement des revendications en faveur de la liberté, et dans certains cas sont capables d'imposer une marche arrière ; d'un autre côté, ces revendications ne peuvent qu'illustrer la persistance de l'aspiration démocratique en lien avec la globalisation. Une lutte titanesque débute sous nos yeux. Le XXIe siècle en sera le théâtre.

---

12. Francis FUKUYAMA, *ibid.*

C'est en Europe que la démocratie a vu le jour et qu'elle s'est épanouie. C'est depuis l'Europe qu'elle s'est propagée dans le monde. L'évolution politique de l'Union européenne est donc un facteur déterminant de l'avenir de la démocratie. C'est aussi dans le cadre de cette réalité qu'il faut interpréter la décision russe d'envahir l'Ukraine, le 24 février 2022, et qu'il faut comprendre la pression exercée par Poutine sur les États de l'Union européenne, les États baltes, la Pologne et ses anciennes zones d'influence depuis l'impérialisme tsariste, au XVIIIe siècle, jusqu'à la chute de l'empire soviétique en 1991. Le sort de la démocratie dans le monde dépend désormais de la vigueur démocratique de l'Europe, c'est-à-dire des Européens. L'évolution de leurs choix électoraux lors de leurs élections nationales fait donc partie des informations cruciales auxquelles nous devons pouvoir accéder. Pour ce faire, l'ouvrage de Corinne Deloy, fruit d'un travail considérable, est une source indispensable et sans équivalent.

Dominique Reynié
Professeur des universités à Sciences Po,
directeur général de la Fondation pour l'innovation politique

Calendrier des élections nationales dans les États membres de l'Union européenne 2001-2023

	2001	2002	2003	2004	2005	2006	2007	2008	2009	2010	2011	2012	2013	2014	2015	2016	2017	2018	2019	2020	2021	2022	2023
Allemagne		Féd			Féd				Féd				Féd				Féd				Féd		
Autriche		Féd		Prés		Féd		Féd		Prés			Féd			Prés	Féd		Féd			Prés	
Belgique			Parl				Parl			Parl				Lég					Lég				
Bulgarie									Lég		Prés		Lég	Lég		Prés	Lég				Lég Lég Lég Prés	Lég	Lég
Chypre						Lég		Prés			Lég		Prés			Lég		Prés			Lég		Prés
Croatie															Prés Lég	Lég				Prés Lég			
Danemark	Lég				Lég		Lég				Lég				Lég				Lég			Lég	
Espagne				Parl				Parl			Parl				Parl	Parl			Parl Parl				Parl
Estonie							Lég				Lég				Lég				Lég				Lég
Finlande			Lég			Prés	Lég				Lég	Prés			Lég			Prés	Lég				Lég
France		Prés Lég					Prés Lég					Prés Lég					Prés Lég					Prés Lég	

Prés : élection présidentielle   Parl : élections parlementaires   Lég : élections législatives   Féd : élections fédérales   Gén : élections générales

	2001	2002	2003	2004	2005	2006	2007	2008	2009	2010	2011	2012	2013	2014	2015	2016	2017	2018	2019	2020	2021	2022	2023
Grèce				Lég			Lég		Lég			Lég Lég			Lég Lég				Lég				Lég Lég
Hongrie						Lég				Lég				Lég				Lég				Lég	
Irlande		Lég					Lég				Lég Prés					Lég		Prés		Lég			
Italie	Parl					Parl		Parl					Parl					Parl				Parl	
Lettonie						Lég				Lég	Lég			Lég				Lég				Lég	
Lituanie								Lég	Prés			Lég		Prés		Lég			Prés	Lég			
Luxembourg				Lég					Lég				Lég					Lég					Lég
Malte								Lég					Lég				Lég					Lég	
Pays-Bas		Lég	Lég			Lég				Lég		Lég					Lég				Lég		Lég
Pologne					Prés Parl		Parl			Prés	Parl				Prés Parl				Parl	Prés			Parl
Portugal	Prés	Lég			Lég	Prés			Lég		Prés Lég				Leg	Prés			Lég		Prés	Lég	
Rép. tchèque						Lég				Lég			Prés Lég				Lég	Prés			Lég		Prés
Roumanie								Parl	Prés			Parl		Prés		Parl			Prés	Parl			
Royaume-Uni	Gén				Gén					Gén					Gen		Gén		Gén				
Slovaquie						Lég			Prés	Lég		Lég		Prés		Lég			Prés	Lég			Lég
Slovénie				Lég			Prés	Lég			Lég	Prés		Lég			Prés	Lég				Lég	
Suède		Lég				Lég				Lég				Lég				Lég				Lég	

Prés : élection présidentielle Parl : élections parlementaires Lég : élections législatives Féd : élections fédérales Gén : élections générales

ANNÉE 2001

DANEMARK

Élections législatives, 20 novembre 2001

En poste depuis 1993, le Premier ministre social-démocrate Poul Nyrup Rasmussen a convoqué des élections législatives anticipées le 20 novembre 2001 appelant les Danois à lui renouveler leur confiance pour « assurer la sécurité et l'unité du royaume dans la période d'incertitudes et d'insécurité qui a suivi les attentats terroristes du 11 septembre aux États-Unis ».

La popularité dont a bénéficié le chef du gouvernement dans sa gestion de la crise après le 11 septembre ne lui a cependant pas suffi à rassembler les Danois derrière son nom. Pour la première fois depuis soixante-douze ans, le Danemark a porté une majorité de droite au Folketing, le Parlement monocaméral du pays. Le Parti libéral d'Anders Fogh Rasmussen est devenu la première formation du parlement avec 31,2 % des suffrages et 56 sièges, soit 14 de plus que lors des élections législatives de 1998, alors que le Parti social-démocrate enregistrait sa plus lourde défaite depuis 1973, recueillant 29,1 % des voix et perdant 11 des 63 sièges qu'il détenait jusqu'alors.

Le Parti du peuple danois est l'autre grand gagnant de ce scrutin. Il devient la troisième force politique du pays obtenant 12 % des suffrages et gagnant 9 sièges par rapport aux élections de 1998 (22 élus). Créé en 1995 à l'issue d'une scission avec la formation d'extrême droite du Parti du progrès, ce parti nationaliste, dirigé par Pia Kjaersgaard, est parvenu à faire de l'immigration le thème principal de la campagne électorale. Néanmoins, contrairement à l'Autriche, le parti d'extrême droite ne sera pas invité à faire partie de la prochaine coalition gouvernementale que conduira le dirigeant du Parti libéral Anders Fogh Rasmussen.

La participation a été élevé comme toujours dans le royaume scandinave : 87,15 % des Danois se sont rendus aux urnes. À l'issue du scrutin législatif, ce dernier a formé un gouvernement regroupant sa propre formation et le Parti populaire conservateur.

Résultats des élections législatives du 20 novembre 2001 au Danemark
Participation : 87,15%

Formations politiques	Nombre de voix	Pourcentage des suffrages	Sièges
Parti libéral (V)	1 077 858	31,2	56
Parti social-démocrate (A)	1 003 323	29,1	52
Parti populaire danois (O)	413 987	12,0	22
Parti populaire conservateur (C)	312 770	9,1	16
Parti socialiste populaire (F)	201 047	6,4	12
Parti social-libéral danois (B)	179 023	5,2	9
Liste d'union/Les Rouges verts (Ø)	82 685	2,4	4
Parti populaire chrétien (Q)	78 793	2,3	4
Autres	81 387	2,4	0

ITALIE

Élections législatives, 13 mai 2001

La Marguerite, L'Olivier, la Maison des libertés, les noms des coalitions politiques italiennes sont poétiques. Dévasté dans les années 1990, le paysage politique italien est encore en reconstruction. Le système électoral adopté en 1993 panache le majoritaire uninominal et le proportionnel afin d'encourager le bipolarisme. Les élections législatives et sénatoriales du 13 mai ont vu s'affronter deux coalitions très hétérogènes créées spécifiquement pour ce scrutin.

La coalition de la droite appelée la Maison des libertés a remporté les élections avec 49,56% des suffrages (résultats du scrutin proportionnel) et 368 sièges à la Chambre des députés (176 élus au Sénat). Elle a devancé la coalition de gauche L'Olivier qui a recueilli 35,68% des voix et 250 élus à la Chambre des députés 128 au Sénat.

La Maison des libertés regroupe Forza Italia (FI), la formation de Silvio Berlusconi, des postfascistes d'Alliance nationale (AN), la Ligue du Nord (LN) et d'anciens démocrates-chrétiens. Quant à L'Olivier, elle comprend La Marguerite-La démocratie c'est la liberté (DL), les Démocrates de gauche (DS), toutes les nuances de la gauche jusqu'à certains ex-communistes.

Silvio Berlusconi a créé son parti Forza Italia en 1994 profitant du champ de ruines laissé par la disparition de la Démocratie chrétienne et du Parti socialiste. Un mois plus tard, la formation remportait les élections parlementaires et s'imposait comme la première force politique de la péninsule. Forza ltalia a su devenir, au fil des années, un véritable parti politique affichant aujourd'hui 300 000 membres, une structure nationale couvrant l'ensemble du territoire et qui fonctionne sur le modèle de l'entreprise : des objectifs de nombres d'adhésions, d'extension du réseau et de résultats électoraux sont ainsi assignés aux cadres locaux.

Cette stratégie semble avoir payé puisque Forza ltalia a recueilli aux élections de 2001 un résultat de 29,43 % et 194 députés, soit une forte progression par rapport au précédent scrutin de 1996 (+ 71). Il y a cinq ans, le centre droit avait obtenu la majorité en voix mais il avait dû laisser la présidence du Conseil au centre gauche majoritaire en sièges , cette fois, la victoire de Silvio Berlusconi et de la Maison des libertés est sans conteste.

Autre enseignement de ce scrutin : l'effritement du vote pour les petites listes. Seule Refondation communiste tire son épingle du jeu. Avec 5,03 %, la formation remporte 11 sièges , 24 de moins cependant qu'en 1996. Quant à la Ligue du Nord, elle s'effondre passant de 10,1 % à 3,94 %.

La participation a été élevée : 81,32 %. Les Italiens se sont déplacés nombreux pour ce scrutin, tant et si bien que certains bureaux de vote ont dû rester ouverts jusqu'à l'aube du lundi 14 mai pour accueillir les derniers électeurs. Effet simultané d'une forte mobilisation et de la conséquence de la fermeture pour un an d'un tiers des bureaux de vote du pays pour des raisons d'économie.

À l'issue des élections parlementaires, Silvio Berlusconi a formé un gouvernement rassemblant Forza Italia, Alliance nationale, la Ligue du Nord, le Centre chrétien-démocrate et les Démocrates-chrétiens unis.

Résultats des élections parlementaires du 13 mai 2001 en Italie

Chambre des députés

Participation : 81,32 %

Formations politiques	Scrutin proportionnel			Scrutin majoritaire			Total sièges
	Voix	%	Sièges	Voix	%	Sièges	
Maison des libertés	18 398 246	49,56	86	16 915 513	45,57	282	368
L'Olivier	13 247 523	35,68	58	16 019 388	43,15	192	250
Parti de la refondation communiste	1 868 659	5,03	11				11
Autres	3 745 277	9,73	0	4 162 298	11,21	0	0

Sénat
Participation : 81,32%

Formations politiques	Scrutin proportionnel	Scrutin majoritaire			Total sièges
	Sièges	Voix	%	Sièges	
Maison des libertés	24	14 406 519	42,57	152	176
L'Olivier	51	13 282 495	39,22	72	128
Parti de la refondation communiste	4	1 708 707	5,04	0	4
Autres	8	3 226 863	13,17	2	10

PORTUGAL

Élection présidentielle, 14 janvier 2001

Le 14 janvier 2001, Jorge Sampaio (Parti socialiste, PS) a remporté haut la main l'élection présidentielle portugaise, devançant nettement son rival de centre droit Joaquim Ferreira do Arnaral (Parti social-démocrate, PSD), ancien ministre des Travaux publics du gouvernement Anibal Cavaco Silva, dès le premier tour. Le socialiste améliore son résultat de 1996 où il avait battu Anibal Cavaco Silva en obtenant 55,5% des suffrages pour 34,68% des voix à son adversaire.

Jorge Sampaio reste donc locataire du palais de Belem, lieu de résidence des présidents portugais. Ex-opposant salazariste, ancien maire de Lisbonne et jouissant d'une image d'homme intègre au-dessus des querelles partisanes, Jorge Sampaio a toujours mis en avant son indépendance envers le gouvernement socialiste, dirigé depuis 1995 par le Premier ministre Antonio Guterres. Le Parti communiste (PCP) obtient, lors de cette élection présidentielle, le résultat le plus faible de toute son histoire, son candidat Antonio Abreu parvenant tout juste à franchir la barre des 5% des suffrages.

La participation a été faible. Moins de la moitié des électeurs se sont déplacés pour élire le président, poste il est vrai essentiellement honorifique au Portugal. Seulement 49,7% de votants pour tout de même 76,5% cinq ans auparavant. La fiabilité des listes électorales, problème récurrent au Portugal, s'est trouvée au cœur du débat à l'occasion de ce scrutin.

À l'issue de l'élection, un toilettage des listes électorales a été décidé et plusieurs milliers (500 000 selon la presse, un chiffre contesté par la classe politique) de personnes décédées ou émigrées, irrégulièrement inscrites, ont été rayées des listes.

Résultats de l'élection présidentielle du 14 janvier 2001 au Portugal
Participation : 49,7%

Candidats	Nombre de voix	Pourcentage des suffrages
Jorge Sampaio (Parti socialiste)	2 401 015	55,55
Joaquim Ferreira do Amaral (Parti social-démocrate)	1 498 948	34,68
António Abreu (Parti communiste portugais	223 196	5,16
Fernando Rosas (Bloc de gauche)	129 840	3
Garcia Pereira (Parti communiste des travailleurs portugais)	68 900	1,59

ROYAUME-UNI

Élections générales, 7 juin 2001

Le Parti travailliste (Lab) n'était jamais parvenu à gouverner deux législatures de suite avant le 7 juin 2001. La victoire du Labour aux législatives constitue donc une première. Le dirigeant travailliste Tony Blair a donc remporté un deuxième mandat historique

C'est un nouveau raz de marée rose qui a confirmé le chef du Parti travailliste au 10 Downing Street. Le Labour a recueilli 40,7% des suffrages et a conquis 413 sièges . Il perd 4 députés aux Communes par rapport au précédent scrutin de 1997 mais le Parti conservateur (Cons) n'en bénéficie pas. Celui-ci a obtenu 31,6% des voix et 166 élus (+ 1).

Un seul parti progresse en voix, les Libéraux-Démocrates (Lib-Dem) qui ont recueilli 18,3% des suffrages et remporté 52 élus, soit 8 sièges supplémentaires par rapport à 1997.

Dépossédés de leur programme par un Premier Ministre plus libéral que social, les Tories ont mené une campagne très à droite, centrée sur le refus de la monnaie unique et sur les dangers de l'immigration.

Si le scrutin confirme les travaillistes dans leurs choix politiques, il reste que les électeurs ont tout de même lancé quelques avertissements au pouvoir en place. En Irlande, par exemple, les partis protestants opposés au partage du pouvoir avec les nationalistes ont marqué des points, ce qui ne devrait pas faciliter la politique de compromis de Tony Blair. Par ailleurs, à Oldham, le candidat du Front national (NF) a obtenu 16% des voix, un résultat jamais atteint par le parti d'extrême droite.

L'autre événement de ces élections est la faible participation enregistrée. 59,4% des électeurs se sont rendus aux urnes contre 71,5% il y a cinq ans. Il s'agit du taux d'abstention le plus élevé depuis 1918 ; cette baisse de la participation est particulièrement importante dans les circonscriptions traditionnellement travaillistes.

Résultats des élections générales du 7 juin 2001 au Royaume-Uni
Participation : 59,4%

Formations politiques	Nombre de voix	Pourcentage des suffrages	Sièges
Parti travailliste (Lab)	10 724 953	40,7	413
Parti conservateur (Cons)	8 357 615	31,6	166
Libéraux-Démocrates (LibDem)	4 814 321	18,3	52
Parti national d'Ecosse (SNP)	464 314	1,8	5
Parti pour l'indépendance du Royaume-Uni (UKIP)	390 563	1,5	0
Ulster Unionist	216 839	0,8	6
Plaid Cymru (PC)	195 893	0.7	4
Parti démocratique d'Ulster (DUP)	181 999	0,7	5
Sinn Fein (SF)	175 933	0,7	4
Parti travailliste et social-démocrate (SDLP)	169 865	0,6	3
Autres	668 239	2,6	2

ANNÉE 2002

ALLEMAGNE

Élections fédérales, 22 septembre 2002

La règle selon laquelle aucun gouvernement allemand n'a été chassé du pouvoir à l'issue d'une première législature aura une fois encore été respectée. En réalisant le résultat le plus élevé de leur histoire (8,59 % des suffrages et 55 députés), les Verts, menés par Joschka Fischer, grands vainqueurs des élections fédérales allemandes du 22 septembre 2002, apportent en effet au chancelier Gerhard Schröder les voix qui lui permettent de reconduire *in extremis* la coalition Parti social-démocrate-Verts à la tête du pays. « Votez Joschka » proclamaient les affiches de la formation écologiste. Les Verts ont été entendus. La campagne du parti, entièrement centrée sur son dirigeant Joschka Fischer, l'homme politique le plus populaire d'Allemagne, a été un succès.

Le Parti social-démocrate (SPD) accuse la plus forte baisse en nombre de voix, 38,52 % des suffrages mais demeure la première formation politique au Bundestag avec 251 sièges. À droite, l'Union chrétienne-démocrate (CDU-CSU), menée par le Bavarois Edmund Stoiber, progresse, recueillant 38,51 % des voix et remportant 248 élus.

Le Parti libéral-démocrate (FDP) est le perdant de ce scrutin législatif. Avec 7,37 % des suffrages (soit bien loin de l'objectif de 18 % qu'il s'était fixé) et 47 élus, il devient la quatrième formation politique du pays. Enfin, pour la première fois depuis la réunification de l'Allemagne, le Parti du socialisme démocratique (PDS) échoue à franchir la barre des 5 %, ainsi qu'à obtenir trois sièges directs et perd donc son groupe parlementaire au Bundestag.

Huit Allemands sur dix se sont rendus aux urnes pour ces élections fédérales (79,1 %).

L'Allemagne a connu le 22 septembre le scrutin le plus serré de son histoire, 8 864 voix seulement séparent les deux principales formations du pays. Si les sociaux-démocrates se maintiennent au pouvoir, ils sortent cependant affaiblis du scrutin législatif. La coalition Parti social-démocrate-Verts ne dispose plus que d'une faible majorité au Bundestag (11 sièges).

Par ailleurs, les chrétiens-démocrates, ragaillardis par leur résultat, devraient être très actifs au sein de l'opposition. Gerhard Schröder devra également compter avec une Chambre haute, le Bundesrat, acquise à l'opposition et cependant indispensable pour la mise en œuvre de toute réforme importante, telles que celles concernant la lutte contre le chômage ou le régime d'assurance maladie qui figurent aujourd'hui sur l'agenda du chancelier.

Si Gerhard Schröder doit sa victoire à son allié écologiste, symétriquement, l'échec d'Edmund Stoiber trouve son explication dans la mauvaise performance de son allié potentiel, le Parti libéral-démocrate. Chassés du pouvoir en 1998 après vingt-deux années de participation à des coalitions gouvernementales de gauche comme de droite, les libéraux-démocrates avaient, pour la première fois de leur histoire, décidé de présenter leur propre candidat à la chancellerie et refusé de choisir la formation politique avec laquelle ils seraient prêts à faire alliance. Cette stratégie opportuniste a dérouté les électeurs qui ne semblent pas avoir apprécié les relents populistes du discours des dirigeants du parti.

Chômage, finances publiques, croissance, éducation, assurance maladie, Union européenne : les chantiers qui attendent le gouvernement SPD-Verts sont nombreux. Le chancelier Gerhard Schröder est condamné à agir vite, l'étroitesse de sa majorité lui montre que les Allemands sont loin de lui avoir signé un chèque en blanc.

Résultats des élections fédérales du 22 septembre 2002 en Allemagne
Participation : 79,1 %

Formations politiques	Scrutin majoritaire			Scrutin proportionnel			Total sièges
	Nombre de voix	Pourcentage des suffrages	Sièges	Nombre de voix	Pourcentage des suffrages	Sièges	
Union chrétienne-démocrate (CDU)	15 336 512	32,06	82	14 167 561	29,52	108	190
Union chrétienne-sociale (CSU)	4 311 178	9,01	43	4 315 080	8,99	15	58
Total Unions chrétiennes (CDU/CSU)	**19 647 690**	**41,07**	**125**	**18 482 641**	**38,51**	**123**	**248**

Formations politiques	Scrutin majoritaire			Scrutin proportionnel			Total sièges
	Nombre de voix	Pourcentage des suffrages	Sièges	Nombre de voix	Pourcentage des suffrages	Sièges	
Parti social-démocrate (SPD)	20 059 967	41,93	171	18 488 688	38,52	80	251
Alliance 90 / Les Verts (Grünen)	2 693 794	5,63	1	4 110 355	8,59	54	55
Parti libéral-démocrate (FDP)	2 752 796	5,75	0	3 538 815	7,37	47	47
Parti du socialisme démocratique (PDS)	2 079 203	4,35	2	1 916 702	4,00	0	2
Autres	608 274	1,27	0	1 459 299	3,04	0	0

AUTRICHE

Élections fédérales, 24 novembre 2002

Les conservateurs du Parti populaire (ÖVP) ont remporté le 24 novembre 2002 une victoire historique aux élections fédérales autrichiennes, convoquées par le Premier ministre Wolfgang Schüssel (ÖVP) à la suite d'une crise interne au sein du Parti de la liberté (FPÖ) ayant entraîné la démission des quatre ministres de cette formation du gouvernement. À l'issue du scrutin, le principal parti de la coalition gouvernementale au pouvoir depuis le 4 février 2000 est devenu la première formation politique d'Autriche avec 42,30 % des suffrages et 79 élus, soit son résultat le plus élevé depuis 1966. Une telle progression électorale constitue une première pour un parti depuis la fin de la Deuxième Guerre mondiale.

Le Parti populaire devance donc largement le Parti social-démocrate (SPÖ) qui obtient 36,90 % des voix mais surtout l'ÖVP peut s'enorgueillir d'avoir réduit le Parti libéral de Jörg Haider à un tiers de ce qu'il représentait il y a seulement deux ans. La formation populiste enregistre un spectaculaire recul des votes en sa faveur, autre première dans l'histoire de l'Autriche, passant de 27,22 % en 1999 à 10,01 % des voix en 2002 (et 18 sièges), perdant donc près des deux tiers de ses électeurs comme de ses sièges au Nationalrat.

Les Verts progressent légèrement par rapport aux élections de 1999 (9,47 % des suffrages et 17 députés) mais ils échouent dans leur objectif de devancer le Parti libéral en nombre de voix.

Cette victoire constitue pour beaucoup d'analystes un succès personnel du chancelier Wolfgang Schüssel, politique longtemps controversé pour avoir accepté de faire alliance avec l'extrême droite. Aujourd'hui, nombreux sont ceux qui voient dans cette décision un coup de maître et applaudissent en Wolfgang Schüssel le stratège qui a pris le risque de s'associer au Parti libéral pour mieux l'étouffer en son sein. Le déclin de la formation populiste est dû principalement à ses crises internes, son manque de cadres compétents et son inorganisation notoire et son échec profite en premier lieu au Parti populaire.

Le Parti libéral recule même en Carinthie, province dont Jörg Haider est le gouverneur, recueillant 24 % des suffrages pour 39 % aux dernières élections fédérales du 3 octobre 1999.

On se gardera néanmoins d'annoncer trop rapidement la mort politique du dirigeant libéral. D'une part, sa formation est loin d'être hors-jeu pour la constitution de la prochaine coalition gouvernementale. D'autre part, Jörg Haider pourrait bien faire de son parti une formation d'opposition « dure » au gouvernement. « Si Jörg Haider s'est employé à détruire le FPÖ après l'avoir porté au pouvoir en février 2000, c'est pour mieux le reconstruire autour de lui » estime ainsi Emmerich Talos, politologue de l'université de Vienne.

Avec 36,51 % des voix (69 élus), le Parti social-démocrate a échoué dans son objectif d'atteindre les 40 % des suffrages et de devenir la première formation politique d'Autriche. La formation reste dans les rangs de l'opposition.

Plus de 8 Autrichiens sur 10 se sont rendus aux urnes. La participation s'est élevée à 84,2 %.

« Je veux un partenaire stable et fiable » avait indiqué le chancelier sortant qui était confronté à un dilemme : reconduire sa coalition avec le Parti libéral, dont l'instabilité et les divisions internes avaient entraîné la chute de son précédent gouvernement ou choisir de gouverner avec les sociaux-démocrates, plus fiables mais aussi plus exigeants. Wolfgang Schüssel a finalement choisi la première option.

Résultats des élections fédérales du 24 novembre 2002 en Autriche
Participation : 84,2 %

Formations politiques	Nombre de voix	Pourcentage des suffrages	Sièges
Parti populaire (ÖVP)	2 076 833	42,30	79
Parti social-démocrate (SPÖ)	1 792 499	36,51	69
Parti de la liberté (FPÖ)	491 328	10,01	18
Les Verts - L'Alternative verte (Grüne)	464 980	9,47	17
Forum libéral (LIF)	48 083	0,98	0
Parti communiste d'Autriche (KPÖ)	27 558	0,56	0
Autres	8 354	0,17	0

FRANCE

Élection présidentielle, 21 avril-5 mai 2002

Énorme surprise en France au soir du 21 avril 2002, premier tour de l'élection présidentielle, où le dirigeant de l'extrême droite est arrivé en deuxième position du premier tour de l'élection présidentielle avec 16,86 % des suffrages devant le candidat socialiste, le Premier ministre sortant Lionel Jospin (PS), qui a recueilli 16,18 % des voix. Ce dernier a donc été devancé de 194 558 voix par le principal candidat de l'extrême droite, Jean-Marie Le Pen (Front national, FN), qui a donc affronté donc Jacques Chirac (Rassemblement pour la République, RPR), arrivé en tête avec 19,88 % des suffrages, au second tour de scrutin. L'événement a provoqué dans l'Hexagone, et au-delà, un véritable séisme.

Ce premier tour de l'élection présidentielle a été marqué par le grand nombre des candidatures, seize, un record pour un tel scrutin, mais aussi par le plus faible taux de participation jamais enregistré, 71,6 %, un record qui s'accompagne d'ailleurs du plus élevé taux de bulletins blancs et nuls comptabilisés lors d'un premier tour d'élection présidentielle.

Au second tour, recueillant 82,21 % des voix, un résultat inédit pour un président élu au suffrage universel sous la Ve République, Jacques Chirac l'a aisément emporté sur Jean-Marie Le Pen qui a obtenu 17,79 % des suffrages. Si le dirigeant d'extrême droite échoue dans sa tentative d'agréger sur son nom des votes de provenance composite, il parvient tout de même à maintenir son résultat du premier tour, ses électeurs confirmant le 5 mai leur vote du 21 avril. La participation a atteint 79,7 % au second tour.

Les apparences de plébiscite que l'élection de Jacques Chirac à la présidence de la République a pu recouvrir aux yeux de certains ne doivent pas dissimuler la profondeur de la crise politique que traverse la France.

Résultats de l'élection présidentielle des 21 avril et 5 mai 2002 en France
Participation : 71,6% (premier tour) et 79,7% (second tour)

Candidats	Nombre de voix (premier tour)	Pourcentage des suffrages (premier tour)	Nombre de voix (second tour)	Pourcentage des suffrages (second tour)
Jacques Chirac (Rassemblement pour la République, RPR)	5 665 855	19,88	25 537 956	82,21
Jean-Marie Le Pen (Front national, FN)	4 804 713	16,86	5 525 032	17,79
Lionel Jospin (Parti socialiste, PS)	4 610 113	16,18		
François Bayrou (Union pour la démocratie française, UDF)	1 949 170	6,84		
Arlette Laguiller (Lutte ouvrière, LO)	1 630 045	5,72		
Jean-Pierre Chevènement (Mouvement des citoyens, MDC)	1 518 528	5,33		
Noël Mamère (Les Verts)	1 495 724	5,25		
Olivier Besancenot (Ligue communiste révolutionnaire, LCR)	1 210 562	4,25		
Jean Saint-Josse (Chasse, pêche, nature et traditions, CPNT)	1 204 689	4,23		
Alain Madelin (Démocratie libérale, DL)	1 113 484	3,91		
Robert Hue (Parti communiste français, PCF)	960 480	3,37		
Bruno Mégret (Mouvement national républicain, MNR)	667 026	2,34		
Christiane Taubira (Parti radical de gauche, PRG)	660 447	2,32		
Corinne Lepage (Citoyenneté action participation pour le XXIe siècle, CAP 21)	535 837	1,88		
Christine Boutin (Forum des républicains sociaux, FRS)	339 112	1,19		
Daniel Gluckstein (Parti des travailleurs, PT)	132 686	0,47		

Le choc provoqué par les résultats du premier tour de l'élection présidentielle a été de courte durée. En effet, l'abstention a atteint un nouveau record (35,59 %) le 9 juin lors du premier tour des élections législatives. Les partis de la droite gouvernementale ont remporté le premier tour avec 43,40 % des suffrages exprimés pour 37,22 % pour les formations gouvernementales de gauche. Le vote utile a donc joué en faveur des formations de droite qui assoient leur domination grâce au recul du vote d'extrême droite.

Le Parti socialiste se maintient relativement bien, recueillant 24,11 % des suffrages. L'extrême droite subit un revers électoral et une défaite politique en ne rassemblant que 12,52 % des suffrages. Rappelons tout de même que le Front national était le seul parti d'extrême droite présent il y a cinq ans alors qu'il se trouvait en 2002 en concurrence avec le Mouvement national républicain (MNR). Leur résultat empêche la grande majorité des candidats d'extrême droite de se maintenir au second tour et de perturber le jeu électoral classique. Après la dispersion qui avait caractérisé le premier tour de l'élection présidentielle, le premier tour des législatives est marqué par une bipolarisation accrue entre les deux grandes familles politiques, l'Union pour la majorité présidentielle (UMP) à droite et le Parti socialiste (PS) à gauche.

Le 16 juin, la droite a confirmé son succès du premier tour en remportant une large majorité des suffrages (52,77 %) et 342 sièges à l'Assemblée nationale. Au total, le nombre de députés de droite s'élève à 398 pour 171 à la gauche, qui a recueilli 45,19 % des voix au second tour. Avec 358 députés, pour la troisième fois sous la Ve République, un seul parti, en l'occurrence l'UMP, détient la majorité absolue à l'Assemblée nationale, chambre basse du parlement français. Avec 21 élus, le Parti communiste français (PCF) est parvenu de justesse à conserver son groupe parlementaire.

Le second tour des élections législatives a été marqué par un nouveau record de l'abstention pour une consultation de ce type : 39,68 %.

Le 17 juin, Jacques Chirac a reconduit Jean-Pierre Raffarin (Démocratie libérale, DL) dans ses fonctions de Premier ministre. Loi sur la sécurité, réforme de la justice, baisse de 5 % de l'impôt sur le revenu, assouplissement des 35 heures et enfin décentralisation, telles sont quelques-unes des premières actions du nouveau gouvernement. Côté opposition, la gauche plurielle a vécu et les dirigeants des trois formations qui la composaient (Parti socialiste, Parti communiste français et Les Verts) ont choisi de quitter le devant de la scène. Lionel Jospin s'est mis en retrait de la vie politique dès le soir du premier tour de l'élection présidentielle, Dominique Voynet (LV) quittera la direction des Verts en décembre 2002 et Robert Hue (PCF) abandonnera ses fonctions de président du Parti communiste au printemps 2003.

La gauche française devra s'engager dans un long travail de recomposition si elle veut retrouver le pouvoir, voire survivre.

Résultats des élections législatives des 9 et 16 juin 2002 en France
Participation : 64,4% (premier tour) et 60,3% (second tour)

Formations politiques	Nombre de voix (premier tour)	Pourcentage des suffrages (premier tour)	Sièges (premier tour)	Nombre de voix (second tour)	Pourcentage des suffrages (second tour)	Total sièges
Union pour la majorité présidentielle (UMP)	8 408 023	33,30	46	10 029 669	47,26	358
Union pour la démocratie française (UDF)	1 226 462	4,86	6	832 785	3,92	27
Divers droite (DVD)	921 973	3,65	3	274 374	1,29	8
Mouvement pour la France (MPF)	202 831	0,80	1	1		0,2
Démocratie libérale (DL)	104 767	0,41	2	2		0,3
Rassemblement pour la France (RPF)	94 222	0,37	0	61 605	0,29	2
Majorité présidentielle	10 958 278	43,4	58	11 198 433	52,8	398
Parti socialiste (PS)	6 086 599	24,11	2	7 482 169	35,26	140
Parti communiste français (PCF)	1 216 178	4,82	0	690 807	3,26	21
Les Verts (LV)	1 138 222	4,51	0	677 933	3,19	3
Parti radical de gauche (PRG)	388 891	1,54	0	455 360	2,15	7
Pôle républicain (PR)	299 897	1,19	0	12 679	0,06	0
Divers gauche (DVG)	275 553	1,09	0	268 715	1,27	7
Gauche parlementaire	9 405 340	37,3	2	9 587 663	45,2	178
Front national (FN)	2 862 960	11,34	0	393 205	1,85	0
Chasse, pêche, nature et traditions (CPNT)	422 448	1,67	0	0		0
Ligue communiste révolutionnaire (LCR)	320 467	1,27	0	0		0
Lutte ouvrière (LO)	301 984	1,20	0	0		0
Autres écologistes (ECO)	295 899	1,17	0	0		0
Mouvement national républicain (MNR)	276 376	1,09	0	0		0
Divers (DIV)	194 946	0,77	0	13 036	0,06	1
Extrême gauche (EXG)	81 558	0,32	0	0		0
Régionalistes (REG)	66 240	0,26	0	28 689	0,14	1
Extrême droite (EXD)	59 549	0,24	0	0		0

IRLANDE

Élections générales, 17 mai 2002

Comme au Royaume-Uni, une législature irlandaise ne peut excéder cinq années. Il revient donc au Premier Ministre de décider durant son mandat du moment auquel il décide de convoquer les électeurs devant les urnes. Bertie Ahern (Fianna Fail, FF), premier *Taoiseach* (Premier ministre en gaélique) à être resté au pouvoir les cinq années de son mandat depuis la Seconde Guerre mondiale et plus largement recordman du temps passé à la tête d'un gouvernement en Irlande, a donc choisi le 17 mai 2002 pour convoquer de nouvelles élections générales.

Recueillant 41,5% des voix (de première préférence[13]) et remportant 81 élus au Dail Eireann (Chambre des représentants), chambre basse du parlement irlandais, le Fianna Fail (Soldats de la destinée en gaélique), parti de centre droit du Premier ministre au pouvoir depuis cinq ans, est sorti victorieux du scrutin. Principal parti d'opposition, le Fine Gael (Clan des Gaels en gaélique) est le grand perdant du scrutin, il a obtenu 22,5% des voix et 31 députés, soit son plus faible résultat depuis 1948.

La véritable surprise de ces élections est venue du Sinn Fein (SF), Parti républicain d'Irlande du Nord et aile politique de l'Armée républicaine irlandaise (IRA), qui a réalisé une belle percée en obtenant 6,5% des suffrages et en remportant 5 sièges dont 2 à Dublin.

Sinn Fein (Nous-mêmes en gaélique) est la seule formation politique à être aujourd'hui présente aux élections législatives de deux États de l'Union européenne, à savoir le Royaume-Uni et la République d'Irlande. Quatre députés Sinn Fein ont été élus à la Chambre des communes lors des élections générales du 7 juin 2001 au Royaume-Uni, dix-huit siègent à l'Assemblée locale d'Irlande du Nord où le parti a recueilli 20% des suffrages et deux ministres de cette formation sont membres du gouvernement de Belfast. Si la réunification de l'île constitue le principal point du programme du Sinn Fein, le parti a largement occupé le vide laissé à gauche par le repositionnement au centre du Parti travailliste (Lab), en centrant sa campagne sur les problèmes de logement, de transport, d'éducation, de santé mais aussi sur

---

13. Les députés irlandais sont élus au scrutin proportionnel selon le système du vote unique transférable. L'électeur désigne parmi une liste de candidats celui (ou ceux) au(x) quel(s) il souhaite accorder sa voix par ordre de préférence. Il inscrit ainsi le chiffre 1 devant le candidat qui a sa première préférence puis, s'il le souhaite, 2, 3, 4, etc. devant les noms des autres candidats de la liste.

la lutte contre la corruption, l'insécurité et la drogue. Son discours social et populiste a séduit la classe ouvrière et des jeunes des quartiers pauvres du nord de la capitale, les oubliés du miracle économique irlandais.

À l'issue du scrutin, Bertie Ahern a reconduit sa coalition gouvernementale rassemblant le Fianna Fail et les Démocrates progressistes.

Résultats des élections générales du 17 mai 2002 en Irlande
Participation : 62,6%

Formations politiques	Nombre de voix de première préférence	Pourcentage des suffrages	Sièges
Fianna Fáil (FF)	770 748	41,5	81
Fine Gael (FG)	417 619	22,5	31
Parti travailliste (Lab)	200 130	10,8	20
Sinn Féin (SF)	121 020	6,5	5
Démocrates progressistes (PD)	73 628	4,0	8
Parti vert (GP)	71 470	3,8	6
Autres	26 982	1,5	1

PAYS-BAS

Élections législatives, 15 mai 2002

Deux gouvernements démissionnaires en l'espace de six mois, un homme politique assassiné, un mouvement populiste d'extrême droite devenant en quelques semaines la deuxième formation politique du pays avant de retomber comme un soufflé, l'année 2002 a été celle des turbulences politiques pour les Pays-Bas.

Les résultats du scrutin législatif du 15 mai 2002, qui ont consacré l'écrasante victoire de l'Appel chrétien-démocrate (27,93% des suffrages et 43 sièges, soit 14 de plus que lors du dernier scrutin de 1998), ont fait l'effet d'un véritable séisme politique aux Pays-Bas. D'une part, l'extrême droite fait son entrée en force à la Chambre des États généraux, chambre basse du parlement néerlandais, avec 17% des voix et 26 sièges alors qu'elle n'y était jusqu'alors pas représentée, et, d'autre part, la coalition violette (*Paars kabinet*), qui dirigeait le pays depuis huit ans, subit une lourde défaite, les trois partis qui la formaient (le Parti du travail (PvdA), le Parti populaire libéral et démocrate (VVD) et les Démocrates 66 (D66) perdant

44 des 97 qu'ils détenaient. La défaite est particulièrement lourde pour le Parti du travail (PvdA) qui recueille 15,12 % des suffrages et qui perd, à lui seul, 22 sièges et obtient son plus faible résultat depuis la Deuxième Guerre mondiale (23 élus au total). Première formation politique des Pays-Bas depuis huit ans, le Parti travailliste est désormais le troisième parti à égalité avec le Parti populaire pour la liberté et la démocratie. Les Démocrates 66 sont également laminés puisqu'ils obtiennent 5,10 % des suffrages et qu'ils perdent la moitié de leurs sièges (7 députés).

La Liste Pim Fortuyn (LPF), créée tout juste quelques mois avant le scrutin et dont le dirigeant charismatique et seule véritable personnalité politique du mouvement a été assassiné une semaine avant les élections législatives, a réalisé la percée prévue par toutes les enquêtes d'opinion et elle est devenue la deuxième formation politique du pays. Le Parti socialiste (SP), seul parti à avoir fait une campagne clairement marquée à gauche, est la seule formation de cette tendance politique à améliorer son résultat de 1998 avec 5,90 % des voix et 9 élus, soit près du double de ceux qu'il possédait dans la précédente législature (+ 4).

Ces élections permettent également l'entrée au parlement de Leefbaar Nederland, formation d'extrême droite jusqu'alors absente des scrutins nationaux et à l'implantation essentiellement locale.

Près de 8 Néerlandais sur 10 se sont rendus aux urnes : la participation s'est élevée à 79,06 %.

Jan Peter Balkenende, dirigeant de l'Appel chrétien-démocrate, a formé une coalition gouvernementale rassemblant sa propre formation, la Liste Pim Fortuyn et le Parti populaire pour la liberté et la démocratie. La formation populiste a obtenu quatre postes de ministres (l'Immigration-Intégration, l'Économie, la Santé et les Transports) et cinq secrétariats d'État dont les Finances et l'Émancipation. C'est du secrétaire d'État à l'Émancipation que vient le premier problème du nouveau gouvernement. Philomena Bijlhout a révélé avoir menti sur son passé au sein d'une milice du dictateur surinamien Desi Bouterse, a été contrainte à la démission. Les Néerlandais habitués à des décennies de stabilité et de consensus politiques découvrent soudain avec stupéfaction les querelles (allant de l'échange d'insultes à celui de coups) entre les membres de la Liste Pim Fortuyn. À la rentrée, le conflit entre Eduard Bomhoff, ministre de la Santé, et Herman Heinsbroek, ministre de l'Économie, tous deux membres de la formation populiste, atteint son point d'orgue et entraîne finalement, le 16 octobre, la démission du gouvernement qui devient ainsi le plus éphémère des gouvernements néerlandais qui se sont succédé depuis la Deuxième Guerre mondiale.

De nouvelles élections législatives sont donc programmées pour le 22 janvier 2003. Selon les enquêtes d'opinion, la formation populiste devrait perdre 22 des 26 sièges qu'elle détient actuellement au Parlement. Dépourvue de tradition militante, d'enracinement géographique et de cadres expérimentés, la Liste Pim Fortuyn est aujourd'hui en pleine dérive.

Résultats des élections législatives du 15 mai 2002 aux Pays-Bas
Participation : 79,06 %

Formations politiques	Nombre de voix	Pourcentage des suffrages	Sièges
Appel chrétien-démocrate (CDA)	2 653 723	27,93	43
Liste Pim Fortuyn (LPF)	1 614 801	17,00	26
Parti populaire pour la liberté et la démocratie (VVD)	1 466 722	15,44	24
Parti du travail (PvdA)	1 436 023	15,12	23
Gauche verte (GL)	660 692	6,95	10
Parti socialiste (SP)	560 447	5,90	9
Démocrates 66 (D66)	484 317	5,10	7
Union chrétienne (CU)	240 953	2,53	4
Parti politique réformé (SGP)	163 562	1,72	2
Pays-Bas vivables (LN)	153 055	1,61	2
Autres	66 857	0,70	0

PORTUGAL

Élections législatives, 17 mars 2002

La défaite de sa formation, le Parti socialiste (PS), aux élections locales du 16 décembre 2001 a conduit Premier ministre Antonio Guterres à convoquer un scrutin législatif anticipé pour le 17 mars 2002. Celui-ci a été remporté par la formation d'opposition de droite du Parti social-démocrate (PSD) qui a recueilli 41,01 % des suffrages et a conquis 105 sièges à l'Assemblée de la République, chambre unique du parlement portugais. Les socialistes, emmenés par Eduardo Ferro Rodrigues, ont obtenu 38,55% des voix et 96 sièges.

La Coalition démocratique unitaire (CDU), qui rassemble le Parti communiste et les écologistes, est l'autre perdant de ces élections : avec 7,08% des suffrages, elle a remporté 12 sièges.

La véritable surprise des élections législatives du 17 mars est venue du Parti populaire (CDS/PP) de Paulo Portas qui a recueilli 8,90% des voix et a conquis 14 sièges. « Frère ennemi » du Parti social-démocrate, la formation populiste est donc devenue incontournable pour la constitution du gouvernement.

Par conséquent, nommé Premier ministre à l'issue du scrutin législatif, le dirigeant social-démocrate José Manuel Durao Barroso a formé une coalition qui regroupe des membres de sa formation et du Parti populaire. Le nouveau gouvernement a la lourde tâche de parvenir à maîtriser le dérapage des finances publiques du pays, de stimuler la croissance économique, de réduire le déficit budgétaire et de préparer le Portugal à affronter la compétition des pays d'Europe centrale et orientale après leur entrée dans l'Union européenne.

Résultats des élections législatives du 17 mars 2002 au Portugal
Participation : 61,48%

Formations politiques	Nombre de voix	Pourcentage des suffrages	Sièges
Parti social-démocrate (PPD/PSD)	2 200 765	41,01	105
Parti socialiste (PS)	2 068 584	38,55	96
Parti populaire (CDS/PP)	477 350	8,90	14
Coalition démocratique unitaire (CDU)	379 870	7,08	12
Bloc de gauche (BE)	149 966	2,79	3
Autres	88 542	1,64	0

SUÈDE

Élections législatives, 15 septembre 2002

Le Parti social-démocrate (SAP) est arrivé largement en tête des élections législatives suédoises du 15 septembre 2002, la formation emmenée par le Premier ministre sortant Göran Persson recueillant à lui seul 39,85% des suffrages et remportant 144 élus. Pour la première fois depuis la guerre, un parti gouvernemental sortant progresse en voix lors d'un scrutin législatif.

Aux baisses d'impôts promises par les partis de l'opposition, les Suédois ont donc préféré la défense de leur système de protection sociale. Si le rapport gauche-droite est resté stable par rapport à ce qu'il était il y a quatre ans (les forces de gauche gagnant un siège au Riksdag, chambre unique du parlement suédois), les rapports de force à l'intérieur des deux blocs ont quant à eux beaucoup évolué. Au sein de la gauche, le SAP améliore son résultat de 1998 alors que Les Verts (MP) ne progressent pas. Quant au Parti de la gauche, il enregistre une baisse importante, perdant un tiers de ses électeurs.

Du côté de la droite, le Parti du rassemblement modéré (M) avec 15,26 % des suffrages a perdu un tiers de ses électeurs et 27 de ses sièges au Parlement, son plus faible résultat depuis des décennies (55 au total). Les Libéraux (FpL) ont réalisé la percée annoncée par toutes les enquêtes d'opinion (13,39 %) et ils ont gagné 31 sièges au parlement, devenant ainsi la troisième formation politique de Suède (48 élus). Le FpL avait contribué à imposer le thème de l'immigration dans la campagne en proposant de rendre obligatoire un test de langue pour les étrangers souhaitant obtenir la nationalité suédoise.

Le Parti du centre (C) a enregistré une légère hausse : il a recueilli 6,19 % des voix et remporté 22 élus ; enfin, les Chrétiens-démocrates (KD) sont passés sous la barre des 10 % (9,15 % des suffrages) et ils ont perdu 9 députés (33 au total).

Le taux de participation, en baisse de 2,4 points par rapport aux dernières élections, est le plus faible enregistré pour un scrutin législatif depuis les années 1950 (80,11 %). Notons enfin que le Parlement suédois conserve sa place de numéro un mondial en matière de parité : 45,2 % des sièges du Riksdag sont en effet occupés par des femmes.

Le 21 octobre, le Premier ministre sortant Göran Persson a nommé un gouvernement rajeuni et féminisé, comprenant vingt-deux membres, dont huit entrants et dix femmes. Cette coalition qui ne compte que des sociaux-démocrates est minoritaire comme l'était la précédente. Elle bénéficie néanmoins du soutien des Verts et du Parti de la gauche au Parlement.

Résultats des élections législatives du 15 septembre 2002 en Suède
Participation : 80,11 %

Formations politiques	Nombre de voix	Pourcentage des suffrages	Sièges
Parti social-démocrate (SAP)	2 113 560	39,85	144
Parti du rassemblement modéré (M)	809 041	15,26	55
Les Libéraux (FpL)	710 312	13,39	48
Chrétiens-démocrates (KD)	485 235	9,15	33
Parti de gauche (V)	444 854	8,39	30
Parti du centre (C)	328 428	6,19	22
Parti de l'environnement-Les Verts (MP)	246 392	4,65	17
Démocrates de Suède (SD)	76 300	1,44	0
Autres	69 090	1,68	0

ANNÉE 2003

BELGIQUE

Élections parlementaires, 18 mai 2003

Les libéraux et les socialistes, principales formations du gouvernement sortant, sont les vainqueurs des élections parlementaires belges du 18 mai 2003. Ils ont remporté ensemble 97 des 150 sièges de la Chambre des représentants. Les libéraux du Mouvement réformateur (MR) (francophone) et des Libéraux et démocrates (VLD) (néerlandophone) ont recueilli respectivement 11,40 % et 15,36 % des suffrages (24 et 25 sièges à la Chambre des représentants, chambre basse du parlement fédéral) et 12,15 % et 15,38 % au Sénat (10 et 12 élus). Le Parti socialiste (PS) (francophone) a obtenu 13,02 % des voix et 25 élus à la chambre basse et 15,47 % des suffrages au Sénat (12 sièges) et le Parti socialiste/Spirit (SP. A) (néerlandophone), 14,91 % des voix à la Chambre des représentants (23 députés) et 15,47 % des suffrages au Sénat (12 élus).

Évincés du gouvernement en 1999 après près de quarante ans de règne, les chrétiens-démocrates du Parti démocrate-chrétien (CD & V, néerlandophone) et du Centre démocrate humaniste (cdH) (francophone) ne parviennent pas à retrouver le chemin du pouvoir. Ils recueillent respectivement 13,25 % et 5,47 % des voix (21 et 8 sièges) à la chambre basse et 12,71 % et 5,54 % des suffrages au Sénat (9 et 4 élus).

La formation d'extrême droite du Vlaams Block (VB) a recueilli 11,4 % des voix à la chambre basse (24 élus) et 11,32 % des suffrages au Sénat (8 sièges).

Les véritables perdants de ces élections parlementaires sont assurément les écologistes, qui avaient fait quatre ans auparavant une entrée spectaculaire au gouvernement et qui s'effondrent en Flandre comme en Wallonie. Ne parvenant pas à atteindre les 5 % des suffrages exprimés, la formation néerlandophone Agalev (Anders Gaan Leven, Vivre autrement) perd ses neuf sièges au parlement, un recul historique dans l'histoire politique de la Belgique. Avec 3,06 % des voix, les francophones d'ECOLO (Écologistes confédérés pour l'organisation de luttes originales) conservent seulement quatre de leurs onze députés.

Outre la victoire des libéraux et des socialistes et la terrible défaite des formations écologistes, ces élections parlementaires sont également l'occasion d'une nouvelle progression pour les formations d'extrême droite. En Flandre, le Vlaams Blok avec 18 sièges gagne trois députés à la Chambre des représentants par rapport au scrutin du 13 juin 1999. La formation, qui recueille plus de 30 % des suffrages à Anvers, semble avoir essentiellement pris des voix au Parti démocrate-chrétien. Côté francophone, le Front national (FN) reste stable (1 siège) mais enregistre une hausse sensible de ses voix dans le sud de la Wallonie et particulièrement à Charleroi où il a rassemblé 12 % des électeurs.

Le 8 juillet 2003, le Premier ministre sortant Guy Verhofstadt (VLD), qui avait plusieurs fois affirmé pendant la campagne électorale ne pas souhaiter gouverner de nouveau avec les partis écologistes [14], a formé une nouvelle coalition qui rassemble outre sa propre formation, le Parti socialiste, le Mouvement réformateur et le Parti socialiste/Spirit.

Le programme du nouveau gouvernement, intitulé *Une Belgique créative et solidaire,* prévoit la création de 200 000 nouveaux emplois d'ici à 2007 grâce notamment à des diminutions de charges des entreprises de l'ordre de 800 millions d'euros par an. Selon les souhaits des socialistes, les dépenses de la Sécurité sociale devraient augmenter de 4,5 % par an au cours de la prochaine législature.

Résultats des élections parlementaires du 18 mai 2003 en Belgique

Chambre des représentants

Participation : 91,62 % (la participation est obligatoire en Belgique)

Formations politiques	Nombre de voix	Pourcentage des suffrages	Sièges
Libéraux et démocrates (VLD)	1 009 223	15,36	25
Parti socialiste/Spirit (SP. A)	979 750	14,91	23
Parti démocrate-chrétien (CD & V)	870 749	13,25	21
Parti socialiste (PS)	855 992	13,02	25
Vlaams Blok (VB)	761 407	11,59	18
Mouvement réformateur (MR)	748 952	11,4	24
Centre démocrate humaniste (cdH)	359 660	5,47	8
Nouvelle Alliance flamande (N-VA)	201 399	3,06	1
Écolo	201 118	3,06	4
Agalev	162 205	2,47	0
Front national (FN)	130 012	1,98	1
Autres	291 722	4,43	0

14. Le gouvernement sortant regroupait le Mouvement réformateur (MR), les libéraux et démocrates flamands (VLD), le Parti socialiste wallon (PS), le Parti socialiste flamand (SP. A) et enfin les écologistes d'ECOLO (wallons) et d'Agalev (flamands).

Sénat
Participation : 91,62 % (la participation est obligatoire en Belgique)

Formations politiques	Nombre de voix	Pourcentage des suffrages	Sièges
Parti socialiste/Spirit (SP. A)	1 013 560	15,47	12
Libéraux et démocrates (VLD)	1 007 868	15,38	12
Parti socialiste (PS)	840 908	12,84	11
Parti démocrate-chrétien (CD & V)	832 849	12,71	9
Mouvement réformateur (MR)	795 757	12,15	10
Vlaams Blok (VB)	741 940	11,32	8
Centre démocrate humaniste (cdH)	362 705	5,54	4
Ecolo	208 868	3,19	2
Nouvelle Alliance flamande (N-VA)	200 273	3,06	0
Agalev	161 024	2,46	0
Front national (FN)	147 305	2,25	2
Autres	621 547	3,63	0

FINLANDE

Élections législatives, 16 mars 2003

6 300 voix seulement séparent le Parti du centre (KESK) du Parti social-démocrate (SPD). C'est donc de peu que la formation de centre droit s'impose aux élections législatives finlandaises du 16 mars 2003 et qu'il devient la première formation politique du pays. Après huit ans d'opposition, le Parti du centre retrouve le pouvoir, avec 24,6 % des suffrages exprimés et 55 sièges (+ 7 par rapport aux précédentes élections législatives du 21 mars 1999) au Eduskunta/Riksdag (nom du parlement finlandais en finnois et en suédois, ces deux idiomes étant langues officielles en Finlande). La défaite est plus qu'honorable pour le Parti social-démocrate qui obtient 24,4 % des voix et 53 sièges (+ 2). Paavo Lipponen peut ainsi s'enorgueillir d'être le premier chef de gouvernement à avoir fait progresser sa formation politique depuis vingt ans. Le PSD a été majoritairement sanctionné pour son incapacité à faire baisser le taux de chômage qui s'élève aujourd'hui à 9,1 % et qui constitue le problème économique numéro un du pays. Le Rassemblement conservateur (KOK) est la première victime de cette bipolarisation politique. Il recueille 18,5 % des suffrages et il perd six sièges au parlement (40 au total).

Les deux autres partenaires de la coalition gouvernementale sortante enregistrent également un recul : l'Alliance des gauches (VAS) recueille 9,9 % des suffrages et perd un siège (19 au total), le Parti du peuple suédois (SFP) obtient 4,6 % des voix et perd trois sièges (8 au total). Les Verts (VIHR) semblent en revanche tirer profit de leur décision de mai 2002 de quitter le gouvernement après le vote de la construction d'un nouveau réacteur nucléaire puisqu'ils recueillent 8 % des suffrages et gagnent trois sièges (14 au total).

Signalons enfin que le taux de participation, en baisse régulière depuis vingt ans en Finlande, a été quasiment équivalent à celui enregistré lors des élections législatives du 21 mars 1999 : 66,7 %, soit 1,5 point de plus.

Victoire à l'arraché donc du Parti du centre mais victoire tout de même qui a permis à sa présidente, Anneli Jaatteenmaki, ancienne ministre de la Justice et première femme à occuper la tête du Parti du centre après avoir succédé à l'ancien Premier ministre Esko Aho, de devenir Premier ministre le 17 avril 2003 d'un gouvernement, rassemblant le Parti du centre, le Parti social-démocrate et le Parti libéral suédois, avant de se voir contrainte à la démission soixante-trois jours plus tard. La tradition en Finlande veut en effet que deux des trois grandes formations s'associent aux dépens de la troisième. Anneli Jaatteenmaki a été accusée d'avoir remis à la presse pendant la campagne électorale des documents qui auraient laissé entendre que le Premier ministre candidat à sa propre succession, Paavo Lipponen, était plus favorable à une intervention américaine en Irak qu'il ne le disait publiquement. Une révélation qui avait fait scandale en Finlande, pays officiellement neutre où la majorité de la population était hostile à l'intervention anglo-américaine. Anneli Jaatteenmaki a été poursuivie pour « complicité ou incitation à la violation de secret officiel ».

Le 24 juin 2003, Matti Vanhanen (KESK) lui a succédé, recueillant 109 voix à l'Eduskunta/Riksdag (67 députés ont voté contre sa nomination et 23 autres étaient absents).

Résultats des élections législatives du 16 mars 2003 en Finlande
Participation : 66,7 %

Formations politiques	Nombre de voix	Pourcentage des suffrages	Sièges
Parti du centre (KESK)	689 391	24,69	55
Parti social-démocrate (SPD)	683 223	24,47	53
Parti de la coalition nationale (KOK)	517 904	18,55	40
Alliance des gauches (VAS)	277 152	9,93	19
Ligue verte (VIHR)	223 564	8,01	14
Chrétiens-démocrates	148 987	5,34	7
Parti du peuple suédois (SFP)	128 824	4,61	8
Vrais Finlandais (PS)	43 816	1,57	3
Parti communiste de Finlande (SKP)	21 079	0,8	0
Autres	78 896	2,82	1

PAYS-BAS

Élections législatives, 22 janvier 2003

L'Appel chrétien-démocrate a remporté d'une courte tête les élections législatives néerlandaises du 22 janvier avec 28,62 % des suffrages et 44 sièges (+ 1 par rapport au scrutin du 15 mai dernier).

Le Parti du travail (PvDA) a atteint un résultat inespéré au vu de sa lourde défaite lors des élections du 15 mai 2002. Après être tombé à son plus bas niveau depuis la Seconde Guerre mondiale, la formation obtient 27,26 % des voix et 42 élus (+ 19) et redevient la deuxième formation politique du pays.

La Liste Pim Fortuyn enregistre un net recul : 5,70 % des suffrages et 8 députés (– 18). Les résultats montrent que les précédents électeurs de la formation populiste se sont, en majorité, reportés sur les partis de gauche et, notamment sur le Parti du travail.

Le Parti populaire pour la liberté et la démocratie (VVD) obtient 17,91 % des voix et 28 sièges (+ 4).

Le scrutin a également été marqué par l'apparition de nombreuses petites formations qui défendent des intérêts très spécifiques, tels le Parti de l'avenir, qui propose la baisse des taxes sur l'alcool et le remboursement des préservatifs par la Sécurité sociale, la Liste Ratelband, qui prône le redécoupage du pays en unités administratives de vingt-cinq mille habitants, le Conservatieven.nl de la dissidente de la Liste Pim Fortuyn, Winny de Jong, ou encore le Parti des animaux.

8 Néerlandais sur 10 se sont rendus aux urnes : la participation s'est élevée à 80,04 %.

À première vue, les Néerlandais semblent avoir retrouvé leur paysage politique d'avant 2002 et se sont repositionnés sur leurs courants traditionnels : démocrate-chrétien, travailliste et libéral. Cependant, le déclin de la formation populiste, pour être réel, n'en n'est pas moins trompeur et le résultat de la Liste Pim Fortuyn pourrait bien n'être que l'arbre cachant la forêt. L'immigration, la sécurité, l'islam et l'intégration des étrangers à la société néerlandaise, sujets tabous il y a encore quelques mois, ont ainsi dominé la campagne de ces élections législatives. Il ne faut pas oublier non plus que la faillite de la formation populiste doit plus à ses divisions internes qu'à la stratégie victorieuse de ses partenaires de coalition.

Agissant comme un véritable détonateur, le dirigeant populiste a fait exploser le système politique consensuel qui faisait la fierté des Pays-Bas depuis des décennies. « Pim Fortuyn n'aura pas réformé les Pays-Bas mais sa mort aura fait des Pays-Bas un tout autre pays » écrivait un quotidien néerlandais il y a quelques mois. Si les héritiers du leader populiste se sont avérés incapables de s'imposer comme de véritables hommes politiques, les inquiétudes mises à jour par Pim Fortuyn et les revendications dont il s'était fait le porte-parole sont loin d'avoir disparues. Une grande partie des Néerlandais attendent non seulement qu'on ne nie pas leurs problèmes mais également qu'on y apporte des réponses.

Durant toute la campagne, Jan Peter Balkenende, Premier ministre sortant et dirigeant chrétien-démocrate, a exprimé sa préférence pour la formation d'un gouvernement de droite qui serait constitué par sa propre formation et par le Parti populaire pour la liberté et la démocratie. Le CDA et le VVD ne disposant pas de la majorité absolue à eux deux (ils regroupent 72 sièges sur 150), Jan Peter Balkenende s'est allié également avec les Démocrates 66.

Résultats des élections législatives du 22 janvier 2003 aux Pays-Bas
Participation : 80,04%

Formations politiques	Nombre de voix	Pourcentage des suffrages	Sièges
Appel chrétien-démocrate (CDA)	2 763 480	28,62	44
Parti du travail (PvdA)	2 631 363	27,26	42
Parti populaire pour la liberté et la démocratie (VVD)	1 728 707	17,91	28
Parti socialiste (SP)	609 723	6,32	9
Liste Pim Fortuyn (LPF)	549 975	5,70	8
Gauche verte (GL)	495 802	5,14	8
Démocrates 66 (D66)	393 333	4,07	6
Union chrétienne (CU)	204 694	2,12	3
Parti politique réformé (SGP)	150 305	1,57	2
Parti pour les animaux (PvdD)	47 754	0,49	0
Pays-Bas vivables (LN)	38 894	0,40	0
Autres	40 445	0,42	0

ANNÉE 2004

AUTRICHE

Élection présidentielle, 25 avril 2004

Favori des enquêtes d'opinion, le vice-président du Parlement Heinz Fischer (Parti social-démocrate, SPÖ) a été élu le 25 avril 2004 président de la République d'Autriche, avec 52,39 % des suffrages pour 47,61 % à la ministre des Affaires étrangères du gouvernement de Wolfgang Schüssel Benita Ferrero-Waldner (Parti populaire, ÖVP).

La participation s'est élevée à 71,60 %, soit 2,8 points au-dessous de celle enregistrée lors de la dernière élection présidentielle du 19 avril 1998. Le vote est obligatoire en Autriche dans quatre *Länder* ; le Tyrol, la Carinthie, la Styrie et le Vorarlberg.

L'élection de Heinz Fischer confirme le recul des forces de droite en Autriche depuis les dernières élections législatives du 24 novembre 2002. Le Parti populaire a en effet essuyé deux défaites le 7 mars dernier lors d'élections régionales dans les *Länder* de Carinthie et de Salzbourg. L'élection d'un Président social-démocrate, alors que le pays est gouverné par une coalition rassemblant la droite et l'extrême droite, correspond néanmoins à un équilibre des forces auquel les Autrichiens sont depuis toujours très attachés. Le pays a en effet le plus souvent été dirigé par des gouvernements de coalition regroupant les forces de gauche et de droite.

Les Verts et le Parti de la liberté (FPÖ) n'avaient pas, pour cette élection, présenté de candidat ni donné de consigne de vote. Les Verts avaient cependant exprimé leur préférence pour Heinz Fischer et le dirigeant historique du FPÖ, Jörg Haider, avait publiquement déclaré qu'il voterait en faveur de Benita Ferrero-Waldner, un soutien qui semble avoir été finalement préjudiciable à la candidate du Parti populaire.

Résultats de l'élection présidentielle du 25 avril 2004 en Autriche
Participation : 71,60%

Candidats	Nombre de voix	Pourcentage des suffrages
Heinz Fischer (Parti social-démocrate, SPÖ)	2 166 690	52,39
Benita Ferrero-Waldner (Parti populaire, ÖVP)	1 969 326	47,61

ESPAGNE

Élections parlementaires, 14 mars 2004

Pour la neuvième fois depuis la transition démocratique, les électeurs espagnols étaient appelés aux urnes le 14 mars 2004 pour renouveler les deux chambres de leur parlement (Cortes generales) : le Sénat et le Congrès des députés. Fidèle à sa promesse faite en 1996, après deux mandats à la tête du gouvernement, le Premier ministre sortant José Maria Aznar (Parti populaire, PP) n'était pas candidat, ayant décidé de se mettre en retrait de la vie politique nationale.

Le 14 mars, le Parti socialiste espagnol (PSOE) a remporté les élections parlementaires, recueillant 42,59 % des suffrages et obtenant 164 sièges au Congrès des députés. Son principal adversaire, le Parti populaire, obtient 37,71 % des voix et 148 sièges. Izquierda Unida (IU) arrive en troisième position avec 4,96 % des suffrages (5 sièges). Elle est suivie de Convergencia i union de Catalunya (CiU), 4,19 % des voix (10 sièges), puis de Esquerra republicana de Catalunya (ERC), 2,52 % (8 sièges) et du Parti nationaliste basque (PNV) avec 1,63 % des suffrages (7 sièges).

Le Parti populaire a obtenu le plus grand nombre de sénateurs (97) pour 89 au Parti socialiste ouvrier.

Les derniers jours avant le vote ont été marqués par l'attaque terroriste la plus meurtrière qu'ait connu l'Espagne. Le jeudi 11 mars, dix bombes ont explosé à Madrid à quelques minutes d'intervalle dans quatre trains de banlieue faisant deux cents morts et mille cinq cents blessés. Dès l'annonce de ces attentats, toutes les formations politiques ont décidé de mettre fin à la campagne électorale et un deuil national de trois jours a été proclamé dans le pays.

Les attentats terroristes semblent avoir eu un impact significatif sur le résultat des élections parlementaires. La participation a ainsi été particulièrement élevée, 75,66 %, soit cinq points de plus que lors du précédent scrutin du 12 mars 2000. Elle a bénéficié aux socialistes. Près de deux millions de jeunes étaient appelés pour la première fois aux urnes pour le scrutin législatif des primo-votants qui peuvent également avoir fait pencher la balance en faveur des socialistes.

L'ensemble des enquêtes d'opinion donnaient, une semaine avant les élections le Parti populaire largement vainqueur mais celui-ci a sans doute pâti de sa gestion de la crise déclenchée par les attentats. Ainsi, il a été reproché au ministre de l'Intérieur, Angel Acebes (PP), d'avoir immédiatement mis en avant la responsabilité de l'organisation terroriste basque ETA dans les attaques du 11 mars et d'avoir persisté à soutenir cette thèse alors que des indices convergents orientaient les enquêteurs vers la piste des réseaux islamistes et qu'Al-Qaïda revendiquait le crime. La vielle du scrutin parlementaire, le chef de file du Parti populaire, Mariano Rajoy, déclarait dans un entretien au journal *El Mundo* avoir « la conviction morale » qu'il s'agissait de l'organisation terroriste basque et le dimanche du vote encore, la ministre des Affaires étrangères, Ana Palacio (PP), affirmait dans une interview à la BBC que « l'idée que l'ETA est derrière les attentats demeure forte ».

José Luis Rodriguez Zapatero est donc devenu Premier ministre espagnol à l'issue du scrutin. Il a formé un gouvernement composé de ministres tous issus du Parti socialiste ouvrier.

Résultats des élections parlementaires du 14 mars 2004 en Espagne

Congrès des députés

Participation : 75,66%

Formations politiques	Nombre de voix	Pourcentage des suffrages	Sièges
Parti socialiste ouvrier espagnol (PSOE)	11 026 163	42,59	164
Parti populaire (PP)	9 763 144	37,71	148
Izquierda Unida (IU)	1 049 291	4,05	3
Initiative pour la Catalogne Verts - Gauche unie et alternative (ICV-EUiA)	234 790	0,91	2
Total Izquierda Unida	1 284 081	4,96	5
Convergence et Union (CiU)	835 471	4,19	10
Gauche républicaine de Catalogne (ERC)	652 196	2,52	8
Parti nationaliste basque (EAJ/PNV)	420 980	1,63	7
Coalition canarienne (CC)	235 221	0,91	3
Bloc nationaliste galicien (BNG)	208 688	0,81	2
Chunta Aragonesista (CHA)	94 252	0,36	1
Eusko Alkartasuna (EA)	80 905	0,31	1
Nafarroa Bai (NaBai)	61 045	0,24	1
Autres	821 358	3,18	0

Sénat
Participation : 75,66%

Formations politiques	Sièges
Parti populaire (PP)	97
Parti socialiste ouvrier espagnol (PSOE)	89
Parti nationaliste basque (EAJ/PNV)	6
Convergence et Union (CiU)	4
Coalition canarienne (CC)	3
Gauche républicaine de Catalogne (ERC)	3
Union du peuple navarrais (UPN)	3
Initiative pour la Catalogne Verts (ICV)	1
Union du peuple de Melilla (UPM)	1
Union valencienne (UV)	1
Autres	0

GRÈCE

Élections législatives, 7 mars 2004

Le 7 mars 2004, les Grecs ont été appelés aux urnes pour renouveler, de façon légèrement anticipée afin de permettre au scrutin de se dérouler avant le référendum chypriote sur la réunification de l'île et l'allumage de la flamme olympique le 25 mars à Athènes, les trois cents membres de la Vouli, unique chambre de leur Parlement.

L'affrontement des deux grandes dynasties grecques du xxe siècle (George Papandréou, fils d'Andréas, fondateur du Mouvement socialiste panhellénique (PASOK), et petit-fils de George Papandréou, grand dirigeant de gauche de l'après-guerre, tous deux anciens Premiers ministres à et Constantin Caramanlis, neveu de Constantin Caramanlis, quatre fois Premier ministre a tourné à l'avantage de ce dernier qui peut aujourd'hui s'enorgueillir d'être celui par qui la Nouvelle démocratie (ND) retrouve le pouvoir, onze ans après le gouvernement de Constantin Mitsotakis (1989-1993) et trente ans après celui de son oncle Constantin Caramanlis (1974-1981).

L'usure du pouvoir aura eu finalement raison du Mouvement socialiste panhellénique qui a recueilli 40,55% des suffrages et a remporté 117 sièges. Les Grecs ont souhaité montrer leur mécontentement devant les dysfonctionnements de la société, la mainmise du Mouvement socialiste sur l'État, le clientélisme et la corruption, deux fléaux qui, en dépit de leur diminution sous les deux mandats de Costas Similis, sont encore bien présents. La Nouvelle Démocratie a donc remporté le scrutin législatif avec 45,36% des voix (165 élus).

Élu président de la Nouvelle démocratie avant tout sur son nom, Costas Caramanlis est parvenu à asseoir son autorité en menant depuis 1997 un travail de fond pour la rénovation de sa formation qu'il a contribué à unifier et à pacifier. Il a choisi de positionner son parti au centre, en excluant les personnalités les plus extrémistes, tel George Karatzaferis, le principal représentant du courant le plus à droite du parti.

Les deux tiers des Grecs ont participé aux élections législatives (76,50%). Rappelons que le vote est obligatoire en Grèce.

Costas Caramanlis, qui est devenu le plus jeune Premier ministre grec depuis la Seconde Guerre mondiale, a formé un gouvernement avec les seuls membres de sa formation.

Résultats des élections législatives du 7 mars 2004 en Grèce
Participation : 76,50% (le vote est obligatoire en Grèce)

Formations politiques	Nombre de voix	Pourcentage des suffrages	Sièges
Nouvelle Démocratie (ND)	3 359 058	45,36	165
Mouvement socialiste panhellénique (PASOK)	3 002 531	40,55	117
Parti communiste de Grèce (KKE)	436 573	5,90	12
Coalition de la gauche radicale (SYRIZA)	241 539	3,26	6
Alerte populaire orthodoxe (LAOS)	162 103	2,19	0
Mouvement social démocratique (DIKKI)	232 946	1,79	0
Union des centristes (EK)	19 531	0,26	0
Autres	50 849	0,69	0

LUXEMBOURG

Élections législatives, 13 juin 2004

Les Luxembourgeois étaient appelés aux urnes le 13 juin 2004 pour élire les soixante membres de leur Chambre des députés. Sans surprise, le Parti chrétien-social (PCS/CVS), formation du Premier ministre sortant Jean-Claude Juncker, à la tête de l'État depuis 1995 et membre de l'équipe gouvernementale depuis 1982, a remporté le scrutin. Il a recueilli 35,81 % des suffrages et remporté 24 sièges. Rappelons que les chrétiens sociaux avaient réalisé, il y a cinq ans, l'un de leurs plus faibles résultats électoraux. Dans l'opposition depuis cinq ans, le Parti socialiste ouvrier (POSL/LSAP) a pris la deuxième place du scrutin, avec 25,43 % des voix et 14 sièges.

Le Parti démocratique (PD/DP) est le grand perdant de ce scrutin. La formation libérale a obtenu 14,94 % des suffrages et 10 élus. Dei Greng/ Les Verts (DG/LV) est en progression : 11,55 % des suffrages et 11 députés. L'Action pour la démocratie et la justice en matière de rentes (ADR) est restée stable : 9,04 % des voix et 5 sièges.

La participation a été très élevée (91,92 %). Le vote est obligatoire au Luxembourg. L'abstention non justifiée est punie d'une amende. En cas de récidive, l'électeur peut être radié des listes électorales ou encore se voir interdit de toute nomination, promotion ou distinction. Les personnes âgées sont autorisées à partir de 75 ans à voter par correspondance.

Doyen des dirigeants européens en exercice, Jean-Claude Juncker, qui avait repoussé les sollicitations qui lui avaient été faites par plusieurs dirigeants de l'Union européenne pour devenir président de la Commission européenne, a été reconduit dans ses fonctions de Premier ministre du Grand-Duché. Le 3 juillet, il a formé un gouvernement de coalition rassemblant le Parti chrétien social et la principale formation d'opposition, le Parti socialiste ouvrier.

Résultats des élections législatives du 13 juin 2004
Participation : 91,92% (le vote est obligatoire au Luxembourg)

Formations politiques	Nombre de voix	Pourcentage des suffrages	Sièges
Parti chrétien social (PCS/CVS)	1 103 825	35,81	24
Parti socialiste ouvrier (POSL/LSAP)	784 048	25,43	14
Parti démocratique (PD/DP)	460 601	14,94	10
Dei Greng- Les Verts (DG/LV)	355 895	11,55	7
Action pour la démocratie et la justice en matière de rentes (ADR)	278 792	9,04	5
Dei Lenk- La Gauche (DL/LG)	62 071	2,01	0
Parti communiste (PCL/KPL)	35 524	1,15	0
Parti libre du Luxembourg (FPL)	1 925	0,06	0

SLOVÉNIE

Élections législatives, 3 octobre 2004

La Coalition Slovénie qui regroupait la principale formation d'opposition, le Parti démocrate (SDS), et Nouvelle Slovénie (NSi), a remporté d'une courte tête les élections législatives qui se sont déroulées en Slovénie le 3 octobre 2004.

Le Parti démocrate arrive en tête du scrutin, recueillant 29,08 % des suffrages et remportant 29 sièges. Nouvelle Slovénie obtient 9,09 % des voix et 9 élus. À elles deux, ces deux formations remportent 38 sièges au Drzavni Zbor (Assemblée nationale, chambre basse du parlement slovène), soit un de plus que les trois partis de la coalition gouvernementale sortante. En effet, le Parti libéral démocrate (LDS) pourtant en tête dans toutes les enquêtes d'opinion pré-électorales, a été touché par une certaine usure du pouvoir et recueille 22,80 % des suffrages (23 sièges), la Liste unie des sociaux-démocrates (ZLSD) obtient 10,17 % des voix (10 élus) et le Parti démocratique des retraités (DeSUS) passe tout juste la barre des 4 % de suffrages obligatoires pour être représenté au parlement (4,04 %) (4 députés). À elles trois, les formations de la coalition gouvernementale, qui enregistrent toutes un recul par rapport aux précédentes élections législatives d'octobre 2000, remportent 37 sièges.

Avec 6,27 % des suffrages, le Parti national slovène (SNS) gagne deux sièges supplémentaires (6) tandis que le Parti populaire (SLS) enregistre un recul, obtenant 6,82 % des voix et perdant 2 de ses 9 sièges. Enfin, le Parti de la jeunesse (SMS) ne parvient pas à atteindre la barre des 4 % de suffrages exprimés obligatoires pour être représenté au parlement (2,08 % des voix) et perd les 4 sièges qu'il détenait.

La participation est en net recul par rapport à l'année 2000, s'élevant à 60,65 %, soit 9,44 points de moins. Cette faible participation semble avoir profité aux forces d'opposition, dont les électeurs ont été plus motivés et plus disciplinés, permettant au Parti démocrate et à Nouvelle Slovénie de s'imposer.

Le dirigeant du Parti démocrate Janez Jansa accède au poste de Premier ministre et vit le couronnement de sa carrière politique. Il a formé un gouvernement de coalition qui regroupe, outre le Parti démocrate, Nouvelle Slovénie, le Parti populaire et le Parti démocratique des retraités.

Résultats des élections législatives du 3 octobre 2004 en Slovénie
Participation : 60,65 %

Formations politiques	Nombre de voix	Pourcentage des suffrages	Sièges
Parti démocrate slovène (SDS)	281 710	29,08	29
Parti libéral démocrate de Slovénie (LDS)	220 848	22,80	23
Liste unie des sociaux-démocrates (ZLSD)	98 527	10,17	10
Nouvelle Slovénie (Nsl) Parti chrétien populaire	88 073	9,09	9
Parti populaire slovène (SLS)	66 032	6,82	7
Parti national slovène (SNS)	60 750	6,27	6
Parti démocratique des retraités (DeSUS)	39 150	4,04	4
Slovénie active (AS)	28 767	2,97	0
Notre Slovénie (SJN)	25 343	2,62	0
Parti de la jeunesse slovène (SMS)	20 174	2,08	0
Autres	39 398	4,07	0

ANNÉE 2005

ALLEMAGNE

Élections fédérales, 18 septembre 2005

Le système politique d'outre Rhin – deux « grands » partis (le Parti social-démocrate, SPD, et l'Union chrétienne-démocrate, CDU-CSU) et deux « petits » partis (les Verts et le Parti libéral-démocrate, FDP) – a été fortement ébranlé par les élections fédérales du 18 septembre 2005 et la confusion dominait à l'issue de l'annonce des résultats qui ont révélé l'indécision de l'électorat face aux projets du SPD comme face à ceux de la CDU.

Les deux principales formations du pays ont obtenu des résultats (au scrutin proportionnel) parmi les plus faibles de leur histoire : 35,2 % pour l'Union chrétienne-démocrate, soit 226 sièges au Bundestag, et 34,2 % pour le Parti social-démocrate, soit 222 sièges. Ensemble, elles tombent, pour la première fois depuis 1949, sous la barre des 70 % des suffrages.

À l'inverse, les « petits » partis se sont maintenus comme les Verts, qui n'enregistrent qu'un très léger recul par rapport aux précédentes élections législatives du 22 septembre 2002, 8,1 % et 51 sièges, ou comme le Parti libéral-démocrate, qui progresse et qui obtient l'un de ses meilleurs résultats, 9,8 % et 61 sièges. Formation récemment arrivée sur la scène politique, le Parti de gauche (Die Linke, DL) a réussi sa percée en recueillant 8,7 % des suffrages (54 sièges) et en devançant très légèrement les Verts sans parvenir toutefois à s'imposer comme la troisième formation politique du pays. La formation a réalisé ses meilleurs résultats dans les *Länder* de l'est de l'Allemagne (près de 26 %) tandis qu'à l'Ouest, 4,7 % des électeurs lui ont accordé leur confiance.

Les trois quarts des Allemands ont accompli leur devoir civique le 18 septembre : la participation s'est établie à 77,7 %.

L'Union chrétienne-démocrate est redevenue la première formation du pays mais elle peut être déçue de son résultat. Créditée de près de 49 % des voix par les instituts de sondage en juin, elle recueille avec son alliée de la CSU 35,2 % des suffrages, soit le plus faible résultat de son histoire. La « rupture » que préconisait sa dirigeante Angela Merkel semble avoir effrayé un grand nombre d'électeurs allemands. De surcroît, les propos de l'homme dont elle souhaitait faire son ministre des Finances, l'ancien juge constitutionnel et professeur de droit fiscal à l'université d'Heidelberg Paul Kirchhof, en faveur de l'instauration d'un taux moyen d'imposition de 25% pour tous les citoyens ont été mal perçus par l'électorat et ont créé la controverse au sein même de l'Union chrétienne-démocrate. Enfin, les forces de droite sont apparues divisées durant la campagne. Ainsi, le Parti libéral-démocrate, allié de la CDU-CSU, s'était ouvertement opposé à la proposition de l'Union chrétienne-démocrate d'augmenter la TVA de deux points.

Le Parti social-démocrate est en recul par rapport au scrutin du 22 septembre 2002. Cependant l'écart qui le sépare de son principal adversaire, l'Union chrétienne-démocrate, qui le dominait de 20 points dans les enquêtes d'opinion trois mois avant le scrutin, est moins important qu'attendu (0,9 point). Victime de l'usure du pouvoir et de l'impopularité des réformes qu'il a mises en place, le Parti social-démocrate, s'il a donc mieux résisté que prévu, reste cependant loin, même avec les voix de ses alliés écologistes, de la majorité absolue.

Comme en 2002, les Verts, pourtant membres de la coalition rouge/verte sortante au pouvoir depuis sept ans, ont échappé au vote sanction et se sont maintenus à leur niveau d'il y a trois ans. Les écologistes avaient décidé de ne pas faire cause commune avec le Parti social-démocrate. La formation écologiste recueille les fruits de la politique menée par son dirigeant Joschka Fischer, vice-chancelier et ministre des Affaires étrangères du gouvernement de Gerhard Schröder et, à ce titre, véritable artisan de l'affirmation de l'Allemagne sur la scène internationale.

Le 14 novembre, à l'issue de vingt-six jours de négociation, les deux principales formations politiques allemandes – l'Union chrétienne-démocrate et le Parti social-démocrate – ont approuvé un programme commun de gouvernement pour la prochaine législature, intitulé « Ensemble pour l'Allemagne avec courage et humanité » et fondé sur le triptyque « Assainir, réformer et investir ». Pour la deuxième fois depuis la Deuxième Guerre mondiale (la première grande coalition a été dirigée par le chancelier Kurt Georg Kiesinger (CDU) entre 1966 et 1969), les deux grands partis allemands gouverneront donc le pays, rassemblés au sein d'une grande coalition, « seule perspective responsable » selon celle qui dirigera cette nouvelle équipe, Angela Merkel.

Le 22 novembre 2005, cette dernière est devenue la première femme et la première personnalité originaire de l'ancienne République démocratique d'Allemagne à être élue chancelière par le Bundestag. La présidente de l'Union chrétienne-démocrate est également la plus jeune chancelière que la République fédérale a connue.

Résultats des élections fédérales du 18 septembre 2005 en Allemagne
Participation : 77,7%

Formations politiques	Scrutin majoritaire			Scrutin proportionnel			Total sièges
	Nombre de voix	Pourcentage des suffrages	Sièges	Nombre de voix	Pourcentage des suffrages	Sièges	
Union chrétienne-démocrate (CDU)	15 390 950	32,6	106	13 136 740	27,8	74	180
Union chrétienne-sociale (CSU)	3 889 990	8,2	44	3 494 309	7,4	2	46
Total Unions chrétiennes (CDU-CSU)	**19 280 940**	**40,8**	**150**	**16 631 049**	**35,2**	**76**	**226**
Parti social-démocrate (SPD)	18 129 100	38,4	145	16 194 665	34,2	77	222
Parti libéral-démocrate (FDP)	2 208 531	4,7	0	4 648 144	9,8	61	61
Parti de gauche (Die Linke, DL)	3 764 168	8,0	3	4 118 194	8,7	51	54
Alliance 90 / Les Verts (Grünen)	2 538 913	5,4	1	3 838 326	8,1	50	51
Parti national-démocrate d'Allemagne (NPD)	857 777	1,8	0	748 568	1,6	0	0
Autres	414 633	0,9	0	1 109 042	2,3	0	0

DANEMARK

Élections législatives, 8 février 2005

Les formations de la majorité parlementaire de droite sortante, le Parti libéral (V), le Parti conservateur (KF) et le Parti du peuple danois (DF), ont remporté les élections législatives danoises organisées de façon anticipée, le 8 février 2005.

Le Parti libéral du Premier ministre Anders Fogh Rasmussen recueille 29 % des suffrages et remporte 52 sièges (– 4 par rapport au précédent scrutin législatif du 20 novembre 2001). Le Parti conservateur est en progression avec 10,3 % des voix et 18 sièges (+ 2). Enfin, le Parti du peuple danois, sort également renforcé de ces élections législatives, recueillant 13,3 % des suffrages et remportant 24 sièges (+ 2). La formation d'extrême droite demeure le troisième parti du Parlement danois. Ensemble, les trois formations de la majorité parlementaire remportent donc 94 des 179 sièges que compte le Folketing, chambre unique du Parlement danois, soit un de plus que lors de la précédente législature.

Les partis d'opposition de gauche obtiennent quant à eux un nombre de sièges identique à celui qu'ils détenaient dans le précédent parlement (74). Le Parti social-démocrate (SD), principale formation d'opposition, enregistre cependant l'un des plus faibles résultats de son histoire, recueillant 25,8 % des suffrages et remportant 47 sièges (– 5). Le Parti radical libéral (RV) est en forte hausse : 9,2 % des voix et 17 sièges (+ 8). Sa dirigeante, Marianne Jelved, est très populaire auprès des jeunes et des intellectuels pour son combat contre la politique gouvernementale de lutte contre l'immigration. Le Parti socialiste populaire (SF) obtient 6 % des suffrages et onze sièges (– 1) et enfin la Liste de l'unité-Alliance rouge verte (E) 3,4 % des voix et six sièges (+ 2).

La participation est en baisse par rapport aux précédentes élections du 20 novembre 2001, s'établissant à 84,4 % (– 2,5 points).

Pour expliquer l'organisation anticipée de ce scrutin, le Premier ministre sortant Anders Fogh Rasmussen avait mis en avant les risques de télescopage du scrutin législatif, initialement prévu en novembre 2005, avec les élections municipales qui devaient se tenir le 15 novembre. Les bons résultats du gouvernement dans les enquêtes d'opinion ont certainement pesé dans le choix du Premier ministre danois de ne pas attendre plus longtemps pour remettre son mandat en jeu.

Anders Fogh Rasmussen a donc réussi son pari et il est devenu le premier chef de gouvernement libéral danois à être reconduit à son poste.

« Le Parti libéral a réussi à subtiliser les armes traditionnelles de la social-démocratie, se faisant le défenseur des plus défavorisés, des familles avec enfants, des retraités et du service public. La lutte se résumait à un affrontement de personnes » souligne Lars Bille, professeur de science politique à l'université de Copenhague. Un combat que le charismatique Premier ministre a aisément remporté sur son principal adversaire, Mogens Lyketoft, jugé froid et austère.

Pro-européen, Anders Fogh Rasmussen est favorable à la suppression des exemptions accordées au Danemark par l'Union européenne en matière de défense commune et de coopération judiciaire et monétaire après le rejet par les électeurs du traité de Maastricht lors d'un premier référendum en 1992. Il est également un fidèle allié des États-Unis et n'a pas hésité à engager son pays dans le conflit irakien alors même que les Danois y étaient opposés.

Le Premier ministre a maintenu, à l'issue des élections législatives du 8 février, son alliance avec les Conservateurs au sein du gouvernement au sein duquel le Parti du peuple danois n'a donc pas été invité à entrer.

Résultats des élections législatives du 8 février 2005 au Danemark
Participation : 84,4%

Formations politiques	Nombre de voix	Pourcentage des suffrages	Sièges
Parti libéral (V)	974 637	29,0	52
Parti social-démocrate (SD)	867 350	25,8	47
Parti du peuple danois (OF)	479 532	13,3	24
Parti conservateur (KF)	344 886	10,3	18
Parti radical libéral (RV)	308 212	9,2	17
Parti socialiste populaire (SF)	201 047	6,0	11
Liste de l'unité-Alliance rouge verte (E)	114 123	3,4	6
Parti chrétien populaire (KrF)	58 071	1,7	0
Parti centre démocrate (CD)	33 880	1,0	0
Parti de la minorité (M)	8 850	0,3	0
Indépendants	1 204	0,0	0

POLOGNE

Élections parlementaires, 25 septembre 2005

Les Polonais ont renouvelé à l'automne 2005 l'ensemble de leurs représentants nationaux. Ils ont tout d'abord élu, le 25 septembre, leurs parlementaires (députés et sénateurs), puis leur président de la République, les 9 et 23 octobre.

La victoire des forces de droite avait été depuis longtemps annoncée par l'ensemble des enquêtes d'opinion et les partis de gauche s'étaient de leur côté résignés à la défaite. La véritable bataille des élections parlementaires polonaises se jouait entre les deux principales formations du pays, toutes deux héritières du syndicat Solidarité, à savoir la Plateforme citoyenne (PO) et Droit et justice (PiS). Sans surprise, la droite a donc largement remporté le scrutin mais, contrairement à ce que prévoyaient toutes les enquêtes d'opinion, Droit et justice a finalement devancé la Plateforme citoyenne : il a recueilli 26,9 % des suffrages (155 sièges) et il est devenu le premier parti de la Sjem (Diète), chambre basse du Parlement polonais. La Plateforme citoyenne est arrivée en deuxième position, obtenant 24,1 % des voix (133 sièges). Le résultat de la Plateforme citoyenne s'explique probablement par l'impopularité de la mesure phare de son programme, à savoir un taux unique de 15 % pour la TVA, l'impôt sur le revenu et l'impôt sur les sociétés.

Autodéfense de la République de Pologne (Samoobrona, S), parti populiste, a terminé en troisième position, recueillant 11,4 % des suffrages (56 sièges). L'Alliance de la gauche démocratique (SLD), au pouvoir depuis quatre ans et minée par de nombreuses affaires de corruption et autres scandales politico-financiers, a enregistré une sévère défaite en obtenant 11,3 % des voix (55 sièges). Enfin, la Ligue des familles polonaises (LPR) a recueilli 7,9 % des voix (34 sièges) et le Parti paysan polonais (PSL), 6,9 % des suffrages (25 sièges). Le Parti démocratique du Premier ministre sortant, Marek Belka, et le Parti social-démocrate de Pologne (SDPL) ne sont pas parvenus à franchir le seuil des 5 % de voix nécessaires pour être représentés au parlement.

Droit et justice a également obtenu la majorité au Sénat avec 49 élus. La Plateforme citoyenne a conquis 34 sièges dans la chambre haute du Parlement ; la Ligue des familles polonaises, 7 ; Autodéfense de la République de Pologne, 3 et le Parti paysan polonais, 2.

La très faible participation (40,6 %), soit un recul de 5,7 points par rapport au précédent scrutin de 2001 a été l'autre événement marquant de ces élections parlementaires et ce alors que les 25 000 bureaux de vote du pays sont restés ouverts durant quatorze heures (de six heures du matin à vingt heures). Il s'agit du plus faible taux enregistré en Pologne depuis la chute du système communiste en 1989 et dans un pays de l'Union européenne pour un scrutin national. La sociologue Lena Kolarska-Bobinska accuse la classe politique d'avoir, depuis 1989, intentionnellement négligé d'encourager la participation électorale par crainte d'un rejet par la majorité de la population des réformes imposées par le passage à l'économie de marché, réformes douloureuses pour une grande partie des Polonais. De son côté, le sociologue Edmund Wnuck-Lipinski impute cette forte abstention à « la faiblesse de la culture politique inhérente à la société polonaise et au niveau du débat politique dans le pays, deux choses qui n'encouragent pas les gens à prendre leurs responsabilités et à s'engager ».

Résultats des élections parlementaires du 25 septembre 2005 en Pologne

Diète

Participation : 40,6 %

Formations politiques	Nombre de voix	Pourcentage des suffrages	Sièges
Droit et justice (PiS)	3 185 714	26,99	155
Plateforme citoyenne (PO)	2 849 259	24,14	133
Autodéfense de la République de Pologne (S)	1 347 355	11,41	56
Alliance de la gauche démocratique (SLD)	1 335 257	11,31	55
Ligue des familles polonaises (LPR)	940 762	7,97	34
Parti paysan polonais (PSL)	821 656	6,96	25
Social-démocratie de Pologne (SDPL)	459 380	3,89	0
Parti démocrate (PD)	289 276	2,45	0
Minorité allemande	34 469	0,29	2
Autres	384 551	3,26	0

Sénat
Participation : 40,6%

Formations politiques	Sièges
Droit et justice (PiS)	49
Plateforme citoyenne (PO)	34
Ligue des familles polonaises (LPR)	7
Autodéfense de la République de Pologne (S)	3
Parti paysan polonais (PSL)	2
Alliance de la gauche démocratique (SLD)	0
Social-démocratie de Pologne (SDPL)	0
Parti démocrate (PD)	0
Indépendants	5

Élection présidentielle, 9 et 23 octobre 2005

Le candidat de Droit et justice (PiS), Lech Kaczynski, a largement remporté l'élection présidentielle polonaise lors du second tour du 23 octobre 2005 avec 54,04% des suffrages, Son rival, Donald Tusk (Plateforme citoyenne, PO), a obtenu 45,96% des voix. Lors du premier tour qui s'était déroulé le 9 octobre, le candidat de la Plateforme citoyenne était arrivé en tête avec 36,33% des suffrages pour 33,10% pour son rival. « Lech Kaczynski a fait campagne en jouant sur la peur dans les dernières semaines et il a réussi à effrayer les gens » a affirmé Cornelius Ochmann, politologue de la fondation Bertelsmann. « Lech Kaczynski est en phase avec une tendance des hommes politiques occidentaux au sein de l'Union européenne qui consiste à défendre à des fins électoralistes les intérêts de leur pays aux dépens de ceux de l'Europe » a souligné quant à lui, Eugeniusz Smolar, directeur du Centre des relations internationales de Varsovie.

La participation a été, au second tour, à peu près équivalente à celle enregistrée lors du premier tour du 9 octobre 2005 (respectivement 50,98% et 49,72%).

Lech Kaczynski a donc réédité la performance réalisée en septembre par sa formation qui, à la surprise générale, avait devancé la Plateforme citoyenne lors des élections législatives. Les « Kaczory » – les canards – comme sont appelés les deux frères Kaczynski, Lech et son frère jumeau Jaroslaw, président de Droit et justice, ont également remporté leur double pari de gagner à la fois les élections législatives et le scrutin présidentiel.

Profondément catholique, pourfendeur des droits des homosexuels et de l'avortement, Lech Kaczynski défend une Pologne solidaire et fidèle à son passé et à ses traditions. Il a promis un renouveau moral, un retour aux valeurs et une rupture avec la Pologne post-communiste et l'instauration d'une IVe République. Atlantiste convaincu, Lech Kaczynski est plutôt eurosceptique et très méfiant envers ses deux voisins russe et allemand.

Le nouveau chef de l'État a rassemblé sur son nom les voix des plus âgés des électeurs et des habitants des plus petites villes du pays. Lech Kaczynski a également bénéficié du report de voix des électeurs d'Andrzej Lepper (Autodéfense de la République de Pologne, S) du premier tour. En prônant un État-providence fort et en s'engageant à améliorer la protection sociale, Lech Kaczynski semble également être parvenu à convaincre une partie des électeurs de l'Alliance de la gauche démocratique (SLD) orphelins après le retrait de la course à la présidence de Wlodzimierz Cimoscewicz le 14 septembre, et ce alors que le président de la République sortant, le social-démocrate Aleksander Kwasniewski, avait publiquement appelé à voter en faveur de Donald Tusk.

Résultats de l'élection présidentielle des 9 et 23 octobre 2005 en Pologne
Participation : 49,72 % (premier tour) et 50,98 % (second tour)

Candidats	Nombre de voix (premier tour)	Pourcentage des suffrages (premier tour)	Nombre de voix (second tour)	Pourcentage des suffrages (second tour)
Donald Tusk (Plateforme citoyenne, PO)	5 429 666	36,33	7 022 319	45,96
Lech Kaczyński (Droit et justice, PiS)	4 947 927	33,10	8 257 468	54,04
Andrzej Lepper (Autodéfense de la République de Pologne, S)	2 259 094	15,11		
Marek Borowski (Social-démocratie de Pologne, SDPL)	1 544 642	10,33		
Jarosław Kalinowski (Parti paysan polonais, PSL)	269 316	1,80		
Janusz Korwin-Mikke (Union de la politique réelle	214 116	1,43		
Henryka Bochniarz (Parti démocrate	188 598	1,26		
Liwiusz Ilasz (indépendant)	31 691	0,21		
Stanisław Tymiński	23 545	0,16		
Leszek Bubel	18 828	0,13		
Jan Pyszko	10 371	0,07		
Adam Słomka	8 895	0,06		

PORTUGAL

Élections législatives, 20 février 2005

Pour la première fois de son histoire, le Parti socialiste (PS) a remporté à la majorité absolue des voix les élections législatives qui se sont tenues au Portugal le 20 février 2005. La formation dirigée par José Socrates a recueilli 45,03 % des suffrages et a remporté 121 des 230 sièges du parlement portugais (+ 26 par rapport au précédent scrutin législatif du 17 mars 2002). Rappelons qu'aucune formation politique n'avait obtenu de majorité absolue depuis plus de dix ans au Portugal. Le Parti social-démocrate (PSD) du Premier ministre sortant Pedro Santana Lopes obtient quant à lui son résultat le plus faible depuis 1983 : 28,77 % des voix et 75 députés (– 27).

La Coalition démocratique unitaire (CDU), alliance du Parti communiste et des Verts, est arrivée en troisième position, recueillant 7,54 % des suffrages et obtenant 14 sièges (+ 2). Elle a légèrement devancé le Parti populaire (CDS / PP), allié du Parti social-démocrate, qui a obtenu 7,24 % des voix et 12 députés (– 2). Enfin, le Bloc des gauches (BE) a réussi une véritable percée en recueillant 6,35 % des suffrages et remportant 8 sièges au Parlement (+ 5).

Ensemble, les forces de gauche ont obtenu 59 % des suffrages, un résultat qu'elles n'avaient jamais atteint dans toute l'histoire du Portugal. L'écart entre les deux principales formations politiques, le Parti socialiste et le Parti social-démocrate, est également le plus important jamais enregistré dans le pays.

Le scrutin législatif avait été anticipé après la décision du président de la République, Jorge Fernando Branco de Sampaio (PS) d'engager en novembre 2004 une procédure de dissolution du parlement pour mettre un terme à la crise interne qui agitait la coalition gouvernementale de Pedro Santana Lopes. Le chef de l'État avait justifié sa décision par la « grave crise de crédibilité » traversée par le gouvernement et l'incapacité du Premier ministre à « maintenir la stabilité politique du pays ».

En dépit d'une campagne menée par un mystérieux groupe appelé « Un cap pour le Portugal » afin d'encourager les Portugais à exprimer leur défiance à l'égard de l'ensemble des hommes politiques, les électeurs se sont fortement mobilisés pour ces élections législatives. La participation a atteint 65,02 %, soit une progression de 2,68 points par rapport au précédent scrutin du 17 mars 2002.

« Il ne s'agit pas d'un virage à gauche du Portugal mais simplement d'un discrédit de la droite » a affirmé le directeur de l'institut d'opinion Eurosondagem, Rui Oliveira Costa. De son côté, Pedro Magalhaes, politologue à l'institut des sciences sociales de l'université de Lisbonne, a souligné que « L'image de ce gouvernement – celui de Pedro Lopes Santana – auprès des électeurs était l'une des pires dont il y ait mémoire dans la démocratie portugaise. L'enjeu était d'empêcher le maintien de cette coalition au pouvoir ».

À l'issue des élections législatives, José Socrates a formé un gouvernement composé uniquement de membres du Parti socialiste.

Résultats des élections législatives du 20 février 2005 au Portugal
Participation : 65,02 %

Formations politiques	Nombre de voix	Pourcentage des suffrages	Sièges
Parti socialiste (PS)	2 588 312	45,03	121
Parti social-démocrate (PSD)	1 653 425	28,77	75
Coalition démocratique unitaire (CDU)	433 369	7,54	14
Parti populaire (CDS/ PP)	416 415	7,24	12
Bloc des gauches (BE)	364 971	6,35	8
Autres	122 290	2,13	0

ROYAUME-UNI

Élections générales, 5 mai 2005

Le 5 mai 2005, 44 180 243 Britanniques étaient appelés aux urnes pour élire les 646 membres de la Chambre des Communes, chambre basse de leur Parlement, la réduction de 72 à 59 du nombre des circonscriptions en Écosse, ayant réduit de 13 le nombre total de députés.

Le Premier Ministre sortant Tony Blair (Parti travailliste, Lab) a fait mentir l'adage britannique qui veut que les Conservateurs, qui ont occupé le pouvoir pendant les trois quarts du XXe siècle, soient les « gouvernants naturels » du Royaume-Uni, en devenant jeudi 5 mai 2005 le deuxième chef de gouvernement – et le premier travailliste – à remporter une troisième victoire consécutive aux élections générales du Royaume-Uni, un exploit qu'avait réalisé Margaret Thatcher (Cons) dans les années 1980.

Le Parti travailliste (Lab) arrive en effet en tête du scrutin général avec 35,2 % des suffrages, soit 355 sièges. Il perd 48 élus par rapport aux dernières élections générales du 7 juin 2001 mais il conserve une avance de 59 sièges sur les Conservateurs (Cons). Ce résultat fait néanmoins du Parti travailliste la formation politique la moins bien élue de l'histoire britannique. Pour Patrick Dunleavy, expert politique de la London School of Economics, « les gens sont contents du Labour mais mécontents de Tony Blair à cause de la guerre en Irak ».

Le Parti conservateur (Cons), principale formation d'opposition, obtient 32,4 % des voix et remporte 198 sièges à la Chambre des Communes (+ 34). Il recule cependant en nombre de voix, retombant à son plus faible niveau depuis 1924, à l'exception de la déroute de 2001 (8,36 millions de suffrages). « L'apparent progrès des Conservateurs en termes de sièges cache mal une complète stagnation en termes de voix » a souligné Michael Bruler, chercheur à la London School of Economics, ajoutant « C'est un échec des Tories qui avaient tout pour réussir avec un pouvoir travailliste usé après huit ans de pouvoir et une presse très dure contre le Premier Ministre Tony Blair ».

Les Libéraux-Démocrates (LibDem) sont la seule formation à réellement progresser à la fois en voix et en sièges. Recueillant 22 % des suffrages et 62 sièges (+ 11), ils obtiennent leur « meilleur résultat depuis bien des générations » selon les mots de leur dirigeant Charles Kennedy.

Les Libéraux-Démocrates doivent en grande partie leur succès à leur opposition à l'intervention militaire en Irak. En effet, les électeurs travaillistes souhaitant sanctionner le Labour ont choisi de se tourner vers la troisième formation du pays pour ne pas risquer de faire gagner les Conservateurs.

Les formations nationalistes ont de leur côté obtenu des résultats contrastés. Le Parti national écossais (SNP) perd environ 50 000 voix en quatre ans mais il remporte tout de même un siège par rapport au précédent scrutin (6 élus) et ce en dépit de la réduction de 72 à 59 du nombre de circonscriptions en Écosse. La formation obtient 18 % des voix en Écosse, arrivant en troisième position derrière le Parti travailliste (40 %) et les Libéraux-Démocrates (22 %).

Avec 12,55 % des suffrages au Pays de Galles, le Plaid Cymru, en revanche, enregistre un recul de ses suffrages (– 30 000) et de ses sièges (3, soit - 1).

En Irlande du Nord, les formations modérées ont été devancées par les partis extrêmes, côté protestant comme côté catholique. Le Parti démocratique d'Ulster (DUP) du pasteur Ian Paisley, chef de file de l'opposition anticatholique, dont le nombre de députés passe de 5 à 9, est le grand vainqueur du scrutin. Le Sinn Fein (SF) de Gerry Adams obtient 5 sièges (+ 1), soit le résultat le plus élevé jamais obtenu en Irlande du Nord par une formation catholique. Fidèles à leur tradition, les élus du Sinn Fein, qui refusent de prêter serment à la reine Elizabeth, ne siègeront pas à la Chambre des Communes.

Les modérés du Parti social-démocrate et travailliste (SDLP) conservent leurs 3 députés. Enfin, les modérés du Parti unioniste d'Ulster (UUP) ont subi une défaite historique perdant 5 de leurs 6 sièges.

La participation aux élections générales est en hausse par rapport au très faible taux enregistré lors du précédent scrutin du 7 juin 2001 et elle s'élève à 61,4% (+ 2 points).

Résultats des élections générales du 5 mai 2005 au Royaume-Uni
Participation : 61,4%

Formations politiques	Nombre de voix	Pourcentage des suffrages	Sièges
Parti travailliste (Lab)	9 552 436	35,2	355
Parti conservateur (Cons)	8 784 915	32,4	198
Libéraux-démocrates (LibDems)	5 985 454	22,0	62
Parti unioniste démocrate (DUP)	241 856	0,9	9
Parti national écossais (SNP)	412 267	1,5	6
Sinn Féin (SF)	174 530	0,6	5
Plaid Cymru (PC)	174 838	0,6	3
Parti social-démocrate et travailliste (SDLP)	125 626	0,5	3
Parti unioniste d'Ulster (UUP)	127 414	0,5	1
Parti du respect (Respect)	68 094	0,3	1
Parti pour l'indépendance du Royaume-Uni (UKIP)	605 973	2,2	0
Parti vert de l'Angleterre et du pays de Galles (Green)	257 758	1,0	0
Parti national britannique (BNP)	192 745	0,7	0
Indépendants	122 626	0,5	1
Autres	321 858	1,1	0

ANNÉE 2006

AUTRICHE

Élections fédérales, 1er octobre 2006

À la surprise générale, le Parti social-démocrate (SPÖ), pourtant fortement secoué en 2006 par l'implication de la Bawag, quatrième banque d'Autriche et propriété exclusive des syndicats autrichiens, dans des affaires de corruption, de malversations financières et de spéculations illicites, est arrivé en tête des élections fédérales qui se sont déroulées en Autriche le 1er octobre 2006. Il recueille 35,34 % des suffrages et il remporte 68 sièges (– 1 par rapport aux précédentes élections législatives du 24 novembre 2002). Il précède le Parti populaire (ÖVP) du chancelier sortant Wolfgang Schüssel, au pouvoir depuis six ans, qui obtient 34,33 % des voix et 66 sièges (– 13). Le Parti social-démocrate s'impose dans cinq des neuf *Länder* que compte le pays, notamment dans la partie est de l'Autriche, tandis que le Parti populaire est majoritaire dans quatre régions, dont les trois situées le plus à l'Ouest.

L'ancienne formation de Jörg Haider, le Parti de la liberté (FPÖ), désormais dirigée par Heinz-Christian Strache, reste la troisième formation du pays. Elle recueille 11,04 % des suffrages et remporte 21 sièges. Elle est suivie des Verts qui obtiennent le meilleur résultat de leur histoire avec 11,03 % des voix et 21 sièges (+ 5) et de l'Alliance pour l'avenir de l'Autriche (BZÖ), parti d'extrême droite créé par Jörg Haider le 4 avril 2005 et dirigé par Peter Westenthaler, qui, avec 4,1 % (7 sièges) passe *in extremis* le seuil des 4 % de suffrages indispensables pour être représenté au Parlement. Le député européen Hans-Peter Martin n'est pas parvenu à réitérer son succès des élections européennes du 13 juin 2004. Sa Liste des Citoyens pour la démocratie, les contrôles et la justice n'obtient que 2,83 % des suffrages. Enfin, le Parti communiste (KPÖ) recueille 1,01 % des voix.

La participation s'est établie à 78,49 %, inférieure de 5,78 points à celle du précédent scrutin du 24 novembre 2002. Elle est la plus faible jamais enregistrée en Autriche.

Wolfgang Schüssel, qui avait provoqué une crise au sein de l'Union européenne en s'associant, en février 2000, avec le Parti libéral de Jörg Haider avant de voir sa stratégie justifiée par l'effondrement de cette même formation aux dernières élections législatives du 24 novembre 2002, est victime cette fois-ci de son échec à contrôler l'extrême droite.

Alfred Gusenbauer (SPÖ) lui a succédé à la chancellerie. Il a formé une coalition gouvernementale rassemblant le Parti social-démocrate et le Parti populaire.

Résultats des élections fédérales du 1er octobre 2006 en Autriche
Participation : 78,49%

Formations politiques	Nombre de voix	Pourcentage des suffrages	Sièges
Parti social-démocrate (SPÖ)	1 663 986	35,34	68
Parti populaire (ÖVP)	1 616 493	34,33	66
Les Verts (Grünen)	520 130	11,04	21
Parti de la liberté (FPÖ)	519 598	11,03	21
Alliance pour l'avenir de l'Autriche (BZÖ)	193 539	4,11	7
Autres	194 535	4,13	0

CHYPRE

Élections législatives, 21 mai 2006

La coalition au pouvoir est sortie victorieuse des élections législatives qui se sont déroulées le 21 mai 2006 à Chypre, les premières depuis l'échec du référendum du 24 avril 2004 sur le plan de paix proposé par les Nations unies en vue de la réunification de l'île après trente ans de divisions et de négociations inabouties entre les deux communautés grecque et turque[15].

Première formation du pays, le Parti progressiste des travailleurs (AKEL) a recueilli 31,13% des suffrages et a remporté 18 sièges (– 2). Il devance la principale formation d'opposition libérale, le Rassemblement démocratique (DISY), qui obtient 30,34% des voix et également 18 sièges (– 1). Toutefois, le Parti démocratique (DIKO), formation du président de la République et chef du gouvernement (à Chypre, le président de la République possède également

15. Le 24 avril 2004, les Chypriotes grecs se sont prononcés à 75,83% contre le plan de paix proposé par les Nations unies en vue de la réunification de Chypre, seuls 24,17% de la population avaient approuvé l'initiative onusienne. En revanche, 64,9% des Chypriotes turcs avaient voté « oui » pour 35,1% qui avaient choisi le « non ».

le titre et les fonctions de chef du gouvernement) Tassos Papadopoulos, est le véritable vainqueur de ces élections législatives. La formation est la seule à progresser par rapport aux précédentes élections législatives de 2001 : elle recueille 17,92 % des suffrages et remporte 11 sièges (+ 1). Les Démocrates unis (EDI), parti favorable à la réunification de l'île et qui avait défendu le « oui » au référendum sur le plan de paix des Nations unies le 24 avril 2004, enregistrent un recul qui leur fait perdre leur unique siège au parlement. Au total, les cinq formations composant la coalition gouvernementale – le Parti progressiste des travailleurs, le Parti démocratique, le Mouvement des sociaux-démocrates-Union du centre (EDEK), le Mouvement écologiste et environnementaliste-Parti vert (KEP) et le Parti européen (EK) – ont recueilli 65,66 % des suffrages et ont remporté 38 des 56 sièges de la Chambre des représentants, chambre unique du Parlement chypriote.

La participation s'est élevée à 89 %, en légère baisse (– 1,5 point) par rapport au scrutin législatif de 2001. Le vote est obligatoire à Chypre mais aucun abstentionniste n'a été sanctionné au cours des quinze dernières années pour ne pas avoir rempli son devoir civique.

Avec la victoire des forces politiques opposées au plan de paix des Nations unies, Tassas Papadopoulos, l'homme politique le plus populaire de l'île, a gagné son pari. La progression du Parti démocratique, qui a été le fer de lance de la campagne du « non » au référendum du 24 avril 2004, constitue bien une approbation de sa politique d'opposition au plan de paix de l'ONU. Les électeurs chypriotes n'ont pas fait mentir les enquêtes d'opinion qui toutes disent que la moitié d'entre eux souhaitent vivre séparés des Chypriotes turcs.

« C'est un référendum bis. Tassas Papadopoulos peut l'interpréter comme une nouvelle légitimation de sa politique et poursuivre sur sa ligne dure » affirme James Ker-Lindsay, professeur à la Kingston University de Londres. « C'est une justification de la politique de Tassas Papadopoulos, qui vise à dépasser le plan des Nations unies et à obtenir un maximum de concessions de la Turquie sur la voie de son adhésion à l'Union européenne » souligne Hubert Faustmann, professeur de relations internationales à l'Intercollege de Nicosie.

Les négociations sur l'avenir du pays sont donc au point mort et le scrutin législatif du 21 mai ne peut être que très décevant pour les partisans de la réunification des deux parties de l'île. Tout au long de la campagne électorale, le président de la République, qui, lors de son élection à la tête de l'État le 16 février 2003, s'était fixé comme objectif la réunification de son pays par une solution « juste, viable et fonctionnelle », a cependant répété qu'il était prêt à débuter, après le scrutin, de nouvelles négociations de paix.

Résultats des élections législatives du 21 mai 2006 à Chypre
Participation : 89 % (la participation est obligatoire à Chypre)

Formations politiques	Nombre de voix	Pourcentage des suffrages	Sièges
Parti progressiste des travailleurs (AKEL)	131 066	31,13	18
Rassemblement démocrate (DISY)	127 776	30,34	18
Parti démocrate (DIKO)	75 458	17,92	11
Mouvement pour la démocratie sociale (EDEK)	37 533	8,91	5
Parti européen (EVROKO)	24 196	5,75	3
Mouvement écologiste et environnementaliste (KOP)	8 193	1,95	1
Démocrates unis (EDI)	6 567	1,56	0
Mouvement des citoyens libres	5 157	1,22	0
Démocratie européenne (EvroDi)	1 844	0,44	0
Mouvement politique des chasseurs	1 112	0,26	0
Mouvement populaire socialiste (LASOK)	981	0,23	0
Indépendants	1 204	0,29	0

FINLANDE

Élection présidentielle, 15 et 29 janvier 2006

Les 15 et 29 janvier 2006, les Finlandais étaient appelés aux urnes pour élire leur président de la République. La nouvelle Constitution finlandaise, adoptée en 2000, a limité les pouvoirs du chef de l'État. Celui-ci reste cependant le commandant en chef des armées et il dirige la politique étrangère et de sécurité du pays en collaboration avec le gouvernement et non plus seul comme auparavant.

Sans réelle surprise mais après une campagne plus difficile et plus serrée que prévue, la chef de l'État sortante Tarja Halonen (Parti social-démocrate, SDP) a été réélue au second tour avec 51,79 % des suffrages pour 48,21 % à son rival, Sauli Niinistö, candidat du Parti de la coalition nationale (KOK).

La participation s'est élevée à 74,03 % au second tour, soit 2,8 points de moins que lors du précédent scrutin de 2000.

Sauli Niinistö a tenté de se porter sur le terrain de la Présidente sortante (État-providence, emploi, social) à qui il reprochait de s'intéresser davantage aux problèmes internationaux qu'à ceux des Finlandais. S'autoproclamant « Président des travailleurs », il était parvenu à se poser en véritable chef de l'État potentiel comme le prouve son résultat du premier tour où, avec 24,06 % des voix, il avait devancé de 5,43 points le Premier ministre Matti Vanhanen (Parti du centre, KESK). En revanche, sa position sur la question de l'OTAN (le candidat penche pour une adhésion de la Finlande à l'Alliance atlantique alors que plus de la moitié des Finlandais y sont opposés) semble bien être ce qui l'a empêché de s'imposer au second tour. Le bon résultat de Sauli Niinistö place néanmoins sa formation en position de force à un peu plus d'un an des prochaines élections législatives.

La réélection de Tarja Halonen, qui est la présidente la plus populaire depuis l'indépendance du pays en 1917, a coïncidé avec le centième anniversaire de l'octroi du droit de vote et d'éligibilité aux Finlandaises, premières femmes à en avoir bénéficié en Europe. Aujourd'hui encore, la Finlande reste le deuxième pays de l'Union européenne derrière la Suède (et le quatrième au niveau mondial) en matière de représentation des femmes au sein des instances politiques (37,5 % de femmes dans l'Eduskunta/Riksdag, nom finnois et suédois du parlement finlandais).

Résultats de l'élection présidentielle des 15 janvier 2006 en Finlande
Participation : 70,82 % et 74,03 %

Candidats	Nombre de voix (premier tour)	Pourcentage des suffrages (premier tour)	Nombre de voix (second tour)	Pourcentage des suffrages (second tour)
Tarja Halonen (Parti social-démocrate, SDP)	1 397 030	46,31	1 630 980	51,79
Sauli Niinistö (Parti de la coalition nationale, KOK)	725 866	24,06	1 518 333	48,21
Matti Vanhanen (Parti du centre, KESK)	561 990	18,63		
Heidi Hautala (Verts, VIHR)	105 248	3,49		
Timo Soini (Vrais Finlandais, PS)	103 492	3,43		
Bjarne Kallis (Démocrates-chrétiens, SKL)	61 483	2,04		

HONGRIE

Élections législatives, 9 et 23 avril 2006

La coalition gouvernementale des forces de gauche est arrivée en tête du premier tour des élections législatives qui s'est déroulé le 9 avril 2006 en Hongrie. Le Parti socialiste (MSZP), emmené par le Premier ministre sortant Ferenc Gyurcsany, a recueilli 43,21 % des suffrages et son allié gouvernemental, l'Alliance des démocrates libres (SZDSZ), 6,50 % (résultats du scrutin proportionnel).

Le Parti socialiste a devancé de peu le principal parti d'opposition, l'Alliance des jeunes démocrates-Union civique (FIDESZ-MPP), formation de l'ancien Premier ministre (1998-2002) Viktor Orban, qui a obtenu 42,03 % des voix. Enfin, le Forum démocratique (MDF), ancien allié de l'Alliance des jeunes démocrates, a réussi à passer la barre des 5 % indispensables pour être représenté à l'0rszaggyules, chambre unique du Parlement hongrois. La formation libérale a recueilli 5,04 % des suffrages. Le parti d'extrême droite, le Parti pour la justice et la vie (MIEP), a remporté 2,2 % des voix.

L'Alliance des jeunes démocrates a réalisé ses résultats les plus élevés dans la partie occidentale du pays ; le Parti socialiste reste mieux implanté à l'Est du pays.

La participation s'est élevée à 67,83 %. Les Hongrois vivant à l'étranger se sont fortement mobilisés puisque 82,33 % d'entre eux ont rempli leur devoir civique.

Les forces de gauche au pouvoir se sont de nouveau imposées au second tour du 23 avril. Le Parti socialiste a remporté un total de 186 sièges. L'Alliance des démocrates libres a obtenu 18 sièges. L'Alliance des jeunes démocrates-Union civique a donc été devancée : elle a conquis 164 sièges au total. Le Forum démocratique a obtenu 11 sièges.

Le 23 avril, la participation (64,36 %) a été légèrement inférieure à celle enregistrée lors du premier tour.

Ferenc Gyurcsany, qui devient le premier chef du gouvernement hongrois à être reconduit à son poste, a donc remporté une victoire personnelle. Le Premier ministre a su conduire à la victoire une formation social-démocrate pourtant impopulaire et vieillissante il y a encore deux ans, un parti défait aux élections européennes du 13 juin 2004 et largement dominé dans toutes les enquêtes d'opinion par son principal adversaire, l'Alliance des jeunes démocrates-Union civique jusqu'à quelques semaines avant le scrutin.

Après le temps des promesses électorales, voici donc venu pour la Hongrie celui du retour à la réalité et, très probablement après quatre années de dépenses excessives, celui des douloureuses réformes économiques.

Avec son gigantesque déficit budgétaire (plus de 10 % du PIB), un taux de chômage en progression et des secteurs comme celui de la santé et de l'éducation ayant un besoin urgent de réformes, le prochain gouvernement devra donc mettre en œuvre les mesures nécessaires pour redresser les finances publiques et préparer le pays à l'adoption de la monnaie unique. « Le gouvernement disposera d'une base beaucoup plus solide qu'après 2002 pour gouverner » a souligné le politologue de l'Académie des sciences, Laszlo Keri.

À l'issue du scrutin législatif, Ferenc Gyurcsany a reconduit sa coalition gouvernementale qui unit le Parti socialiste à l'Alliance des démocrates libres.

Résultats des élections législatives des 9 et 23 avril 2006 en Hongrie
Participation : 67,83 % (premier tour) et 64,36 % (second tour)

Formations politiques	Scrutin majoritaire							Scrutin proportionnel			Sièges nationaux	Total sièges
	Voix (1er tour)	% (1er tour)	Sièges (1er tour)	Voix (2e tour)	% (2e tour)	Sièges (2e tour)	Total sièges	Voix	%	Sièges		
Parti socialiste (MSZP)	2 175 312	40,26	34	1 510 360	46,62	64	98	2 336 705	43,21	71	17	186
Alliance des démocrates libres (SZDSZ)	340 746	6,31	0	64 501	1,99	3	3	351 612	6,50	4	11	18
Candidats communs MSZP-SZDSZ	154 619	2,86	4	72 802	2,25	2	6	6				
Total Alliance électorale MSZP-SZDSZ	**2 670 677**	**49,42**	**38**	**1 647 663**	**50,86**	**69**	**107**	**2 688 317**	**49,71**	**75**	**28**	**210**
Alliance des jeunes démocrates-Union civique (FIDESZ-MPP (Fidesz-MPSZ) Parti populaire démocrate-chrétien (KDNP)	2 269 241	41,99	28	1 511 426	46,65	40	68	2 272 979	42,03	69	27	164
Forum démocratique (MDF)	238 566	4,41	0	16 364	0,51	0	0	272 831	5,04	2	9	11
Parti hongrois de la justice et de la vie (MIÉP)	92 798	1,72	0	231	0,00	0	0	119 007	2,20	0	0	0
Autres	83 446	1,54	0	27 399	0,85	1	1	76 872	1,42	0	0	0

ITALIE

Élections parlementaires, 9 et 10 avril 2006

La confusion a régné durant de longues heures avant que ne puissent être déclarés les résultats définitifs et le nom des vainqueurs des élections parlementaires des 9 et 10 avril 2006 en Italie. Assurée de la majorité à la Chambre des députés dès le lendemain du scrutin, ce n'est que dans l'après-midi de ce même jour que la coalition des forces de gauche, l'Union, a pu célébrer sa victoire au Sénat après le dépouillement des votes des Italiens de l'étranger.

Les forces de gauche conduites par l'ancien président du Conseil (1996-1998) et ex-président de la Commission européenne (1999-2004) Romano Prodi, arrivent en tête aux élections à la Chambre des députés. Cette coalition appelée L'Union recueille 55,30 % des suffrages et elle remporte au total 348 sièges à la chambre basse du Parlement. La coalition des forces de droite, la Maison des libertés, emmenée par le Président du Conseil sortant, Silvio Berlusconi (Forza Italia, FI), obtient au total 44,70 % des voix et 281 sièges.

En recul par rapport aux précédentes élections législatives du 13 mai 2001, Forza Italia (FI) demeure néanmoins le premier parti d'Italie avec 23,72 % des suffrages et 137 sièges. L'Alliance nationale (AN) et la Ligue du Nord (LN) progressent à la Chambre des députés, elles recueillent respectivement 12,34 % des suffrages (71 élus) et 4,58 % (26 députés). À gauche, L'Olivier, qui rassemble des Démocrates de gauche (DS) et La Marguerite-La démocratie est la liberté (DL), reste stable (31,27 % des voix et 220 sièges).

Au Sénat, L'Union recueille 50,50 % des suffrages et elle remporte 159 sièges. 217 817 voix séparent les deux coalitions en faveur des forces de gauche, la Maison des libertés obtenant 49,50 % des suffrages et 156 sièges. Le Sénat et la Chambre des députés possédant, en Italie, un pouvoir équivalent, l'obtention de la majorité dans chacune des Chambres est requise pour être en mesure de gouverner.

Les forces de droite réalisent leurs meilleurs résultats en Sicile et en Vénétie, elles s'imposent également dans le Piémont, la Lombardie, le Latium, la Campanie, les Pouilles et le Frioul Vénétie Julienne. La coalition de l'Union obtient une large victoire en Toscane, dans le Basilicate et devance la Maison des libertés en Sardaigne, en Calabre, dans le Trentin-Haut-Adige, le Molise, les Abruzzes, les Marches, la Ligurie et l'Émilie Romagne.

La participation s'est élevée à 83,6%, soit 2,22 points de plus que lors des dernières parlementaires du 13 mai 2001. Les Italiens résidant à l'étranger, appelés pour la première fois à voter pour un scrutin parlementaire national, se sont moyennement mobilisés (42,07%).

Une chose est sûre : Silvio Berlusconi, qui peut, à juste titre, s'enorgueillir d'avoir dirigé le plus long gouvernement de l'histoire de la République italienne et le premier à avoir terminé le mandat de cinq ans d'une législature, a réussi son pari de faire de ces élections un référendum sur sa propre personne. La victoire des forces de gauche n'empêche donc pas de considérer ce scrutin comme un semi-échec pour le leader des forces de l'opposition Romano Prodi qui dominait son rival de 8 points dans toutes les enquêtes d'opinion cinq mois avant le scrutin.

Silvio Berlusconi, que toutes les enquêtes d'opinion donnaient perdant depuis deux ans et qui était dominé par Romano Prodi de huit points cinq mois avant le scrutin, avait fait de ces élections parlementaires un référendum sur sa personne. Le *Cavaliere* a mené une campagne offensive, dure, populiste et celle-ci a su rassembler ses électeurs et convaincre les moins politisés et les moins instruits des Italiens de lui renouveler sa confiance. « Lorsqu'il tape sur les grands patrons, lorsqu'il insulte les électeurs de gauche en les traitant de « couillons », Silvio Berlusconi flatte le sentiment antipolitique de beaucoup d'électeurs » souligne le sociologue et historien de Sciences Po, Marc Lazar. L'homme peut s'enorgueillir d'avoir dirigé le plus long gouvernement de l'histoire de la République italienne et d'être le premier président du Conseil à avoir accompli un mandat de cinq ans.

Romano Prodi, antithèse de Silvio Berlusconi, retrouve donc le Palais Chigi (siège du chef du Gouvernement). *Il Professore* devra trouver les moyens de gouverner un pays divisé à égalité entre gauche et droite et qu'il s'agit de faire sortir d'une situation politique instable et confuse. Il a formé un gouvernement qui comprend les huit formations de L'Union (les Démocrates de gauche, La Marguerite-La démocratie c'est la liberté, Refondation communiste, La rose au poing, Italie des valeurs, Parti des communistes italiens, ma Fédération des verts et l'Union des démocrates pour l'Europe).

Résultats des élections parlementaires des 9 et 10 avril 2006 en Italie

Chambre des députés

Participation : 83,6%

Formations politiques	Pourcentage des suffrages	Sièges
Coalition de l'Union	55,30	348
Coalition Maison des libertés	44,70	281

Sénat
Participation : 83,6 %

Formations politiques	Pourcentage des suffrages	Sièges
Coalition de l'Union	50,50	159
Coalition Maison des libertés	49,50	156

LETTONIE

Élections législatives, 7 octobre 2006

Le Parti du peuple (TP), formation du Premier ministre Aigars Kalvitis, est arrivé en tête des élections législatives qui se sont déroulées en Lettonie le 7 octobre 2006. Le parti recueille 19,68 % des suffrages et remporte 23 sièges (+ 3 par rapport au précédent scrutin du 5 octobre 2002). Aigars Kalvitis est donc le premier chef de gouvernement à être reconduit dans ses fonctions par les urnes depuis l'indépendance du pays le 21 août 1991. Deuxième parti de la coalition gouvernementale, l'Union des fermiers et des verts (ZZS) a pris la deuxième place du scrutin, avec 16,81 % des voix et 18 sièges (+ 6).

La coalition Premier de Lettonie-Voie lettone (LPP-LC) emmenée par Ainars Slesers, enregistre en revanche un recul. Elle recueille 8,64 % des suffrages et remporte 10 sièges, soit le même nombre que Premier de Lettonie seul en 2002. Les positions conservatrices (et hostiles aux homosexuels) et l'alliance électorale conclue avec la Voie lettone (LC) n'ont pas séduit les électeurs de Premier de Lettonie, partenaire du Parti du peuple au gouvernement.

Au total, la coalition gouvernementale sortante obtient 45,13 % des voix et 51 des 100 de la Saeima, chambre unique du Parlement letton, soit la majorité absolue.

Rivale du Parti du peuple bien que située aussi au centre-droit de l'échiquier politique, l'ancienne formation gouvernementale, Nouvelle ère (JL), qui a quitté le gouvernement en avril 2006, prend la troisième place du scrutin législatif avec 16,48 % des voix et 18 sièges (– 8).

La véritable surprise de ce scrutin réside dans la percée du Centre de l'harmonie (SC) qui recueille 14,52 % des suffrages (17 sièges), soit environ 8 points de plus que ne le prévoyaient les enquêtes d'opinion. Dirigé par l'ancien journaliste, Nils Usakovs, le Centre de l'harmonie est une formation russophone qui défend la diversité de la population lettone et qui est favorable au libre choix de chacun de choisir la langue dans laquelle ses enfants seront éduqués. La formation apparaît plus modérée que son principal concurrent, Pour les droits de l'homme dans une Lettonie unie (PVTCL), qui a pâti du résultat du Centre de l'harmonie puisqu'il n'a obtenu que 6,99 % des voix et 6 sièges (– 19). « Le résultat du Centre de l'harmonie pourrait bien être le signe d'un déclin du radicalisme et de la polarisation » analyse Nils Muiznieks, professeur de science politique à l'université de Lettonie. La Lettonie possède la minorité russophone la plus nombreuse des trois Républiques baltes. Selon des chiffres officiels de juillet 2004, les « Lettons de souche » représentent 58,7 % de la population et les « Russes », 28,8 %. 58,2 % des habitants ont le letton pour langue maternelle, 37,5 % le russe. La minorité russophone est également majoritaire dans sept des huit plus grandes villes du pays.

Enfin, un septième parti a franchi le seuil de 5 % des suffrages exprimés indispensable pour être représenté à la Saeima : l'Union pour la patrie et la liberté (TB/LNNK) de Janis Straume qui obtient 6,95 % et 8 sièges (+ 1).

La participation s'est élevée à 60,98 %, soit en très forte baisse par rapport à celle enregistrée lors des dernières élections législatives du 5 octobre 2002 (– 16,05 points).

Chaque formation politique représente en Lettonie les intérêts d'un groupe social déterminé. Si la scène politique du pays se prête peu à la traditionnelle division droite-gauche, en revanche, il est fréquent de distinguer « les partis défendant les Lettons de ceux défendant les Slaves, dont les russophones ne représentent qu'une partie » selon les mots du politologue Janis Ikstens, de l'université Vidzeme de Valmiera. Les formations « lettones » (Nouvelle ère, le Parti du peuple, l'Union des fermiers et des Verts, l'Union pour la patrie et la liberté et Premier de Lettonie) sont toutes favorables à l'économie de marché, à l'intégration européenne et veulent, dans une plus ou moins grande mesure, voir les impôts diminuer. Les différences entre elles résident essentiellement dans les enjeux sur lesquels elles ont choisi de centrer leur positionnement.

À l'issue du scrutin législatif, le Premier ministre sortant Aigars Kalvitis a formé un gouvernement qui rassemble six partis : le Parti du peuple, l'Union des fermiers et des verts, Premier de Lettonie, la Voie lettone, l'Union pour la patrie et la liberté et le Parti vert (LZP).

Résultats des élections législatives du 7 octobre 2006 en Lettonie
Participation :60,98%

Formations politiques	Nombre de voix	Pourcentage des suffrages	Sièges
Parti du peuple (TP)	177 481	19,68	23
Union des fermiers et des verts (ZZS)	151 595	16,81	18
Nouvelle ère (JL)	148 602	16,48	18
Centre de l'harmonie (SC)	130 887	14,52	17
Premier de Lettonie-Voie lettone (LPP-LC)	77 869	8,64	10
Union pour la patrie et la liberté (TB/LNNK)	62 989	6,99	8
Pour les droits de l'homme dans une Lettonie unie (PVTCL)	54 684	6,06	6
Autres	97 558	10,82	0

PAYS-BAS

Élections législatives, 22 novembre 2006

Les Néerlandais ont reconduit le 22 novembre 2006 l'Appel chrétien-démocrate (CDA) du Premier ministre sortant Jan Peter Balkenende qui, avec 26,5% des suffrages et 41 sièges à la Chambre des États généraux, chambre basse du Parlement néerlandais, est sorti vainqueur du duel qui l'opposait au dirigeant du Parti du travail (PvdA), Wouter Bos, grand perdant du scrutin (21,1% et 33 élus). Le chef du gouvernement recueille les fruits de ses réformes (privatisation du système de santé, des transports et de l'énergie, réduction de plus d'un tiers de la durée d'indemnisation du chômage, suppression des aides à la retraite anticipée, durcissement des conditions d'octroi des minima sociaux), impopulaires dans un premier temps, mais qui lui ont permis d'afficher un bilan économique satisfaisant: taux de chômage de 4%, croissance de plus de 3% en 2006 et déficit public représentant 0,1% du PIB. Jan Peter Balkenende a réalisé une bonne campagne électorale, se montrant extrêmement à l'aise, clair et sincère et n'hésitant pas à dire que de nouveaux sacrifices seraient nécessaires pour préserver la bonne santé de l'économie.

Le Premier ministre sortant, surnommé Harry Potter pour son allure juvénile, avait dû gouverner avec les populistes de la Liste Pim Fortuyn à l'issue des élections du 15 mai 2002 (jusqu'au scrutin anticipé du 22 janvier 2003). « Il est parfait car il est dans la moyenne. Nous adorons les hommes politiques normaux, nous sommes des gens très égalitaires. Jan Peter Balkenende fait des erreurs et les gens apprécient cela. Je pourrais faire la même chose pense l'électeur » déclare Jean Tillie, professeur de sciences politiques à l'université d'Amsterdam. « Il est ennuyeux, pense l'électeur, mais comme il faut et digne de confiance » renchérit Martijn Lampert de l'institut d'opinion Motivaction.

La percée réalisée par la formation d'extrême gauche, le Parti socialiste (SP), qui recueille 16,5 % des suffrages et remporte 25 sièges, soit 16 de plus que dans la précédente législature constitue l'autre événement des élections législatives néerlandaises. Formation antilibérale et antieuropéenne, défenseur du « non » à la Constitution européenne au référendum du 1er juin 2005, le Parti socialiste a fait campagne contre les réformes économiques et sociales du gouvernement mais également contre le Parti du travail qu'il accuse de complaisance à l'égard du libéralisme. Plusieurs analystes politiques considèrent que le Parti socialiste a été le principal bénéficiaire de l'effondrement de la Liste Pim Fortuyn durant ces dernières années.

Le Parti populaire pour la liberté et la démocratie (VVD) a recueilli 14,6 % des suffrages et a remporté 22 députés. À l'extrême droite, le Parti de la liberté (PvdV) dirigé par Geert Wilders réalise également un résultat inattendu, obtenant 5,8 % des voix (9 sièges).

Quatre ans après l'assassinat de Pim Fortuyn, un quart des Néerlandais a accordé sa voix aux extrêmes le 22 novembre.

La participation s'est élevée à 80,35 %, un taux quasi identique à celui enregistré lors des dernières élections législatives du 22 janvier 2003.

À l'issue de ce scrutin, Jan Peter Balkenende a formé un gouvernement qui rassemble sa formation ainsi que le Parti du travail et l'Union chrétienne (CU). L'une des coalitions gouvernementales les plus fréquentes aux Pays-Bas depuis la Seconde Guerre mondiale.

Résultats des élections législatives du 22 novembre 2006 aux Pays-Bas
Participation : 80,35%

Formations politiques	Nombre de voix	Pourcentage des suffrages	Sièges
Appel chrétien-démocrate (CDA)	2 608 573	26,51	41
Parti du travail (PvdA)	2 085 077	21,19	33
Parti socialiste (SP)	1 630 803	16,58	25
Parti populaire pour la liberté et la démocratie (VVD)	1 443 312	14,67	22
Parti pour la liberté (PvdV)	579 490	5,89	9
La Gauche verte (GL)	453 054	4,60	7
Union chrétienne (CU)	390 969	3,97	6
Démocrates 66 (D66)	193 232	1,96	3
Parti de la défense des animaux (PvdD)	179 988	1,83	2
Parti politique réformé (SGP)	153 266	1,56	2
Liste Pim Fortuyn (LPF)	20 956	0,21	0
Autres	99 816	1,02	0

PORTUGAL

Élection présidentielle, 22 janvier 2006

Le 22 janvier 2006, les Portugais étaient appelés aux urnes pour désigner le successeur de Jorge Fernando Branco de Sampaio (Parti socialiste, PS) à la présidence de la République. En poste depuis 1996, celui-ci ne pouvait pas se représenter.

Habitués à désigner leur Président de la République dès le premier tour, les Portugais ont cette fois encore respecté la tradition et ils ont élu Anibal Cavaco Silva (Parti social-démocrate, PSD) à la magistrature suprême dès le 22 janvier. Celui-ci devient ainsi le premier Président libéral depuis la Révolution des œillets du 25 avril 1974 qui avait marqué la chute de la dictature établie par Antonio Oliveira Salazar en 1932. L'ancien Premier ministre (1985-1995) a recueilli 50,54% des suffrages, devançant largement ses deux principaux adversaires. L'ancien chef de l'État (1986-1996) et ex-Premier ministre (1983-1986) Mario Soares, candidat officiel du Parti socialiste (PS), pour qui ce scrutin a été le combat de trop, obtient 14,31 % des voix. Il est même battu par l'autre candidat issu de la formation socialiste, Manuel Alegre, vice-président de l'Assemblée nationale depuis 1995, qui se présentait sans l'aval de sa formation et qui recueille 20,74 % des suffrages.

Les trois autres candidats, qui se situaient tous à gauche sur l'échiquier politique, ont chacun obtenu moins de 10 % des suffrages. Jeronimo de Sousa, secrétaire général et candidat du Parti communiste (PCP), a recueilli 8,64 % des voix ; Francisco Louca, leader et candidat du Bloc des gauches (BE), 5,32 % et Garcia Pereira, secrétaire général et candidat du Parti communiste des travailleurs (PCPT/MRPP), 0,44 % des suffrages.

La participation a atteint 61,53 %, soit 11,82 points de plus que lors du dernier scrutin du 14 janvier 2001, un résultat relativement élevé pour une élection présidentielle au Portugal.

Candidat unique des forces de droite face à cinq candidats de gauche, Anibal Cavaco Silva a certainement bénéficié de la division de la gauche et surtout de celle du Parti socialiste. En choisissant l'ancien Premier ministre libéral, les Portugais ont sanctionné le gouvernement socialiste de José Socrates, au pouvoir depuis le 20 février 2005. Le paradoxe est que, loin de s'y opposer, Anibal Cavaco Silva soutient les réformes engagées par le Premier ministre socialiste. Les deux hommes partagent le même diagnostic sur les difficultés que connaît le Portugal et ils sont d'accord sur les réformes à mettre en place pour sortir le pays de la crise socio-économique (réforme de la Sécurité sociale, de l'administration publique et de la justice, nécessité d'attirer les investissements étrangers).

Le nouveau président a su donner confiance aux électeurs qui ont vu en lui le candidat le plus à même de sortir le pays de la grave crise qu'il traverse actuellement. Il s'est fort judicieusement placé au-dessus de la mêlée et il est parvenu à rassurer et convaincre une grande partie des électeurs nostalgiques de la période de forte croissance, d'augmentation des salaires et d'amélioration des prestations sociales qu'a connu le Portugal sous les gouvernements qu'il a dirigés (1985-1995) qu'il pourrait contribuer à l'amélioration de leur vie quotidienne.

Résultats du premier tour de l'élection présidentielle du 22 janvier 2006 au Portugal
Participation : 61,53 %

Formations politiques	Nombre de voix	Pourcentage des suffrages
Aníbal Cavaco Silva (Parti social-démocrate, PSD)	2 773 431	50,54
Manuel Alegre (socialiste dissident)	1 138 297	20,74
Mário Soares (Parti socialiste, PS)	785 355	14,31
Jerónimo de Sousa (Parti communiste, PCP)	474 083	8,64
Francisco Louçã (Bloc des gauches, BE)	292 198	5,32
Garcia Pereira (Parti communiste des travailleurs, PCPT/MRPP)	23 983	0,44

RÉPUBLIQUE TCHÈQUE

Élections législatives, 2 et 3 juin 2006

La principale formation d'opposition, le Parti démocrate-civique (ODS), est arrivée en tête des élections législatives tchèques qui se sont déroulées les 2 et 3 juin 2006. Le parti recueille 35,38 % des suffrages (son résultat le plus élevé depuis 1992) et remporte 81 élus (+ 23 par rapport au précédent scrutin des 14 et 15 juin 2002). Il devance le Parti social-démocrate (CSSD), qui obtient 32,32 % des voix et 74 sièges (+ 4). Le Parti communiste de Bohême et Moravie (KSCM) a enregistré un net recul avec 12,81 % des suffrages et 26 sièges (– 15).

L'Union chrétienne-démocrate-Parti du peuple (KDU-CSL) recueille 7,22 % des voix et remporte 13 élus (il y a quatre ans, la formation se présentait en coalition avec l'Union de la liberté-Union démocrate, US-DEU) et les Verts (SZ) avec 6,29 % font une entrée historique à la Chambre des députés, devenant la première formation écologiste d'Europe centrale à obtenir une représentation parlementaire (6 députés).

La République tchèque semble avoir mis un terme à la baisse, constante depuis 1989, de la participation aux élections législatives, puisque 64,47 % des électeurs se sont rendus aux urnes les 2 et 3 juin, un taux supérieur de 6,47 points à celui enregistré lors du scrutin de 2002.

Si le Parti démocrate-civique est la première formation du pays, il n'obtient cependant pas la majorité nécessaire pour gouverner. À l'issue du scrutin, droite et gauche se sont retrouvées à égalité parfaite : 100 députés pour le Parti démocrate-civique, l'Union chrétienne-démocrate-Parti du peuple et les Verts et 100 pour le Parti social-démocrate et le Parti communiste de Bohême et Moravie. Nommé Premier ministre le 4 septembre, le dirigeant du Parti démocrate-civique, Mirek Topolanek, a dû démissionner le 11 octobre après seulement 37 jours de gouvernement, un record dans l'histoire du pays. Le chef du gouvernement n'est pas parvenu à obtenir la confiance du parlement (96 voix en faveur de son gouvernement, 99 contre). La coalition gouvernementale qu'il dirigeait rassemblait quinze membres, neuf issus du Parti démocrate-civique et six experts indépendants.

Deux mois plus tard, en janvier 2007, Mirek Topolanek a formé un nouveau gouvernement qui cette fois réunit des membres du Parti démocrate-civique, de l'Union chrétienne-démocrate-Parti du peuple et des Verts.

Résultats des élections législatives des 2 et 3 juin 2006 en République tchèque
Participation : 64,47%

Formations politiques	Nombre de voix	Pourcentage des suffrages	Sièges
Parti démocrate civique (ODS)	1 892 475	35,38	81
Parti social-démocrate (CSSD)	1 728 827	32,32	74
Parti communiste de Bohême et Moravie (KSCM)	685 328	12,81	26
Union chrétienne démocrate-Parti du peuple (KDU-CSL)	386 706	7,22	13
Verts (SZ)	336 487	6,29	6
Autres	319 153	5,85	0

SLOVAQUIE

Élections législatives, 17 juin 2006

Le 6 février 2006, après la démission des trois ministres appartenant au Mouvement chrétien-démocrate, le Premier ministre slovaque Mikulas Dzurinda (Union démocratique et chrétienne, SDKU) convoquait des élections législatives anticipées qui se sont déroulées le 17 juin 2006. Direction-Démocratie sociale (SMER-SD), formation de gauche, dirigée par Robert Fico, est arrivée en tête du scrutin, recueillant 29,14% des suffrages et remportant 50 des 150 sièges du Conseil national de la République, chambre unique du

Parlement slovaque (+ 3 par rapport aux précédentes élections législatives des 20 et 21 septembre 2002). L'Union démocratique et chrétienne (SDKU), formation du Premier ministre sortant Mikulas Dzurinda, a obtenu une fois de plus un meilleur résultat que celui que lui prédisaient les enquêtes d'opinion et, pour la troisième fois consécutive, après 1998 et 2002, a pris la deuxième place des élections avec 18,35 % des voix (31 sièges, + 3), soit le résultat le plus élevé de son histoire. Elle est suivie du Parti national slovaque (SNS), formation d'extrême droite qui a créé la surprise en recueillant 11,73 % des suffrages et en remportant 20 sièges (+ 20). Le Parti de la coalition hongroise (SMK) obtient 11 ,68 % des voix (20 sièges également, =), le Mouvement pour une Slovaquie démocratique (LU-HZDS) de Vladimir Meciar est en net recul par rapport aux précédentes élections des 20 et 21 septembre 2002 et recueille 8,79 % des suffrages (15 sièges, – 21). Enfin, le Mouvement chrétien-démocrate (KDH) obtient 8,31 % des voix (14 sièges, – 1). Le Forum libre (SF) ne parvient pas à passer le seuil des 5 % nécessaires pour être représenté au parlement. Si l'on peut se réjouir du recul du Parti communiste (KSS), qui avec 3,9 % des suffrages ne sera pas représenté au prochain Conseil national de la République, la percée de l'extrême droite reste inquiétante.

La participation a été particulièrement faible (54,67 %), un record pour des élections législatives.

Robert Fico, qui se veut le porte-parole du peuple et notamment des plus pauvres, a su rassembler les forces de gauche sur son nom, une unité qui lui a permis de remporter ces élections législatives où les forces de droite se présentaient désunies et divisées devant les électeurs.

En septembre 2006, Robert Fico a formé un gouvernement qui rassemble Direction-Démocratie sociale, le Mouvement pour une Slovaquie démocratique et le Parti national slovaque. Quelques jours plus tard, la formation du Premier ministre a été suspendue du Parti socialiste européen (PSE) auquel elle appartenait pour s'être associée à une formation d'extrême droite.

Résultats des élections législatives du 17 juin 2006 en Slovaquie
Participation : 54,67 %

Formations politiques	Nombre de voix	Pourcentage des suffrages	Sièges
Direction-Social-démocratie (SMER-SD)	617 185	29,14	50
Union démocrate et chrétienne slovaque (SDKÚ)	422 815	18,35	31
Parti national slovaque (SNS)	270 230	11,73	20
Parti de la coalition hongroise (SMK-MKP)	269 111	11,68	20
Mouvement pour une Slovaquie démocratique (L'S-HZDS)	202 540	8,79	15
Mouvement chrétien-démocrate (KDH)	191 443	8,31	14
Parti communiste slovaque (KSS)	89 418	3,88	0
Forum libre (SF)	79 963	3,47	0
Alliance du nouveau citoyen (ANO)	32 775	1,42	0

SUÈDE

Élections législatives, 17 septembre 2006

Les forces de L'Alliance qui regroupent les quatre formations d'opposition – le Parti du rassemblement modéré (M), le Parti du peuple-Les Libéraux (FpL), le Parti chrétien démocrate (KD) et le Parti du centre (C) – ont remporté une victoire historique aux élections législatives qui se sont tenues en Suède le 17 septembre 2006. Ensemble, ces quatre partis ont recueilli 48,24 % des suffrages et ont remporté 178 des 349 sièges du Riksdag, chambre unique du Parlement suédois (+ 20 par rapport au précédent scrutin législatif du 15 septembre 2002). Avec 26,2 % (97 sièges), le Parti du rassemblement modéré enregistre une hausse spectaculaire de 42 élus par rapport au précédent scrutin du 15 septembre 2002. Il est suivi du Parti du centre (7,8 % des voix, 29 sièges), du Parti chrétien démocrate (6,5 % des suffrages, 24 sièges) et du Parti du peuple-Les Libéraux, qui, avec 7,5 % des voix (28 sièges), a également enregistré une forte baisse par rapport aux précédentes élections législatives.

Après douze ans à la tête de la Suède, le Parti social-démocrate du Premier ministre sortant Goran Persson a été victime de l'usure du pouvoir ; il a recueilli 34,9 % des suffrages et a conquis 130 sièges. Ses alliés, le Parti de gauche (Vp) et les Verts (MP), ont obtenu des résultats mitigés : le Parti de gauche est en recul (5,8 % et 22 députés), les Verts, à l'inverse, ont enregistré une légère hausse (5,2 % et 19 élus). Ensemble, les formations de gauche ont obtenu 46,08 % des voix et 171 sièges (– 20).

La participation a été légèrement plus élevée que celle du précédent scrutin législatif du 15 septembre 2002 : 81,89 % (+ 1,78 point).

Le dirigeant de l'opposition Fredrik Reinfeldt a véritablement « social-démocratisé » sa formation, renonçant à son programme de coupes dans les dépenses sociales et de réductions d'impôts pour prôner la défense de l'État-providence (appelé ici *Folkhemmet*, la maison du peuple) auquel les Suédois sont très attachés. Loin de vouloir transformer le modèle suédois en profondeur, Fredrik Reinfeldt se propose désormais de le rendre plus efficace et d'en corriger les abus en « incitant les Suédois à travailler ».

Le 17 septembre, Fredrik Reinfeldt, qui est le plus jeune Premier ministre que la Suède a connu, a mis fin au plus long règne d'un Parti social-démocrate en Europe (12 ans).

Résultats des élections législatives du 17 septembre 2006 en Suède
Participation : 81,89 %

Formations politiques	Nombre de voix	Pourcentage des suffrages	Sièges
Parti social-démocrate (SAP)	1 942 625	34,99	130
Parti du rassemblement modéré (M)	1 456 014	26,23	97
Parti du centre (C)	437 389	7,88	29
Parti du peuple-Les Libéraux (FpL)	418 395	7,54	28
Parti chrétien-démocrate (KD)	365 998	6,59	24
Parti de la gauche (Vp)	324 722	5,85	22
Parti de l'environnement Les Verts (MP)	291 121	5,24	19
Démocrates de Suède (SD)	162 463	2,93	0
Autres	467 565	8,42	0

ANNÉE 2007

BELGIQUE

Élections parlementaires, 10 juin 2007

Le Parti démocrate-chrétien flamand (CD & V) dirigé par le ministre-président de Flandre, Yves Leterme, allié à la Nouvelle alliance flamande (NV-A) a nettement remporté les élections législatives et sénatoriales du 10 juin 2007 en Belgique, recueillant au niveau du royaume 18,51 % des suffrages (30 sièges) à la Chambre des représentants et 19,42 % au Sénat (9 sièges). Les Libéraux et démocrates (Open VLD) du Premier ministre sortant, Guy Verhofstadt, sont les grands perdants de ce scrutin. Ils obtiennent 11,83 % des voix à la Chambre (18 sièges) et 12,40 % au Sénat (5). La formation du chef du gouvernement, au pouvoir depuis huit ans, est devancée par le Vlaams Belang (VB) qui, sans progresser en voix et perdant même pour la première fois un siège dans l'arrondissement d'Anvers, recueille 11,99 % des suffrages (17 sièges) à la Chambre et 11,89 % au Sénat (5). Le Parti socialiste (sp.a) enregistre un net revers, obtenant 10,26 % des voix (14 sièges) à la Chambre et 10,04 % au Sénat (4). La formation écologiste Groen retrouve la Chambre des représentants dont elle avait été exclue il y a quatre ans, recueillant 3,98 % des suffrages (4 sièges) ; elle obtient également 3,64 % des voix au Sénat (3 élus). Les écologistes obtiennent 3,64 % au Sénat (1 siège). Enfin, la liste populiste du sénateur Jean-Marie Dedecker a créé la surprise en recueillant pour sa première participation à des élections fédérales 4,03 % des voix à la Chambre (5 sièges) et 3,38 % au Sénat (1).

Le Parti socialiste (PS), dirigé par le ministre-président de Wallonie Elio Di Rupo et éclaboussé par plusieurs affaires de corruption, perd, pour la première fois de son histoire, son statut de première formation francophone et obtient 10,86 % des suffrages (20 sièges) à la Chambre et 12,80 % au Sénat (6). Les socialistes sont devancés par le Mouvement réformateur (MR), qui est le seul parti de la coalition gouvernementale à progresser, recueillant 12,52 % des voix à la Chambre (23 sièges) et 12,31 % au Sénat (6). Le Centre démocrate humaniste (cdH), également en progression, peut cependant s'estimer déçu au vu des résultats de son homologue néerlandophone. La formation obtient 6,06 % des suffrages à la Chambre (10 sièges) et 5,90 % au Sénat (2). Autre parti en hausse, les écologistes d'Écolo, qui recueillent probablement les fruits du recul du Parti socialiste et frôlent leur record des élections parlementaires de 1999, 5,10% des voix à la Chambre (8 sièges) et 5,82% au Sénat (2). Enfin, le parti d'extrême droite, le Front national, recueille 1,97% des suffrages à la Chambre (1 siège) et 2,27% au Sénat (1), se maintenant par rapport à son résultat du 18 mai 2003.

Après huit années d'opposition, le Parti démocrate-chrétien flamand, qui a dirigé la Belgique pratiquement sans interruption depuis 1830, retrouve donc le pouvoir. Cependant, après une campagne dominée par les questions institutionnelles, Yves Leterme, aussi populaire auprès des néerlandophones qu'il est jugé dangereux par les francophones, n'est pas parvenu à convaincre les formations de ces derniers de gouverner avec lui. Le Parti démocrate-chrétien flamand est favorable à un approfondissement de la fédéralisation de la Belgique et notamment à une plus grande autonomie pour les régions (en matière de santé, famille, emploi, fiscalité, justice, sécurité). Les formations politiques francophones sont opposées à une réforme des institutions dans laquelle elles voient les prémices d'un éclatement du pays qui les obligerait à trouver les financements nécessaires à de nouvelles compétences alors que les caisses de la Wallonie sont vides. Yves Leterme veut transformer la Belgique en un État confédéral qui fonctionnerait autour de deux centres de gravité – la Flandre et la Wallonie – et dans lequel la communauté germanophone serait dotée d'un statut spécifique.

Le 19 décembre 2007, le Premier ministre sortant, et le perdant des élections législatives du 10 juin, Guy Verhofstadt, a accepté de diriger un gouvernement intérimaire qui comprend l'ensemble des partis francophones (à l'exception des écologistes) et deux formations néerlandophones, les Libéraux et démocrates et le Parti démocrate-chrétien. Yves Leterme devrait lui succéder le 23 mars 2008. Si cet accord a indéniablement débloqué la situation de crise dans laquelle le pays s'engluait depuis plus de six mois, pour la Belgique, le plus difficile reste sans doute à venir.

Résultats des élections parlementaires belges du 10 juin 2007

Chambre des représentants

Participation : 94,87 % (la participation est obligatoire en Belgique)

Formations politiques	Nombre de voix	Pourcentage des suffrages	Sièges
Parti démocrate-chrétien flamand-Nouvelle alliance flamande (CD&V-N-VA)	1 234 950	18,51	30
Mouvement réformateur (MR)	835 073	12,52	23
Vlaams Belang (VB)	799 844	11,99	17
Libéraux et démocrates (Open VLD)	789 445	11,83	18
Parti socialiste (PS)	724 787	10,86	20
Parti socialiste (sp.a) + Spirit	684 390	10,26	14
Centre démocrate humaniste (cdH)	404 077	6,06	10
Écolo	340 378	5,10	8
Liste Dedecker (LDD)	268 648	4,03	5
Groen!	265 828	3,98	4
Front national (FN)	131 385	1,97	1
Autres	192 555	2,89	0

Sénat

Participation : 94,25 % (la participation est obligatoire en Belgique)

Formations politiques	Nombre de voix	Pourcentage des suffrages	Sièges
Parti démocrate-chrétien flamand-Nouvelle alliance flamande (CD&V-N-VA)	1 287 389	19,42	14
Libéraux et démocrates (Open VLD)	821 980	12,40	9
Mouvement réformateur (MR)	815 755	12,31	10
Vlaams Belang (VB)	787 782	11,89	8
Parti socialiste (PS)	724 787	10,24	9
Parti socialiste (sp.a) + Spirit	678 812	10,04	6
Centre démocrate humaniste (cdH)	390 852	5,90	5
Écolo	385 466	5,82	5
Groen!	241 151	3,64	3
Liste Dedecker (LDD)	223 992	3,38	1
Front national (FN)	150 461	2,27	1
Autres	179 145	2,70	0

DANEMARK

Élections législatives, 13 novembre 2007

Les formations de la coalition gouvernementale sortante (Parti libéral, V, parti majoritaire du Premier ministre sortant Anders Fogh Rasmussen ; Parti conservateur, KF) et son allié parlementaire, le Parti du peuple danois (DF) sont arrivées en tête des élections législatives anticipées qui se déroulaient au Danemark le 13 novembre 2007. Ensemble, elles recueillent 50,5 % des suffrages et 89 sièges, contre 45,8 % et 81 sièges pour les quatre forces d'opposition de gauche (Parti social-démocrate, SD, Parti radical-libéral, RV, Liste de l'unité, E, et Parti socialiste populaire, SF). La Nouvelle alliance (Y), formation récemment fondée, obtient 2,8 % des voix (5 sièges).

Le chef du gouvernement a donc réussi son pari et obtient une victoire historique, la troisième consécutive pour le Parti libéral, soit une première dans l'histoire danoise. Si la formation perd 6 sièges par rapport aux précédentes élections du 8 février 2005 et échoue à obtenir avec ses partenaires la majorité absolue, elle reste la première du royaume et peut compter sur le soutien de la Nouvelle alliance. Par ailleurs, ses alliés conservateurs et nationalistes se maintiennent en conservant un nombre identique de députés (– 1 siège pour la formation d'extrême droite).

À gauche en revanche, trois formations enregistrent un recul, léger pour le Parti social-démocrate, qui réalise toutefois son plus faible résultat depuis 1906, et L'Unité-Alliance rouge-verte (– 2 sièges chacune) mais plus important pour le Parti radical-libéral (– 8 sièges). Cette perte bénéficie au Parti socialiste populaire qui fait plus que doubler son résultat du dernier scrutin législatif ; il remporte 12 sièges supplémentaires et devient la quatrième formation politique du royaume.

La participation a été un peu plus importante que lors des élections législatives du 8 février 2005, s'élevant à 86,53 %, soit 2,1 points de plus.

Fort d'un excellent bilan économique (le Danemark a été classé troisième pays le plus compétitif du monde derrière les États-Unis et la Suisse par le World Economic Forum), Anders Fogh Rasmussen a convaincu les Danois qu'il était capable à la fois de baisser les impôts et d'améliorer les services publics. Son dernier plan fiscal prévoit une réduction annuelle d'impôts de 1,34 milliard d'euros et une hausse des dépenses publiques de 1,8 % en 2007 et de 1,7 % en 2008. Le gouvernement a décidé d'investir, au cours des dix prochaines années, 6,7 milliards d'euros dans la santé, l'éducation et la prise en charge des personnes âgées, et 10 autres milliards dans la formation des employés du secteur public travaillant dans ces domaines. Le gouvernement devra également veiller à ce que la menace d'une pénurie de main-d'œuvre, notamment dans le domaine des emplois qualifiés, et le risque élevé d'inflation ne deviennent des réalités. Le royaume connaît aujourd'hui son plus faible taux de chômage depuis trente ans (3,2%).

Résultats des élections législatives du 13 novembre 2007 au Danemark
Participation : 85,59%

Formations politiques	Nombre de voix	Pourcentage des suffrages	Sièges
Parti libéral (V)	908 472	26,26	46
Parti social-démocrate (SD)	881 037	25,47	45
Parti du peuple danois (DF)	479 532	13,86	25
Parti socialiste populaire (SF)	450 975	13,04	23
Parti conservateur (KF)	359 404	10,39	18
Parti radical-libéral (RV)	177 161	5,12	9
Nouvelle alliance (Y)	97 295	2,81	5
Unité-Alliance rouge-verte (E)	74 982	2,17	4
Chrétiens-démocrates (K)	30 013	0,87	0
Indépendants	549	0,02	0

ESTONIE

Élections législatives, 4 mars 2007

Recueillant 27,8% des suffrages (+ 10 points par rapport au scrutin législatif du 2 mars 2003), le Parti de la réforme (RE) du Premier ministre sortant Andrus Ansip a devancé son partenaire au gouvernement, le Parti du centre (K), lors des élections législatives qui se sont déroulées le 4 mars 2007. La formation du ministre de l'Économie et des Télécommunications, Edgar Savisaar, a obtenu 26,1% des voix. Le Parti de la réforme remporte 31 sièges au Parlement (+ 12 par rapport aux précédentes élections de mars 2003) et le Parti du centre, 29 (+ 1). À la veille du scrutin, Tanis Saarts, politologue à l'université de Tallinn, déclarait : « Il n'y a aucune raison de protester contre le gouvernement, on ne doit donc pas s'attendre à de grands changements. Pour la première fois depuis le retour à l'indépendance du pays il y a seize ans, les élections n'ont pas donné lieu à de grands combats. Cela montre que l'Estonie s'est stabilisée et n'est plus aujourd'hui un pays en transition. »

Les deux partis du gouvernement sortant devancent la principale formation d'opposition, l'Union pour la patrie-Res Publica (IRL), qui, avec 17,9% des suffrages et 19 sièges (– 16 par rapport à 2003), est en net recul (–14 points) tout comme l'Union pour le peuple estonien (ERL), qui perd 5 points et obtient 7,1% des voix et 7 sièges (– 7). Enfin, les Verts d'Estonie (EEE) réussissent leur pari en obtenant 7,1% des voix. Six députés écologistes feront leur entrée au Riigikogu, chambre unique du Parlement, dans la prochaine législature.

Les formations russophones sont en perte de vitesse. L'Estonie compte environ 400 000 russophones dont seulement 25% étaient autorisés à voter, les autres étant des citoyens russes ou des « non-citoyens » qui ne peuvent participer aux élections nationales. Le Parti de la Constitution (KP) voit son résultat divisé par 2 (1% des voix), le Parti russe (VEE) se maintient à 0,2% des suffrages.

La participation s'est élevée à 61,99%, (+ 4 points par rapport à 2003). Cette hausse de la participation est quasiment équivalente à la part du vote électronique dans l'ensemble des votes (3%).

Le programme d'Andrus Ansip, qui a été reconduit dans ses fonctions de Premier ministre, promettait une baisse de l'impôt sur le revenu de 23% à 18% en quatre ans, la poursuite de la politique d'exemption de taxe pour toute entreprise qui investit en Estonie, la simplification de la procédure pour les sociétés désireuses de s'installer dans le pays et l'accroissement des investissements dans l'éducation et la recherche. Le Parti du centre de son côté était favorable à l'établissement d'un État-providence fort et plus généreux, l'augmentation des salaires du secteur public et l'embauche d'agents de l'État supplémentaires.

Le nouveau gouvernement, composé du Parti de la réforme et du Parti du centre, devra trouver les moyens de lutter contre la surchauffe qui menace l'Estonie qui a connu, en 2006, une croissance exceptionnelle de 11,5% et combattre l'inflation, qui a contraint le pays à repousser de 2007 à 2010, au plus tôt, son entrée dans la zone euro. En reconduisant la coalition gouvernementale au pouvoir, les Estoniens ont, comme les Lettons en octobre dernier, réalisé une première historique.

Résultats des élections législatives du 4 mars 2007 en Estonie
Participation : 61, 91 %

Formations politiques	Nombre de voix	Pourcentage des suffrages	Sièges
Parti de la réforme (RE)	153 044	27,82	31
Parti du centre (K)	143 518	26,08	29
Union Pro Patria et Res Publica (IRL)	98 347	17,87	19
Parti social-démocrate (SDE)	58 363	10,61	10
Verts d'Estonie (EEE)	39 279	7,14	6
Union du peuple estonien (ERL)	39 215	7,13	6
Autres	17884	3,25	
Indépendants	563	0,10	0

FINLANDE

Élections législatives, 18 mars 2007

Le Parti du centre (KESK) du Premier ministre sortant, Matti Vanhanen, arrive d'extrême justesse en tête des élections législatives qui se sont déroulées le 18 mars 2007 en Finlande et qui marquaient le centième anniversaire de l'Eduskunta/Riksdag (nom finnois et suédois du Parlement finlandais). Le Parti du centre recueille 23,10 % des suffrages et remporte 51 sièges au Parlement et de 4 sièges par rapport aux élections législatives du 16 mars 2003.

La principale formation d'opposition, le Parti de la coalition nationale (KOK), obtient de son côté 22,30 % des voix et compte désormais 50 députés (+ 10). Le Parti social-démocrate (SPD) est donc le grand perdant de ce scrutin. Avec 21,40 % des suffrages et 45 sièges, il n'arrive qu'en troisième position, une première depuis 1962, perdant 8 sièges.

Cinq autres formations seront représentées au Parlement. Il s'agit de l'Alliance des gauches (VAS) qui recueille 8,80 % des suffrages (17 sièges, -2), des Verts (VIHR), 8,50 % (+ 0,5 point) et 15 sièges (+ 1), du Parti chrétien-démocrate (SKL), 4,90 % et 7 sièges (– 1), du Parti du peuple suédois (SFP), 4,50 % et 9 sièges (+ 2) et enfin des Vrais Finlandais (PS), dont il faut noter la progression et qui obtiennent 4,10 % et 5 sièges (+ 2).

La participation s'est élevée à 67,9 %, soit 1,7 point de moins que lors des élections législatives du 16 mars 2003.

Durant le premier mandat de Matti Vanhanen, le pouvoir d'achat a augmenté de 4 % par an en moyenne et la situation de l'emploi s'est améliorée (272 000 chômeurs en 2003, 175 000 en 2007, quatre Finlandais sur cinq occupant un emploi à plein temps), les impôts ont diminué (à hauteur de 2,8 milliards d'euros) et la dette a été réduite. En 2006, la croissance du PIB atteignait près de 6 %. La Finlande est aujourd'hui le deuxième État de l'Union européenne en matière de productivité, juste derrière l'Irlande. Le gouvernement de Matti Vanhanen a également réformé les retraites en 2005, une réforme dont les résultats sont, aujourd'hui, supérieurs à ceux espérés, comme le montre l'accroissement du nombre des plus de 65 ans encore en activité (+ 10 points depuis 2004). Membre de la coalition gouvernementale sortante, le Parti social-démocrate, qui se posait comme le défenseur d'un État fort et se proposait d'augmenter les pensions et les aides sociales, n'a pas convaincu les Finlandais, visiblement satisfaits de la politique menée par leur Premier ministre sortant qui déclarait durant la campagne : « Les récentes déclarations de Eero Heinaluoma (dirigeant du SPD) nous rappellent le Parti social-démocrate des années 1970 lorsque celui-ci pensait résoudre tous les problèmes en augmentant les dépenses de l'État. »

À l'issue du scrutin, Matti Vanhanen a été reconduit au poste de Premier ministre. Le gouvernement qu'il a formé comprend sa formation du Parti du centre, le Parti de la coalition nationale, les Verts et le Parti du peuple suédois.

Résultats des élections législatives du 18 mars 2007 en Finlande
Participation : 65,02 %

Formations politiques	Nombre de voix	Pourcentage des suffrages	Sièges
Parti du centre (KESK)	640 428	23,11	51
Parti de la coalition nationale (KOK)	616 841	22,26	50
Parti social-démocrate (SPD)	594 194	21,44	45
Alliance des gauches (VAS)	244 296	8,82	17
Verts (VIHR)	234 429	8,46	15
Parti chrétien-démocrate (SKL)	134 790	4,86	7
Parti du peuple suédois (SFP)	126 520	4,57	9
Vrais Finlandais (PS)	112 256	4,05	5
Parti communiste (SKP)	18 277	0,66	0
Autres	42 905	1,60	1

FRANCE

Élection présidentielle, 22 avril et 6 mai 2007

Le candidat de l'Union pour un mouvement populaire (UMP), Nicolas Sarkozy, a été élu le 6 mai 2007 président de la République française, en recueillant 53,06 % des suffrages, contre 46,94 % pour son adversaire Ségolène Royal (Parti socialiste, PS). La participation a été exceptionnelle, s'élevant à 83,97 % au second tour (et à 84,6 % au premier tour du 22 avril). Rappelons qu'un nombre record d'inscriptions sur les listes électorales avaient été enregistrées pour ce scrutin présidentiel qui était le premier depuis vingt ans à ne pas se dérouler après une période de cohabitation. Les deux candidats arrivés en tête ont réuni ensemble au premier tour 56,94 % des suffrages (contre 36,74 % pour Jacques Chirac et Jean-Marie Le Pen le 21 avril 2002). Si l'on ajoute à ce chiffre le résultat de François Bayrou, on constate que les candidats des partis de gouvernement ont recueilli les trois quarts des suffrages des Français (75,49 %) et ce avec, on l'a dit, une participation exceptionnelle. Le 22 avril 2007 a donc bien été une réponse cinglante au 21 avril 2002.

Lors du premier tour, la gauche a réalisé l'un des résultats les plus faibles de son histoire en recueillant 36,44 % des suffrages. La droite n'a pas fait beaucoup mieux : 43,85 % des voix, soit également le plus faible score de son histoire. Les 18,57 % de suffrages qui s'étaient portés le 22 avril sur le candidat centriste François Bayrou (Union pour la démocratie française, UDF) constituaient donc un réservoir de voix extrêmement convoité par les deux candidats du second tour.

Ces derniers, qui, fait inédit depuis 1965, étaient des primocandidats, avaient dressé le même diagnostic de la France d'aujourd'hui, pointant une grave crise de société et la nécessité de réformes en rupture avec les modèles traditionnels. Nicolas Sarkozy avait fait du travail la valeur centrale de son programme, proposant de défiscaliser et d'exonérer de charges sociales les heures supplémentaires, de créer un contrat de travail unique, d'unifier l'ensemble des minima sociaux et, enfin, de faire baisser la pression fiscale en réduisant l'impôt sur les fortunes et en créant un bouclier fiscal sur 50 % des revenus. De son côté, Ségolène Royal s'était engagée à augmenter le salaire minimum jusqu'à 1 500 euros, à faire bénéficier les jeunes au chômage depuis plus de 6 mois d'un emploi aidé, d'un tutorat rémunéré ou d'une formation, à instaurer un revenu social d'activité pour tout chômeur reprenant un emploi et à construire 120 000 logements sociaux par an.

Si les deux candidats du second tour symbolisaient tous deux le renouvellement des générations à l'œuvre dans la classe politique française, Nicolas Sarkozy est sans doute apparu mieux préparé et plus cohérent durant toute la campagne électorale au point d'incarner pour une majorité de Français l'homme le plus à même d'incarner le changement dont la France a besoin. En brisant de nombreux tabous, notamment sur les questions du travail, des 35 heures, de l'autorité ou encore de la sécurité, Ségolène Royal a cependant placé le Parti socialiste au pied du mur. Celui-ci ne peut plus aujourd'hui éviter d'affronter la question de sa refondation et donc de son avenir qui se pose à lui depuis plusieurs années et que sa défaite à cette élection présidentielle a rendu inéluctable.

Résultats de l'élection présidentielle française des 22 avril et 6 mai 2007
Participation : 83,77 % (premier tour) et 83,97 % (second tour)

Candidats	Nombre de voix (premier tour)	Pourcentage des suffrages (premier tour)	Nombre de voix (second tour)	Pourcentage des suffrages (second tour)
Nicolas Sarkozy (Union pour un mouvement populaire, UMP)	11 448 663	31,18	18 983 138	53,06
Ségolène Royal (Parti socialiste, PS)	9 500 112	25,87	16 790 440	46,94
François Bayrou (Union pour la démocratie française, UDF)	6 820 119	18,57		
Jean-Marie Le Pen (Front national, FN)	3 834 530	10,44		
Olivier Besancenot (Ligue communiste révolutionnaire, LCR)	1 498 581	4,08		
Philippe de Villiers (Mouvement pour la France, MPF)	818 407	2,23		
Marie-George Buffet (Parti communiste français, PCF)	707 268	1,93		
Dominique Voynet (Verts)	576 666	1,57		
Arlette Laguiller (Lutte ouvrière, LO)	487 857	1,33		
José Bové (Divers gauche)	483 008	1,32		
Frédéric Nihous (Chasse, pêche, nature et traditions, CPNT)	420 645	1,15		
Gérard Schivardi (Parti des travailleurs, PT)	123 540	0,34		

Élections législatives, 10 et 17 juin 2007

La majorité présidentielle est sortie victorieuse des élections législatives françaises des 10 et 17 juin 2007 en remportant 345 des 577 sièges de l'Assemblée nationale, chambre basse du Parlement français : 313 pour l'Union pour un mouvement populaire (UMP) et 17 pour le Nouveau Centre (NC). Cependant, l'opposition de gauche a mieux résisté que prévu à la large vague bleue qui avait été annoncée au soir du premier tour. La gauche de gouvernement conquiert en effet 227 sièges (186 pour le Parti socialiste (PS), 15 pour le Parti communiste français (PCF), 7 pour le Parti radical de gauche (PRG) et 4 pour les Verts (LV). Enfin, le Mouvement démocrate (MoDem) récemment fondé par François Bayrou, s'il sort laminé par le mode de scrutin, parvient à décrocher 3 sièges.

On notera l'entrée de 107 femmes à l'Assemblée nationale, soit 18,3 % du total des députés, un record pour la France qui reste cependant très loin de nombreux pays européens en matière de représentation féminine et ce en dépit d'une loi visant à la parité.

La participation a été la plus faible de la Ve République : 60,44 % le 10 juin et 59,99 % le 17 juin. L'inversion du calendrier électoral a fait du scrutin législatif un vote de confirmation, une simple répétition de l'élection présidentielle et le manque d'enjeu a détourné des urnes un grand nombre d'électeurs qui considèrent désormais ce scrutin comme joué d'avance.

La majorité présidentielle est reconduite – une première depuis trente ans – et obtient la majorité absolue à l'Assemblée nationale mais elle est amoindrie par rapport aux élections législatives des 9 et 16 juin 2002. En outre, si les électeurs ont fort logiquement donné au président de la République la majorité dont il a besoin pour gouverner et mettre en œuvre son programme, en rééquilibrant les résultats du premier tour, ils ont également montré qu'ils souhaitaient à l'Assemblée nationale une opposition forte capable d'exercer son rôle de vigie, de critique et de proposition.

François Fillon (UMP), nommé Premier ministre par Nicolas Sarkozy après l'élection présidentielle des 22 avril et 6 mai 2007, a été reconduit dans ses fonctions. Son gouvernement est composé de membres de l'Union pour un mouvement populaire, du Nouveau Centre, du Parti radical (PRV) et de la Gauche moderne (LGM).

Résultats des élections législatives des 10 et 17 juin 2007 en France
Participation : 60,54 % (premier tour) et 59,99 % (second tour)

Formations politiques	Nombre de voix (premier tour)	Pourcentage des suffrages (premier tour)	Nombre de voix (second tour)	Pourcentage des suffrages (second tour)	Sièges
Union pour un mouvement populaire (UMP)	10 289 028	39,54	9 463 408	46,37	313
Divers droite	641 600	2,47	238 585	1,17	9
Majorité présidentielle	616 443	2,37	432 921	2,12	22
Nouveau Centre (NC)	416 361	2,04			17
Mouvement pour la France (MPF)	312 587	1,20	0	0	1
Droite de gouvernement	**11 859 658**	**45,57**	**10 134 914**	**49,66**	**345**
Parti socialiste (PS)	6 436 136	24,73	8 622 529	42,25	186
Parti communiste français (PCF)	1 115 719	4,29	464 739	2,28	15
Les Verts (LV)	845 884	3,25	90 975	0,45	4
Divers gauche	513 457	1,97	503 674	2,47	15
Parti radical de gauche (PRG)	343 580	1,32	333 189	1,63	7
Gauche de gouvernement	**9 254 776**	**35,56**	**10 015 106**	**49,08**	**227**
Union pour la France-Mouvement démocrate (UDF-MoDem)	1 981 121	7,61	100 106	0,49	3
Front national (FN)	1 116 005	4,29	17 107	0,08	0
Extrême gauche	887 887	3,41	0	0	0
Chasse, pêche, nature et traditions (CPNT)	213 448	0,82	0	0	0
Écologistes	208 465	0,80	0	0	0
Régionalistes	131 585	0,51	106 459	0,52	1
Extrême droite	102 100	0,39	0	0	0
Divers	267 987	1,03	33 068	0,16	1

GRÈCE

Élections législatives, 16 septembre 2007

La Nouvelle Démocratie (ND) du Premier ministre sortant Costas Caramanlis est arrivée en tête des élections législatives anticipées qui se sont déroulées en Grèce le 16 septembre 2007. La formation recueille 41,83 % des suffrages et remporte 152 sièges (– 13 par rapport au scrutin du 7 mars 2004), soit la majorité absolue des 300 membres de la Vouli, chambre unique du Parlement grec. Son principal adversaire, le Mouvement socialiste panhellénique (PASOK), obtient 38,10 % des voix et 102 sièges (– 15), soit son plus faible résultat en termes de pourcentage depuis 1977. L'ensemble des « petits » partis sont en progression, à commencer par le Parti communiste (KKE), qui recueille 8,15 % des suffrages et 22 sièges (+ 10). La Coalition des forces de gauche et du progrès (Synaspismos) regroupée, avec d'autres formations d'extrême gauche, sous le label de la Coalition radicale de gauche (Syriza), obtient 5,04 % des voix et 14 sièges (+ 8). Enfin, avec 3,80 % des suffrages et 10 sièges, l'Alarme populaire orthodoxe (LAOS) fait son entrée au parlement, une première pour ce parti d'extrême droite.

Les résultats de ces élections législatives révèlent un effritement du soutien dont jouissent les deux principales formations politiques grecques, une tendance qui avait déjà pu être observée aux dernières élections locales des 15 et 22 octobre 2006. Lors du scrutin du 7 mars 2004, la Nouvelle Démocratie et le Mouvement socialiste panhellénique avaient recueilli ensemble 85,4 % des suffrages. Ils en ont obtenu 79,96 % le 16 septembre 2007, soit leur plus faible résultat depuis 1958.

La participation s'est élevée à 74,14 % (le vote est obligatoire en Grèce).

Les électeurs grecs ont donc finalement choisi de reconduire l'équipe gouvernementale sortante pour quatre années supplémentaires. Si la mauvaise gestion par le pouvoir en place des violents incendies qui ont dévasté, à la fin du mois d'août 2007, une partie du sud du pays (66 morts, 110 villages rayés de la carte et 200 000 hectares de forêts et de champs détruits) a suscité la colère de nombreux Grecs, elle n'a pas inversé la tendance qui se dégageait quelques semaines avant les élections législatives.

« L'amélioration de l'économie est l'un des atouts des conservateurs et il est peu probable que les Grecs voteront contre » déclarait l'analyste et éditorialiste politique George Kirtsos avant le scrutin. Costas Caramanlis, plus jeune Premier ministre que la Grèce a jamais connu, s'est largement appuyé, durant sa campagne, sur les bons résultats économiques de son gouvernement depuis 2004 : croissance du PIB supérieure à 4 %, déficit public ramené sous la barre des 3 % comme exigé par le Pacte de stabilité et de croissance (2,6 % en 2006, contre 7,8 % en 2004) et taux de chômage de 8 % (contre 11,3 % en 2004). Le programme électoral du Mouvement socialiste panhellénique était lui centré sur une plus juste redistribution et promettait une augmentation des pensions et des aides sociales.

Costas Caramanlis doit désormais s'atteler à l'élaboration et à la mise en place de plusieurs réformes structurelles économiques et sociales réclamées par l'Union européenne, au premier rang desquelles la réforme des retraites.

Résultats des élections législatives du 16 septembre 2007 en Grèce
Participation : 74,15 % (le vote est obligatoire en Grèce)

Formations politiques	Nombre de voix	Pourcentage des suffrages	Sièges
Nouvelle Démocratie (ND)	2 994 979	41,84	152
Mouvement socialiste panhellénique (PASOK)	2 727 279	38,10	102
Parti communiste de Grèce (KKE)	583 750	8,15	22
Coalition de la gauche radicale (SYRIZA)	361 101	5,04	14
Alerte orthodoxe populaire (LAOS)	271 809	3,80	10
Autres	220 088	3,07	0

IRLANDE

Élections législatives, 24 mai 2007

Le Fianna Fail (FF, Soldats de la destinée en gaélique), formation du *Taoiseach* (Premier ministre) sortant Bertie Ahern est arrivé en tête des élections législatives qui se sont déroulées le 24 mai 2007 en Irlande. Il s'agit de la sixième victoire consécutive pour le parti et de la troisième pour Bertie Ahern. Le Fianna Fail recueille 41,6 % des suffrages et disposera de 78 des 166 sièges du Dail Eireann, chambre basse de l'Oireachtas (Parlement irlandais), soit deux de mois qu'aux élections législatives du 17 mai 2002.

La principale formation d'opposition dirigée par Edna Kenny, le Fine Gael (FG, Clan des Gaels), obtient 27,3 % des voix et remporte 51 sièges (+ 20). Ces élections législatives ont été difficiles pour les « petites » formations.

Le Parti travailliste (Lab), qui avait signé une alliance électorale avec le Fine Gael pour ces élections législatives, arrive en troisième position (10,1 % des suffrages) et obtient 20 députés (– 1). Le Parti vert (GP) recueille 4,7 % des voix et remporte 6 sièges (=) et le Sinn Fein (SF, Nous-mêmes), 6,9 % des suffrages et 4 députés (– 1).

Le Parti démocrate progressiste (PD), partenaire du Fianna Fail au sein de la coalition gouvernementale depuis 10 ans, a subi un revers (2,7 % des voix) et ne conserve que 2 députés (– 6). Les candidats indépendants recueillent 6,6 % des suffrages et remportent 5 sièges, soit 9 de moins qu'en 2002 qui, il faut le rappeler, avait été leur meilleure année électorale depuis 1957. Enfin, on signalera que le dirigeant du Parti socialiste (SP), Joe Higgins, n'a pas été réélu, la formation d'extrême gauche perdant par là même son unique siège au Parlement.

La participation s'est élevée à 67,3 %, soit en hausse de 4,3 points par rapport à celle enregistrée lors du scrutin du 17 mai 2002.

La campagne électorale du Fianna Fail durant laquelle la formation gouvernementale a largement misé sur la crainte des Irlandais de voir revenir la récession des années 1980 en cas de victoire des forces de l'opposition aux élections législatives du 24 mai a donc été fructueuse. Les électeurs, et notamment les plus indécis d'entre eux, ont choisi la stabilité ont préféré accorder de nouveau leur confiance à un Premier ministre qui durant les dix dernières années a fait de l'Irlande l'économie la plus dynamique d'Europe (6 % de croissance du PIB en 2006, deuxième PNB par habitant en Europe (+ 40 % par rapport à la moyenne de l'Union), taux de chômage évalué à 4,3 % de la population active).

Quelques points noirs persistent néanmoins : l'inflation, en hausse, qui s'établit à 4,5 %, la vétusté des infrastructures, notamment de transports, qui auraient grandement besoin d'être rénovées ou développées, et le niveau très élevé des prix de l'immobilier. Les Irlandais n'ont finalement pas tenu rigueur à Bertie Ahern d'avoir tardé à rénover ou améliorer les services publics – notamment les hôpitaux encore très vétustes dans l'île.

Bertie Ahern a été reconduit à la tête du gouvernement. Celui-ci comprend sa formation du Fianna Fáil, le Parti démocrate progressiste et le Parti vert.

Résultats des élections législatives du 24 mai 2007 en Irlande
Participation : 67,3 %

Formations politiques	Nombre de voix de 1re préférence	Pourcentage des suffrages	Sièges
Fianna Fail (FF)	858 565	41,56	77
Fine Gael (FG)	564 428	27,32	51
Parti travailliste (Lab)	209 175	10,13	20
Sinn Fein (SF)	143 410	6,94	4
Parti vert (GP)	96 936	4,69	6
Parti démocrate progressiste (PD)	56 396	2,73	2
Autres	30 471	1,47	0

POLOGNE

Élections parlementaires, 21 octobre 2007

La tradition a été respectée en Pologne où, comme à chaque scrutin depuis la chute du communisme, la formation au pouvoir a été battue lors des élections parlementaires (anticipées) qui se sont déroulées le 21 octobre 2007. La formation du Premier ministre sortant Jaroslaw Kaczynski, Droit et justice (PiS), a été largement devancée par la Plateforme citoyenne (PO) conduite par Donald Tusk, qui a recueilli 41,51 % des suffrages, et remporté 209 des 460 sièges de la Sejm (Diète), chambre basse du Parlement. Le PiS obtient 32,11 % des voix (et 166 sièges). Gauche et démocrates (LiD) arrive en troisième position et recueille 13,15 % des suffrages (53 sièges). La formation social-démocrate est suivie du Parti paysan (PSL) de Waldemar Pawlak qui obtient 8,91 % des voix et 31 sièges.

La Plateforme citoyenne s'impose également aux élections sénatoriales où la formation remporte 60 sièges, contre 39 pour le PiS. Le dernier siège revient à un candidat indépendant, l'ancien Premier ministre social-démocrate Wlodzimierz Cimoszewicz.

La participation a été la plus importante depuis la chute du communisme, s'élevant à 55,3 %, (+14,73 points par rapport aux dernières élections parlementaires du 25 septembre 2005).

« La Plateforme citoyenne est parvenue à rassembler sur son nom l'ensemble des électeurs qui ne voulaient plus des frères Kaczynski » a souligné

Lena Kolarska-Bobinska, sociologue et responsable du *think tank* polonais, l'Institut des affaires publiques. « Le PiS a polarisé la scène politique polonaise et poussé les opposants dans les bras de la formation qui avait les plus grandes chances de s'imposer » a-t-elle ajouté. Conservateur, le PiS est également souverainiste, protectionniste, antilibéral et partisan d'un État fort et social. En revanche, Donald Tusk est un libéral proeuropéen favorable à la poursuite des privatisations et à une baisse de la fiscalité par l'établissement d'un impôt à taux unique.

La victoire de la Plateforme citoyenne semble résulter davantage d'un rejet des jumeaux Kaczynski, à la tête du pays depuis septembre 2005, que d'un élan des Polonais pour le libéralisme. Enfin, la gauche polonaise ne parvient pas à sortir du coma dans lequel elle est plongée depuis 2005.

Positionnée au centre-droit sur l'échiquier politique mais séduisant sur sa gauche, la Plateforme citoyenne devrait rapidement mettre en place son programme de libéralisation de l'économie polonaise en privatisant certaines industries encore dominées par l'État. La formation est favorable à de nouvelles baisses d'impôts et souhaite inciter de nombreux Polonais qui ont émigré notamment au Royaume-Uni ou en Irlande à revenir au pays. Enfin, la Plateforme citoyenne veut faire de l'euro sa priorité économique et s'est fixée pour objectif d'introduire la monnaie unique en Pologne en 2012. Autre changement de ton, l'un des vice-présidents de la Plateforme citoyenne, Jacek Saryusz Wolski, député européen, a indiqué que le prochain gouvernement adoptera la Charte des droits fondamentaux du nouveau traité européen refusée par les frères Kaczynski.

Le Premier ministre, Donald Tusk devra toutefois cohabiter avec le président de la République, Lech Kaczynski, qui l'avait battu lors de l'élection présidentielle des 9 et 23 octobre 2005. Si la fonction présidentielle est, en Pologne, officiellement honorifique, le chef de l'État exerce cependant une influence non négligeable, ne serait-ce que par le droit de veto dont il dispose et que la Diète ne peut rejeter que si elle obtient les voix de la majorité des trois cinquièmes des élus et la présence d'au moins la moitié des députés élus.

Résultats des élections parlementaires du 21 octobre 2007 en Pologne

Diète

Participation : 53,82%

Formations politiques	Nombre de voix	Pourcentage des suffrages	Sièges
Plateforme citoyenne (PO)	6 701 010	41,51	209
Droit et justice (PiS)	5 183 477	32,11	166
Gauche et démocratie (LiD)	2 122 981	13,15	53
Parti paysan polonais (PSL)	1 437 638	8,91	31
Autodéfense de la République de Pologne (Samoobrona, SO)	247 335	1,53	0
Ligue des familles polonaises (LPR)	209 171	1,30	0
Minorité allemande (MN/WKDM)	32 462	0,22	1

Sénat

Participation : 53,82%

Formations politiques	Sièges
Plateforme citoyenne (PO)	60
Droit et justice (PiS)	39
Indépendants	1
Ligue des familles polonaises (LPR)	0
Autodéfense de la République de Pologne (Samoobrona, SO)	0
Parti paysan polonais (PSL)	0
Gauche et démocratie (LiD	0

SLOVÉNIE

Élection présidentielle, 21 octobre et 11 novembre 2007

Le candidat soutenu par les sociaux-démocrates, Danilo Türk, a remporté le 11 novembre 2007 le second tour de l'élection présidentielle en Slovénie. Il a recueilli 68,03% des suffrages, battant largement son adversaire Alojz Peterle, candidat de la majorité gouvernementale, qui obtient 31,97% des voix.

L'ancien diplomate aux Nations Unies était soutenu par les formations d'opposition : le Parti social-démocrate (SD), le Parti démocratique des retraités (DeSUS) et une toute nouvelle formation Zares (Réel), fondée le 6 octobre 2007 par plusieurs députés indépendants, ex-membres du Parti libéral-démocrate de Slovénie. Danilo Türk a indéniablement bénéficié d'un bon report de voix des électeurs de l'indépendant Mitja Gaspari (24,09 % des suffrages au premier tour).

La victoire de Danilo Türk apparaît surtout comme la défaite de Alojz Peterle et, de façon plus large, du chef du gouvernement Janez Jansa (Parti démocrate slovène, SDS) qui essuie son deuxième revers électoral en un an après la perte de la capitale Ljubljana aux élections municipales des 22 octobre et 12 novembre 2006. Le Premier ministre se voit notamment reprocher la hausse des prix de ces derniers mois que beaucoup de Slovènes imputent à l'adoption de l'euro par leur pays le 1er janvier 2007. « Ce résultat est assurément un sévère avertissement pour le gouvernement. Les gens sont mécontents à cause des erreurs qu'il a commises et surtout à cause du taux élevé de l'inflation » affirme Borut Hocevar, analyste politique au quotidien *Zurnal 24*. On notera enfin le résultat élevé obtenu lors du premier tour par le candidat de la formation d'extrême droite, le Parti national slovène (SNS), Zmago Jelincic, qui a recueilli 19,16 % des suffrages.

La participation a été faible s'élevant à 57,78 %, soit quasiment identique à celle enregistrée lors du premier tour du 21 octobre (57,67 %). Pour la première fois en 2007, les électeurs avaient la possibilité de voter dans n'importe quel bureau de vote du pays, indépendamment de leur lieu de résidence. De même, 50 000 Slovènes vivant à l'étranger ont pu participer pour la première fois à un scrutin présidentiel.

En succédant à Janez Drnovsek, Danilo Türk devient le troisième chef d'État slovène depuis l'indépendance du pays en 1991. Le 1er janvier 2008, il est également devenu le premier président de la République d'un pays issu de l'ex-bloc communiste à assurer la présidence de l'Union européenne.

Résultats de l'élection présidentielle des 21 octobre et 11 novembre 2007 en Slovénie

Participation : 57,67 % (premier tour) et 57,78 % (second tour)

Candidats	Nombre de voix (premier tour)	Pourcentage des suffrages (premier tour)	Nombre de voix (second tour)	Pourcentage des suffrages (second tour)
Lojze Peterle (indépendant)	283 412	28,73	318 288	31,97
Danilo Türk (indépendant)	241 349	24,47	677 333	68,03
Mitja Gaspari (indépendant)	237 632	24,09		
Zmago Jelinčič (Parti national, SNS)	188 951	19,16		
Darko Krajnc (Parti des jeunes, SMS)	21 526	2,18		
Elena Pečarič (Association pour la théorie et la culture du handicap)	8 830	0,90		
Monika Piberl (La Voix des femmes)	4 729	0,48		

ANNÉE 2008

AUTRICHE

Élections fédérales, 28 septembre 2008

Les deux « grandes » forces politiques du pays – le Parti social-démocrate (SPÖ) et le Parti populaire (ÖVP) – toutes deux membres de la coalition gouvernementale sortante dirigée par Alfred Gusenbauer (SPÖ) ont été sévèrement sanctionnées par les électeurs autrichiens lors des fédérales anticipées qui se sont tenues le 28 septembre. Le Parti social-démocrate arrive toutefois en tête du scrutin et recueille 29,71 % des suffrages (58 sièges, - 10 par rapport aux élections du 1er octobre 2006). Il est suivi par le Parti populaire conduit par le ministre des Finances sortant Wilhelm Molterer qui obtient 25,61 % des voix et 50 sièges (– 16). Les deux partis remportent conjointement 55,32 % des voix, soit leur plus faible résultat depuis la naissance de la République autrichienne en 1918.

Les deux formations d'extrême droite – le Parti de la liberté (FPÖ) et l'Alliance pour l'avenir de l'Autriche (BZÖ) – recueillent ensemble 28,99 % des voix, largement au-dessus des 15,1 % qu'elles avaient recueilli lors du scrutin du 1er octobre 2006. La formation de Heinz-Christian Strache, le Parti de la liberté, est en tête avec 18,01 % des suffrages (35 sièges, + 18) ; le parti de Jörg Haider recueille 10,98 % des voix (21 sièges, + 14). Enfin, les Verts (G) reculent et obtiennent 9,79 % des voix (19 sièges, – 2).

La participation a été inférieure de 7 points à celle enregistrée lors des élections fédérales du 1er octobre 2006 et s'est élevée à 71,48 %.

« Il n'existe pas en Autriche de parti populiste d'extrême gauche. Par conséquent, le vote protestataire se porte sur l'extrême droite » analyse Peter Filmzmaier, professeur à l'université du Danube de Krems. La grande coalition au pouvoir de janvier 2007 à juillet 2008 n'a jamais réussi à s'imposer et les deux partis qui la composaient ne sont jamais parvenus à travailler ensemble et à devenir des partenaires. Le Parti populaire, surpris par sa défaite aux dernières élections fédérales, n'a jamais accepté de ne pas diriger le gouvernement faisant du rétablissement de l'équilibre budgétaire un préalable à toute action réformatrice alors que le Parti social-démocrate souhaitait mettre en place de grandes réformes. Durant leurs seize mois au gouvernement, les deux partis ont donné l'image de formations incapables d'agir et passant leur temps à se quereller. La grande coalition s'est finalement brisée sur la question européenne après que le Parti social-démocrate, soutenu par l'extrême droite, avait demandé que toute modification des traités européens touchant aux intérêts autrichiens soit désormais décidée par référendum.

« La campagne du Parti social-démocrate a été ouvertement populiste reprenant des arguments propres à l'extrême droite dans le but de ramener dans le giron social-démocrate un électorat populaire désorienté mais cela n'a marché qu'en partie et il a ainsi sérieusement entamé sa future crédibilité gouvernementale » déclare le professeur de sciences politiques Mario Telo.

Le 23 novembre 2008, l'arithmétique et la logique politique ont conduit à la reconduction de la grande coalition regroupant le Parti social-démocrate et le Parti populaire. Elle est dirigée par Werner Faymann (SPÖ) ; le nouveau dirigeant du Parti populaire, Josef Pröll, en est le vice-chancelier.

Résultats des élections fédérales du 28 septembre 2008 en Autriche
Participation : 78,81 %

Formations politiques	Nombre de voix	Pourcentage des suffrages	Sièges
Parti social-démocrate (SPÖ)	1 430 206	29,26	57
Parti populaire (ÖVP)	1 269 656	25,98	51
Parti de la liberté (FPÖ)	857 029	17,54	34
Alliance pour l'avenir de l'Autriche (BZÖ)	522 933	10,70	21
Les Verts-L'Alternative verte (Grünen)	509 936	10,43	20
Autres	297 549	6	0

CHYPRE

Élection présidentielle, 17 et 24 février 2008

Demetris Christofias (Parti progressiste des travailleurs, AKEL) a été élu président de la République de Chypre le 24 février 2008 lors du second tour de l'élection présidentielle qui opposait deux candidats prônant l'ouverture vers la communauté turque. Il a recueilli 53,37 % des suffrages, contre 46,63 % à son adversaire Ioannis Kasoulidès (Rassemblement démocratique, DISY) soutenu par le Parti démocratique (DIKO) du président de la République sortant Tassos Papadopoulos, le Mouvement des sociaux-démocrates-Union du centre (EDEK), les Démocrates unis (EDI) et le Mouvement écologiste et environnementaliste-Parti vert (KEP).

La participation a été légèrement supérieure à celle enregistrée lors du premier tour du 17 février, s'élevant à 90,84 % au second tour et à 89,42 % une semaine plus tôt. Le vote est obligatoire dans l'île. La communauté turque vivant sur la partie grecque de Chypre a été pour la première fois dans l'histoire de l'île autorisée à voter pour une élection présidentielle.

Lors du premier tour du 17 février, Demetris Christofias avait recueilli 33,29 % des suffrages, Ioannis Kasoulidès, 33,51 % et Tassas Papadopoulos (Parti démocratique, DIKO), 31,79 %. Les six autres candidats avaient obtenu un très faible nombre de voix (moins de 1 % des suffrages chacun).

Sa victoire du 24 février fait de Demetris Christofias, souvent décrit comme un eurosceptique, le premier chef d'État communiste de Chypre mais également de l'Union européenne. « C'est un social-démocrate pragmatique. Il n'est même pas anticapitaliste. Au début, il fera peut-être lever quelques sourcils dans l'Union européenne. Mais il n'est pas ce qu'on peut avoir à l'esprit quand on entend le mot communiste » affirme Hubert Faustmann, professeur de relations internationales à l'université de Nicosie. Président de la Chambre des représentants depuis 2001, Demetris Christofias s'était opposé en 2004 au plan de paix proposé par les Nations unies en vue de la réunification du pays et avait voté « non » comme d'ailleurs la majorité des Chypriotes grecs (75,83 %) tandis que 64,9 % des Chypriotes turcs avaient approuvé ce plan.

« Si vous voulez extraire un message politique de ce premier tour, 65 % des Chypriotes grecs ont voté pour des candidats clairement favorables à une solution. Les Chypriotes grecs sont de retour à la table des négociations » souligne Hubert Faustmann. Demetris Christofias, qui a fait campagne sur la nécessaire ouverture des négociations avec la partie turque de Chypre, est favorable à une solution fédérale et préconise l'établissement d'un pays indépendant, démilitarisé et non aligné pour régler le problème de la division de l'île coupée en deux depuis juillet 1974 par une « ligne verte », contrôlée par les Casques bleus des Nations unies. Son élection a permis l'ouverture en septembre 2008 d'un nouveau cycle de négociations entre Chypriotes grecs et turcs.

Résultats de l'élection présidentielle des 17 et 24 février 2008 à Chypre
Participation : 89,42 % (premier tour) et 90,84 % (second tour) (le vote est obligatoire à Chypre)

Candidat	Nombre de voix (premier tour)	Pourcentage des suffrages (premier tour)	Nombre de voix (second tour)	Pourcentage des suffrages (second tour)
Demetris Christofias (Parti progressiste des travailleurs, AKEL)	150 016	33,29	240 604	53,37
Ioannis Kasoulidès (Rassemblement démocratique, DISY	150 996	33,51	210 195	46,63
Tassos Papadopoulos (Parti démocratique, DIKO)	143 249	31,79		
Mários Matsákis	3 460	0,77		
Kostas Kyriacou	1 092	0,24		
Kostas Themistocleous	753	0,17		
Andreas Efstratiou	713	0,16		
Christodoulos Neophytou	243	0,05		
Anastasis Michael	117	0,03		

ESPAGNE

Élections parlementaires, 9 mars 2008

Le Parti socialiste ouvrier (PSOE) du Premier ministre sortant José Luis Rodriguez Zapatero a remporté les élections parlementaires qui se sont déroulées le 9 mars 2008 en Espagne. La formation au pouvoir recueille 43,64 % des suffrages et remporte 169 sièges au Congrès des députés (+ 5 par rapport aux précédentes élections législatives du 14 mars 2004) et 86 sièges au Sénat pour 40,12 % des voix et 153 députés (+ 5 également) à son principal rival, le Parti populaire (PP) dirigé par Mariano Rajoy (101 élus au Sénat). Le chef du gouvernement échoue cependant à obtenir la majorité absolue dont avaient bénéficié ses deux prédécesseurs, Felipe Gonzalez (PSOE) et José Maria Aznar (PP), lors de leur deuxième mandat et il devra de nouveau composer avec les « petits » partis pour former son gouvernement.

Les deux principales formations politiques renforcent leur hégémonie sur la scène politique espagnole en remportant ensemble 83,76 % des suffrages, un résultat atteint au détriment des « petites » formations. Ainsi, Gauche unie (Izquierda unida, IU), qui arrive en troisième position, recueille 3,80 % des suffrages et remporte 3 sièges (– 5). Elle devance Convergencia i Union de Catalunya (CiU), alliance électorale catalane, qui obtient 3,05 % des voix et 11 sièges (– 1), Esquerra republicana de Catalunya (ERC), formation catalane de gauche, qui recueille 1,20 % des suffrages (6 sièges, - 1), le Bloc nationaliste galicien (BNG), parti nationaliste, qui obtient 0,82 % des voix et 2 sièges (– 3) et enfin la Coalition des Canaries (CC), formation régionaliste qui recueille 0,64 % des suffrages (2 sièges, =).

La participation a été élevée, atteignant 73,85 %, soit un taux quasi équivalent à celui enregistré lors des élections parlementaires du 14 mars 2004. On notera que la loi sur l'égalité, votée en avril 2007, interdit à toute liste de présenter plus de 60 % de candidats d'un même sexe lors de toute élection. Le Parti socialiste ouvrier présentait 49 % de candidates aux législatives.

Mariano Rajoy connaît donc sa deuxième défaite à des élections parlementaires. Le Parti populaire enregistre cependant une augmentation de ses suffrages et de son nombre de sièges par rapport à 2004. La formation pourra toutefois difficilement faire l'économie d'une réflexion sur ce nouveau revers tout comme sur le type d'opposition qu'il envisage de mener au cours de la législature à venir.

Les Espagnols se sont rendus aux urnes alors que les indicateurs économiques commençaient à se détériorer : ralentissement du secteur du secteur du bâtiment et des travaux publics (7,5 % du PIB), chute des transactions immobilières et de la consommation des ménages à l'origine de la croissance, hausse de l'inflation et du chômage. Le bilan économique du Parti socialiste (croissance du PIB de 3,8 % en 2007, création de 3 millions d'emplois – plus que l'Allemagne, la France et le Royaume-Uni réunis – et forte baisse du taux de chômage depuis 2004, PIB par habitant supérieur à la moyenne de l'Union européenne et, une première dans l'histoire espagnole, excédent budgétaire de 50 milliards d'euros, soit 2,3 % du PIB) a cependant joué en sa faveur. En outre, le Parti populaire, fragilisé par des divisions internes, a semblé ne pas avoir pris la mesure de l'évolution de la société espagnole et il n'a pas su convaincre qu'il ferait mieux que les socialistes. Fait notable toutefois : la droite est parvenue, pour la première fois dans l'histoire du pays, à faire de l'immigration l'un des principaux thèmes de la campagne.

Le gouvernement de José Luis Rodriguez Zapatero a, depuis 2004, beaucoup contribué à la modernisation du pays. Profondément catholique, l'Espagne autorise aujourd'hui le mariage des couples de même sexe à qui elle permet également l'adoption d'enfants au même titre que les couples hétérosexuels. La procédure de divorce a été simplifiée, une loi sur la dépendance a également été votée qui accorde un financement public aux personnes âgées ou handicapées. La loi sur l'égalité, votée en avril 2007, instaure une parfaite égalité entre les sexes. Des cours spéciales de justice, uniques en Europe, ont été créées afin de poursuivre les individus coupables de violence domestique. Le gouvernement socialiste a encore voté une loi sur la mémoire historique corrigeant les injustices les plus criantes passées sous silence lors de la signature du Pacte de la Moncloa de 1977. Les cours de religion obligatoire ont été supprimés du cursus scolaire et l'éducation à la citoyenneté inscrite au programme des élèves.

Ce succès du Parti socialiste ouvrier est celui de José Luis Rodriguez Zapatero, représentant du courant Nueva via (Nouvelle voie) au sein de son parti, tant la campagne électorale de sa formation a été centrée sur sa personne. Par ailleurs, cette victoire, contrairement à la précédente, ne peut cette fois être contestée ou délégitimée par les forces de l'opposition. Durant ce deuxième mandat, José Luis Rodriguez Zapatero devrait continuer à moderniser l'Espagne. Deux grands chantiers s'ouvrent devant lui : il devra gérer au mieux le ralentissement économique que connaît le pays et trouver les moyens de faire vivre ensemble et en paix 45 millions d'Espagnols, notamment en trouvant des solutions au problème du terrorisme basque.

Résultats des élections parlementaires du 9 mars 2008 en Espagne

Congrès des députés

Participation : 73,85%

Formations politiques	Nombre de voix	Pourcentage des suffrages	Sièges
Parti socialiste ouvrier espagnol (PSOE)	11 289 335	43,84	169
Parti populaire (PP)	10 278 010	39,93	154
Convergence et Union (CiU)	779 425	3,05	10
Parti nationaliste basque (EAJ/PNV)	306 128	1,20	6
Gauche républicaine de Catalogne (ERC)	298 139	1,17	3
Gauche unie (IU)	969 946	3,77	2
Bloc nationaliste galicien (BNG)	212 543	0,83	2
Coalition canarienne-Parti nationaliste canarien (CC-PNC)	174 629	0,68	2
Union, progrès et démocratie (UPyD)	306 079	1,19	1
Navarre Oui (Na-Bai)	62 398	0,24	1
Autres	1 104 472	4,09	0

Sénat
Participation : 73,85%

Formations politiques	Sièges
Parti populaire (PP)	101
Parti socialiste ouvrier (PSOE)	86
Accord catalan de progrès (ECP)	12
Convergence et Union (CiU)	4
Parti nationaliste basque (EAJ/PNV)	2
Autres	3

ITALIE

Élections parlementaires, 13 et 14 avril 2008

Silvio Berlusconi, dirigeant de la principale formation d'opposition, le Parti du peuple pour la liberté (PdL), a nettement remporté les élections parlementaires anticipées qui se sont déroulées en Italie les 13 et 14 avril 2008. Ce scrutin faisait suite à la démission, le 24 janvier, du président du Conseil Romano Prodi (L'Union) consécutive au refus du Sénat de lui accorder sa confiance. Le dirigeant de l'opposition s'impose donc pour la troisième fois à des élections parlementaires. Sa coalition rassemblant, outre sa propre formation, l'Alliance nationale (AN), la Ligue du Nord (LN) – qui a quasiment doublé son résultat de 2006, passant de 4,6% à 8,3% des voix à la Chambre des députés et de 4,5% à 8,06% au Sénat – et Alternative sociale (AS), a recueilli 46,81% des suffrages à la Chambre des députés (soit 340 sièges) et 47,32% au scrutin sénatorial (174 sièges).

Walter Veltroni, dirigeant du Parti démocrate (PD), a obtenu, en coalition avec le Parti radical et l'Italie des valeurs (IdV), 37,54% des voix à la chambre basse (239 sièges) et 38,01% des suffrages aux sénatoriales (132 sièges). Le dirigeant des forces de gauche, porteur de l'héritage du très impopulaire gouvernement de Romano Prodi, peut se réjouir d'avoir recueilli un résultat plus élevé que celui obtenu par les Démocrates de gauche (DS) et La Marguerite lors des élections parlementaires des 9 et 10 avril 2006. La Gauche arc-en-ciel (Sinistra arcobaleno, SA) s'est effondrée, recueillant 3,08% des voix à la Chambre basse et 3,21% des voix au Sénat. Elle ne sera donc plus représentée au Parlement.

Les « petits » partis ont souffert lors de ces élections qui, après des années de coalitions politiques fragiles et instables, pourraient constituer le premier pas de l'Italie sur le chemin du bipartisme. Alors que vingt-deux partis étaient représentés dans le dernier Parlement, ils ne sont plus désormais que cinq.

La participation s'est élevée à 80,4 %, soit légèrement au-dessous de celle enregistrée lors du précédent scrutin (– 3,1 points).

Le *Cavaliere* remporte donc sa troisième victoire et peut savourer le fait d'avoir survécu à son vieil ennemi, Romano Prodi. « Silvio Berlusconi exprime des choses profondes de la société italienne, insistant sur la liberté et le travail mais aussi le plaisir et l'affichage de la réussite » souligne Marc Lazar, politologue et sociologue à Sciences Po. Selon lui, la grande force de Silvio Berlusconi est de s'adresser directement aux électeurs. Deux types précis lui sont acquis : d'un côté, les chefs de petites et moyennes entreprises, notamment ceux du nord du pays, les professions libérales, les commerçants et les artisans à qui il promet une réduction de leurs taxes et la liberté d'entreprendre et qui apprécient les valeurs d'individualisme, d'argent et de travail qu'il met en avant, et, de l'autre, les laissés pour compte de la société : les personnes âgées, les Italiens peu diplômés et peu politisés auxquels il promet sécurité et protection.

Résultats des élections parlementaires des 13 et 14 avril 2008 en Italie

Chambre des députés

Participation : 80,4 %

Formations politiques	Nombre de voix	Pourcentage des suffrages	Sièges
Coalition Silvio Berlusconi	17 063 874	46,81	340
Coalition Walter Veltroni	13 686 673	37,54	239
Union des démocrates chrétiens et du centre (UDC)	2 050 319	5,62	36
Autres	3 680 750	10,03	4

Sénat

Participation : 80,4 %

Formations politiques	Nombre de voix	Pourcentage des suffrages	Sièges
Coalition Silvio Berlusconi	15 507 549	47,32	174
Coalition Walter Veltroni	12 456 443	38,01	132
Union des démocrates chrétiens et du centre (UDC)	1 866 294	5,69	3
Autres	1 887 787	5,75	6

LITUANIE

Élections législatives, 12 et 26 octobre 2008

La principale formation d'opposition de droite, l'Union de la patrie-Chrétiens-démocrates (TS-LKD) d'Andrius Kubilius, a remporté les législatives des 12 et 26 octobre 2008 en Lituanie. Elle obtient 45 des 141 sièges du Seimas, Parlement lituanien. Le Parti social-démocrate (LSP) du Premier ministre sortant Gediminas Kirkilas (25 sièges) est le grand perdant du scrutin. Ces élections consacrent également le retour de l'ancien président de la République destitué en 2004, Rolandas Paksas, dont le parti populiste, Pour l'ordre et la justice (TT), obtient 15 députés.

Comme souvent dans les États baltes, une nouvelle formation, le Parti populaire de la résurrection nationale fondé en mai 2008 et dirigé par le producteur et présentateur de télévision Arunas Valinskas, a créé la surprise en remportant 16 sièges. Qualifié de « parti du show bizz » parce qu'une douzaine de chanteurs, d'acteurs, musiciens ou gens de télévision l'ont rejoint, cette formation, dont l'un des slogans était « Le bateau coule ; au moins avec nous, cela sera plus drôle », s'est fixée pour objectif de faire renaître chez les Lituaniens la confiance dans l'État et dans les institutions politiques. « Le parti n'a ni idéologie ni programme, ce qui lui laisse la liberté totale de rejoindre n'importe quel camp politique » indique le politologue Alvidas Lukosaitis.

Le Mouvement libéral obtient 11 sièges ; le Parti du travail (DP), formation populiste de gauche créée en 2003 par le milliardaire d'origine russe Viktor Ouspaskitch, 10 ; l'Union libérale-Union du centre (LLC-LSC), parti membre de la coalition gouvernementale sortante et dirigé par Arturas Zuokas, 8 ; l'Union paysanne populaire (LVLS) dirigée par Kazimiera Danute Prunskiene, 3 sièges tout comme l'Action électorale polonaise (LLRA) de Waldemar Tomaszewski et représentant la minorité polonaise de Lituanie et enfin la Nouvelle Union-Parti social libéral (NS-SL), formation d'Arturas Paulauskas, 1. Le Parlement comptera en outre 4 députés indépendants.

La participation s'est élevée à 48,1 % au premier tour et à 32,31 % au second.

« La principale différence entre ces législatives et les précédentes, c'est que le pays connaît pour la première fois depuis huit ans des difficultés économiques » analyse le politologue Kestutis Gemius. En effet, l'économie lituanienne est proche de la surchauffe et l'inflation a atteint, en juin 2008, son taux le plus élevé depuis dix ans, 12,6 %. Le pays a déjà dû renoncer à introduire l'euro en janvier 2007 à cause du niveau de son inflation qui ne respectait pas les critères de Maastricht. La demande domestique a reculé et la croissance s'est brusquement ralentie, de façon beaucoup plus rapide que prévu.

Le scrutin s'est tenu deux mois après l'intervention de l'armée russe en Géorgie et les tensions entre les deux pays ont certainement été favorables à l'Union de la patrie-Conservateurs qui avait fait de la sécurité nationale l'un des axes majeurs de son programme.

Andrius Kubilius a été nommé Premier ministre à l'issue du scrutin. Son gouvernement comprend des membres de sa formation de l'Union de la patrie-Chrétiens-démocrates, du Parti populaire de la résurrection nationale, du Mouvement libéral et de l'Union libérale-Union du centre.

Résultats des élections législatives des 12 et 26 octobre 2008 en Lituanie
Participation : 48, 7% (premier tour) et 32, 31% (second tour)

Formations politiques	Scrutin proportionnel			Scrutin majoritaire (premier tour)			Scrutin majoritaire (second tour)			Total sièges
	Voix	%	Sièges	Voix	%	Sièges	Voix	%	Sièges	
Union de la patrie/ Chrétiens-démocrates (TS/LK)	243 823	19,72	18	240 408	19,57	0	283 629	35,45	27	45
Parti populaire de la résurrection nationale	186 629	15,09	13	116 728	9,50	0	44 386	5,55	3	16
Pour l'ordre et la justice (TT)	156 777	12,68	11	147 656	12,02	0	81 188	10,15	4	15
Parti social-démocrate (LSP)	144 890	11,72	10	175 023	14,25	2	136, 45	17,4	13	25
Parti du travail (DP)	111 149	8,99	8	92 185	7,51	0	27 441	3,43	2	10
Mouvement libéral	70 862	5,73	5	78 539	6,39	0	50 066	6,26	6	11
Union libérale-Union du centre (LLC-LSC)	66 078	5,34	5	94 585	7,70	0	56 571	7,07	3	8
Action électorale polonaise (LLRA)	59 237	4,79	0	58 883	4,79	1	29 744	3,72	2	3
Union paysanne populaire (LVLS)	46 162	3,73	0	64 328	5,24	0	36 658	4,58	3	3
Nouvelle Union-Parti social libéral (NS-SL)	45 061	3,64	0	54 502	4,44	0	6 585	0,82	1	1
Autres	106 048	8,58	0	72 205	5,86	0	8 630	1,08	0	0
Indépendants				33 156	2,70	0	38 804	4,85	4	4

MALTE

Élections législatives, 8 mars 2008

Le Parti nationaliste (PN) au pouvoir a remporté les élections législatives qui se sont déroulées le 8 mars 2008, devançant d'une très courte tête son principal adversaire, le Parti travailliste (MLP), dirigé par Alfred Sant. La formation du Premier ministre sortant Lawrence Gonzi recueille 49,34 % des suffrages et 33 sièges au parlement (– 2 par rapport aux élections du 12 avril 2003), contre 48,79 % et 32 sièges (+ 2) au principal parti d'opposition, soit 1 580 voix de différence entre les deux principales formations politiques de l'archipel, le plus faible écart enregistré entre les deux partis depuis l'indépendance du pays (21 septembre 1964).

La formation écologiste Alternative démocratique (AD) a recueilli 1,31 % des suffrages et ne remporte aucun siège au Parlement. Le parti peut cependant se féliciter d'avoir quasiment doublé le nombre de ses voix par rapport au précédent scrutin législatif. De son côté, Alternative nationale (AN), parti populiste d'extrême droite créé en 2007, a obtenu 0,50 % des voix et ne sera pas non plus en mesure d'entrer au Parlement.

Comme traditionnellement dans l'archipel, la participation a été élevée, atteignant 93 %, légèrement inférieure cependant à celle enregistrée lors du précédent scrutin législatif (– 2,9 points).

Lawrence Gonzi, qui a été reconduit à la tête du gouvernement, avait fait campagne en s'appuyant sur les résultats économiques obtenus par son gouvernement durant les cinq dernières années : un déficit public passé en quatre ans de 10 % à 1,6 % du PIB, une diminution de la dette publique (de 76 % du PIB à 63 %), une forte hausse des investissements (taux record des IDE en 2007), une inflation parmi les plus faibles de l'Union européenne (1,7 %) et un taux de croissance du PIB de 4,3 %, supérieur à la moyenne des Vingt-sept. Malte a rejoint le 1er janvier 2008 l'Union économique et monétaire (UEM).

En dépit de ses promesses électorales et des nombreuses accusations de corruption envers le gouvernement nationaliste, Alfred Sant n'aura pas convaincu la majorité des Maltais de lui faire confiance. Prenant acte de sa troisième défaite aux élections législatives en dix ans, le dirigeant du Parti travailliste a démissionné de la tête de sa formation. Opposé à l'entrée de son pays dans l'Union européenne lors du référendum sur l'adhésion de 2003, Alfred Sant ne s'était pas exprimé sur les questions européennes durant sa campagne.

Résultats des élections législatives du 8 mars 2008 à Malte
Participation : 93,30%

Formations politiques	Nombre de voix	Pourcentage des suffrages	Sièges
Parti nationaliste (PN)	143 468	49,34	33
Parti travailliste (MLP)	141 888	48,79	32
Alternative démocratique (AD)	3 810	1,31	0
Alternative nationale (AN)	1 461	0,50	0
Autres	150	0,05	0

ROUMANIE

Élections parlementaires, 30 novembre 2008

La principale formation d'opposition, le Parti social-démocrate (PSD) de Mircea Geoana, est arrivée en tête des élections parlementaires qui se sont tenues en Roumanie le 30 novembre 2008, (33,09% des voix aux élections législatives et 34,16% au scrutin sénatorial ; soit 114 députés et 49 sénateurs) devançant d'une poignée de suffrages le Parti démocrate-libéral (PD-L) du président de la République Traian Basescu (respectivement 32,36% et 33,57% des suffrages, 115 députés et 51 sénateurs). Le Parti national-libéral (PNL) du Premier ministre sortant Calin Popescu Tariceanu est le grand perdant du scrutin et arrive en troisième position avec 18,57% des suffrages pour la Chambre des députés (Camera deputatilor) (65 élus) et 18,74% pour le Sénat (28 sièges). Enfin, l'Union démocratique des Hongrois de Roumanie (UDMR), membre de la coalition gouvernementale sortante, recueille 6,17% des suffrages à la Chambre des députés (18 élus) et 6,39% au scrutin sénatorial (9 sièges) et sera la quatrième formation politique représentée au Parlement.

En dépit de sa victoire en voix, le Parti social-démocrate obtient moins de sièges dans chacune des assemblées du Parlement que le Parti national-libéral : la formation de gauche remporte 49 sièges de députés et 114 sièges de sénateurs contre respectivement 115 et 51 pour la formation du président de la République. Les autres partis, et notamment celui d'extrême droite, le Parti de la Grande Roumanie, (PRM) qui possédait 69 sièges dans la précédente législature et siégeait au parlement depuis 1996, échouent à recueillir les 5% de suffrages obligatoires pour entrer au parlement.

La participation a été la plus faible depuis la chute du communisme, s'établissant à 39,26%, soit 17,24 points de moins que lors du scrutin parlementaire du 28 novembre 2004. On notera que pour la première fois les élections parlementaires n'étaient pas couplées avec le scrutin présidentiel (depuis la réforme constitutionnelle de 2004, le Chef de l'État est élu pour cinq ans, son élection est donc désormais dissociée de celle du parlement). Les Roumains votaient également pour la première fois au système majoritaire mixte, soit pour des candidats individuels et non plus comme ils le faisaient jusqu'alors au scrutin proportionnel, en faveur de listes dressées par les partis politiques.

La faible participation traduit le désintérêt des Roumains pour ces scrutins et témoigne de la piètre estime dans lequel ils tiennent leurs gouvernants. Selon les enquêtes d'opinion, le Parlement est perçu par la population comme l'institution nationale la plus corrompue.

Si le gouvernement de Calin Popescu Tariceanu a bénéficié d'une des périodes économiques les plus fastes (croissance moyenne de 6 à 7% et montant record des investissements directs étrangers), au niveau politique, son mandat s'est en revanche avéré des plus mouvementés. Jusqu'en 2007, l'objectif commun d'adhésion à l'Union européenne a soudé la coalition gouvernementale au pouvoir ; après cette date, l'alliance du Parti national-libéral et du Parti démocrate (PD) est devenue impossible à maintenir à cause des rapports tendus entre le président de la République Traian Basescu et le Premier ministre.

Les partis politiques ont rivalisé de promesses durant toute la campagne, prônant une hausse des dépenses publiques et évitant de parler sérieusement de la crise économique et des mesures d'austérité qui seront probablement indispensables en 2009. Le Parti social-démocrate a promis de baisser les impôts, d'augmenter les subventions sociales et de doubler le salaire minimum. Le Parti démocrate-libéral a appuyé les augmentations de salaires des enseignants (de 50%) et des professionnels de la santé. Si le Parti national-libéral a pu sembler plus raisonnable, c'est uniquement parce qu'exerçant le pouvoir depuis quatre ans, il ne pouvait multiplier les promesses et avait choisi de jouer la carte de la responsabilité.

Le nouveau gouvernement dirigé par Emil Boc (PD-L) et formé par les démocrates-libéraux et les sociaux-démocrates aura la lourde tâche de gérer la sortie de crise d'un pays frappé de plein fouet par la crise financière internationale. La Roumanie, dont le développement dépend largement des investissements étrangers, est en effet plus vulnérable que ses voisins et pourrait être contrainte de recourir à une aide extérieure. Le taux de chômage devrait augmenter dans les prochains mois et beaucoup craignent que les Roumains partis travailler à l'étranger, soit environ 10% de la population, eux aussi touchés par la crise économique internationale, ne commencent à rentrer au pays. On estime à 500 000 les personnes susceptibles de regagner la Roumanie.

Résultats des élections parlementaires du 30 novembre 2008 en Roumanie

Chambre des députés

Participation : 39,26%

Formations politiques	Nombre de voix	Pourcentage des suffrages	Sièges
Parti démocrate-libéral (PD-L)	2 228 860	32,36	115
Parti social-démocrate-Parti conservateur (PSD-PC)	2 279 449	33,09	114
Parti national-libéral-Parti national paysan chrétien-démocrate (PNL)	1 279 063	18,57	65
Union démocrate magyare de Roumanie (UDMR)	425 008	6,17	22
Partis des minorités ethniques de Roumanie	243 908	3,56	18
Parti de la Grande Roumanie (PRM)	217 595	3,15	0
Parti de la nouvelle génération (PNG)	156 901	2,27	0
Autres	27 655	0,40	0

Sénat

Participation : 39,26%

Formations politiques	Nombre de voix	Pourcentage des suffrages	Sièges
Parti démocrate-libéral (PD-L)	2 312 358	33,57	51
Parti social-démocrate-Parti conservateur (PSD-PC)	2 352 968	34,16	49
Parti national-libéral-Parti national paysan chrétien-démocrate (PNL)	1 291 029	18,74	28
Union démocrate magyare de Roumanie (UDMR)	440 449	6,39	9
Parti de la Grande Roumanie (PRM)	245 930	3,57	0
Parti de la nouvelle génération (PNG)	174 519	2,53	0
Autres	60 734	0,90	0

SLOVÉNIE

Élections législatives, 21 septembre 2008

Les forces de gauche se sont imposées lors des élections législatives organisées en Slovénie le 21 septembre. Le Parti social-démocrate (SD) dirigé par Borut Pahor a recueilli 30,50 % des suffrages (29 sièges) et devance le Parti démocrate slovène (SDS) du Premier ministre sortant, Janez Jansa, qui obtient 29,32 % des voix (28 sièges). Ces deux formations sont suivies de Zares (Réel), parti fondé en mars 2007 par sept députés anciens membres du Parti libéral-démocrate (LDS), qui recueille 9,40 % des suffrages (9 sièges), du Parti démocratique des retraités (DeSUS), qui obtient 7,45 % des voix (7 sièges) et de la formation d'extrême droite, le Parti national slovène (SNS), 5,46 % (5 sièges). Deux autres partis seront représentés au Drzavni Zbor (Assemblée nationale), chambre basse du Parlement slovène : la coalition Parti populaire-Parti de la jeunesse (SLS-SMS) – 5,24 % et 5 sièges – et le Parti libéral démocrate (LDS) – 5,19 % et 5 sièges également. Deux des 90 sièges reviennent aux minorités italienne et hongroise.

Ces élections ont redessiné le paysage politique slovène : après son échec de 2004, la division du Parti libéral-démocrate au pouvoir durant douze ans aura indéniablement profité au Parti social-démocrate même si la jeune formation Zares soutenue par l'ancien Président de la République (1991-2002) Milan Kucan, obtient un résultat plus qu'honorable.

La participation s'est élevée à 62,16 %, soit une légère hausse par rapport aux élections législatives du 3 octobre 2004 (+1,52 point). On rappellera que la loi électorale oblige chaque liste à présenter un minimum de 25 % de candidates pour pouvoir participer au scrutin.

En dépit de son échec, Janez Jansa peut se féliciter d'avoir maintenu le résultat de sa formation par rapport aux précédentes élections. En revanche, ses alliés ont obtenu des résultats plus mitigés : avec 3,25 % des voix, Nouvelle Slovénie (NSI) dirigée par l'ancien Premier ministre (3 mai 2000-17 novembre 2000) et ministre des Finances sortant, Andrej Bajuk, ne parvient pas à atteindre le seuil des 4 % des suffrages exprimés indispensables pour être représenté à l'Assemblée nationale et perd ses 9 députés. Le Parti populaire slovène enregistre également un recul (– 2 sièges). Le Parti démocratique des retraités s'en sort mieux puisqu'il augmente son nombre de sièges (+3).

Accusé par le journaliste Magnus Berglund de la chaîne de télévision finlandaise YLE d'avoir reçu, ainsi que le ministère de la Défense slovène, des pots-de-vin lors de l'achat en 2006 de 135 véhicules blindés par le ministère de la Défense slovène pour un montant de 278 millions d'euros au fabricant finlandais Patria, le Premier ministre sortant a connu une fin de campagne difficile.

Janez Jansa s'est également vu reprocher la hausse de l'inflation (3,8 % en 2007 et 5,6 % en 2008 alors que les salaires réels diminuaient en 2007 de 3,5 %), sa perte de contact avec la population et enfin sa proximité avec les milieux d'affaires.

« Malgré ce changement politique, on ne devrait pas enregistrer de grands changements économiques » indique Janez Sustersic, professeur à l'université de Primorska, qui ajoute : «un gouvernement de gauche sera plus sensible aux questions sociales et sera moins enclin à mener une politique accroissant la compétitivité de l'économie slovène ».

À l'issue de ces élections, Borut Pahor est devenu Premier ministre d'un gouvernement comprenant, outre sa formation du Parti social-démocrate, Zares, le Parti libéral démocrate et le Parti démocratique des retraités, formation qui s'allie traditionnellement au vainqueur du scrutin.

Résultats des élections législatives du 21 septembre 2008 en Slovénie
Participation : 63,10 %

Formations politiques	Nombre de voix	Pourcentage des suffrages	Sièges
Parti social-démocrate (SD)	320 248	30,45	29
Parti démocrate slovène (SDS)	307 735	29,26	28
Zares (Réel)	98 526	9,37	9
Parti démocratique des retraités (DeSUS)	78 353	7,45	7
Parti national slovène (SNS)	56 832	5,40	5
Parti populaire slovène (SLS)	54 809	5,21	5
Parti libéral démocrate (LDS)	54 771	5,21	5
Nouvelle Slovénie-Parti chrétien du peuple (NSi)	35 774	3,40	0
Autres	44 779	4,25	0
Minorités hongroise et italienne			2

ANNÉE 2009

ALLEMAGNE

Élections fédérales, 27 septembre 2009

La chancelière sortante, Angela Merkel (Union chrétienne-démocrate, CDU), a réussi son pari en remportant largement les élections fédérales qui se sont tenues en Allemagne le 27 septembre. Cette victoire de la CDU – qui, avec l'Union chrétienne sociale (CSU), recueille 33,8 % des suffrages [16] , si l'on ajoute le résultat du Parti libéral-démocrate (FDP) – qui obtient 14,6 % des voix –, signe la fin de la grande coalition qui rassemblait l'Union chrétienne-démocrate et le Parti social-démocrate (SPD) et ouvre la voie à une coalition classique, dite noire-jaune, formée par la CDU-CSU et le FDP. La chancelière sortante est donc reconduite dans ses fonctions.

Ces élections fédérales allemandes ont été celles de tous les « records ». Les deux « grandes » formations politiques allemandes continuent de reculer dans les urnes, rassemblant aujourd'hui moins de six électeurs sur dix (56,5 %) contre environ les trois quarts d'entre eux (avec une participation supérieure de 10 points environ) il y a une trentaine d'années. Le résultat de l'Union chrétienne-démocrate est inférieur aux 35,2 % obtenus lors du dernier scrutin fédéral, un score jugé à l'époque fort médiocre. Du côté de l'opposition, le Parti social-démocrate s'effondre et recueille son plus faible résultat depuis la fin de la Seconde Guerre mondiale, avec 23 % des suffrages (son précédent « record » remontait à 1953, année où la formation avait recueilli 28,8 % des voix).

Le faible score des deux grands partis du pays fait des « petites » formations les grands vainqueurs de ce scrutin fédéral. En effet, le Parti libéral-démocrate réalise son résultat le plus élevé depuis son record de 1961 en obtenant 14,6 % des voix ; le Parti de gauche (DL), présent seulement depuis 2005 sur la scène nationale, augmente de 3,2 points son précédent résultat et obtient 11,9 % des voix. Enfin, les Verts battent également leur record de 2002 et franchissent la barre des 10 % des voix, en recueillant 10,7 % des suffrages.

Ces élections ont également donné lieu à un record d'abstention. Le taux de participation s'élève à 70,8 %, soit le plus faible jamais enregistré en Allemagne. Il est en recul de près de 7 points (6,9) par rapport au précédent scrutin du 18 septembre 2005.

16. Les résultats notés ici prennent en compte les seuls votes au scrutin proportionnel.

Reconduite dans ses fonctions, la chancelière peut savourer sa victoire et se féliciter d'avoir fait le bon choix en menant une campagne quasi présidentielle – tout à fait inhabituelle outre-Rhin, où les électeurs se prononcent plus pour un parti que pour un candidat –, centrée sur sa personne (« Nous votons pour Angela Merkel » pouvait-on lire sur les affiches électorales). Personnalité politique la plus populaire d'Allemagne, Angela Merkel avait choisi de se positionner au-dessus des formations politiques, une stratégie décriée par certains membres de son parti, mais qui s'est finalement révélée gagnante.

Les électeurs, en quête de stabilité (notamment au moment où leur pays traverse sa plus grave récession économique depuis la Seconde Guerre mondiale), ont choisi de reconduire à la tête du gouvernement une chancelière qui a su imposer une image de solidité – notamment par sa gestion de la crise économique internationale – et de femme de consensus, une valeur particulièrement appréciée par ses compatriotes.

En chute libre depuis la mise en place de « l'Agenda 2010 », série de mesures adoptées entre 2003 et 2005 par le gouvernement du chancelier Gerhard Schröder afin de réformer le marché du travail et le système de protection sociale, le Parti social-démocrate ne parvient pas à faire cesser l'hémorragie qui le vide de ses adhérents (le SPD a perdu plus d'un tiers de ses membres au cours des dix dernières années) et de ses électeurs. Divisée entre son aile gauche et une partie plus centriste, sans réel dirigeant, privée de programme et en panne de stratégie, la formation, de plus en plus directement concurrencée par le Parti de gauche, fait face à une grave crise identitaire. Les sociaux-démocrates, incapables à l'ère de la mondialisation de formuler un nouveau modèle de gouvernement, se sont fait subtiliser leurs idées (étatisme, demande de régulation) par une chancelière qui, si elle défend une politique libérale, a su convaincre qu'elle était très attachée à l'équilibre social. De nombreux analystes politiques prédisent une radicalisation et un virage vers la gauche de la formation à l'issue de ces élections législatives.

Figure atypique au sein de sa formation, celle que les Allemands surnomment *Mutti* (Maman), fille d'un pasteur, femme divorcée et sans enfant, a contribué à moderniser l'Union chrétienne-démocrate. Sous sa direction, le parti s'est libéralisé, accordant un statut aux couples homosexuels et adoptant une approche plus positive de l'immigration. Femme d'une grande simplicité et au mode de vie empreint de sobriété et de discrétion, celle que le magazine américain Forbes a désignée quatre années de suite comme la femme la plus puissante du monde reste une figure énigmatique aux yeux de la plupart de ses compatriotes, qui apprécient cependant ses compétences, son côté raisonnable et sa réserve.

L'Allemagne est désormais dotée d'un gouvernement fort et d'une réelle opposition. Les deux partis de la coalition gouvernementale devront rapidement parvenir à prendre les mesures qu'impose la crise économique afin de réussir la relance : mesures fiscales, possible établissement d'un salaire minimum par branches d'activité, réforme des licenciements, etc. Les deux partis sont d'accord pour repousser la fermeture des centrales nucléaires allemandes, programmée pour 2020, et tous deux sont opposés à l'entrée de la Turquie dans l'Union européenne. Ils se sont également engagés à développer une politique familiale volontariste pour encourager la natalité du pays, qui est l'une des plus faibles d'Europe, et faire face au vieillissement de la population. La question démographique est considérée par de nombreux analystes comme le problème n° 1 de l'Allemagne sur le long terme.

Résultats des élections fédérales du 27 septembre 2009 en Allemagne
Participation : 70,78 %

Formations politiques	Scrutin majoritaire			Scrutin proportionnel			Total sièges
	Nombre de voix	Pourcentage des suffrages	Sièges	Nombre de voix	Pourcentage des suffrages	Sièges	
Union chrétienne-démocrate (CDU)	13 856 674	32,04	173	11 828 277	27,27	21	194
Union chrétienne-sociale (CSU)	3 191 000	7,38	45	2 830 238	6,53	0	45
Total Union chrétiennes (CDU-CSU)	**17 047 674**	**39,42**	**218**	**14 658 515**	**33,80**	**21**	**239**
Parti social-démocrate (SPD)	12 079 758	27,93	64	9 990 488	23,03	82	146
Parti libéral-démocrate (FDP)	4 076 496	9,43	0	6 316 080	14,56	93	93
Parti de gauche (DL)	4 791 124	11,08	16	5 155 933	11,89	60	76
Alliance 90 / Les Verts (Grünen)	3 977 125	9,2	1	4 643 272	10,71	67	68
Parti des pirates (Piraten)	46 770	0,11	0	847 870	1,95	0	0
Parti national-démocrate d'Allemagne (NPD)	768 442	1,78	0	635 525	1,47	0	0
Autres	321 336	0,74	0	1 123 507	2,59	0	0
Indépendants	139 275	0,32	0				

BULGARIE

Élections législatives, 5 juillet 2009

Les Citoyens pour le développement européen de la Bulgarie (GERB, « blason » en bulgare), emmenés par le maire de la capitale, Sofia, Boïko Borissov, ont remporté une large victoire aux élections législatives du 5 juillet 2009. La formation a recueilli 39,7 % des suffrages et remporté 116 sièges à l'Assemblée nationale, Chambre unique du Parlement bulgare. Le Parti socialiste (BSP), formation du Premier ministre sortant Sergueï Stanishev, a subi un lourd revers et obtient 17,7 % des voix et 40 sièges (– 42 par rapport au précédent scrutin législatif du 25 juin 2005). Son partenaire du gouvernement sortant, le Mouvement pour les droits et les libertés (DPS), représentant la minorité turque du pays, recueille 14,4 % des suffrages (38 sièges, + 4). Il devance la·formation d'extrême droite, Ataka – qui obtient 9,3 % des voix (21 sièges, un chiffre identique à celui de 2005) –, la Coalition bleue – formée par l'Union des forces démocratiques (ODS) et les Démocrates pour une Bulgarie forte (DSB) –, qui recueille 6,7 % des suffrages (15 sièges) et le Parti de l'ordre, de la loi et de la justice (RZS), qui obtient 4,1 % des voix (10 sièges).

Le Mouvement national pour la stabilité et le progrès (MNSE), membre du gouvernement sortant, qui avait remporté 53 sièges en 2005, ne parvient pas à passer pas le seuil des 4 % des voix obligatoire pour être représenté au Parlement.

La participation s'est élevée à 59,7 %, soit 3 points de plus que lors des précédentes élections législatives du 25 juin 2005.

Le thème de la lutte contre le crime organisé et la corruption a largement dominé le débat électoral, à côté des questions socio-économiques. Boïko Borissov a fait campagne sur un durcissement de la répression contre les responsables corrompus. Touchés de plein fouet par la crise économique, les Bulgares ont également condamné par leur vote ce qu'ils considèrent comme l'inefficacité du gouvernement de Sergueï Stanishev dans la gestion de la crise économique.

Grand sportif (il a été entraîneur de l'équipe nationale bulgare de karaté), ancien garde du corps de l'ancien dirigeant de la Bulgarie communiste (1971-1989), Todor Jivkov, et du roi Siméon de Saxe-Cobourg-Gotha (Siméon Borissov Sakskoburggotski), Boïko Borissov, surnommé Batman en raison de son courage et de son zèle dans l'action, a bâti sa popularité sur son bilan d'ancien chef de la police nationale et sur son discours, populiste, contre le crime, l'inaction du gouvernement et l'inefficacité de la justice.

Le 27 juillet 2009, il est devenu le nouveau Premier ministre bulgare, à la tête d'un gouvernement minoritaire composé de ministres issus du seul GERB et soutenu par les autres partis de droite comme par la formation d'extrême droite Ataka.

Résultats des élections législatives du 5 juillet 2009 en Bulgarie
Participation : 60,64%

Formations politiques	Nombre de voix	Pourcentage des suffrages	Sièges
Citoyens pour un développement européen de la Bulgarie (GERB)	1 677 870	39,71	116
Parti socialiste bulgare (BSP)	747 849	17,70	40
Mouvement pour les droits et les libertés (DPS)	610 831	14,46	38
Ataka (Attaque)	395 656	9,36	21
Coalition bleue (Union des forces démocratiques-Démocrates pour une Bulgarie forte, ODS-DSB)	285 418	6,76	15
Parti de l'ordre, de la loi et de la justice (RZS)	174 563	4,13	10
Autres	127 340	3,01	0

GRÈCE

Élections législatives, 4 octobre 2009

Le Mouvement socialiste panhellénique (PASOK), dirigé par George Papandréou, est arrivé largement en tête des élections législatives grecques anticipées le 4 octobre 2009. La principale formation d'opposition a recueilli 43,9% des suffrages et remporté 160 des 300 sièges de la Vouli (Parlement national), soit 58 députés de plus que lors du précédent scrutin législatif du 16 septembre 2007, et surtout la majorité absolue. La formation du Premier ministre sortant, Costas Caramanlis, Nouvelle Démocratie (ND), a obtenu 33,4% des voix et 91 sièges (– 61), le résultat le plus faible depuis la création du parti en 1974. La formation de droite a perdu environ un cinquième de ses électeurs depuis deux ans, la moitié d'entre eux ont voté en faveur du Mouvement socialiste panhellénique. On notera que le soutien dont bénéficient les deux principales formations politiques grecques continue de s'éroder.

En mars 2004, la Nouvelle démocratie et le Mouvement socialiste panhellénique avaient recueilli ensemble 85,4 % des suffrages. En septembre 2007, ils en obtenaient 79,9 %. Deux ans plus tard, ce chiffre s'élève à 77,4 % des voix.

Les « petits » partis recueillent donc leur résultat le plus élevé depuis 1958. Le Parti communiste (KKE) conserve sa place de troisième formation du pays en recueillant 7,5 % des suffrages (21 sièges, – 1). L'Alarme orthodoxe populaire (LAOS) arrive en quatrième position avec 5,6 % des voix et réussit son pari de remporter 15 sièges (+ 5). La formation d'extrême droite est suivie de la Coalition de la gauche radicale (SYRIZA), qui recueille 4,5 % des suffrages (13 sièges, – 1). Avec 2,5 % des voix, les Verts ne parviennent pas à franchir le seuil de 3 % de voix, obligatoire pour être représentés à la Vouli.

La participation s'est élevée à 70,9 %. Elle est inférieure de 3,2 points à celle enregistrée lors des précédentes élections législatives du 16 septembre 2007. Rappelons que le vote est obligatoire en Grèce.

Costas Caramanlis a indéniablement perdu son pari, qualifié de « suicide politique » par ses amis. Au pouvoir depuis mars 2004, il avait en effet convoqué des élections législatives anticipées de deux ans pour, avait-il déclaré, renforcer sa légitimité afin de mener à bien des réformes difficiles mais cependant essentielles à l'avenir du pays. De nombreux analystes – et la majorité des électeurs – n'ont visiblement pas compris pourquoi le chef du gouvernement ne choisissait pas de mener ces réformes alors qu'il était au pouvoir. La Nouvelle Démocratie a aussi certainement payé le prix des nombreux scandales financiers dans lesquels plusieurs de ses membres ont été impliqués (deux ministres ont dû démissionner au cours de la législature) et de sa gestion des troubles sociaux, qui ont dégénéré en violences urbaines en décembre 2008 et ont occasionné la mort d'un adolescent âgé de quinze ans tué par les forces de police, tout comme de sa gestion des incendies qui se sont produits dans la région de la capitale, Athènes, en août 2009.

Les deux principales formations s'opposaient, entre autres, sur les solutions à apporter à la crise économique internationale. Costas Caramanlis s'était engagé à mener une politique de rigueur (gel des salaires du secteur public et des pensions de retraite, réduction de la dette nationale et accélération des privatisations pour limiter les dépenses publiques). À l'opposé, le programme du Mouvement socialiste panhellénique est fondé sur la redistribution et la relance. Le parti veut stimuler l'économie grecque en portant les investissements publics à 5 % du PIB, en accordant aux salariés du secteur public des augmentations salariales supérieures au taux d'inflation, en réduisant les impôts des personnes percevant un revenu annuel inférieur à 30 000 euros et en majorant les allocations chômage et les retraites. Les socialistes se sont également engagés à renégocier les privatisations déjà effectuées (et à abandonner les projets en cours), à rétablir l'impôt sur les grandes fortunes et les droits de succession et à préserver le pouvoir d'achat des ménages en bloquant, pendant un an, les prix des services des entreprises contrôlées par l'État, mais aussi la compétitivité des entreprises en suspendant le remboursement de leurs dettes bancaires durant la même période de douze mois.

Une fois de plus en Grèce, le pouvoir politique passe d'un Caramanlis à un Papandréou. Alors que le Premier ministre sortant, Costas Caramanlis, est le neveu de l'ancien président de la République Constantin Caramanlis (1980-1995), le nouveau chef du gouvernement, George Papandréou, est le fils d'Andréas, fondateur du Mouvement socialiste hellénique, et petit-fils de George Papandréou, grand dirigeant de gauche de l'après-guerre, tous deux anciens Premiers ministres. Ces deux dynasties familiales rivales ont gouverné le pays durant trente-deux des quarante-sept années de démocratie qu'a connues la Grèce depuis 1955.

Résultats des élections législatives du 4 octobre 2009 en Grèce
Participation : 70, 95% (le vote est obligatoire en Grèce)

Formations politiques	Nombre de voix	Pourcentage des suffrages	Sièges
Mouvement socialiste panhellénique (PASOK)	3 012 542	43,92	160
Nouvelle Démocratie (ND)	2 295 719	33,47	91
Parti communiste (KKE)	517 249	7,54	21
Alarme orthodoxe populaire (LAOS)	386 205	5,63	15
Coalition de la gauche radicale (SYRIZA)	315 665	4,60	13
Verts	173 589	2,53	0
Autres	157 452	2,30	0

LITUANIE

Élection présidentielle, 17 mai 2009

En Lituanie, la candidate indépendante, Dalia Grybauskaite, est devenue le 17 mai 2009, dès le premier tour de scrutin et avec 69% des voix, la première femme à accéder à la magistrature suprême dans le pays et la deuxième dans un État balte après Vaira Vike-Freiberga, présidente de la République de Lettonie de 1999 à 2007. La compétence et l'indépendance de l'ex-commissaire européenne au Budget et à la Programmation financière (2004-2009) ont été perçues comme des gages d'efficacité et de probité dans un pays très touché par la crise économique. Elle a enregistré son résultat le plus élevé (83,71 %) dans la deuxième ville du pays, Kaunas.

Aucun clivage idéologique n'a été véritablement perceptible dans la campagne présidentielle au point que certains analystes n'avaient pas hésité à faire un parallèle entre ce scrutin et l'élection présidentielle russe où l'on compte généralement plusieurs candidats mais où tout le monde connaît le vainqueur avant le jour du vote. On notera par ailleurs que le passé communiste de Dalia Grybauskaite (qui est née en 1956) est très bien accepté par la grande majorité des Lituaniens. La nouvelle présidente de la République a été formée en Russie de 1976 à 1983, année où elle a obtenu un diplôme d'économie à l'université Zdanov de Léningrad. Elle a été secrétaire de l'Académie des sciences de la République socialiste de Lituanie à partir de 1983 et elle a enseigné l'économie au Collège communiste de Vilnius de 1983 à 1990.

Le social-démocrate Algirdas Butkevicius (Parti social-démocrate, LSP) arrive en deuxième position et obtient 11,8 % des voix. Il est suivi de Valentinas Mazuronis (Pour l'ordre et la justice, TT), qui recueille 6,1 % des suffrages, de Waldemar Tomaszewki (Action électorale polonaise, LLRA), 4, 7 %, de Kazimira Prunskiene (Union paysanne populaire, LVLS), 3,9 %, de Loreta Grauziniene (Parti du travail, DP), 3,6 % et enfin du candidat indépendant, le général d'armée Ceslovas Jezerskas, qui recueille 0,6 % des suffrages. La participation s'est élevée à 51,7 %, soit largement au-dessus de celle enregistrée lors du premier tour du scrutin du 13 juin 2004 (+ 12,3 points).

Les Lituaniens attendent de leur future présidente de la République un retour rapide à la prospérité économique de la Lituanie, pays très affecté par la crise économique internationale.

Résultats de l'élection présidentielle du 17 mai 2009 en Lituanie
Participation : 51,71 %

Candidats	Nombre de voix	Pourcentage des suffrages
Dalia Grybauskaite (indépendante)	950 407	68,21
Algirdas Butkevicius (Parti social-démocrate, LSP)	162 665	11,68
Valentinas Mazuronis (Pour l'ordre et la justice, TT)	84 656	6,08
Waldemar Tomaszewki (Action électorale polonaise, LLRA)	62 255	4,68
Kazimira Prunskiene (Union paysanne populaire, LVLS)	53 778	3,86
Loreta Grauziniene (Parti du travail, DP)	49 686	3,57
Ceslovas Jezerskas (indépendant)	9 191	0,66

LUXEMBOURG

Élections législatives, 7 juin 2009

Le 7 juin 2009, date du scrutin européen, le Parti chrétien-social (PCS/CVS) du Premier ministre Jean-Claude Juncker, au pouvoir dans le Grand-Duché depuis la fin de la Seconde Guerre mondiale (à l'exception de la parenthèse 1974-1979), est arrivé en tête des élections législatives luxembourgeoises en recueillant 38 % des suffrages et en remportant 26 sièges (+ 2 par rapport au précédent scrutin de 2004). Il a devancé son partenaire de la coalition gouvernementale sortante, le Parti socialiste ouvrier (POSL/LSAP), qui obtient 21,5 % des voix et 13 sièges (– 1).

Les deux partis du gouvernement confortent leur position à l'occasion de ces élections. Le Parti démocratique (PD/DP) obtient 14,98 % des suffrages et 9 sièges (– 1). Dei Greng-Les Verts (LV/DG) sont stables et recueillent 11,71 % des voix et 7 sièges. L'Action pour la démocratie et la justice en matière de rentes (ADR) enregistre une baisse : 8,13 % des suffrages et 4 sièges (– 1), un chiffre qui le prive de groupe parlementaire. Son dirigeant, Roby Mehlen, député depuis vingt ans, n'a pas été réélu. Dei Lenk-La Gauche (LG/DL) obtient 3,29 % des voix et 1 siège. Enfin, le Parti communiste (PCL/KPL), recueille 1,47 % et la Liste des citoyens (B), 0,81 %.

Le Premier ministre, qui après quatorze ans à la tête du gouvernement reste l'homme politique le plus populaire du Grand-Duché, peut également se réjouir d'être le candidat à avoir recueilli le plus grand nombre de voix individuelles sur son nom. Jean-Claude Juncker incarne indéniablement la stabilité, une valeur plébiscitée par des Luxembourgeois, inquiets pour leur emploi et pour le maintien de leur pouvoir d'achat.

Résultats des élections législatives du 7 juin 2009 au Luxembourg
Participation : 90,91 % (le vote est obligatoire au Grand-Duché)

Formations politiques	Nombre de voix	Pourcentage des suffrages	Sièges
Parti chrétien-social (PCS/CVS)	1 129 156	37,34	26
Parti socialiste ouvrier (POSL/LSAP)	695 353	22,99	13
Parti démocratique (PD/DP)	432 847	14,31	9
Dei Greng-Les Verts (LV/DG)	347 515	11,49	7
Action pour la démocratie et la justice en matière de rentes (ADR)	232 759	7,70	4
Dei Lenk-La Gauche (LG/DL)	109 080	3,61	1
Parti communiste luxembourgeois (PCL/KPL)	49 133	1,63	0
Liste des citoyens (B)	28 567	0,95	0

PORTUGAL

Élections législatives, 27 septembre 2009

Le Parti socialiste (PS) du Premier ministre sortant José Sócrates a remporté le 27 septembre 2009 les élections législatives au Portugal. Il a recueilli 36,5 % des suffrages et 96 sièges (– 25 par rapport au précédent scrutin du même type du 20 février 2005), contre 29 % (78 sièges, + 3) à la principale formation d'opposition de droite, le Parti social-démocrate (PSD), qui a obtenu l'un des résultats les plus faibles de son histoire.

Cette baisse profite au Parti populaire (PP), qui a enregistré une forte progression et est arrivé en troisième position avec 10,41 % des suffrages (21 sièges, + 11). Les formations de la gauche de la gauche ont confirmé leur poussée des dernières élections européennes de mai 2009 apres européennes. Le Bloc des gauches (BE) a recueilli 9,13 % des voix (16 sièges, + 8) et la coalition Parti communiste-Verts (CDU) a obtenu 8,6 %8,6% des suffrages (15 sièges, - 1).

La participation a été la plus faible jamais enregistrée au Portugal. Elle s'est élevée à 60,6 %, soit 3,66 points de moins que lors des dernières élections législatives du 20 février 2005.

À la tête du pays durant ces quatre dernières années, José Sócrates a fait évoluer la société portugaise, notamment en faisant voter la dépénalisation de l'interruption volontaire de grossesse et en prenant la défense du mariage homosexuel. Le chef du gouvernement a, durant son mandat, également mis en œuvre une politique d'austérité, effectuant des coupes dans certains budgets sociaux, poursuivant les privatisations et faisant adopter des mesures impopulaires comme la hausse de la TVA, le gel des carrières des fonctionnaires ou encore le relèvement de l'âge de la retraite. S'il avait en partie atteint son objectif premier, à savoir le redressement des finances publiques en réduisant considérablement le déficit public, la crise économique internationale a malheureusement quasiment réduit à néant les efforts effectués par les Portugais depuis trois ans.

Le Parti socialiste avait centré sa campagne électorale sur la nécessité de recourir aux dépenses publiques pour relancer l'économie fortement touchée par la crise économique internationale et lutter contre le chômage en mettant en place plusieurs réformes structurelles. Le Premier ministre, José Sócrates, avait également défendu sa politique de rigueur budgétaire, affirmant qu'elle lui avait permis de « moderniser le pays et de mieux résister à la crise ».

Le Portugal souffre de déficits publics élevés, d'un fort endettement et d'une faible compétitivité. Le taux de chômage s'établit aujourd'hui 9,3 %, le plus élevé depuis 1987, alors que la protection sociale est notoirement insuffisante et l'emploi particulièrement précaire. Le pays, desservi par sa situation géographique, pâtit fortement de la concurrence des États d'Europe centrale et orientale, dans lesquels les entreprises sont plus proches de leurs marchés et la main-d'œuvre plus qualifiée. Moins d'un quart des Portugais ont achevé le cycle d'enseignement secondaire pour environ les deux tiers en moyenne de l'Union européenne.

« Les électeurs semblent privilégier la stabilité gouvernementale face à une opposition qui n'a pas présenté de programme alternatif suffisamment convaincant » indiquait l'analyste politique Pedro Magalhães juste avant le scrutin législatif. « Le Portugal ne fait finalement qu'opérer un retour à sa "normalité politique", avec un électorat qui se disperse parmi les cinq grandes formations du pays. Les circonstances qui ont mené les socialistes à une majorité absolue en 2005 ne pouvaient quasiment pas se répéter » a souligné quant à lui Rui Oliveira e Costa, analyste à l'institut d'opinion Eurosondagem. Parmi les nombreux gouvernements minoritaires qu'a connus le Portugal, un seul (celui dirigé par le socialiste António Guterres entre 1995 et 1999) est parvenu à aller à son terme depuis la Révolution des œillets du 25 avril 1974.

José Sócrates a été reconduit au poste de Premier ministre. Il gouvernera avec les membres de sa formation et plusieurs indépendants.

Résultats des élections législatives du 27 septembre 2009 au Portugal
Participation : 59,68 %

Formations politiques	Nombre de voix	Pourcentage des suffrages	Sièges
Parti socialiste (PS)	2 077 238	36,56%	97
Parti social-démocrate (PPD/PSD)	1 653 665	29,11%	81
Parti populaire (CDS/PP)	592 778	10,43%	21
Bloc des gauches (BE)	557 306	9,81%	16
Coalition démocratique unitaire (CDU)	446 279	7,86%	15
Autres	178 012	3,14%	0

ROUMANIE

Élection présidentielle, 22 novembre et 6 décembre 2009

Le chef de l'État sortant, Traian Basescu (Parti démocrate-libéral, PD-L), a remporté le 6 décembre 2009 l'élection présidentielle roumaine avec 50,3 % des suffrages[17]. Il a battu le dirigeant du Parti social-démocrate (PSD) et président du Sénat roumain, Mircea Geoana qui a obtenu 49,6 % des voix.

Lors du premier tour du 22 novembre, les deux hommes étaient arrivés en tête, Traian Basescu recueillant 32,4 % des suffrages et devançant Mircea Geoana qui avait obtenu 31,1 % des voix. Ce dernier était le favori du second tour après le ralliement de la troisième force politique du pays, le Parti national-libéral (PNL), et de l'Union démocratique des Magyars de Roumanie (UDMR) à sa candidature.

---

17. Traian Basescu avait été suspendu de ses fonctions entre le 20 avril et le 23 mai 2007 par un vote du Parlement, les parlementaires l'accusaient entre autres de violation de la Constitution. Le chef de l'État a retrouvé son poste après son succès au référendum révocatoire du 19 mai de la même année par lequel il a obtenu le soutien de 74,4 % des électeurs qui ont dit « non » à sa destitution.

La participation s'est élevée à 56,9 % le 6 décembre, soit une hausse de 2,6 points par rapport au premier tour du 22 novembre.

Le fait que les deux principaux candidats au scrutin présidentiel étaient issus de partis ayant gouverné en coalition pratiquement toute l'année précédente a beaucoup compliqué la campagne électorale. Il était en effet difficile aux deux hommes de s'élever contre les mesures qu'ils avaient tous deux votées ou contre les choix qu'ils avaient faits de concert. Conséquence : chacun des deux camps a tenté de discréditer l'autre en menant une campagne agressive.

Traian Basescu s'est déclaré favorable à une « accélération des réformes », notamment dans les domaines de l'éducation et du fonctionnement de l'État. Il s'est également prononcé pour une baisse des dépenses publiques, en faveur d'une décentralisation et d'une réduction de l'appareil bureaucratique de l'État qu'il considère démesuré. Le chef de l'État sortant souhaite le maintien d'un taux unique de 16 % pour l'impôt sur le revenu et l'impôt sur les sociétés (en vigueur depuis janvier 2005) mais il n'est pas opposé à une augmentation de la TVA (dont le taux s'élève à 19 % depuis 2000) pour renflouer les caisses de l'État. En matière de politique étrangère, la consolidation de la position de son pays au sein de l'Union européenne et de l'OTAN, la sécurité de la région de la mer Noire et la possibilité de faire de la Roumanie un pont entre l'Europe et l'Asie centrale constituent ses objectifs principaux.

« Quel qu'il soit, le Président de la République n'aura pas le temps de faire la fête. Il devra résoudre la situation critique où se trouve le pays et colmater les failles qui se sont créées au sein de la société » a indiqué l'analyste politique Emil Hurezeanu. En effet, après dix années d'une exceptionnelle croissance, le PIB roumain, qui s'élevait à 7,1 % en 2008, devrait se contracter de 7,5 % en 2009. Le déficit public atteint 7,3 % du PIB et le taux de chômage s'établit à 7,5 %. Enfin, le leu, monnaie nationale, s'est déprécié de 4,7 % de sa valeur face à l'euro au cours de l'année 2009. Traian Basescu dispose de trois années sans élection pour parvenir à sortir la Roumanie de la crise économique et impulser les réformes nécessaires à la modernisation du pays.

Résultats de l'élection présidentielle des 22 novembre et 6 décembre 2009 en Roumanie

Participation : 54,37% (premier tour) et 56,9% (second tour)

Candidats	Premier tour		Second tour	
	Nombre de voix obtenues	Pourcentage des suffrages recueillis	Nombre de voix obtenues	Pourcentage des suffrages recueillis
Traian Basescu (Parti démocrate-libéral, PD-L)	3 153 640	32,4	5 275 808	50,33
Mircea Geoana (Parti social-démocrate, PSD)	3 027 838	31,1	5 205 760	49,66
Crin Antonescu (Parti national-libéral, PNL)	1 945 831	20		
Corneliu Vadim Tudor (Parti de la grande Roumanie, PRM)	540 380	5,5		
Kelemen Hunor (Union démocratique des Magyars de Roumanie, UDMR)	372 764	3,8		
Sorin Oprescu (indépendant)	309 764	3,1		
George Becali (Parti de la nouvelle génération, PNG)	186 390	1,9		
Remus Cernea (Parti vert)	60 539	0,6		
Constantin Rotaru (Parti de l'alliance socialiste)	43 684	0,4		
Manole Gheorge Eduard (indépendant)	34 189	0,3		
Cristian lane Ovidiu (Parti écologiste roumain)	22 515	0,2		
Constantin Ninel Potirca (candidat de la communauté rom)	21 306	0,2		

SLOVAQUIE

Élection présidentielle, 21 mars et 4 avril 2009

Le Président de la République sortant, Ivan Gasparovic, a remporté l'élection présidentielle qui s'est déroulée le 4 avril 2009 en Slovaquie avec 55,5 % des suffrages pour 44,4 % à son adversaire Iveta Radicova, candidate de la formation d'opposition de l'Union démocratique et chrétienne (SDKU). La victoire du chef de l'État sortant, qui était soutenu par deux des trois partis gouvernementaux – Direction-Démocratie sociale (SMER-SD) du Premier ministre Robert Fico et le Parti national (SNS) – est également celle du chef du gouvernement, au pouvoir depuis juin 2006.

La participation a été plus élevée que lors du premier tour de scrutin, s'établissant à 51,6 %, soit 8 points de plus que celle enregistrée le 21 mars.

Le président de la République sortant s'était présenté comme le candidat de la stabilité en ces temps de crise économique et il avait affirmé son soutien au gouvernement de Robert Fico, homme politique préféré des Slovaques. « Ivan Gasparovic a gagné parce qu'il a su ne pas se faire d'ennemi durant son premier mandat. Il a pu ainsi s'appuyer sur le soutien des principaux partis de la coalition gouvernementale » a indiqué Pavol Haulik, sociologue et directeur de l'institut d'opinion MVK. « Le chef du gouvernement a besoin d'un Président loyal qui ne lui complique pas la tâche. En ce sens, Ivan Gasparovic représente une garantie pour Robert Fico » a souligné pour sa part Grigorij Meseznikov, directeur du *think tank* l'Institut des affaires publiques.

Le 4 avril 2009, Ivan Gasparovic, qui se présente comme l'auteur de la Constitution slovaque est devenu le premier président de la République slovaque à être réélu à la tête de l'État depuis l'indépendance du pays en 1993.

Résultats de l'élection présidentielle des 21 mars et 4 avril 2009 en Slovaquie
Participation : 43,63% (premier tour) et 51,67% (second tour)

Candidats	Premier tour		Second tour	
	Nombre de voix obtenues	Pourcentage des suffrages recueillis	Nombre de voix obtenues	Pourcentage des suffrages recueillis
Ivan Gasparovic (Direction-Démocratie sociale/ Parti national slovaque, SMER-SD/ SNS)	876 061	46,70	1 234 787	55,53
Iveta Radicova (Union démocratique et chrétienne, SDKU)	713 735	38,05	988 808	44,47
Frantisek Miklosko (Démocrates conservateurs de Slovaquie, KDS)	101 573	5,41		
Zuzana Martinakova (Forum libre, SF)	96 035	5,12		
Milan Melnik (Mouvement pour une Slovaquie démocratique, LU-HZDS)	45 985	2,45		
Dagmar Bollova	21 378	1,13		
Milan Sidor (Parti communiste slovaque, KSS)	20 862	1,11		

ANNÉE 2010

AUTRICHE

Élection présidentielle, 25 avril 2010

Le chef de l'État sortant, Heinz Fischer, a été largement réélu le 25 avril à la présidence de la République en Autriche, en recueillant 78,33 % des suffrages, loin devant la candidate du Parti de la liberté (FPÖ), Barbara Rosenkranz, qui a obtenu 15,24 % des voix, un résultat faible compte tenu du fait que la formation de droite modérée, le Parti populaire (ÖVP), ne présentait aucun candidat. Rudolf Gehring, leader des Chrétiens (CPÖ), a recueilli 5,43 % des suffrages.

La participation a accusé une très forte baisse, s'établissant à 49,17 % (– 22,23 points par rapport à la précédente élection présidentielle du 25 avril 2004) et ce en dépit du vote pour la première fois à un tel scrutin des jeunes âgés de seize ans. Ce recul de la participation s'explique par le fait que pour la première fois dans l'histoire de la République autrichienne, le Parti populaire, principale formation d'opposition, avait renoncé à présenter un candidat à la magistrature suprême et avait décidé de ne soutenir aucun des trois candidats en lice.

Le seul véritable enjeu de l'élection – la victoire de Heinz Fischer était assurée depuis le début de la campagne électorale – résidait dans le résultat que pouvait obtenir Barbara Rosenkranz, qui avait suscité la polémique en affirmant que la loi sur la prohibition du national-socialisme qui, depuis 1947, interdit de propager l'idéologie nazie, de soutenir ou de fonder une organisation ou un parti néo-nazi, était contraire à la Constitution et à la liberté d'expression avant de revenir sur ses propos.

L'ancien membre du Parti social-démocrate, Heinz Fischer, dernier survivant de l'époque du Chancelier social-démocrate Bruno Kreisky (1970-1983), siègera donc six années supplémentaires à la Hofburg, résidence des chefs d'État autrichiens et ancienne résidence des empereurs de Habsbourg. Sa réélection confirme la règle qui veut que tous les présidents de la République autrichiens qui se sont présentés pour un deuxième mandat sont toujours parvenus à conserver leur poste.

Résultat de l'élection présidentielle du 25 avril 2010 en Autriche
Participation : 53,57%

Candidats	Nombre de voix	Pourcentage des suffrages
Heinz Fischer	2 508 373	79,33
Barbara Rosenkranz (Parti de la liberté, FPÖ)	481 923	15,24
Rudolf Gehring (Chrétiens, CPÖ)	171 668	5,43

BELGIQUE

Élections parlementaires, 13 juin 2010

La Nouvelle alliance flamande (N-VA) de Bart de Wever est la grande gagnante des élections législatives anticipées qui se sont déroulées en Belgique le 13 juin. Elle recueille 17,40% des suffrages et remporte 27 sièges à la Chambre des représentants et elle obtient 19,61 % des voix (9 sièges) au Sénat. Ce résultat est sans précédent dans le royaume où le meilleur résultat obtenu à ce jour par un parti indépendantiste était celui recueilli en 1971 par la Volksunie (VU) : 11,10% des suffrages.

Le score de la Nouvelle alliance flamande se fait au détriment du Parti démocrate-chrétien flamand (CD&V) du Premier ministre sortant Yves Leterme qui recueille 10,85% des voix (17 sièges) à la Chambre des représentants (9,99% des suffrages et 4 sièges au Sénat) et des Libéraux et démocrates flamands (Open VLD), qui obtiennent 8,64% des suffrages et 13 députés (8,24% des voix et 4 sièges au Sénat). Le Parti socialiste flamand (SP.A) recueille 9,24% des suffrages (13 sièges) à la Chambre des représentants (9,48% des voix et 4 sièges au Sénat) tandis que les écologistes de Groen obtiennent 4,38% des suffrages et remportent 5 députés (3,89% des voix et 1 siège au Sénat), la formation d'extrême droite, le Vlaams Belang (VB), 7,76% des suffrages et 12 députés (7,60% des voix et 3 sièges au Sénat) et enfin la Liste Jean-Marie Dedecker, recueille 2,45% des voix et 1 député (2,02% des voix et aucun siège au Sénat). En additionnant les voix de la Nouvelle alliance flamande, du Vlaams Belang et de la Liste Dedecker, les partis prônant l'indépendance de la Flandre représentent désormais 44,10% de l'électorat flamand (27,47% au niveau national).

Le Parti socialiste (PS) est le gagnant des élections législatives en Wallonie, région où il obtient 13,70 % des suffrages et 26 sièges à la Chambre des représentants (12,24 % des voix et 6 sièges au Sénat). Il redevient la première force politique francophone. Le Mouvement réformateur (MR) est en recul avec 9,28 % des suffrages (18 sièges) à la Chambre des représentants (8,81 % des voix et 5 sièges au Sénat), le Centre démocrate humaniste (cdH) recueille 5,52 % des suffrages et 9 députés (4,95 % des voix et 2 sièges au Sénat) devançant les Verts d'Écolo qui obtiennent 4,80 % des suffrages et 8 députés (5,28 % des voix et 2 sièges au Sénat). On notera la progression des formations d'extrême gauche dans plusieurs bastions ouvriers.

La participation, obligatoire dans le royaume, a cependant été très peu élevée. Elle atteint 66,83 % pour les élections à la Chambre des représentants et 66,55 % pour le Sénat, en baisse de respectivement de 24,17 points et 24,53 points par rapport à 2007.

Le scrutin parlementaire faisait suite à l'autodissolution du parlement belge le 6 mai, elle-même consécutive à la l'éclatement le 22 avril de la coalition gouvernementale du Premier ministre Yves Leterme qui rassemblait, outre la formation du chef du gouvernement, le Parti socialiste, les Libéraux et démocrates flamands, le Mouvement réformateur et le Centre démocrate humaniste. Les Libéraux et démocrates flamands avaient en effet choisi de quitter le gouvernement après avoir estimé que le délai imparti aux négociations sur la situation de l'arrondissement électoral de Bruxelles-Hal-Vilvorde avait été dépassé. Ce dernier abrite 125 000 francophones qui jouissent de certains privilèges électoraux (droit de voter pour des candidats bruxellois francophones lors des élections parlementaires et européennes) et judiciaires (droit d'utiliser le français pour se défendre en justice). Les néerlandophones souhaitent que l'ensemble du territoire flamand soit unilingue dans son fonctionnement ; les francophones leur opposent que tout francophone doit pouvoir, en Belgique, s'exprimer dans sa langue là où il vit.

Les néerlandophones belges se battent depuis sept ans pour une réforme de l'État tandis que les francophones luttent pour conserver le modèle fédéral actuel. La réforme de l'État a donc figuré au cœur de la campagne électorale. Aujourd'hui, l'État fédéral belge gère la sécurité sociale mais aussi les finances publiques et le financement des régions (à 90 %), la justice, la défense et les affaires étrangères. Il a également à charge une grande partie de la santé publique et des transports (sauf les transports régionaux et les routes), la politique d'immigration et la recherche. Aux régions reviennent la culture, l'enseignement, les langues, les travaux publics, mais aussi, en partie, l'emploi.

Les partis néerlandophones sont favorables à une confédération qui limiterait les compétences de l'État fédéral et dans laquelle les régions disposeraient de pouvoirs économiques. Les formations francophones sont réticentes mais elles savent qu'elles ne pourront éternellement bloquer les négociations. Elles se déclarent aujourd'hui prêtes à parler avec leurs homologues flamandes à plusieurs conditions, dont notamment le maintien d'une sécurité sociale nationale.

Au cours des sept dernières années, de nombreuses formations nationalistes ont éclos : la Nouvelle alliance flamande et la Liste Jean-Marie Dedecker qui réclament toutes deux la création d'une Belgique confédérale dans laquelle l'État belge serait privé d'à peu près tous ses pouvoirs, ou encore le Vlaams Belang, favorable à l'indépendance de la Flandre et qui a récemment appelé à la dissolution immédiate de la Belgique. Dans le même temps, les formations traditionnelles se sont radicalisées.

Loin de dénouer la crise, le résultat des élections parlementaires du 13 juin ont encore davantage polarisé la classe politique belge et aggravé la crise de confiance entre néerlandophones et francophones. Par ailleurs, à l'issue de ces élections parlementaires, le pays est de fait divisé au niveau politique entre une Flandre fortement ancrée à droite et une Wallonie où prédominent les socialistes. L'instabilité et la crise profonde que traverse la Belgique depuis plusieurs années pourraient finir par considérablement nuire à l'image du pays.

Le 6 décembre 2011, soit un an et demi après les élections parlementaires, Elio di Rupo (PS) a formé un gouvernement qui rassemble le Parti socialiste francophone, le Parti socialiste flamand, les Libéraux et démocrates flamands, le Mouvement réformateur, le Centre démocrate humaniste et le Parti démocrate-chrétien flamand.

Résultats des élections parlementaires du 13 juin 2010 en Belgique

Chambre des représentants

Participation : 66,83% (la participation est obligatoire en Belgique)

Formations politiques	Nombre de voix	Pourcentage des suffrages	Sièges
Nouvelle alliance flamande (N-VA)	1 135 617	17,40	28
Parti démocrate-chrétien flamand (CD&V)	707 986	10,85	17
Mouvement réformateur (MR)	605 617	9,28	18
Vlaams Belang (VB)	509 697	7,76	12
Libéraux et démocrates flamands (Open VLD)	563 873	8,64	13
Parti socialiste (PS)	894 543	13,70	26
Parti socialiste flamand (SP.A)	602 867	9,24	13
Centre démocrate humaniste (cdH)	360 441	5,52	9
Écolo	313 047	4,80	8
Liste Jean-Marie Dedecker	150 577	2,31	1
Groen!	285 989	4,38	5
Autres	316 108	4,84	0

Sénat

Participation : 66,55% (la participation est obligatoire en Belgique)

Formations politiques	Nombre de voix	Pourcentage des suffrages	Sièges
Nouvelle alliance flamande (N-VA)	1 268 870	19,61	9
Parti démocrate-chrétien flamand (CD&V)	646 375	9,99	4
Mouvement réformateur (MR)	599 618	9,27	4
Vlaams Belang (VB)	491 547	7,60	3
Libéraux et démocrates flamands (Open VLD)	533 124	8,24	4
Parti socialiste (PS)	880 828	13,62	7
Parti socialiste flamand (SP.A)	613 079	9,48	4
Centre démocrate humaniste (cdH)	331 870	5,13	2
Écolo	353 111	5,46	2
Liste Jean-Marie Dedecker	130 777	2,02	0
Groen!	251 546	3,89	1
Autres	254 126	5,69	0

HONGRIE

Élections législatives, 11 et 25 avril 2010

L'Alliance des jeunes démocrates (Fidesz) emmenée par l'ancien Premier ministre (1998-2002) Viktor Orban est arrivée largement en tête des élections législatives qui se sont déroulées les 11 et 25 avril en Hongrie. La formation a recueilli 52,73 % des suffrages [18], soit la majorité absolue. Elle a devancé le Parti socialiste (MSZP), au pouvoir depuis huit ans, qui a obtenu 19,31 % des voix. La formation, rendue responsable par les Hongrois de tous les maux du pays, a perdu plus de la moitié de ses électeurs en quatre ans.

Derrière la victoire annoncée des forces de droite, le véritable enjeu des élections législatives résidait dans la course pour la deuxième place. Le Mouvement pour une meilleure Hongrie (Jobbik) a recueilli 16,67 % des suffrages mais il n'est pas parvenu à devancer le Parti socialiste. La formation d'extrême droite s'inscrit dans un mouvement plus général de radicalisation des forces hongroises de droite comme le montre l'évolution du discours de l'Alliance des jeunes démocrates vers le nationalisme et une forme de populisme. « Il y a toujours eu, en Hongrie, dans certains milieux intellectuels, un ultranationalisme fortement teinté d'antisémitisme. Mais, à travers la montée du Mouvement pour une meilleure Hongrie, on voit émerger une nouvelle génération de politiciens qui ont réussi à faire le lien entre cette idéologie et les frustrations d'aujourd'hui. Les jeunes, y compris les étudiants, ont le sentiment qu'ils vivent dans une société bloquée. Le Jobbik les attire par son discours antiestablishment qu'il est le seul à tenir dans un pays où l'extrême gauche n'existe pas » analyse Attila Fölz, professeur de sciences politiques à l'université centrale européenne.

Faire de la politique autrement (LMP), formation écologiste de gauche récemment créée, a recueilli 7,44 % des suffrages et fait donc son entrée au parlement. L'Alliance des démocrates libres (SZDSZ) a obtenu 7,25 % des voix. En revanche, le Forum démocrate (MDF) avec 2,66 % des suffrages a échoué à franchir la barre des 5 % de voix obligatoires pour être représenté à l'Orszaggyules, chambre unique du Parlement hongrois.

La participation a été légèrement inférieure le 25 avril à celle enregistrée lors du premier tour des élections législatives du 9 avril 2006 (– 3,45 points) et s'est établie à 64,38 %. Moins de la moitié des 2,5 millions d'électeurs concernés par le scrutin se sont rendus aux urnes (46,66 %, soit – 18,73 points). De nombreuses personnes semblent avoir jugé peu utile de se déplacer alors que l'Alliance des jeunes démocrates avait remporté la majorité absolue dès le 11 avril.

18. Les résultats donnés ici sont ceux du seul vote proportionnel.

Viktor Orban revient donc au pouvoir après huit ans dans l'opposition. Il a obtenu au second tour la majorité des deux tiers, qui lui permet de modifier la Constitution. Sa formation a remporté 263 sièges au total, soit cinq de plus que le nombre nécessaire.

La scène politique hongroise reste l'une des plus polarisées d'Europe centrale et orientale. « Le gouvernement et l'opposition n'entretiennent plus de relations normales. Leurs rapports conflictuels sont le reflet d'une société fortement divisée, de la haine qui envahit la sphère privée et des émotions qui s'affichent dans la rue » analyse le journaliste Ervin Tamas. Le pays est divisé entre une droite de tradition libérale, autrefois centrée sur les entreprises mais aujourd'hui étatiste et défenseur d'un État social fort et protecteur et une gauche social-démocrate aux accents libéraux.

La Hongrie a été l'un des États membres de l'Union européenne les plus touchés par la crise économique internationale et le premier à avoir bénéficié de l'aide du Fonds monétaire international (FMI) qui, avec d'autres institutions financières, lui a versé 20 milliards d'euros. Vingt ans après la chute du communisme, le pays paie le prix de l'inachèvement de ses réformes. Les fondamentaux de son économie sont vulnérables et la Hongrie est vieillissante. La marge de manœuvre du prochain gouvernement sera très limitée. Les promesses de baisses d'impôts et de création d'un million d'emplois pour relancer l'économie faites par Viktor Orban durant la campagne électorale risquent donc d'être très difficiles à tenir. Et ce d'autant plus que Budapest sera surveillé de près par le Fonds monétaire international et l'Union européenne.

Les investisseurs attendent de l'Alliance des jeunes démocrates qu'elle remette la Hongrie sur la voie de la croissance économique en poursuivant la politique de consolidation budgétaire amorcée par le gouvernement sortant dirigé par Gordon Bajnai. Les Hongrois espèrent quant à eux d'une amélioration de leurs conditions de vie et de leur pouvoir d'achat, fortement ébranlés ces dernières années.

Viktor Orban a donc retrouvé le poste de Premier ministre à la faveur des élections législatives des 11 et 25 avril 2010. Il gouvernera avec les membres de sa formation de l'Alliance des jeunes démocrates et d'autres du Parti populaire chrétien.

Résultats des élections législatives des 11 et 25 avril 2010 en Hongrie
Participation : 64,38% (premier tour) et 46,66% (second tour)

Formations politiques	Scrutin majoritaire						Scrutin proportionnel			Sièges nationaux	Total sièges
	Premier tour			Second tour							
	Voix	%	Sièges	Voix	%	Sièges	Voix	%	Sièges		
Alliance des jeunes démocrates-Parti populaire chrétien-(Fidesz-KNDP)	2 743 626	53,64	119	629 028	54,57	54	2 706 292	52,73	87	3	263
Parti socialiste (MSZP)	1 088 374	21,29	0	326 361	28,31	2	990 428	19,30	28	29	59
Mouvement pour une meilleure Hongrie (Jobbik)	836 774	16,36	0	141 415	12,27	0	855 436	16,67	26	21	47
Faire de la politique autrement (LMP)	259 220	5,07	0	43 437	3,77	0	383 876	7,48	5	11	16
Forum démocrate (MDF)	72 768	1,42	0	0	0	0	136 895	2,67	0	0	0
Mouvement civil (MC)	34 938	0,68	0	0	0	0	45 863	0,89	0	0	0
Alliance des démocrates libres (SZDSZ)	12 652	0,25	0	0	0	0					
Autres	32 516	0,64	0	0	0	0	13 741	0,27	0	0	0
Indépendants	33 702	0,66	0	12 452	1,08	1					

LETTONIE

Élections législatives, 2 octobre 2010

La coalition Unité (Vienotoba, V), emmenée par le Premier ministre sortant Valdis Dombrovskis, a largement remporté les élections législatives organisées le 2 octobre en Lettonie. Alliance de trois partis – Nouvelle ère (JL), formation du chef du gouvernement, l'Union civique (PS) et la Société pour une autre politique (SCP) –, Unité a recueilli 31,22 % des suffrages et conquis 33 sièges à la Saiema, chambre unique du Parlement letton. Le Centre de l'harmonie (SC), coalition d'opposition de gauche regroupant le Parti de l'harmonie nationale, le Nouveau centre et le Parti social-démocrate, est arrivé en deuxième position, en nette progression par rapport au scrutin législatif du 7 octobre 2006, avec 26,04 % des voix (29 sièges).

L'Union des paysans et des verts (ZZS), qui rassemble l'Union des paysans lettons, le Parti vert et Pour la Lettonie/Ventspils, s'est classée troisième avec 19,68 % des suffrages (22 sièges). Viennent ensuite l'alliance Union nationale composée de l'Union pour la patrie et la liberté (TB/LNNK) et du parti d'extrême droite, Tous pour la Lettonie (VL) qui a obtenu 7,67 % des voix (8 sièges), soit un résultat proche de celui de la coalition Pour une bonne Lettonie qui réunit le Parti populaire (TP), Premier de Lettonie-Voie lettone (LPP-LC), Pour une meilleure Lettonie et trois partis régionaux (7,65 %, 8 sièges). Enfin, Pour les droits de l'homme dans une Lettonie unie (PVTCL), parti défenseur de la minorité russophone situé à gauche sur l'échiquier politique, n'a recueilli que 1,43 % des voix.

La participation a été très légèrement supérieure à celle enregistrée lors du scrutin législatif du 7 octobre 2006 (+ 0,72 point) et s'est établie à 62,60 %.

Les Lettons ont donc choisi la continuité, synonyme de politique d'austérité douloureuse, et ils ont fait preuve de maturité politique en reconduisant la coalition gouvernementale sortante. La rigueur et le sérieux du Premier ministre Valdis Dombrovskis ont finalement convaincu les électeurs que les sacrifices demandés par le gouvernement sortant étaient la seule voie permettant de remettre le pays sur la voie de la croissance et d'assurer l'avenir de la Lettonie. « Nous avons là la pire récession de l'Union européenne, les mesures d'austérité les plus dures et les gens disent tout de même "Nous faisons confiance à cet homme pour qu'il continue" » a déclaré Morten Hansen, directeur du département d'économie à la Stockholm School of Economics de Riga.

Économie la plus dynamique d'Europe il y a encore quelques années, la Lettonie a été très affectée par la crise économique de 2008. Le « tigre balte » comme on appelait alors le pays a été sauvé de la faillite en décembre 2008 par les prêts (5,27 milliards de lats, soit 7,05 milliards d'euros) que lui ont accordés conjointement le Fonds monétaire international (FMI) et l'Union européenne, les pays nordiques, la Banque mondiale et la Banque européenne de reconstruction et de développement (BERD). Nommé Premier ministre le 12 mars 2009, Valdis Dombrovskis a accentué la politique d'austérité mise en œuvre par son prédécesseur : coupes budgétaires, diminution des pensions de retraite de 10 % et des salaires des fonctionnaires de 35 %, réduction du nombre de ces derniers et augmentation des impôts et de la TVA.

Outre le fait de mener à bien les réformes structurelles nécessaires à la consolidation de l'économie lettone, le gouvernement devra parvenir à réduire de 6 % le budget de l'année 2011 pour assurer l'avenir du pays. Riga, à la croisée des chemins en matière de développement économique et politique, a impérativement besoin de réformes structurelles pour assurer son avenir.

Le paysage politique letton s'est récemment consolidé. Les partis politiques, nombreux et mouvants dans le pays, s'étaient regroupés au sein de cinq coalitions pour les élections législatives. Le 6 mars, Nouvelle ère, l'Union civique et la Société pour une autre politique (SCP) ont formé Unité (Vienotoba). Le 10 février, le Parti de l'harmonie nationale, le Nouveau centre et le Parti social-démocrate se sont rassemblés au sein du Centre de l'harmonie. Le 26 avril, le Parti populaire, Premier de Lettonie-Voie lettone, Pour une meilleure Lettonie et trois partis régionaux (le Peuple de Latgale, LT, Rezekne uni, VR et Pour le district d'Ogre, ON) se sont unis au sein d'un mouvement appelé Pour une bonne Lettonie. Le 28 mai, l'Union pour la patrie et la liberté et le parti d'extrême droite, Tous pour la Lettonie (VL) se sont rassemblés au sein de l'alliance Union nationale. Enfin, Pour la Lettonie et Ventspils s'est joint en juin à l'Union des Verts et des paysans qui regroupe l'Union des paysans lettons et le Parti vert.

A la suite des élections législatives, Valdis Dombrovskis a formé le 3 novembre une coalition gouvernementale rassemblant, outre son parti Nouvelle ère, les deux autres membres de l'alliance Unité – l'Union Civique et la Société pour une autre politique – ainsi que l'Union des Verts et des paysans, qui, depuis l'indépendance de la Lettonie en 1991, a fait partie de toutes les coalitions gouvernementales.

Résultats des élections législatives du 2 octobre 2010 en Lettonie
Participation : 63,01 %

Formations politiques	Nombre de voix	Pourcentage des suffrages	Sièges
Unité (V)	301 429	31,90	33
Centre de l'harmonie (SC)	251 400	26,61	29
Union des paysans et des Verts (ZZS)	190 025	20,11	22
Union nationale	74 029	7,84	8
Pour une bonne Lettonie	73 881	7,82	8
Pour les droits de l'homme dans une Lettonie unie (PVTCL)	13 847	1,47	0
Autres	40 230	4,26	0

PAYS-BAS

Élections législatives, 9 juin 2010

Le Parti populaire pour la liberté et la démocratie (VVD) et le Parti du travail (PvdA) sont arrivés au coude-à-coude aux élections législatives anticipées qui ont eu lieu le 9 juin aux Pays-Bas. Ce scrutin était consécutif à la chute du gouvernement du Premier ministre Jan Peter Balkenende (Appel chrétien-démocrate, CDA) intervenue à la suite de l'opposition le 20 février du Parti du travail au maintien du contingent de 1 950 soldats néerlandais en Afghanistan.

La formation libérale a augmenté son nombre de députés à la chambre des États généraux, chambre basse du Parlement néerlandais par rapport aux dernières élections législatives du 22 novembre 2006 en remportant 31 sièges (+ 9) tandis que les travaillistes, qui ont résisté mieux que prévu, ont reculé de 2 sièges et obtenu 30 députés.

Le Parti de la liberté (PVV), formation d'extrême droite, a conquis 24 sièges (+ 16). L'Appel chrétien-démocrate (CDA) de Jan Peter Balkenende, usé par ses huit années au pouvoir, est le grand perdant du scrutin. Avec 21 députés, il a divisé son nombre de sièges par 2. Le Premier ministre sortant a renoncé à la direction de sa formation et à son siège de député à l'issue des élections législatives.

Le Parti socialiste (SP) est arrivé en cinquième position et a remporté 15 sièges (– 10), la Gauche verte (GL) a obtenu 10 sièges (+ 3), les Démocrates 66 (D 66), qui regroupe les libéraux réformateurs de centre gauche, 10 sièges (+ 7), l'Union chrétienne (CU), 5 sièges (– 1), le Parti politique réformé (SGP), 2 sièges (=) et le Parti des animaux (PvdD), dédié au bien-être animal, 2 députés (=).

La participation est en recul par rapport aux élections législatives du 22 novembre 2006. Elle s'est élevée à 74,5%, soit 3,9 points de moins qu'il y a quatre ans.

Le Parti de la liberté a pâti de son attitude après les élections locales du 3 mars faisant douter de sa capacité à gouverner et, surtout, du fait que les questions socio-économiques (finances publiques, crise grecque, incertitudes sur l'euro et sur les retraites, un sujet-clé dans un pays où une grande partie de la population a placé son argent dans des fonds de pension) ont détrôné l'immigration et le rapport à l'islam en tête des préoccupations des Néerlandais. Ces évolutions ont en revanche bénéficié au Parti populaire pour la liberté et la démocratie, jugé plus crédible dans le domaine économique, notamment en ce qui concerne la création d'emplois.

Le Parti de la liberté se veut progressiste et laïc, favorable à l'égalité hommes femmes et défenseur des homosexuels. Sa critique de l'islam se fait au nom des valeurs d'égalité et du féminisme et la formation refuse d'être qualifiée de populiste ou d'islamophobe. Défenseur de la liberté d'expression, Geert Wilders revendique le droit de critiquer les religions. Cependant, il réduit sans cesse l'islam à ses aspects les plus violents. Son discours, particulièrement porteur dans une société qui traverse une crise identitaire profonde depuis une dizaine d'années, jette le trouble au sein de l'électorat, attirant par exemple certains protestants orthodoxes effrayés par l'islam.

Après de longs mois de négociations, le dirigeant libéral Mark Rutte (VVD) est devenu en octobre le premier Premier ministre libéral depuis 1913. Sa coalition, qui comprend outre sa propre formation l'Appel chrétien-démocrate et qui sera soutenue par le Parti de la liberté, est le premier gouvernement minoritaire aux Pays-Bas depuis la Deuxième Guerre mondiale.

Résultats des élections législatives du 9 juin 2010 aux Pays-Bas
Participation : 75,40%

Formations politiques	Nombre de voix obtenues	Pourcentage des suffrages recueillis	Nombre de sièges obtenus
Parti populaire pour la liberté et la démocratie (VVD)	1 929 575	20,5	31
Parti du travail (PvdA)	1 848 805	19,6	30
Parti de la liberté (PVV)	1 454 493	15,5	24
Appel chrétien-démocrate (CDA)	1 281 886	13,6	21
Parti socialiste (SP)	924 696	9,8	15
Démocrates 66 (D66)	654 167	7	10
Gauche verte (GL)	628 096	6,7	10
Union chrétienne (CU)	305 094	3,2	5
Parti politique réformé (SGP)	163 581	1,7	2
Animaux Parti des animaux (PvdD)	122 317	1,3	2
Fiers des Pays-Bas (TON)	52 937	0,6	0
Autres	50 354	0,5	0

POLOGNE

Élection présidentielle, 20 juin et 4 juillet 2010

Bronislaw Komorowski (Plateforme citoyenne, PO) a été élu président de la République de Pologne à l'issue du second tour de l'élection présidentielle qui s'est déroulé le 4 juillet. Le maréchal (président) de la Diète, chambre basse du parlement polonais, et de ce fait, chef de l'État par intérim depuis la mort accidentelle du chef de l'État Lech Kaczynski le 10 avril, a recueilli 53,01 % des suffrages et devancé son adversaire, Jaroslaw Kaczynski (Droit et justice, PiS), frère jumeau du président de la République et ancien Premier ministre (2006-2007), qui a obtenu 46,99 % des voix. Bien que battu, celui-ci a réussi une remontée impressionnante entre les deux tours en adoptant un nouveau discours de modération et de tolérance pour tenter de rallier les électeurs centristes.

Lors du premier tour du 20 juin, Bronislaw Komorowski avait recueilli 41 % des suffrages et Jaroslaw Kaczynski avait obtenu 37 % des voix. Le dirigeant du principal parti de gauche (Alliance de la gauche démocratique, SLD), Grzegorz Napieralski, était arrivé en troisième position avec 14 % des suffrages.

La participation s'est élevée à 55,29 % lors du second tour de scrutin et à 54 % le 20 juin. Cette élection présidentielle anticipée était consécutive à la mort du chef de l'État, Lech Kaczynski, de son épouse, Maria, et de 94 autres personnes dans un accident d'avion survenu le 10 avril à Petchorsk dans la région de Smolensk (Ouest de la Russie). La campagne électorale, marquée par l'accident de l'avion présidentiel et les inondations qui ont dévasté la Pologne, s'est déroulée de manière inhabituelle.

L'élection de Bronislaw Komorowski est de première importance pour l'économie polonaise. Le nouveau chef de l'État a promis de poursuivre la libéralisation de l'économie et de travailler avec le gouvernement de Donald Tusk (PO) pour mettre en place les réformes nécessaires au pays. Le Premier ministre prévoit de faire adopter l'euro par la Pologne d'ici cinq ans environ. « Il est assez aisé de prévoir ce qui va se passer sous une présidence de Bronislaw Komorowski. Il va coopérer avec le gouvernement et ils vont pouvoir commencer les réformes. Peut-être pas tout de suite mais la direction est fixée » analyse le politologue de l'université de Varsovie, Olgierd Annusewicz.

Rappelons que si, en Pologne, le gouvernement conduit la politique de la nation, le président de la République dispose d'un droit de veto que la Diète ne peut rejeter qu'à la majorité des trois cinquièmes des voix, par un vote qui doit intervenir en présence d'au moins la moitié des députés. Le chef de l'État peut également décider seul de la tenue d'un référendum national.

Résultats de l'élection présidentielle des 20 juin et 4 juillet 2010 en Pologne
Participation : 54 % (premier tour) et 55,29 % (second tour)

Candidats	Nombre de voix obtenues (premier tour)	Pourcentage des suffrages recueillis (premier tour)	Nombre de voix (second tour)	Pourcentage des suffrages (second tour)
Bronislaw Komorowski (Plateforme citoyenne, PO)	6 981 319	41,54	8 933 887	52,01
Jaroslaw Kaczynski (Droit et justice, PiS)	6 128 255	36,46	7 919 134	46,99
Grzegorz Napieralski (Alliance de la gauche démocratique, SLD)	2 299 870	13,68		
Janusz Korwin-Mikke (Liberté et règne du droit, WiP)	416 898	2,48		
Waldemar Pawlak (Parti paysan polonais, PSL)	294 273	1,75		
Andrzej Olechowski (indépendant)	242 439	1,44		
Andrzej Lepper (Autodéfense de la Pologne-Samoobrona, S)	214 657	1,28		
Marek Jurek (Droit de la République de Pologne, PR)	177 315	1,06		
Boguslaw Zietek (Parti du travail, PPP)	29 548	0,18		
Kornel Morawiecki	21 596	0,13		

RÉPUBLIQUE TCHÈQUE

Élections législatives, 28 et 29 mai 2010

Si le Parti social-démocrate (CSSD) est arrivé en tête des élections législatives organisées en République tchèque les 28 et 29 mai, en recueillant 22,08 % des suffrages et en remportant 56 sièges, les forces de droite sont cependant les véritables vainqueurs du scrutin. Le Parti démocrate-civique (ODS) dirigé par Petr Necas (qui avait remplacé à la tête de la formation un mois et demi avant le vote Mirek Topolanek, contraint à la démission pour avoir tenu des propos antisémites et injurieux envers les sociaux-démocrates et l'église) a obtenu 20,22 % des voix (53 sièges), Tradition, responsabilité, prospérité 09 (TOP 09) a recueilli 16,70 % des suffrages (41 sièges) et le Parti des Affaires publiques (VV), 10,88 % (24 sièges). Enfin, le Parti communiste de Bohème et Moravie (KSCM) a obtenu 11,27 % (26 sièges). Pour la première fois depuis vingt ans après novembre 1989, le Parti communiste de Bohème et Moravie n'obtient pas la troisième place des élections législatives.

Deux formations sont exclues de la Chambre des députés : l'Union chrétienne-démocrate-Parti du peuple (KDU-CSL), qui a pâti de l'émergence de Tradition, responsabilité, prospérité 09 (TOP 09) qu'ont rejoint plusieurs de ses anciens membres, qui a recueilli 4,39 % des voix et le Parti des Verts (CZ), victime de ses divisions ainsi que de ses trois années passées au gouvernement (2006-2009) durant lesquelles il n'a pas concrétisé les promesses dont il était porteur, qui a obtenu 2,44 % des voix. Le Parti des droits du citoyen (SPO), fondé en octobre 2009 par l'ancien Premier ministre social-démocrate (1998-2002) Milos Zeman, a également échoué à passer la barre des 5 % des suffrages exprimés obligatoires pour être représenté à la Chambre des députés. Il a recueilli 4,33 % des voix.

Les forces de gauche (Parti social-démocrate et Parti communiste de Bohème et Moravie) ont remporté ensemble 82 sièges pour 118 aux forces de droite (Parti démocrate-civique, TOP 09 et Affaires publiques).

La participation s'est élevée à 62,60 %, soit 1,87 point de moins que celle enregistrée lors des élections législatives des 2 et 3 juin 2006.

La campagne électorale a été émaillée de nombreux incidents violents, fréquents dans la vie politique tchèque depuis plusieurs mois. Les sociaux-démocrates ont certainement pâti de l'impopularité suscitée par leur dirigeant, l'ancien Premier ministre (2005-2006) Jiri Paroubek, au sein de la population tchèque. Celui-ci a d'ailleurs démissionné de ses fonctions à la tête du parti à l'issue du scrutin. Il a été remplacé par Bohuslav Sobotka.

Les Tchèques ont exprimé leur lassitude à l'égard des deux « grandes » formations de la scène politique tchèque, à savoir le Parti social-démocrate et le Parti démocrate-civique qui, ensemble, ont obtenu leur plus faible résultat depuis 1996 (42,30 %). « Les Tchèques ont montré leur mécontentement à l'égard de la forte polarisation de la scène politique initiée, selon eux, par les deux principaux partis du pays et ont choisi de donner leur chance aux nouveaux partis » a souligné le politologue et directeur de la New York Université de Prague, Jiri Pehe.

En juillet, Petr Necas est devenu le nouveau Premier ministre tchèque. Son gouvernement rassemble, outre le Parti démocrate-civique, Tradition, responsabilité, prospérité 09 et Affaires publiques.

Formation de création récente (juin 2009), TOP 09 regroupe toutefois des personnalités bien connues des Tchèques. Le parti est en effet dirigé par l'ancien ministre des Affaires étrangères (2007-2009), Karel Schwarzenberg ; Miroslav Kalousek, qui en est le fondateur et qui dirige son groupe parlementaire, a conduit l'Union chrétienne-démocrate-Parti du peuple de 2003 à 2006. TOP 09 prône une politique plus favorable aux entreprises, soutient une dérégulation de l'économie et la réduction des aides sociales et les allocations chômage.

Fondé en 2001 comme un groupe local et dirigé par l'ancien journaliste d'investigation Radek John, Affaires publiques (VV) se bat contre les « dinosaures politiques » (expression qui regroupe les dirigeants des deux « grands » partis du pays) et la corruption.

Résultats des élections législatives des 28 et 29 mai 2010 en République tchèque
Participation : 62,60 %

Formations politiques	Nombre de voix	Pourcentage des suffrages	Sièges
Parti social-démocrate (CSSD)	1 155 267	22,08	56
Parti démocrate-civique (ODS)	1 057 792	20,22	53
Tradition, responsabilité, prospérité 09 (TOP 09)	873 833	16,70	41
Parti communiste de Bohème et Moravie (KSCM)	589 765	11,27	26
Affaires publiques (VV)	569 127	10,88	24
Union chrétienne-démocrate-Parti du peuple (KDU-CSL)	229 717	4,39	0
Parti des droits du citoyen (SPO)	226 527	4,33	0
Souveraineté (S)	192 145	3,67	0
Parti des Verts (CZ)	127 831	2,44	0
Autres	208 885	3,91	0

ROYAUME-UNI

Élections générales, 6 mai 2010

Le Parti conservateur (Cons) est arrivé en tête des élections générales qui se sont déroulées au Royaume-Uni le 6 mai. La formation dirigée par David Cameron a recueilli 36,1 % des suffrages et a remporté 306 sièges à la Chambre des Communes, soit 97 de plus que lors du dernier scrutin législatif du 5 mai 2005 mais 20 de moins que la majorité absolue (326 sièges). Le Parti travailliste (Lab) du Premier ministre sortant Gordon Brown a pris la deuxième place du scrutin et a obtenu 29 % des voix et 258 sièges (– 91). Quasiment assuré de son échec, le Parti travailliste au pouvoir se battait pour ne pas sombrer totalement et pour une défaite la moins humiliante possible. Les Libéraux-Démocrates (LibDem) n'ont pas concrétisé dans les urnes ce que prédisaient les sondages : ils ont recueilli 23 % des suffrages (57 élus, – 5).

Les autres sièges de la Chambre des Communes se répartissent entre plusieurs formations régionalistes et les Verts : le Parti démocratique d'Ulster (DUP), 8 (– 1) ; le Parti national écossais (SNP), 6 (=) ; le Sinn Fein (SF), 5 (=) ; le Plaid Cymru (PC), 3 (+ 1) ; le Parti travailliste et social-démocrate (SDLP), 3 (=) ; le Parti de l'alliance (APNI), 1 (+ 1) et les Verts (G), 1 (+ 1). Caroline Lucas, actuelle député européenne, est ainsi devenue le 6 mai la première député verte du Royaume-Uni. Le Parti national britannique (BNP) a échoué à faire élire l'un des siens à la Chambre des Communes.

La participation s'est élevée à 65,1 %, soit 3,8 points de plus que lors des élections générales du 5 mai 2005.

En Angleterre, les Tories sont arrivés en première position avec 297 sièges, loin devant le Labour (191 sièges) et les Libéraux-Démocrates (43). En Ecosse, le Parti travailliste s'est largement imposé en remportant 41 des 59 sièges pour un seul aux Conservateurs et 11 aux Libéraux-Démocrates. Au Pays de Galles, le Labour a obtenu 26 sièges, les Tories, 8 élus et les Libéraux-Démocrates, 3. En Irlande du Nord, le dirigeant du Parti démocratique d'Ulster, Peter Robinson, a été battu dans sa circonscription de Belfast-est par la candidate du Parti de l'alliance, Naomi Long. Reg Empey, dirigeant du Parti unioniste d'Ulster (UUP), a également perdu son siège de South Antrim au profit de William McCrea (DUP).

Le Royaume-Uni a énormément souffert de la crise économique internationale. Après six trimestres de contraction de son PIB, le pays n'est sorti de la récession qu'au dernier trimestre 2009, soit plusieurs mois après les États-Unis, la France ou l'Allemagne. Sur l'ensemble de l'année 2009, le Royaume-Uni a enregistré la plus forte baisse de son PIB depuis 1949 (– 4,8 %). Le taux de chômage est élevé, s'établissant en avril à 7,7 % de la population active et il pourrait dépasser les 10 % dans les mois à venir. Le déficit budgétaire atteignait 178 milliards de livres (193 milliards d'euros) à la fin du mois de mars 2010, soit 12,6 % du PIB et la dette publique s'élevait à 80 % de ce même PIB.

La question figurant au cœur de ces élections législatives était la suivante : comment réduire les dépenses tout en préservant les services publics ? Le Parti conservateur a fait campagne en promettant « du sang, du travail, des larmes et de la sueur », un programme de grande rigueur centré sur la réduction drastique de la dette publique et des déficits. David Cameron (Cons) n'a eu de cesse de rassurer les électeurs en leur promettant de ne pas renouer avec la politique de coupes dans les dépenses publiques menée par Margaret Thatcher dans les années 1980 et de préserver les services publics. Alors que celle-ci niait l'existence même d'une société britannique, le dirigeant tory a popularisé le terme de *Broken Society* (société en miettes). Le dirigeant de l'opposition a également défendu la mise en place d'une politique de *Compassionate Conservatism* (conservatisme compassionnel) et la création d'une *Big Society* par laquelle l'État concéderait une partie de ses pouvoirs aux citoyens.

À l'issue de ces élections générales, le Royaume-Uni s'est retrouvé avec un parlement suspendu selon l'expression britannique de *hung Parliament*. Les Tories, qui n'avaient jamais été aussi longtemps (treize ans) dans l'opposition depuis le XVIIIe siècle, ont fait leur retour au 10 Downing Street en s'alliant avec les Libéraux-Démocrates, qui au cours de l'histoire n'ont accédé que deux fois au gouvernement : dans les années 1930 en coalition avec le Parti conservateur et de 1974 à 1979 avec le Parti travailliste. L'alliance entre le Parti conservateur et les Libéraux-Démocrates était la seule capable de déboucher sur un gouvernement doté d'une réelle majorité (363 sièges). Ces derniers toutefois sont a priori beaucoup plus proches du Labour que des Tories, notamment sur des sujets tels que la politique européenne, la fiscalité ou l'État-providence.

David Cameron a été nommé Premier ministre à l'issue des élections générales du 6 mai. Il a formé un gouvernement qui réunit le Parti conservateur et les Libéraux-Démocrates.

Résultats des élections générales du 6 mai 2010 au Royaume-Uni
Participation : 65,1 %

Formations politiques	Nombre de voix	Pourcentage des suffrages	Sièges
Parti conservateur (Cons)	10 726 614	36,1	306
Parti travailliste (Lab)	8 609 527	29	258
Libéraux-démocrates (LibDem)	6 836 824	23	57
Parti démocratique d'Ulster (DUP)	168 216	0,6	8
Parti national écossais (SNP)	491 386	1,7	6
Sinn Fein (SF)	171 942	0,6	5
Plaid Cymru (PC)	165 394	0,6	3
Parti travailliste et social-démocrate (SDLP)	110 970	0,4	3
Verts (G)	285 616	1	1
Parti pour l'indépendance du Royaume-Uni (UKIP)	919 546	3,1	0
Parti national britannique (BNP)	564 331	1,9	0
Autres	596 834	2	0

SLOVAQUIE

Élections législatives, 12 juin 2010

La formation du Premier ministre sortant, Robert Fico, Direction-Démocratie sociale (SMER-SD), est arrivée largement en tête des élections législatives qui se sont déroulées le 12 juin en Slovaquie. Elle a recueilli 34,79 % des suffrages et remporté 62 sièges, soit 12 de plus que lors du précédent scrutin du 17 juin 2006. Le Parti national slovaque (SNS), autre formation du gouvernement sortant, a obtenu 5,07 % des voix (9 sièges, – 11) ; le Mouvement pour une Slovaquie démocratique (LU-HZDS), dirigé par l'ancien Premier ministre (1993-1998) Vladimir Meciar, partenaire des deux précédents partis au gouvernement, a recueilli 4,32 % des suffrages et a donc perdu ses 15 députés. Ensemble, Direction-Démocratie sociale et le Parti national slovaque ont obtenu 71 des 150 sièges du parlement, soit quatre députés de moins que la majorité absolue.

La principale formation de l'opposition, l'Union démocratique et chrétienne-Parti démocratique (SDKU-DS) a recueilli 15,42 % des voix (28 sièges). Elle est suivie par Liberté et solidarité (SaS), qui a obtenu 12,14 % des suffrages (22 sièges), le Mouvement chrétien-démocrate (KDH), qui a recueilli 8,52 % des voix (15 sièges, + 1) et Most-Hid (Pont, en slovaque et en hongrois), nouveau parti représentant les minorités ethniques, qui a remporté 8,12 % des suffrages et 14 sièges. Ces quatre formations disposent ensemble de 79 sièges au Conseil national de la République, soit la majorité absolue. Enfin, le Parti de la coalition hongroise (SMK) est l'un des grands perdants de ces élections législatives. Il a recueilli 4,33 % des suffrages et perd ses 20 députés.

La participation est en hausse : 58,83 % des Slovaques se sont rendus aux urnes, soit 4,13 points de plus que lors du scrutin du 17 juin 2006.

Les résultats des élections législatives slovaques ressemblent beaucoup à ceux du scrutin de même nature qui s'est déroulé en République tchèque voisine deux semaines auparavant (28 et 29 mai). Si les sociaux-démocrates sont arrivés en tête des élections, les forces de droite, bien que fragmentées, ont *in fine* remporté le scrutin. Comme leurs voisins tchèques, les Slovaques ont également choisi de faire confiance à des partis de création récente. Comme eux encore, ils ont exprimé leurs doutes sur la généreuse politique sociale proposée par les sociaux-démocrates à l'heure où toute l'Europe adopte des politiques d'austérité.

Robert Fico a eu beau parler de « succès absolu » de son parti, il n'a pas été en mesure de trouver des partenaires avec lesquels former une coalition gouvernementale et son isolement l'a condamné à rejoindre les rangs de l'opposition.

La dirigeante de l'Union démocratique et chrétienne-Parti démocrate Iveta Radicova, qui avait été la première femme sociologue de son pays, est devenue première femme nommée au poste de Première ministre de Slovaquie. Son gouvernement rassemble, outre sa formation, le Mouvement chrétien-démocrate, Liberté et solidarité et Most-Hid.

Résultats des élections législatives du 12 juin 2010 en Slovaquie
Participation : 58,65%

Formations politiques	Nombre de voix	Pourcentage des suffrages	Sièges
Direction-Démocratie sociale (SMER-SD)	880 111	34,79	62
Union démocratique et chrétienne-Parti démocratique (SDKU-DS)	390 042	15,42	28
Liberté et solidarité (SaS)	307 287	12,14	15
Mouvement chrétien-démocrate (KDH)	215 755	8,52	14
Most-Hid (Pont)	205 538	8,12	9
Parti national slovaque (SNS)	128 490	5,07	0
Parti de la coalition hongroise (SMK)	109 639	4,33	0
Mouvement pour une Slovaquie démocratique (LU-HZDS)	109 480	4,32	0
Autres	183 044	7,23	0

SUÈDE

Élections législatives, 19 septembre 2010

La coalition de l'Alliance emmenée par le Premier ministre sortant Fredrik Reinfeldt est arrivée en tête des élections législatives qui se sont déroulées en Suède le 19 septembre. Ensemble, les quatre formations de l'Alliance – le Parti du rassemblement modéré (M), le Parti du centre (C), le Parti du peuple-Les Libéraux (FpL) et le Parti chrétien-démocrate (KD) – ont recueilli 49,28% des suffrages et conquis 172 sièges au total. Elles échouent cependant à obtenir la majorité absolue au Riksdag, chambre unique du Parlement suédois (175 sièges). Les Modérés obtiennent 30,06% des suffrages (107 sièges, + 10), les Centristes, 6,56% (23 sièges, 6), les Libéraux, 7,06% (24 sièges, – 4) et les Chrétiens-démocrates, 5,60% (19 sièges, – 5). Les quatre partis de droite ont devancé la coalition gauche-verte (Rödgröna), conduite par la dirigeante social-démocrate Mona Sahlin, qui a obtenu 43,60% des voix et 157 sièges. Ce bloc de gauche rassemble le Parti social-démocrate (SAP), qui a recueilli 30,66% des voix (112 sièges, – 18), le Parti de l'environnement-Les Verts (MP), 7,34% (25 sièges, + 6) et le Parti de la gauche (Vp), 5,60% (19 sièges, – 3).

Les Démocrates suédois (SD), formation de droite radicale, ont réussi leur percée en obtenant 5,70 % des suffrages (+ 2,8 points). Le parti fait donc son entrée au parlement.

La participation, traditionnellement élevée en Suède, s'est établie à 82,10 %. Elle a été quasiment équivalente à celle enregistrée lors du scrutin du même ordre du 17 septembre 2006 (81,99 %).

Le Parti du rassemblement modéré est le grand gagnant de ces élections législatives, la formation social-démocrate ne parvenant que de justesse à le devancer, une situation politique inédite dans un pays dominé tout au long du siècle précédent par la social-démocratie. Le Premier ministre sortant Fredrik Reinfeldt (M) a en outre réussi ce qu'aucun dirigeant de droite n'avait réalisé en Suède avant lui : conserver le pouvoir après avoir accompli un mandat complet.

Il s'est largement appuyé sur le bilan de ses quatre années passées au gouvernement. Pays parmi les plus solides d'Europe au niveau économique, la Suède est actuellement en pleine reprise. Ses finances publiques sont saines (la dette publique s'élevait à 42,8 % du PIB en 2009, le déficit budgétaire en représentait 0,5 %) et sa monnaie est forte. Certes, le taux de chômage reste élevé (8 % de la population active en juillet 2010) et les coupes parfois sévères effectuées dans les dépenses sociales au sein d'un pays très attaché au maintien d'un État-providence puissant ont affecté les Suédois les plus fragiles.

Avec 30,9 % des suffrages, le Parti social-démocrate a obtenu le résultat le plus faible de son histoire. La formation a indéniablement souffert d'un problème de leadership ; sa présidente, Mona Sahlin, peu populaire, a peiné à donner une véritable cohésion à sa coalition et elle a pâti de la concurrence de Maria Wetterstrand, la très appréciée porte-parole des Verts, alors que, fait inhabituel en Suède, la campagne de ces élections législatives s'était nettement cristallisée sur les deux principaux dirigeants politiques. Longtemps qualifié de « formation politique la plus efficace du monde », le Parti social-démocrate suédois a vu une partie de ses électeurs traditionnels se détourner de lui faute de comprendre ou d'accepter son alliance avec le Parti de l'environnement-Les Verts à l'électorat jeune, urbain et diplômé. La formation de Mona Sahlin a récupéré les suffrages de nouveaux électeurs, comme ceux des Suédois issus de l'immigration, mais en nombre insuffisant pour retrouver sa domination sur la scène politique suédoise. Selon certaines enquêtes de sorties des urnes, les Démocrates suédois auraient bénéficié de la désaffection d'anciens électeurs sociaux-démocrates.

De façon plus générale, les forces de gauche ne sont pas parvenues à incarner un réel programme alternatif capable de mobiliser les Suédois au cours d'une campagne électorale où la coalition sortante de l'Alliance a imposé son agenda. « Les sociaux-démocrates rencontrent les mêmes difficultés que les partis de la même tendance en Europe. Ils n'arrivent pas à s'adapter à la transition économique qui nous fait passer d'un capitalisme d'industrie à un capitalisme globalisé » indique Marie Demker, professeur de science politique à l'université de Göteborg.

Fredrik Reinfeldt a reconduit son gouvernement à l'issue des élections législatives. Celui-ci est désormais minoritaire. Le renouvellement du mandat de la droite en Suède met fin à l'hégémonie du Parti social-démocrate dans le royaume qui devient par là-même un pays d'alternance politique à l'image de ses voisins européens. Il témoigne également d'une profonde transformation de la société scandinave et d'une fragilisation du fameux modèle suédois.

Résultats des élections législatives du 19 septembre 2010 en Suède
Participation : 84,63 %

Formations politiques	Nombre de voix	Pourcentage des suffrages	Sièges
Parti social-démocrate (SAP)	1 827 497	30,66	112
Parti du rassemblement modéré (M)	1 791 766	30,06	107
Parti de l'environnement-Les Verts (MP)	437 435	7,34	25
Parti du peuple-Les Libéraux (FpL)	420 524	7,06	24
Parti du centre (C)	390 804	6,56	23
Démocrates suédois (SD)	339 610	5,70	20
Parti de la gauche (Vp)	334 053	5,60	19
Parti chrétien-démocrate (KD)	333 699	5,60	19
Autres	80 644	1,3	0

ANNÉE 2011

BULGARIE

Élection présidentielle, 23 et 30 octobre 2011

Le 30 octobre, le candidat soutenu par le Premier ministre Boïko Borissov (Citoyens pour le développement européen de la Bulgarie, GERB) Rossen Plevneliev a recueilli 52,5 % des suffrages et s'est imposé devant son adversaire Ivaïlo Kalfin (Parti socialiste bulgare, BSP), qui a obtenu 47,4 % des voix au second tour de l'élection présidentielle bulgare. Au premier tour de scrutin du 23 octobre, Rossen Plevneliev était arrivé en tête (40,1 %) devant Ivaïlo Kalfin (28,9 %). La candidate indépendante, ancienne commissaire européenne à la Protection du consommateur (2007-2009), Meglena Kouneva, avait pris la troisième place (14 %). Volen Siderov (4 %), dirigeant de la formation d'extrême droite Ataka (A), soutien parlementaire du gouvernement de Boïko Borissov, n'avait pas réussi à réitérer son exploit de la dernière élection présidentielle de 2006 (21,48 %).

La participation s'est élevée à 48 %, au second tour et à 48,5 % au premier.

Résultats de l'élection présidentielle des 23 et 30 octobre 2011 en Bulgarie
Participation : 52,29 % (premier tour) et 48,25 % (second tour)

Candidats	Nombre de voix obtenues (premier tour)	Pourcentage des suffrages recueillis (premier tour)	Nombre de voix obtenues (second tour)	Pourcentage des suffrages recueillis (second tour)
Rossen Plevneliev (Citoyens pour le développement européen de la Bulgarie, GERB)	1 302 091	40,1	1 692 330	52,5
Ivaïlo Kalfin (Parti socialiste, BSP)	935 586	28,9	1 527 383	47,4
Meglena Kouneva (indépendante)	455 800	14		
Volen Siderov (Ataka, A)	118 954	3,6		
Stefan Solakov (Front national pour le salut de la Bulgarie, NDSO)	82 905	2,5		

Roumen Hristov (Coalition bleue)	62 936	1,9
Atanas Semov (Parti de l'ordre, de la loi et de la justice, RZS)	60 606	1,8
Svetoslav Vitkov	50 431	1,5
Sali Ibriam (Mouvement national Unité)	39 129	1,2
Krassimir Karakatchanov (Organisation interne révolutionnaire macédonienne-Mouvement national bulgare, VMRO-BND)	32 183	0,9
Alexeï Petrov	30 955	0,9
Maria Cappone	29 959	0,3
Nikolaï Nentchev (Union populaire des agriculteurs, BZNS)	9 698	0,2
Pavel Tchernev (Parti pour les gens du peuple)	7 694	0,2
Ventsislav Yossifov	6 927	0,2
Dimitar Koutsarov	6 902	0,1
Andreï Tchorbanov (Communauté bulgare démocratique)	6 228	0,1

CHYPRE

Élections législatives, 22 mai 2011

Le Rassemblement démocratique (DISY) est arrivé en tête des élections législatives du 22 mai à Chypre. La formation a recueilli 34,2 % des suffrages et 20 des 56 sièges du parlement (+ 2 par rapport au précédent scrutin de 2006). Elle devance le Parti progressiste des travailleurs (AKEL) du président de la République Demetris Christofias, qui a obtenu 32,6 % des voix et 19 sièges (+ 1). Le Parti démocratique (DIKO), formation partenaire du AKEL au gouvernement, est en recul. Il a recueilli 15,7 % des suffrages (9 sièges, – 2).

Le vote, obligatoire à Chypre, a nettement reculé par rapport à 2006. La participation s'est établie à 78,7 % (– 10,4 points).

Le résultat est un revers pour le chef de l'État Demetris Christofias, critiqué pour les concessions qu'il aurait faites dans les négociations de paix en cours entre les deux parties de l'île sous l'égide des Nations unies et, plus généralement, pour son absence de résultat dans ces pourparlers. Aucun progrès tangible n'a en effet été enregistré depuis la reprise des négociations entre les deux entités en 2008. Le pouvoir en place a également été sanctionné en raison de la situation socio-économique dégradée de l'île.

La victoire de l'opposition de droite met à mal les chances de réélection à la présidence de la République de Demetris Christofias en février 2013, qui sera sans doute opposé au dirigeant du Rassemblement démocratique, Nicos Anastsiades.

Résultats des élections législatives du 22 mai 2011 à Chypre
Participation : 78,7% (le vote est obligatoire dans l'île)

Formations politiques	Nombre de voix	Pourcentage des suffrages	Sièges
Rassemblement démocratique (DISY)	138 682	34,2	20
Parti progressiste des travailleurs (AKEL)	132 171	32,6	19
Parti démocratique (DIKO)	63 763	15,7	9
Mouvement pour la social-démocratie (EDEK)	36 113	8,9	5
Parti européen (EVROKO)	15 711	3,8	2
Mouvement écologiste et environnementaliste (KOP)	8 960	2,2	1
Front national populaire (ELAM)	4 354	1	0
Autres	4 728	1,1	0

DANEMARK

Élections législatives, 15 septembre 2011

Les forces d'opposition de gauche emmenées par le Parti social-démocrate (SD) ont remporté – de justesse – les élections législatives du 15 septembre 2011. Ensemble, les quatre formations du Bloc rouge – SD, Parti social-libéral (RV), Parti socialiste populaire (SF) et Liste de l'unité (E) – ont recueilli 50,2% des suffrages et 89 sièges au Folketing, chambre unique du parlement danois (8 de plus qu'en 2007), s'imposant devant le Bloc bleu, formé par les partis de droite – Parti libéral (V) du Premier ministre sortant Lars Lokke Rasmussen, Parti du peuple danois (DF), Alliance libérale et Parti conservateur (KF) –, qui a obtenu 49,7 % des voix et 86 sièges (– 3).

Le Parti libéral conserve cependant sa position de première formation du pays avec 26,7 % des suffrages et 47 sièges (+ 1). Il devance les sociaux-démocrates emmenés par Helle Thorning-Schmidt, qui ont recueilli 24,9 % des voix, soit leur plus faible résultat depuis 1906 (44 sièges, – 1). Le Parti du peuple danois (DF), formation populiste d'extrême droite, enregistre pour la première fois un recul (12,3 %, 22 sièges, – 3). Le Parti social-libéral (RV), formation d'opposition de gauche, a réalisé une percée (9,5 %, 17 sièges, + 8). À l'inverse, le Parti populaire socialiste est en nette baisse (9,2 %, 16 sièges, – 7). Les Chrétiens-démocrates, formation membre de la coalition gouvernementale sortante, sont dans le même cas : ils obtiennent 4,9 % des voix, perdent 10 députés, soit plus de la moitié de leurs sièges et deviennent la plus petite formation du Folketing.

La participation s'est élevée à 87,7 %, soit un niveau très légèrement au-dessus de celle enregistrée en 2007 (+ 1,1 point).

Les questions économiques (la relance de la croissance, le redressement des finances publiques et l'amélioration de l'emploi) ont été au cœur de la campagne. Longtemps considéré comme l'un des meilleurs élèves de l'Europe au niveau économique, le Danemark a échappé de peu à la récession en 2011. Le chômage est en hausse dans le royaume et le budget, excédentaire de plus de 80 milliards de couronnes (5 % du PIB) en 2007, a enregistré en 2010 un déficit équivalent à 2,8 % du PIB. Celui-ci devrait atteindre 3,8 % en 2011 et 4,6 % l'année suivante. Usé par les dix ans de pouvoir de sa formation, le Premier ministre sortant Lars Lokke Rasmussen a été sanctionné par les électeurs.

À l'issue du scrutin, la sociale-démocrate Helle Thorning- Schmidt, est devenue en parvenant à fédérer la gauche danoise la première femme Premier ministre de l'histoire du royaume scandinave.

Résultats des élections législatives du 15 septembre 2011 au Danemark
Participation : 87,7%

Formations politiques	Nombre de voix	Pourcentage des suffrages	Sièges
Parti libéral (V)	948 291	26,7	47
Parti social-démocrate (SD)	881 534	24,9	44
Parti du peuple danois (DF)	436 335	12,3	22
Parti social-libéral (RV)	336 149	9,5	17
Parti populaire socialiste (SF)	326 118	9,2	16
Liste de l'unité (E)	236 982	6,7	12
Alliance libérale	176 473	5	9
Parti conservateur (KF)	174 563	4,9	8
Chrétiens-démocrates (K)	28 157	0,8	0
Indépendants	1 832	0,1	0

ESPAGNE

Élections parlementaires, 20 novembre 2011

La principale formation d'opposition, le Parti populaire (PP), s'est largement imposée aux élections parlementaires du 20 novembre en Espagne. La formation a recueilli 44,6% des suffrages et remporté 186 sièges au Congrès des députés (32 de plus que lors du dernier scrutin de 2008), soit la majorité absolue la plus large de son histoire. La formation a également conquis136 sièges au Sénat. Le Parti socialiste ouvrier (PSOE) du Premier ministre sortant José Luis Rodriguez Zapatero a essuyé un revers considérable (28,7%, 110 sièges, – 59) et 48 élus dans la chambre haute. Les « petits » partis ont profité de l'écroulement des socialistes. Ensemble, ils ont recueilli 26,7% des suffrages, un résultat inédit. La Gauche unie (IU) est arrivée en troisième position avec (6,9%) et passe de deux à onze députés. Le Parti populaire a également remporté 136 sièges au Sénat (+ 35) tandis que le Parti socialiste ouvrier a perdu plus de la moitié de ses sénateurs (48, soit – 40).

La participation aux élections du Congrès des députés s'est élevée à 71,6%, soit légèrement au-dessus de celle enregistrée lors des dernières élections de 2008 (– 2,1 points). La participation au scrutin sénatorial s'est élevée à 71,1% (– 3,3 points).

Le Parti populaire a donc remporté une large victoire électorale ou, serait-il plus juste de dire, le Parti socialiste ouvrier a largement perdu le scrutin, ses électeurs traditionnels ont préféré l'abstention ou encore ont choisi de déposer un bulletin en faveur du Parti populaire. L'échec des socialistes, au pouvoir depuis huit ans, a conduit à l'alternance. Le succès du Parti populaire doit certainement plus au rejet du gouvernement de José Luis Rodriguez Zapatero qu'à l'adhésion des Espagnols au programme de la formation ou à la personne de son dirigeant Mariano Rajoy. Les questions socio-économiques ont dominé la campagne électorale.

En décembre, Mariano Rajoy a formé son gouvernement constitué des seuls membres de sa formation.

Résultats des élections parlementaires du 20 novembre 2011 en Espagne

Congrès des députés

Participation : 71,6%

Formations politiques	Nombre de voix	Pourcentage des suffrages	Sièges
Parti populaire (PP)	10 830 693	44,6	186
Parti socialiste ouvrier (PSOE)	6 973 880	28,7	110
Gauche unie (IU)	1 680 810	6,9	11
Union, progrès et démocratie (UPyD)	1 140 242	4,6	5
Convergence et union de Catalogne (CiU)	1 014 263	4,1	16
Amaiur	333 628	1,3	7
Parti nationaliste basque (PNV-EAJ)	323 517	1,3	5
Gauche républicaine de Catalogne (ERC)	256 393	1	3
Bloc nationaliste galicien (BNG)	183 279	0,7	2
Coalition des Canaries (CC)	143 550	0,5	2
Autres	266 734	1	3

Sénat

Participation : 71,1%

Formations politiques	Sièges
Parti populaire (PP)	136
Parti socialiste ouvrier (PSOE)	48
Convergence et union de Catalogne (CiU)	9
Parti socialiste de Catalogne-Initiative des Verts catalans (PSC-ICV)	7
Parti nationaliste basque (PNV)	4
Amaiur	3
Coalition des Canaries (CC)	1

ESTONIE

Élections législatives, 6 mars 2011

Le Parti de la réforme (ER) du Premier ministre sortant Andrus Ansip est arrivé largement en tête des élections législatives du 6 mars 2011 en Estonie (28,6%, 33 sièges, + 2). Il a devancé son allié au sein de la coalition gouvernementale, l'Union pour la patrie-Res Publica (IRL) (20,5%, 23 sièges, + 4). Ensemble, les deux partis ont donc remporté 56 sièges, soit la majorité absolue au Riigikogu, chambre unique du Parlement estonien. Le Parti du centre (KE) reste la principale formation d'opposition (23,3%) mais il est le seul à perdre des sièges au parlement (26 sièges, – 3). Le Parti social-démocrate (SDE) a obtenu 17,1% des voix et multiplie quasiment par deux son nombre de députés : 19 sièges, + 9.

La participation s'est élevée à 62,9%, un point de plus qu'en 2007, le taux le plus élevé depuis 1995. 140 846 électeurs, soit 24,5% des votants (et 110 121 de plus que quatre ans auparavant), ont choisi de remplir leur devoir citoyen via internet.

Andrus Ansip avait fait campagne sur son bilan gouvernemental : entrée de l'Estonie dans l'Organisation pour la coopération et le développement économiques (OCDE) en 2010 et, surtout, intégration de Tallinn dans l'Union économique et monétaire le 1er janvier 2011 et adoption par les Estoniens de la monnaie unique. Après une récession de 14% en 2009, le pays connaît aujourd'hui la plus forte croissance de l'Union européenne. Son déficit public est inférieur à 3% et son taux d'endettement est le plus faible des Vingt-sept.

Convaincus du fait que la croissance se maintiendra si elle poursuit son action, les Estoniens ont donc renouvelé leur confiance à l'équipe dirigeante en place. Les résultats des élections du 6 mars témoignent de la consolidation de la scène politique estonienne.

Résultats des élections législatives du 6 mars 2011 en Estonie
Participation : 62,9 %

Formations politiques	Nombre de voix obtenues	Pourcentage des suffrages recueillis	Nombre de sièges obtenus
Parti de la réforme (ER)	164 221	28,6	33
Union pour la patrie-Res Publica (IRL)	117 929	20,5	23
Parti du centre (KE)	134 049	23,3	26
Parti social-démocrate (SDE)	98 304	17,1	19
Verts (EEE)	21 918	3,8	0
Union du peuple estonien (ERL)	12 185	2,1	0
Indépendants	15 881	2,7	0
Autres	10 527	1,8	0

FINLANDE

Élections législatives, 17 avril 2011

Les élections législatives finlandaises du 17 avril 2011 ont vu la forte percée de la formation populiste des Vrais Finlandais qui est devenue à cette occasion la troisième du pays (19 %, 39 sièges, + 34). Le parti de Timo Soini est le seul à progresser et à accroître son nombre de députés à l'Eduskunta/Riksdag, chambre unique du Parlement finlandais, faisant quasiment jeu égal avec le Parti social-démocrate (SPD) (19,1 %, 42 sièges, – 3).

Le Parti de la coalition nationale (KOK) est arrivé en tête mais n'a remporté qu'une courte victoire (20,4 %, 44 sièges, – 6). C'est la première fois dans l'histoire finlandaise que cette formation remporte un scrutin législatif. Enfin, le Parti du centre (KESK) de la Premier ministre sortante Mari Kiviniemi, a essuyé un important revers (15,8 %, 35 sièges, – 16).

La participation a été élevée. Elle s'est établie à 70,4 %, soit 2,5 points au-dessus de celle enregistrée en 2007.

Ces élections législatives marquent un véritable bouleversement de la vie politique finlandaise où règne depuis toujours une forte culture du consensus. La scène politique nationale est dominée depuis les années 1970 par trois formations de force quasi-équivalente – à gauche, le SPD ; à droite, le KOK et le KESK – qui avaient l'habitude de se partager le pouvoir.

Le discours fortement eurosceptique et nationaliste de Timo Soini mêlé à un discours socio-économique plutôt orienté à gauche a donc convaincu les Finlandais. Le dirigeant populiste a su se donner l'image d'un homme du peuple et de défenseur de petites gens contre le pouvoir établi. Désindustrialisation, implication des partis politiques (notamment le KESK) dans des scandales financiers, crise de la zone euro et de la dette en Europe – le sujet central de la campagne – expliquent la percée des Vrais Finlandais. Les populistes étaient opposés au plan d'urgence décidé par les Vingt-sept pour sauver la Grèce de la faillite, une position qui résonne dans un pays qui a su se sortir seul (grâce à sa discipline et aux efforts consentis par sa population) de la crise qu'il a traversée dans les années 1990 et où l'euroscepticisme est toujours vif.

Les Vrais Finlandais ont toutefois préféré rester dans l'opposition après le scrutin et le dirigeant conservateur Jyrki Katainen a formé une coalition gouvernementale avec le SPD, l'Alliance des gauches (VAS), les Verts (VIHR), le Parti du peuple suédois (SFP) et le Parti chrétien- démocrate (SKL).

Résultats des élections législatives du 17 avril 2011 en Finlande
Participation : 70,4 %

Formations politiques	Nombre de voix obtenues	Pourcentage des suffrages recueillis	Nombre de sièges obtenus
Parti de la coalition nationale (KOK)	598 369	20,4	44
Parti social-démocrate (SPD)	561 049	19,1	42
Vrais Finlandais (PS)	559 342	19	39
Parti du centre (KESK)	463 160	15,8	35
Alliance des gauches (VAS)	238 473	8,1	14
Verts (VIHR)	212 837	7,2	10
Parti du peuple suédois (SFP)	125 865	4,3	9
Parti chrétien-démocrate (SKL)	118 514	4	6
Iles Aland	8 542	0,4	1
Autres	95 984	1,6	0

IRLANDE

Élections législatives, 25 février 2011

L'Irlande a connu un véritable séisme politique lors des élections législatives anticipées du 25 février 2011. Les électeurs ont massivement voté contre les contraintes imposées à la République celtique par le plan de sauvetage du pays du Fonds monétaire international (FMI) et de l'Union européenne en votant pour les formations qui s'y sont opposées, soit le Fine Gael (FG), le Parti travailliste (Lab) et le Sinn Fein (SF).

Le Fianna Fail (FF) au pouvoir a été laminé. La formation du *Taoiseach* (Premier ministre en gaélique) sortant Brian Cowen, le premier de l'histoire de l'Irlande à ne pas être candidat à sa réélection, a recueilli 17,4 % des suffrages et 17 sièges (– 60 par rapport à 2007), soit le résultat le plus faible de son histoire. Considéré par beaucoup d'Irlandais comme le responsable de la crise socio-économique qui a gravement affecté le pays, le FF, qui a gouverné l'Irlande durant 55 des 74 dernières années, a donc été victime d'un violent vote sanction. Le gouvernement de Brian Cowen est le premier de la zone euro à chuter en raison de la crise de l'endettement en Europe.

Principale formation d'opposition, le FG a remporté le scrutin (36,1 %). Avec 68 sièges (+ 17), il échoue cependant à atteindre la majorité absolue. Le Lab est arrivé en deuxième position et il a obtenu le résultat le plus élevé de son histoire (19,4 %, 35 sièges, + 15) tout comme la formation nationaliste d'extrême gauche du SF (9,9 %, 13 sièges, + 9), un score néanmoins au-dessous de celui qu'espérait son leader Gerry Adams, qui avait démissionné de son poste de député du Parlement britannique pour ces élections législatives.

Le Parti vert (GP), formation membre de la coalition gouvernementale sortante, sort également laminé du scrutin (1,8 %, – 6 députés).

La participation s'est élevée à 70,1 %, soit au-dessus de celle enregistrée en 2007 (+ 2,8 points).

Ancien bon élève de la classe européenne et surnommé le « tigre celtique », l'Irlande a longtemps connu une croissance exceptionnelle. Cependant, le pays, dont la croissance reposait en grande partie sur l'industrie financière, a été très affecté par la crise économique internationale de 2008 : récession de 7 % en 2009, hausse du taux de chômage (4,7 % fin 2007 à 13,4 % aujourd'hui) et effondrement du marché immobilier dû au départ des entreprises internationales (en grande majorité américaines) après la chute de leurs bénéfices.

Le gouvernement sortant de Brian Cowen a été lourdement sanctionné pour avoir mal géré la situation socio-économique et toujours soutenu les banquiers (considérés par les Irlandais comme les principaux responsables de la crise) mais également pour avoir contraint le pays à recourir à l'aide internationale.

Après avoir fait campagne pour un allégement du plan d'aide internationale, Enda Kenny a promis à ses compatriotes de renégocier le plan de sauvetage de l'Irlande, le dirigeant du Fine Gael Enda Kenny, qui est le plus ancien député du parlement irlandais, a formé un gouvernement de coalition avec les travaillistes, avec lesquels son parti a déjà gouverné à plusieurs reprises.

Résultats des élections législatives du 25 février 2011 en Irlande
Participation : 70,1 %

Formations politiques	Nombre de voix	Pourcentage des suffrages	Sièges
Fine Gael (FG)	801 725	36,1	68
Parti travailliste (Lab)	431 849	19,4	35
Fianna Fail (FF)	387 408	17,4	17
Sinn Fein (SF)	220 685	9,9	13
Parti vert (GP)	41 040	1,8	0
Parti socialiste (SP)	26 770	1,2	2
Le Peuple avant les profits (PBP)	21 551	1	2
Parti des travailleurs (WP)	3 056	0,1	0
Alliance du Sud Kerry indépendant (SKIA)	2 102	0,2	0
Parti de la solidarité chrétienne (CSP)	4 939	0,1	0
Indépendants	279 492	12,6	13

Élection présidentielle, 27 octobre 2011

Michael Higgins (Lab) a remporté l'élection présidentielle qui s'est déroulée en Irlande le 27 octobre 2011 (39,6 % des votes de première préférence). Il a devancé le candidat indépendant Sean Gallagher, chef d'entreprise et un des héros du programme télévisé diffusé par la chaîne RTE 1, Ireland's Dragons' Den (saison 5), qui a obtenu 28,5 % des voix. Grand favori à quelques jours du scrutin, celui-ci avait été accusé, lors du dernier débat télévisé, par le candidat du Sinn Fein (SF), Martin McGuinness, d'avoir été impliqué dans un scandale financier. Michael Higgins s'est imposé dans dix-huit des vingt-six comtés du pays et Sean Gallagher dans sept d'entre eux.

Le candidat du Sinn Fein, Martin McGuinness, vice-Premier ministre d'Irlande du Nord, est arrivé en troisième position (13,7 %). La campagne présidentielle aura probablement permis à la formation nationaliste d'extrême gauche de gommer un peu de son image d'organisation terroriste pour se positionner davantage comme un véritable parti d'opposition. Un peu plus de la moitié des Irlandais se sont rendus aux urnes (56,1 %).

La principale formation d'opposition, le Fianna Fail (FF), avait choisi de ne pas présenter de candidat à l'élection présidentielle.

« Les électeurs ont privilégié l'expérience » a souligné Elaine Byrne, professeur de science politique au Trinity College de Dublin. « Michael D. (surnom de Michael Higgins) est très aimé et respecté, au-delà du Parti travailliste » a-t-elle ajouté.

Âgé de 70 ans, le nouveau président de la République est un poète renommé. Adhérent du Fianna Fail, il a quitté cette formation pour rejoindre le Parti travailliste. Il a été ministre des Arts, de la Culture et du Gaélique entre 1993 et 1997 dans le gouvernement dirigé par John Bruton (FG).

Résultats de l'élection présidentielle du 27 octobre 2011 en Irlande
Participation : 56,1 %

Candidats	Nombre de suffrages obtenus (votes de première préférence)	Pourcentage des voix recueillies (votes de première préférence)
Michael Higgins (Parti travailliste)	701 101	39,6
Sean Gallagher (indépendant)	504 964	28,5
Martin McGuiness (Sinn Fein)	243 030	13,7
Gay Mitchell (Fine Gael)	113 321	6,4
David Norris (indépendant)	109 469	6,2
Dana Rosemary Scallon (indépendant)	51 220	2,9
Mary Davis (indépendant)	48 657	2,7

LETTONIE

Élections législatives, 17 septembre 2011

Le 17 septembre 2011, une formation de gauche est arrivée en tête des élections législatives pour la première fois depuis 1991, année où la Lettonie a recouvré son indépendance. Le Centre de l'harmonie (SC) a recueilli 28,3 % des suffrages et a remporté 31 sièges à la Saeima, chambre unique du Parlement letton (+ 2 par rapport à 2010). Le Centre de l'harmonie s'est nettement imposé devant le Parti de la réforme (PRZ), formation de droite récemment fondée par l'ancien président de la République (2007-2011) Valdis Zatlers (20,8 %, 22 sièges) et Unité (V), parti du Premier ministre sortant Valdis Dombrovskis (18,8 %, 20 sièges, – 13). Le centre-droit est donc sorti renforcé de ces élections législatives.

Alliance nationale-Tout pour la Lettonie, nouvelle formation issue de la fusion de l'Union pour la patrie et la liberté (TB/LNNK) et du parti d'extrême droite, Tout pour la Lettonie (VL), est l'autre vainqueur du scrutin. La formation est en nette progression : elle est arrivée en quatrième position (13,8 %, 14 sièges, + 6), juste devant l'Union des Verts et des paysans (ZSS), membre de la coalition gouvernementale sortante (12,2 %, 12 sièges, – 9). Les autres formations, dont le Parti populaire (TP) et Premier de Lettonie-Voie lettone (LPP-LC), ne sont pas parvenues à franchir le seuil de 5 % des suffrages exprimés indispensable pour être représenté au parlement et sont les grandes perdantes des élections du 17 septembre. Leurs dirigeants respectifs – l'ancien Premier ministre (1995-1997 et 1999-2000) Andris Skele et l'ancien vice-Premier ministre (2002-2004) Ainars Slesers comme le maire de Ventspils Aivars Lembergs (ZSS) ont été qualifiés d'« oligarques » par l'ancien chef de l'État Valdis Zatlers.

La participation a été légèrement inférieure à celle enregistrée en 2010. Elle s'est élevée à 60,5 % (– 1,4 point).

Les trois partis – le Parti de la réforme, Unité et l'Alliance nationale-Tout pour la Lettonie – et le Centre de l'harmonie s'opposent sur la politique d'austérité menée depuis 2007. Cette dernière formation, parti russophone positionné à gauche et qui inspire toujours une grande méfiance dans un pays où la gauche reste apparentée à un passé de cinquante ans d'occupation soviétique, demande la renégociation des termes du remboursement du prêt de 7,5 milliards d'euros accordé à Riga par le Fonds monétaire international (FMI) et l'application de mesures plus sociales. Par ailleurs, les formations de droite exigent que le parti de gauche reconnaisse l'occupation de la Lettonie par l'Union soviétique entre 1945 et 1991 et accepte le letton comme seule langue officielle du pays.

À l'issue du scrutin, Valdis Dombrovskis a pris la tête d'un gouvernement formé par Unité, le Parti de la réforme et l'Alliance nationale-Tout pour la Lettonie.

Résultats des élections législatives du 17 septembre 2011 en Lettonie
Participation : 60,5%

Formations politiques	Nombre de voix obtenues	Pourcentage des suffrages recueillis	Nombre de sièges obtenus
Centre de l'harmonie (SC)	259 923	28,3	31
Parti de la réforme (ZRP)	190 817	20,8	22
Unité (V)	172 524	18,8	20
Alliance nationale-Tout pour la Lettonie	127 172	13,8	14
Union des Verts et des paysans (ZZS)	111 952	12,2	13
Premier de Lettonie-Voie lettone (LPP-LC)	22 130	2,4	0
Autres	23 571	3,4	0

POLOGNE

Élections parlementaires, 9 octobre 2011

La Plateforme citoyenne (PO), formation libérale du Premier ministre sortant Donald Tusk, est arrivée en tête des élections parlementaires polonaises du 9 octobre 2011 (38,9%, 206 sièges à la Diète, – 3), loin devant son principal adversaire conservateur, Droit et justice (PiS), principal parti d'opposition (de droite), (30%, 157 sièges, – 9). Une formation nouvelle venue sur la scène politique polonaise a créé la surprise : le Mouvement Palikot (RPP), parti anticlérical (dans un pays où plus 90% des habitants se déclarent catholiques), pro-européen et libéral fondé en juin 2011 par l'homme d'affaires Janusz Palikot, est arrivé en troisième position (9,9%, 40 sièges). Le Parti paysan (PSL), membre de la coalition gouvernementale sortante, a recueilli 8,5% des voix et 30 sièges (– 1). Enfin, la formation de gauche de l'Alliance de la gauche démocratique (SLD) est en net recul et est sortie laminée de ce scrutin (8,1%, 26 sièges, – 27).

La Plateforme citoyenne a également remporté la majorité au Sénat avec 63 sièges pour 31 à Droit et justice et 2 au Parti paysan.

Moins de la moitié des Polonais (48,6%) se sont rendus aux urnes, une participation en baisse de 5,2 points par rapport à 2007.

Les Polonais, globalement satisfaits de l'évolution de leur pays, ont donc renouvelé leur confiance à la PO et exprimé un désir de continuité.

Le premier mandat de Donald Tusk avait constitué une pause dans une décennie agitée, en ses débuts, par plusieurs scandales politiques et de nombreuses tensions. Le Premier ministre est parvenu à donner de la Pologne l'image d'une nation modérée et conciliatrice, améliorant nettement les relations de son pays avec ses deux puissants voisins allemand et russe. Il peut également s'enorgueillir du fait que la Pologne soit le seul État de l'Union européenne à ne pas avoir connu de récession économique depuis 2008.

La PO est aujourd'hui majoritaire à tous les niveaux territoriaux du pays. Elle est également la première formation à être reconduite au pouvoir depuis l'effondrement du système communiste en 1989 en Pologne. Donald Tusk était déjà le deuxième chef de gouvernement (avec l'actuel président du parlement européen, Jerzy Buzek, Premier ministre entre 1997 et 2001) à être allé au bout de son mandat de quatre ans à la tête du gouvernement. Un résultat qui atteste de la consolidation de la démocratie en Pologne.

Résultats des élections parlementaires du 9 octobre 2011 en Pologne

Diète

Participation : 48,6%

Formations politiques	Nombre de voix obtenues	Pourcentage de suffrages recueillis	Nombre de sièges obtenus
Plateforme citoyenne (PO)	5 119 833	38,9	206
Droit et justice (PiS)	3 946 533	30	157
Mouvement Palikot (RPP)	1 305 095	9,9	40
Parti paysan (PSL)	1 123 516	8,5	30
Alliance de la gauche démocratique (SLD)	1 076 675	8,1	26
La Pologne d'abord (Polska jest Najwazniejsza, PJN)	285 970	2,1	0
Autres	281 060	2,1	0

Sénat

Participation : 48,6%

Formations politiques	Nombre de sièges obtenus
Plateforme citoyenne (PO)	63
Droit et justice (PiS)	31
Parti paysan (PSL)	2
Comité pour Rafał Dutkiewicz	2
Indépendants	3

PORTUGAL

Élection présidentielle, 23 janvier 2011

Le président de la République sortant Anibal Cavaco Silva (Parti social-démocrate, PSD) n'a pas fait mentir la tradition qui veut que les chefs de l'État portugais soient désignés dès le premier tour de scrutin. Le 23 janvier 2011, il a été réélu pour un second mandat de cinq ans à la tête du pays (52,9 %), obtenant un résultat supérieur à celui qu'il avait enregistré en 2006 (+ 2,4 points). Il a devancé le socialiste Manuel Alegre, soutenu par le Bloc des gauches (BE) et le Parti démocratique de l'Atlantique (PDA), qui a recueilli 19,7 % des voix.

La participation a été exceptionnellement faible : seuls 46,6 % des électeurs se sont rendus aux urnes, un record depuis le retour du pays à la démocratie en 1974. L'enjeu de cette élection présidentielle a semblé mineur à des Portugais soumis à leur troisième plan d'austérité en douze mois. Le scrutin était également porteur de faibles enjeux, les pouvoirs exécutifs du chef de l'État étant très limités.

Le succès du président d'Anibal Cavaco Silva témoigne du rejet de la politique de rigueur du gouvernement socialiste du Premier ministre José Socrates.

Résultats de l'élection présidentielle du 23 janvier 2011 au Portugal
Participation : 46,6 %

Candidats	Nombre de voix obtenues	Pourcentage des suffrages recueillis
Anibal Cavaco Silva (Parti social-démocrate, PSD)	2 230 104	52,9
Manuel Alegre (Parti socialiste, PS)	831 959	19,7
Fernando Nobre	593 868	14,1
Francisco Lopes (Parti communiste PCP)	300 840	7,1
José Manuel Coelho		
(Parti de la nouvelle démocratie)	189 340	4,5
Defensor de Moura (Parti socialiste)	66 091	1,5

Élections législatives, 5 juin 2011

Le Parti social-démocrate (PSD), formation d'opposition de droite, a largement remporté des élections législatives du 5 juin 2011 au Portugal (40,3%, 108 sièges, + 27). Le Parti socialiste (PS) du Premier ministre sortant José Socrates est arrivé en deuxième position (29,2%, 74 sièges, - 23). Il a devancé le Parti populaire (PP), qui a recueilli 12,2% des suffrages (24 sièges, + 3). La gauche opposée au libéralisme économique a enregistré un sévère revers : la Coalition Parti communiste-Verts (CDU) a obtenu 8,2% des voix (16 sièges, + 1) et le Bloc des gauches (BE), 5,3% des suffrages (8 sièges, - 8).

La participation a atteint 58%, soit légèrement au-dessous de celle enregistrée en 2009 (- 1,6 point). Traditionnellement peu élevée au Portugal, elle est la plus faible de toute l'histoire du pays.

Face à la grave crise socioéconomique que traverse le pays, les Portugais ont donc choisi l'alternance. Avec ses alliés du PP, le PSD dispose de la majorité absolue à l'Assemblée de la République, chambre unique du Parlement portugais. Les socialistes, au pouvoir depuis 2005, ont payé la politique d'austérité qu'ils ont mise en place pour tenter – en vain – d'éviter au pays le recours à l'aide internationale. Lourdement endetté, le Portugal est devenu le troisième État européen, après la Grèce et l'Irlande, à devoir faire appel au Fonds monétaire international (FMI) et au Mécanisme européen de financement pour l'aider à se sortir de la tourmente financière.

Le dirigeant du Parti social-démocrate Pedro Passos Coelho a formé un gouvernement avec le Parti populaire à l'issue du scrutin.

Résultats des élections législatives du 5 juin 2011 au Portugal
Participation : 58 %

Formations politiques	Nombre de voix obtenues	Pourcentage de suffrages recueillis	Nombre de sièges obtenus
Parti social-démocrate (PSD)	2 159 181	40,3	108
Parti socialiste (PS)	1 566 347	29,2	74
Parti populaire (PP)	653 888	12,2	24
Coalition Parti communiste-Verts (CDU)	441 147	8,2	16a
Bloc des gauches (BE)	288 923	5,3	8
Autres	247 126	4,8	0

SLOVÉNIE

Élections législatives, 4 décembre 2011

Les élections législatives anticipées du 4 décembre en Slovénie ont constitué une surprise puisque la toute nouvelle formation Slovénie positive, récemment créée par le maire de Ljubljana Zoran Jankovic, est arrivée en tête (28,5 %). Le parti positionné à gauche a remporté 28 sièges au Drzavni Zbor (Assemblée nationale), chambre basse du Parlement slovène. Il devance le Parti démocrate (SDS) (26,2 %, 26 sièges, – 2 par rapport à 2008). Donné gagnant par toutes les enquêtes d'opinion avant le scrutin, le SDS a donc essuyé un échec. En troisième position, on trouve le Parti social-démocrate (SD) du Premier ministre sortant Borut Pahor qui a enregistré un net recul (10,5 %, 10 sièges, – 19). Il est suivi de la Liste des citoyens-Gregor Virant, autre formation de création récente, qui a obtenu 8,4 % des voix et 8 sièges.

La participation s'est élevée à 64,6 %, soit 1,5 point de moins qu'en 2008.

Le scrutin a révélé la défiance des Slovènes envers les formations politiques établies. Le SDS n'est pas parvenu à les convaincre qu'il avait les capacités de redresser le pays. Son dirigeant Janez Jansa a payé sa farouche opposition au gouvernement au cours des trois dernières années et son ton agressif durant la campagne électorale. Il a certainement également été affecté par la tenue du procès Patria dans lequel il comparaissait (l'ancien Premier ministre (2004-2008) est accusé d'avoir reçu environ 900 000 euros de pots-de-vin lors de l'achat en 2006 de 135 véhicules blindés par le ministère de la Défense).

Le SD a quant à lui été sanctionné en raison de son médiocre bilan économique. La Slovénie a été très affectée par la crise économique internationale, notamment à cause de sa dépendance aux capitaux étrangers et aux exportations. La dette du pays est passée de 22,5 % à 43,3 % du PIB en deux ans (2008-2010), le chômage a plus que doublé (il touche aujourd'hui 12 % de la population active). Borut Pahor a également été affaibli par ses échecs aux quatre référendums organisés plus tôt dans l'année.

Pour sortir de la crise, les Slovènes ont choisi de faire confiance à un entrepreneur doté d'un bon bilan à la tête de Ljubljana qu'il dirige depuis 2006 (modernisation du système de transports, notamment par la construction de nouveaux ponts sur la Ljubljanica, construction de 3 000 nouveaux appartements et du complexe sportif de Stozice, inauguré en août 2010). Zoran Jankovic, qui affirme gouverner Ljubljana comme une entreprise, entend gérer le pays de la même façon. « La Slovénie a désormais besoin d'un homme d'affaires » a affirmé le dirigeant de Slovénie positive qui a toujours déclaré « avoir le cœur à gauche et le portefeuille à droite ».

Zoran Jankovic a cependant échoué à former une coalition gouvernementale. En février 2012, Janez Jansa a été nommé Premier ministre à la tête d'un gouvernement comprenant le Parti démocrate, le Parti populaire et le Parti démocratique des retraités.

Résultats des élections législatives du 4 décembre 2011 en Slovénie
Participation : 64,9%

Formations politiques	Nombre de voix obtenues	Pourcentage des suffrages recueillis	Nombre de sièges
Slovénie positive	310 071	28,5	28
Parti démocrate (SDS)	285 205	26,2	26
Parti social-démocrate (SD)	114 023	10,5	10
Liste des citoyens-Gregor Virant	91 465	8,4	8
Parti démocratique des retraités (DeSUS)	75 675	6,9	6
Parti populaire (SLS)	74 917	6,9	6
Nouvelle Slovénie-Parti populaire chrétien (NSi-KLS)	52 084	4,7	4
Parti national slovène (SNS)	19 558	1,8	0
Parti libéral-démocrate (LDS)	15898	1,4	0
Autres	47 441	4,3	0
Communautés italienne et hongroise			2

ANNÉE 2012

FINLANDE

Élection présidentielle, 22 janvier et 5 février 2012

Sauli Niinistö, candidat du Parti de la coalition nationale (Kok), formation du Premier ministre Jyrki Katainen, est arrivé largement en tête du second tour de l'élection présidentielle le 5 février 2012. Il a recueilli 62,6 % des suffrages, contre 37,4 % à son adversaire Pekka Haavisto (Ligue verte, Vihr). Un seul candidat du premier tour – Paavo Arhinmäki (Alliance de gauche, Vas) – avait appelé à voter en faveur de l'écologiste. Les cinq autres, y compris Paavo Lipponen (Parti social-démocrate de Finlande, SDP), s'étaient prononcés pour Sauli Niinistö.

La participation s'est élevée à 68,8 %, soit le plus faible taux enregistré depuis 1950, conséquence probable de la proximité des deux candidats en lice et de l'absence de réelle opposition droite-gauche.

L'élection présidentielle a été une bataille de personnes et s'est jouée davantage sur la personnalité des candidats, tous deux proeuropéens, que sur leurs programmes. Le succès de Sauli Niinistö s'explique par sa crédibilité en tant qu'ancien ministre des Finances (1996-2003) à l'heure où les questions socio-économiques constituent la principale préoccupation des Finlandais. De 1996 à 2003, l'homme avait su gagner la confiance de ses compatriotes en parvenant à sortir le pays de la profonde récession à laquelle il faisait face.

Le président de la République finlandais possède des compétences limitées. Le 21 octobre 2011, il a notamment perdu l'initiative de la politique européenne au profit du gouvernement qui désormais représente le pays au sein de l'Union européenne.

Le 1er mars, Sauli Niinistö a mis fin à trente ans de règne social- démocrate en devenant le premier chef d'État conservateur depuis Juho Kusti Paasikivi (1946-1956).

Résultats de l'élection présidentielle des 22 janvier et 5 février 2012 en Finlande
Participation : 69,7 % (premier tour) et 66 % (second tour)

Candidats	Nombre de voix obtenues (premier tour)	% des suffrages recueillis (premier tour)	Nombre de voix obtenues (second tour)	% des suffrages recueillis (second tour)
Sauli Niinistö (Parti de la coalition nationale, Kok)	1 131 127	37,0	1 802 285	62,6
Pekka Haavisto (Ligue verte, Vihr)	573 872	18,8	1 076 910	37,4
Paavo Väyrynen (Parti du centre, Kesk)	536 731	17,5		
Timo Soini (Les vrais Finlandais, PS)	287 405	9,4		
Paavo Lipponen (Parti social-démocrate de Finlande, SDP)	205 020	6,7		
Paavo Arhinmäki (Alliance des gauches, Vas)	167 359	5,5		
Eva Biaudet (Parti populaire suédois de Finlande, SFP)	82 581	2,7		
Sari Essayah (Parti démocrate-chrétien, KD)	75 755	2,5		

FRANCE

Élection présidentielle, 22 avril et 6 mai 2012

François Hollande (Parti socialiste, PS) a été élu président de la République française avec 51,6 % des suffrages au second tour de l'élection présidentielle le 6 mai 2012. Il a devancé son adversaire, le chef de l'État sortant Nicolas Sarkozy (Union pour un mouvement populaire, UMP), qui a recueilli 48,3 % des voix. La victoire du candidat socialiste s'explique certainement autant par le désir d'alternance de la part des Français que par leur rejet de la personne de Nicolas Sarkozy.

La participation s'est élevée à 79,3 % (80,4 % au premier tour du 22 avril). Lors du premier tour, François Hollande est arrivé en tête avec 28,6 % des suffrages devant Nicolas Sarkozy (27,1 %).

Le président sortant avait choisi de mener une campagne très à droite, ce qui n'est pas sans avoir créé quelques dissensions au sein de sa majorité présidentielle. À l'issue du premier tour, il s'est retrouvé dans l'obligation de réaliser un grand écart et de rassembler deux électorats (centriste et populiste de droite) situés aux antipodes l'un de l'autre.

Marine Le Pen (Front national, FN), arrivée en troisième position du premier tour (18,1 %), n'avait pas donné de consigne de vote pour le 6 mai, mais elle avait indiqué qu'à titre personnel elle voterait blanc. Le centriste François Bayrou (Mouvement démocrate, MoDem) (9,1 % le 22 avril) avait quant à lui annoncé qu'il se prononcerait à titre personnel en faveur de François Hollande au second tour.

Le rassemblement était plus aisé à réaliser pour le candidat socialiste. En effet, à l'exception de Nathalie Arthaud (Lutte ouvrière, LO), l'ensemble des candidats de gauche du premier tour avaient appelé, et ce avant même le premier tour, à voter le 6 mai pour « le candidat de gauche le mieux placé ».

Quatrième du premier tour, Jean-Luc Mélenchon, candidat du Front de gauche (FG), qui rassemble le Parti de gauche (PG) et le Parti communiste français (PCF), a été en partie victime de ce vote utile au premier tour. Tribun de talent, il a su néanmoins, en articulant son discours sur les inquiétudes des Français face à la mondialisation, exprimer des idées politiques très à gauche et protestataires, toujours très vivantes dans l'Hexagone.

François Hollande, qui n'a jamais exercé de fonctions gouvernementales en trente années de vie politique, est devenu le neuvième président de la Ve République française et le second issu du Parti socialiste.

Résultats de l'élection présidentielle des 22 avril et 6 mai 2012 en France
Participation : 80,4% (premier tour) et 79,3% (second tour)

Candidats	Nombre de voix obtenues (premier tour)	% des suffrages recueillis (premier tour)	Nombre de voix obtenues (second tour)	% des suffrages recueillis (second tour)
François Hollande (Parti socialiste, PS)	10 003 036	28,6	10 272 705	51,6
Nicolas Sarkozy (Union pour un mouvement populaire, UMP)	9 479 515	27,1	9 753 629	48,3
Marine Le Pen (Front national, FN)	6 344 097	18,1		
Jean-Luc Mélenchon (Front de gauche, FG)	3 887 639	11,1		
François Bayrou (Mouvement démocrate, MoDem)	3 189 257	9,1		
Eva Joly (Europe Écologie-Les Verts, EELV)	791 056	2,2		
Nicolas Dupont-Aignan (Debout la République, DLR)	632 847	1,8		
Philippe Poutou (Nouveau Parti anticapitaliste, NPA)	404 525	1,1		
Nathalie Arthaud (Lutte ouvrière, LO)	199 585	0,5		
Jacques Cheminade (Solidarité & Progrès, S&P)	86 963	0,2		

Élections législatives, 10 et 17 juin 2012

Le Parti socialiste (PS), formation du président de la République François Hollande, a recueilli la majorité absolue des sièges de l'Assemblée nationale, chambre basse du Parlement français, au second tour des élections législatives françaises le 17 juin 2012. Le parti a obtenu 302 députés (+ 114 par rapport au scrutin de 2007). L'ensemble des forces de gauche a remporté au total 348 sièges (+ 119). Europe Écologie-Les Verts (EE-LV) a obtenu 18 députés et peut donc former un groupe parlementaire. En revanche, avec ses 10 sièges, le Front de gauche (FG), mouvement rassemblant le Parti communiste français (PCF) et le Parti de gauche (PG), échoue de 5 sièges à l'imiter. Le Parti socialiste a donc désormais les mains libres pour mener son action. Il n'aura pas à composer avec un Front de gauche aux positions radicales sur l'économie et sur l'Union européenne.

Le résultat du scrutin législatif constitue une large victoire du président de la République François Hollande et du gouvernement de Jean-Marc Ayrault (PS) qui a été reconduit à son poste de Premier ministre. Le chef de l'État dispose désormais à la chambre basse du Parlement d'une majorité « large, solide et cohérente » qu'il avait appelée de ses vœux pour pouvoir appliquer son programme. Tous les ministres du gouvernement de Jean-Marc Ayrault en lice pour les élections législatives ont été élus ou réélus. Seul bémol à cette victoire : la défaite de l'ancienne candidate de la formation à l'élection présidentielle des 22 avril et 6 mai 2007, Ségolène Royal, par ailleurs ex-compagne du chef de l'État François Hollande.

Largement majoritaire, la gauche n'obtient toutefois pas la majorité des trois cinquièmes au Congrès (555 parlementaires), rassemblement des deux chambres du Parlement, qui lui aurait permis d'adopter des réformes constitutionnelles ou encore de proposer un référendum sans l'accord de l'opposition.

L'Union pour un mouvement populaire (UMP) a obtenu 209 députés, dont 6 pour le Parti radical valoisien (PRV). Avec 209 sièges, la principale formation d'opposition de l'ancien président de la République Nicolas Sarkozy fait face à une défaite acceptable. Les électeurs de droite avaient un choix compliqué à faire les 10 et 17 juin. En effet, désireux de voir les partis de leur camp politique s'imposer, ils étaient pourtant opposés à toute cohabitation.

La formation de droite va désormais devoir se recomposer entre un Front national (FN) en progression et un centre moribond. On notera que les candidats de l'UMP qui ont affirmé leur opposition à tout rapprochement avec le FN ont réalisé des résultats plus élevés que ceux qui ont pu exprimer une certaine proximité avec certaines des idées du parti populiste.

Le Mouvement démocrate (MoDem) a remporté 2 sièges. Son dirigeant François Bayrou a perdu le siège qu'il occupait depuis 1986. Enfin, le Front national, conduit par Marine Le Pen et qui se présentait sous l'appellation de Rassemblement bleu marine (RBM), a obtenu 2 députés. Sa dirigeante a cependant échoué à entrer à l'Assemblée nationale. Rappelons que le FN n'était jamais parvenu à obtenir un élu à la chambre basse du parlement depuis 1988. Il peut donc se féliciter de son résultat à ces élections législatives, dont le mode de scrutin (majoritaire à deux tours) lui est très défavorable. Si la formation reste isolée sur la scène politique, elle enregistre toutefois une progression et elle s'est affirmée comme la troisième force politique de France.

La participation a été la plus faible jamais enregistrée à des élections législatives : 55,4 % (57,2 % au premier tour). Les Français se sont montrés peu intéressés à un scrutin à faible enjeu quelques semaines seulement après la présidentielle, élection reine de la Ve République française. Nombre d'électeurs ont estimé que les jeux étaient faits et le match gagné par les forces de gauche avant même d'avoir été joué.

Ces élections législatives ont conforté la bipolarisation du paysage politique français, notamment en raison de la quasi-disparition du centre, force politique longtemps alliée à la droite dans l'Hexagone. Les deux grands partis ont réalisé des résultats élevés, les petites formations enregistrant un recul par rapport aux scores de leurs candidats au premier tour de l'élection présidentielle.

Les socialistes vont désormais pouvoir gouverner. Premier objectif : la remise en ordre des finances publiques qui ne peut être différée plus longtemps. Avec François Hollande à l'Élysée, avec la majorité absolue à l'Assemblée nationale et au Sénat, à la tête de la plupart des régions (24 sur 26), des départements et des grandes villes du pays, la gauche française, en position hégémonique, n'a pas droit à l'erreur.

Résultats des élections législatives des 10 et 17 juin 2012 en France
Participation : 57,2 % (premier tour) et 55,4 % (second tour)

Partis politiques	Premier tour			Second tour			Total sièges
	Nombre de voix	% des suffrages recueillis	Sièges	Nombre de voix	% des suffrages recueillis	Sièges	
Extrême gauche (EXG)	253 386	0,9					
Front de gauche (FG)	1 793 192	6,9		249 498	1,1	10	10
Parti socialiste (PS)	7 618 326	29,3	22	9 420 889	40,9	280	302
Europe Écologie-Les Verts (EELV)	1 418 264	5,4	1	829 036	3,6	17	18
Divers gauche (DVG)	881 555	3,4	1	709 395	3,1	22	23
Parti radical de gauche (PRG)	428 898	1,6	1	538 331	2,3	12	13
Alliance centriste (ALLI)	156 026	0,6		123 132	0,5	2	2
Nouveau Centre (NCE)	569 897	2,2	1	568 319	2,4	12	13

Union pour un mouvement populaire (UMP)	7 037 268	27,1	9	8 740 628	37,9	194	203
Parti radical (PRV)	321 124	1,2		311 199	1,3	6	6
Divers droite (DVD)	910 034	3,5	1	417 940	1,8	15	16
Front national (FN)	3 528 663	13,60		842 695	3,6	2	2
Extrême droite (EXD)	49 499	0,1		29 738	0,1	1	1
Mouvement démocrate (MoDem)	458 098	1,7		113 196	0,4	2	2
Écologistes (ECO)	249 068	0,9				–	0
Régionalistes (REG)	145 809	0,5		135 312	0,5	2	2
Autres (AUT)	133 752	0,5					0

GRÈCE

Élections législatives, 6 mai 2012

Les élections législatives du 6 mai 2012 ont constitué un séisme politique dans une Grèce aux prises avec une très grave crise financière et socio-économique. Les deux grands partis gouvernementaux – le Mouvement socialiste panhellénique (Pasok) et la Nouvelle Démocratie (ND) – se sont effondrés, rassemblant à eux deux seulement 32,10 % des voix (18,9 % et 108 sièges, + 17 pour le parti de droite par rapport aux élections de 2009 ; 13,2 % des voix, 41 sièges et – 119 pour celui de gauche). Les deux formations ont été sanctionnées pour avoir accepté les conditions d'austérité drastiques attachées aux deux plans de sauvetage de la Grèce (mai 2010 et octobre 2011), en échange desquels le gouvernement s'engageait à mettre en œuvre des mesures de grande austérité.

Avec 16,8 % des suffrages (52 sièges, + 39), le vainqueur du scrutin a été la Coalition de la gauche radicale (Syriza). La percée de la formation néo-nazie

Aube dorée (Chryssi Avghi, CA), qui a obtenu 7 % des voix (21 sièges) a constitué un coup de tonnerre dans un pays où la tradition antifasciste reste encore particulièrement forte.

Les deux tiers des Grecs (65,1 %) ont participé aux élections du 6 mai.

La Grèce, gouvernée depuis le 11 novembre 2011 par un gouvernement d'union nationale dirigé par l'ancien vice-président de la Banque centrale européenne et ex-président de la Banque centrale grecque Loukás Papademos, a été contrainte de faire appel en mai 2010 à l'aide du Fonds monétaire international (FMI) et de l'Union européenne. Le pays a reçu 110 milliards d'euros des deux institutions et a dû mettre en place de nombreuses mesures d'austérité (privatisations d'entreprises publiques, baisse des salaires de la fonction publique et des pensions de retraite de 10 %, augmentation des impôts, réduction du nombre des fonctionnaires...). La faiblesse de la croissance, la lenteur de la mise en place des réformes structurelles et de la baisse du déficit budgétaire ont cependant obligé la Grèce à accepter un second plan d'aide de 130 milliards d'euros voté par les Vingt-Sept en octobre 2011 qui a imposé au pays une tutelle économique et une cure d'austérité renforcées. L'enjeu principal de l'aide à la Grèce est de ramener le taux d'endettement du pays (160 % du PIB aujourd'hui) à un niveau jugé soutenable à long terme (120 % en 2020), de façon à permettre au pays de revenir sur les marchés à moyen terme.

À l'issue des élections, le dirigeant de l'extrême gauche Aléxis Tsípras a appelé à la formation d'une coalition contre l'austérité et le Mémorandum européen, nom donné à l'accord signé par Athènes avec le Fonds monétaire international, l'Union européenne et la Banque centrale européenne, mais le Parti communiste de Grèce (KKE) d'Aléka Paparíga a rejeté la proposition. De son côté, Antonís Samarás n'a pas réussi à constituer le « gouvernement de salut national » qu'il appelait de ses vœux, le dirigeant du Mouvement socialiste panhellénique Evángelos Venizélos ayant décliné son offre.

Le scrutin du 6 mai n'ayant pas permis de former un gouvernement, de nouvelles élections ont été convoquées pour le 17 juin.

Résultats des élections législatives du 6 mai 2012 en Grèce
Participation : 65,1 % (la participation est obligatoire en Grèce)

Formations politiques	Nombre de voix	% des suffrages recueillis	Nombre de sièges obtenus
Nouvelle Démocratie (ND)	1 183 851	18,9	108
Coalition de la gauche radicale (Syriza)	1 051 094	16,8	52
Mouvement socialiste panhellénique (Pasok)	827 459	13,2	41
Parti des Grecs indépendants (AE)	664 737	10,6	33
Parti communiste de Grèce (KKE)	531 293	8,5	26
Aube dorée (CA)	437 005	7,0	21
Gauche démocratique (Dimar)	382 650	6,1	19
Alerte populaire orthodoxe (LAOS)	182 023	2,9	0
Alliance démocratique (DS)	160 280	2,6	0
Autres	851 004	13,4	0

Élections législatives, 17 juin 2012

La Nouvelle Démocratie (ND) d'Antonís Samarás est arrivée en tête du scrutin du 17 juin 2012, avec 29,6 % des suffrages et 129 élus (soit 21 de plus qu'en mai). La Coalition de la gauche radicale (Syriza) d'Alexis Tsipras a de nouveau progressé : elle a recueilli 26,8 % des voix et remporté 71 sièges (+ 19). Le Mouvement socialiste panhellénique (Pasok) a obtenu 12,2% des suffrages et 33 députés (– 8). Ces trois formations ont devancé le Parti des Grecs indépendants (AE), qui a recueilli 7,51 % des voix et 20 sièges au parlement (– 13), la Gauche démocratique (Dimar), qui a obtenu 6,25 % des suffrages et 17 élus (– 2), et le Parti communiste de Grèce (KKE), dirigé par Aléka Paparíga, qui a enregistré un très net recul (4,50 % des voix et 12 députés, – 14). Aube dorée (CA) s'est maintenue : elle a recueilli 6,9 % des suffrages et remporté 18 sièges (– 3).

La participation s'est élevée à 62,4 %.

Si le scrutin du 6 mai avait été un vote de colère, celui du 17 juin a été un vote de peur, peur de ce que serait l'avenir du pays en dehors de la zone euro, voire de l'Europe. Les Hellènes ont voté pour le maintien de leur pays dans la monnaie unique et pour la poursuite de la maîtrise des dépenses budgétaires, avec toutefois l'espoir d'un aménagement du plan d'aide.

« Euro ou drachme, gouvernement de coalition ou pas de gouvernement, telle est l'alternative des élections du 17 juin » a répété Antonís Samarás (ND).

Ce dernier a su élargir la base électorale de son parti pour ce scrutin législatif en accueillant quatre responsables de la formation d'extrême droite de l'Alarme orthodoxe populaire (LAOS) et, surtout, en réintégrant au sein de l'Alliance démocratique (DS), formation récemment fondée par l'ancienne maire d'Athènes (2003-2006) Dóra Bakoyánni.

À l'issue du scrutin, la Nouvelle Démocratie a formé un gouvernement dirigé par Antonís Samarás auquel la gauche a préféré de ne pas participer. Le Pasok et Dimar ont néanmoins choisi quatre des vingt-cinq ministres de la nouvelle équipe. Les élections de 2012 ont mis fin à la bipolarisation du pays en vigueur depuis le retour de la Grèce à la démocratie en 1974. Le clivage gauche-droite a cédé le pas à celui opposant les partisans du Mémorandum aux électeurs qui souhaitaient une remise en cause radicale des accords signés avec le Fonds monétaire international et l'Union européenne.

Résultats des élections législatives du 17 juin 2012 en Grèce
Participation : 62,4% (la participation est obligatoire en Grèce)

Formations politiques	Nombre de voix	% des suffrages recueillis	Nombre de sièges obtenus
Nouvelle Démocratie (ND)	1 825 497	29,6	129
Coalition de la gauche radicale (Syriza)	1 655 022	26,8	71
Mouvement socialiste panhellénique (Pasok)	756 024	12,2	33
Parti des Grecs indépendants (AE)	462 406	7,5	20
Aube dorée (CA)	426 025	6,9	18
Gauche démocratique (Dimar)	384 986	6,2	17
Parti communiste de Grèce (KKE)	277 227	4,5	12
Autres	368 277	5,9	0

LITUANIE

Élections législatives, 14 et 28 octobre 2012

Les forces de gauche ont remporté les élections législatives des 14 et 28 octobre 2012. Le Parti social-démocrate lituanien (LSP) est la première formation du pays avec un total de 38 sièges de députés. Il devance l'Union patriotique-Chrétiens-démocrates lituaniens (TS-LKD) du Premier ministre sortant Andrius Kubilius, qui remporte 33 sièges. Le Parti du travail (DP) arrive en troisième position avec 29 députés et la formation populiste de droite, Ordre et justice (TT), dirigée par l'ancien président de la République (2003-2004) Rolandas Paksas, obtient 11 députés.

Le Mouvement libéral de la République de Lituanie (LRLS), formation membre du gouvernement sortant, remporte 10 sièges. L'Action électorale polonaise (LLRA), qui représente la minorité polonaise du pays, obtient 8 députés. Enfin, comme souvent en Lituanie, une formation récemment créée, la Voie du courage (DK), fondée par l'ancienne juge Neringa Venckienė à la suite d'un scandale pédophile qui a affecté sa nièce Deimante Kedynte, remporte 7 sièges.

La participation s'est élevée à 52 % au premier tour et à 35 % au second.

Le Parti du travail et le Parti social-démocrate lituanien ont formé un gouvernement en s'alliant avec Ordre et justice et l'Action électorale polonaise ; celui-ci est conduit par le dirigeant social-démocrate Algirdas Butkevičius. Les formations de gauche se sont engagées à maintenir une politique budgétaire « responsable ». « En prenant en compte les marchés financiers, l'appartenance à l'Union européenne et les procédures européennes pour lutter contre les déficits excessifs, la marge de manœuvre du gouvernement est limitée. Tout accroissement du déficit budgétaire signifiera un accroissement des emprunts. Par conséquent, il n'y aura pas de changement radical dans la politique menée » analyse Ramūnas Vilpišauskas, directeur de l'Institut des relations internationales et de science politique de Vilnius.

Andrius Kubilius a payé le prix de la politique d'austérité qu'il a mise en place pour lutter contre la crise économique qui a fortement affecté la Lituanie (le PIB national s'est contracté de 15 % en 2009). Le pays a retrouvé le chemin de la croissance, mais les salaires et les pensions de retraite ont fortement baissé et le chômage s'élève à 13 %. Andrius Kubilius est néanmoins le premier chef de gouvernement à avoir accompli, en dépit d'un contexte économique extrêmement difficile, un mandat complet à la tête du gouvernement depuis que la Lituanie a recouvré son indépendance en 1991.

Résultats des élections législatives des 14 et 28 octobre 2012 en Lituanie
Participation : 52,58 % (premier tour) et 35 % (second tour)

Formations politiques	Scrutin proportionnel			Scrutin majoritaire	Total sièges
	Voix	%	Sièges	Sièges	
Parti du travail (DP)	271 520	20,69	17	12	29
Parti social-démocrate lituanien (LSDP)	251 610	19,18	15	23	38
Union de la patrie - Chrétiens-démocrates lituaniens (TS-LKD)	206 590	15,75	13	20	33
Mouvement libéral de la République de Lituanie (LRLS)	117 476	8,95	7	3	10
La Voie du courage (DK)	109 448	8,34	7	0	7
Ordre et justice (TT)	100 120	7,63	6	5	11
Action électorale polonaise de Lituanie (LLRA)	79 840	6,08	5	3	8
Parti paysan et vert (LVŽS)	53 141	4,05	0	1	1
Autres	122 345	9,33	0	3	3

PAYS-BAS

Élections législatives, 12 septembre 2012

Le Parti populaire pour la liberté et la démocratie (VVD), formation libérale du Premier ministre sortant Mark Rutte, est arrivé en tête des élections législatives qui se sont déroulées le 12 septembre 2012 aux Pays-Bas. Il a recueilli 26,6 % des suffrages, soit le résultat le plus élevé de son histoire, et a obtenu 41 sièges (soit 10 de plus que lors du scrutin de 2010). « C'est une victoire exceptionnelle parce qu'il est le chef de file du plus grand parti au pouvoir. Il y a beaucoup de pays européens où les dirigeants ont perdu des élections au beau milieu de cette crise » analyse Andre Krouwel, politologue à la Vrije Universiteit d'Amsterdam. Les libéraux ont devancé de peu le Parti du travail (PvdA), qui a obtenu 24,8 % des voix et 38 sièges (+ 9).

La campagne électorale centrée sur la crise européenne (crise de la zone euro et, plus largement, crise d'identité des Vingt-Sept) avait tout d'abord profité aux forces d'opposition les plus radicales et hostiles à l'Union européenne (Parti socialiste, SP et Parti pour la liberté, PVV), avant que les formations proeuropéennes regagnent du terrain.

Le Parti populaire pour la liberté et la démocratie et le Parti travailliste, qui possèdent à eux deux la majorité absolue à la Chambre des États généraux, chambre basse du Parlement, ont ensemble formé un gouvernement à l'issue de ce scrutin. Mark Rutte a conservé son poste de Premier ministre.

Les formations populistes et eurosceptiques (les Pays-Bas possèdent deux partis populistes, l'un de gauche et l'autre de droite) ont essuyé un net revers. À droite, le Parti pour la liberté a recueilli 10,1 % des suffrages et remporté 15 sièges (– 9). Le Parti socialiste, formation d'extrême gauche, a obtenu 9,7 % des voix et 15 sièges (=), soit très au-dessous de la performance que lui prédisaient les enquêtes d'opinion.

L'Appel démocrate-chrétien (CDA) est l'autre perdant du scrutin. En baisse constante dans les urnes depuis bientôt dix ans, il a enregistré le plus faible résultat de son histoire : 8,5 % des suffrages et 13 sièges (– 8). Favorables à une plus grande intégration européenne et à une Europe fédérale, les Démocrates 66 (D66) ont recueilli 7,9 % des voix et 12 sièges (+ 2). Enfin, la Gauche verte (GL) a nettement reculé. Elle a obtenu 2,3 % des voix et 4 sièges (– 7).

La participation s'est élevée à 73,8 %.

Le Parti populaire pour la liberté et la démocratie n'a donc pas *in fine* souffert de sa cohabitation avec les populistes du Parti pour la liberté ni de la crise qu'avait entraînée le retrait de la formation populiste qui avait conduit, le 25 avril, à la démission du gouvernement. Le 21 avril, son dirigeant Geert Wilders avait claqué la porte des négociations autour des réformes nécessaires à la réduction du déficit budgétaire du pays (4,7 % du PIB en 2011), refusant de voter « des mesures dictées par Bruxelles qui pénalisent trop le pouvoir d'achat des Néerlandais ».

Les libéraux, qui ont affiché durant la campagne électorale une plus grande fermeté à l'égard des États du sud de l'Europe, restent donc pour les Néerlandais les plus capables de diriger les Pays-Bas – l'un des quatre seuls États membres des Vingt-Sept (avec l'Allemagne, le Luxembourg et la Finlande) à être notés AAA par les agences de notation – et de garantir les intérêts du pays au sein de l'Union européenne.

De son côté, le dirigeant travailliste Diederik Samsom, totalement inconnu quelques semaines avant le scrutin – il a succédé le 20 février à l'ancien maire d'Amsterdam Job Cohen à la tête du parti –, a quant à lui réussi son pari de redresser sa formation.

Le 12 septembre, les Néerlandais ont dit un « oui » franc à l'Europe. « C'est un message fort des électeurs néerlandais qui n'ont pas sanctionné les partis qui avancent des solutions crédibles » a souligné Piotr Kaczyński, chercheur au Centre européen pour les études politiques.

Résultats des élections législatives du 12 septembre 2012 aux Pays-Bas
Participation : 73,8 %

Formations politiques	Nombre de voix	% des suffrages recueillis	Nombre de sièges obtenus
Parti populaire pour la liberté et la démocratie (VVD)	2 504 948	26,6	41
Parti du travail (PvdA)	2 340 750	24,8	38
Parti pour la liberté (PVV)	950 263	10,1	15
Parti socialiste (SP)	909 853	9,7	15
Appel chrétien-démocrate (CDA)	801 620	8,5	13
Démocrates 66 (D 66)	757 091	8,0	12
Union chrétienne (CU)	294 586	3,1	5
Gauche verte (GL)	219 896	2,3	4
Parti politique réformé (SGP)	196 780	2,1	3
Parti des animaux (PvdD)	182 162	1,9	2
50 Plus	177 631	1,9	2
Autres	88 665	1,0	0

ROUMANIE

Élections parlementaires, 9 décembre 2012

L'Union sociale-libérale (USL), coalition hétéroclite (gauche-droite) dirigée par le Premier ministre sortant Victor Ponta et rassemblant sa formation du Parti social-démocrate (PSD), le Parti national-libéral (PNL), le Parti conservateur (PC) et l'Union pour le progrès de la Roumanie (UNPR), est arrivée largement en tête des élections parlementaires du 9 décembre 2012. La coalition a recueilli 58,6 % des suffrages au scrutin législatif et 60,1 % des voix au scrutin sénatorial (273 députés et 122 sénateurs), le résultat le plus élevé jamais obtenu par une coalition de forces politiques depuis la chute du communisme dans le pays en 1989.

L'Alliance de la droite roumaine (ARD), emmenée par l'ancien Premier ministre (février 2012-mai 2012) Mihai Răzvan Ungureanu et qui regroupe les principales forces d'opposition (le Parti démocrate- libéral (PD-L) le Parti national des paysans chrétiens-démocrates (NP-CDP), le Parti de la nouvelle République (NRP), la Fondation chrétienne-démocrate (FCD) et le Parti de la force civique (PFC)), a obtenu 16,5 % des suffrages à la

Chambre des députés et 16,7% des voix au Sénat (56 députés et 24 sénateurs). La formation nationaliste et populiste du Parti du peuple (PP-DD) est arrivée en troisième position avec 13,9% des suffrages à la Chambre des députés et 14,6% des voix au Sénat (47 députés et 21 sénateurs). L'Union démocratique des Hongrois de Roumanie (UDHR), parti représentant la minorité hongroise roumaine dirigée par Hunor Kelemen, a atteint de justesse le seuil des 5% des voix indispensable pour entrer au parlement : 5,1% des suffrages à la chambre basse (18 députés) et 5,2% des voix à la chambre haute (9 sénateurs).

La participation a été faible (41,6%). Le seul véritable enjeu des élections parlementaires résidait dans l'ampleur de la victoire de l'Union sociale-libérale : la coalition obtiendrait-elle la majorité absolue au parlement ? Recueillerait-elle la majorité des deux tiers lui permettant de modifier la Constitution ?

Victor Ponta a réussi son pari. À l'issue du scrutin parlementaire, il a été confirmé à son poste de Premier ministre. Le gouvernement roumain a désormais la lourde tâche de parvenir à relancer la croissance, de mettre en œuvre de nouvelles réformes structurelles, notamment dans le domaine de la santé, de réduire le secteur public et de relancer les privatisations. « Depuis sept mois, le gouvernement ne s'intéresse pas du tout à la gestion du pays mais aux moyens de destituer le président de la République Traian Băsescu, alors que, pendant ce temps, tous les indicateurs économiques ont été revus à la baisse » analysait Cristian Preda, professeur de science politique à l'université de Bucarest.

Résultats des élections parlementaires du 9 décembre 2012 en Roumanie

Chambre des députés

Participation : 41,7%

Formations politiques	Nombre de voix	% des suffrages recueillis	Nombre de sièges obtenus
Union sociale-libérale (USL)	4 344 288	58,6	273
Alliance de la droite roumaine (ARD)	1 223 189	16,5	56
Parti du peuple Dan Diaconescu (PP-DD)	1 036 730	13,9	47
Union démocratique des Hongrois de Roumanie (UDHR)	380 556	5,1	18
Autres	424 863	5,9	0

Sénat
Participation : 41,76%

Formations politiques	Nombre de voix	% des suffrages recueillis	Nombre de sièges obtenus
Union sociale-libérale (USL)	4 457 526	60,10	122
Alliance de la droite roumaine (ARD)	1 239 318	16,71	24
Parti populaire - Dan Diaconescu (PP-DD)	1 086 822	14,65	21
Union démocrate magyare de Roumanie (UDMR)	388 528	5,24	9
Autres	243 706	3,29	0
Indépendants	728	0,01	0

SLOVAQUIE

Élections législatives, 10 mars 2012

Direction-Démocratie sociale (SMER-SD), formation de gauche dirigée par l'ancien Premier ministre (2006-2010) Robert Fico, est arrivée largement en tête des élections législatives anticipées du 10 mars 2012. Le parti a recueilli 44,4% des suffrages et remporté 83 des 150 sièges du Conseil national de la République (Národná rada Slovenskej republiky), chambre unique du Parlement slovaque, soit 15 de plus que lors du précédent scrutin de 2010. Pour la première fois depuis l'indépendance de la Slovaquie en 1993, un parti est parvenu à remporter la majorité absolue aux élections législatives.

Direction-Démocratie sociale a devancé le Mouvement chrétien-démocrate (KDH) et le Parti des gens ordinaires et des personnalités indépendantes (OL'aNO), formation populiste, qui ont obtenu respectivement 8,8% et 8,5% des voix et chacun 16 sièges (+ 1 pour les chrétiens-démocrates). Most-Híd (Pont en slovaque et en hongrois) a recueilli 6,8% des suffrages (13 sièges, – 1). L'Union démocratique et chrétienne-Parti démocratique (SDKÚ-DS), formation de la Première ministre sortante Iveta Radičová, a obtenu 6,1% des voix et 11 sièges (– 17) et Liberté et solidarité (SaS), 5,8% des suffrages et 11 sièges également (– 11). Les élections avaient été anticipées à la suite de la chute le 11 octobre 2011 du gouvernement d'Iveta Radičová, qui rassemblait l'Union démocratique et chrétienne-Parti démocratique, Most-Híd, Liberté et solidarité et le Mouvement chrétien-démocrate. La Première ministre avait choisi de coupler l'adoption du Fonds européen de stabilité financière

(FESF) par le parlement avec un vote de confiance sur son gouvernement mais les députés ont choisi de dire « non » au gouvernement en place aux dépens du FESF.

La participation s'est élevée à 59,1 %.

« Plus qu'au triomphe de la gauche, on assiste à l'effondrement de la droite, celle-ci est ravagée » analyse Étienne Boisserie, historien, spécialiste de la Slovaquie à l'Institut national des langues et civilisations orientales (Inalco). Les formations libérales ont pâti de l'affaire Gorilla, nom donné au scandale politico-financier révélé par la mise en ligne en décembre 2011 d'enregistrements de conversations sur internet qui faisaient état de versements de pots-de-vin et de blanchiment d'argent lors de la privatisation d'entreprises en 2005-2006, période où la droite était au pouvoir.

Au cours des deux dernières années, Robert Fico a beaucoup critiqué la politique de coupes dans les dépenses publiques menée par Iveta Radičová, qui avait fait du retour de la Slovaquie à l'équilibre budgétaire la priorité de son gouvernement. Le bilan de Robert Fico lors de son premier mandat à la tête du gouvernement (2006-2010), où il avait préservé l'héritage de la droite libérale tout en augmentant les dépenses sociales de l'État, notamment pour atténuer les effets de la crise économique internationale, plaide néanmoins pour une continuité de la politique actuelle.

Le dirigeant de Direction-Démocratie sociale a constitué un gouvernement formé des seuls membres de sa formation.

Résultats des élections législatives du 10 mars 2012 en Slovaquie
Participation : 59,1 %

Formations politiques	Nombre de voix	% des suffrages recueillis	Nombre de sièges obtenus
Direction-Démocratie sociale (SMER-SD)	1 134 280	44,4	83
Mouvement chrétien-démocrate (KDH)	225 361	8,8	16
Parti des gens ordinaires et des personnalités indépendantes (OL'aNO)	218 537	8,5	16
Most-Híd	176 088	6,8	13
Union démocratique et chrétienne-Parti démocratique (SDKÚ-DS)	155 744	6,1	11
Liberté et solidarité (SaS)	150 266	5,8	11
Parti national slovaque (SNS)	116 420	4,5	0
Parti de la coalition hongroise (SMK)	109 483	4,2	0
Autres	232 425	10,5	0

SLOVÉNIE

Élection présidentielle, 11 novembre et 2 décembre 2012

Borut Pahor (Sociaux-Démocrates, SD) s'est imposé au second tour de l'élection présidentielle slovène du 2 décembre 2012. L'ancien Premier ministre (2008-2011) a recueilli 67,4 % des suffrages et a largement devancé son adversaire, le chef de l'État sortant Danilo Türk, qui a obtenu 32,5 % des voix. Soutenu également par la Liste des citoyens (DL), parti pourtant membre de la coalition conservatrice-libérale au pouvoir, Borut Pahor avait créé la surprise lors du premier tour de scrutin du 11 novembre où il était arrivé en tête avec 39,9 % des suffrages, devançant de 3 points le président sortant, soutenu par Slovénie positive (PS), principale formation d'opposition du pays conduite par le maire de Ljubljana, Zoran Janković, et par le Parti démocratique des retraités slovènes (DeSUS) de Karl Erjavec.

Le troisième candidat de cette élection présidentielle, Milan Zver, soutenu par le Parti démocratique slovène (SDS) du Premier ministre Janez Janša et Nouvelle Slovénie-Parti chrétien populaire (NSi-KLS) avait recueilli 24,1 % des suffrages au premier tour.

La participation à cette élection présidentielle a été la plus faible depuis l'indépendance du pays en 1991 : le 2 décembre, elle a atteint 41,9 %, soit 16,5 points de moins que lors de l'élection de 2007. Elle s'était élevée à 48,2 % lors du premier tour de scrutin.

Selon ses propres mots, Borut Pahor s'est fixé pour objectif de « rassembler la majorité de droite et l'opposition de gauche d'un pays en pleine crise économique et sociale pour remettre la Slovénie sur le chemin de la croissance ». Longtemps meilleur élève des douze États membres qui ont rejoint l'Union européenne au XXIe siècle, le pays, entré en récession le 30 novembre 2012, est aujourd'hui très affecté par la crise économique.

Si le président de la République ne jouit que d'un pouvoir honorifique, Ljubljana devrait toutefois tirer profit d'une collaboration entre le Premier ministre et le chef de l'État. Le nouveau président de la République a apporté son soutien aux réformes d'austérité du gouvernement de Janez Janša (SDS). Borut Pahor, qui signe un retour aussi inattendu que triomphant, est certainement le candidat le plus à même de « construire des ponts » entre majorité et opposition afin de remettre la Slovénie sur le chemin de la croissance.

Résultats de l'élection présidentielle des 11 novembre et 2 décembre 2012 en Slovénie

Participation : 48,2% (premier tour) et 41,9% (second tour)

Candidats	Nombre de voix (premier tour)	% des suffrages (premier tour)	Nombre de voix (second tour)	% des suffrages (second tour)
Borut Pahor (Sociaux- Démocrates, SD)	325 406	39,9	474 309	67,4
Danilo Türk	292 547	36,9	228 980	32,5
Milan Zver (Parti démocratique slovène, SDS)	197 042	24,1		

ANNÉE 2013

ALLEMAGNE

Élections fédérales, 22 septembre 2013

Avec l'Union chrétienne-sociale (CSU) de Horst Seehofer, la formation de la chancelière sortante, l'Union chrétienne-démocrate (CDU), au pouvoir depuis 2005, a obtenu aux élections fédérales du 22 septembre son résultat le plus élevé depuis vingt-trois ans (41,5% des suffrages et 311 sièges, soit 117 de plus que lors du scrutin de 2009), s'offrant même une victoire plus large que celle que lui prédisaient les enquêtes d'opinion préélectorales les plus optimistes.

Angela Merkel, qui flirte avec la majorité absolue des voix, est devenue la troisième chancelière allemande à remporter trois mandats à la tête du gouvernement, après Konrad Adenauer (1949-1963) et Helmut Kohl (1982-1998). Depuis la fin de la Seconde Guerre mondiale, le pays n'a connu que huit chanceliers. La reconduction à son poste d'Angela Merkel confirme la stabilité de la République fédérale. La chancelière a fait une excellente campagne électorale. La question était d'ailleurs moins de savoir si elle allait remporter le scrutin que de savoir avec qui elle allait gouverner. Jamais, en effet, les Allemands n'ont autant souhaité que le gouvernement sortant reste en place.

« Elle est dans la moyenne, elle obtient de bons résultats. Chacun peut s'identifier à elle et c'est la recette de son succès. Le programme de son parti, c'est elle » a souligné Edgar Wolfrum, professeur d'histoire à l'université d'Heidelberg. S'appuyant sur sa popularité et la confiance que lui accordent ses compatriotes, Angela Merkel a mis en avant son bilan à la tête du pays, mais elle a surtout excellé à reprendre à son compte les thématiques et les propositions d'une opposition sociale-démocrate qui n'a jamais su offrir de réelles propositions alternatives à son programme ou convaincre qu'elle pourrait mieux gérer la crise actuelle. La chancelière a su jouer de son image de femme de consensus, humble, travailleuse et pragmatique qui rassure tant les Allemands.

La CDU avait centré sa campagne sur la poursuite de la croissance et de la discipline budgétaire, le développement des investissements, le renforcement de l'aide aux familles et le refus de tout alourdissement de la fiscalité. Néanmoins, à l'occasion de ces élections, la chancelière a perdu son partenaire gouvernemental puisque le Parti libéral démocrate (FDP) a pour la première fois de son histoire été évincé du Bundestag ayant échoué à passer le seuil des 5 % de suffrages obligatoires pour être représenté à la chambre basse du Parlement. La position de la formation, défenseur de la liberté et de la responsabilité des individus comme du marché, était difficile à tenir à l'heure où les citoyens, touchés par la crise socio-économique, demandent au contraire un accroissement du rôle de l'État.

La principale formation d'opposition, le Parti social-démocrate (SPD), a recueilli 25,7 % des suffrages et a remporté 192 élus (+ 46). Il s'agit de son deuxième plus faible résultat depuis la fin de la Seconde Guerre mondiale. Représentant de l'aile droite du parti et choisi en raison de ses compétences économiques, le candidat social-démocrate à la chancellerie, l'ancien ministre des Finances (2005-2009) Peer Steinbrück, qui a multiplié gaffes et maladresses tout au long de la campagne, était également difficilement audible lorsqu'il proposait des mesures très à gauche qu'il avait combattues précédemment. Il n'est jamais vraiment parvenu à sortir du piège tendu par Angela Merkel : comment faire entendre sa différence et exposer un programme alternatif, c'est-à-dire une stratégie de croissance à même d'assurer une plus grande justice sociale, sans critiquer la chancelière sortante ?

Peer Steinbrück n'est toutefois pas le seul responsable de la défaite de son camp. Son parti est loin de l'avoir toujours soutenu et a affiché de nombreuses dissensions internes durant la campagne. Les sociaux-démocrates se sont également montrés incapables de gérer l'héritage des réformes de l'Agenda 2010 mises en place par le chancelier Gerhard Schröder (1998-2005), celles-ci ayant été mal acceptées par une partie importante de leurs électeurs qui reprochent à la gauche d'avoir contribué à créer (et à tolérer) le capitalisme financier.

Le Parti de gauche (Die Linke, DL) est arrivé en troisième position, en obtenant 8,6 % des suffrages et 64 députés (+ 18). Il a devancé des Verts en nette baisse (8,4 % des voix et 63 sièges, soit – 5), qui n'ont pas su profiter du regain de la conscience écologique. Ces derniers ont également été gênés par la chancelière sortante qui, en 2011, avait annoncé sa décision de faire sortir l'Allemagne du nucléaire civil en 2022, privant ainsi les Verts de l'un de leurs principaux chevaux de bataille. Durant la campagne, les écologistes ont dû ainsi négliger les questions environnementales pour se positionner sur les thèmes socio-économiques. « Les Verts ont fait une erreur stratégique en choisissant la justice sociale comme sujet central de leur campagne électorale » analysait récemment Manfred Güllner de l'institut Forsa.

Alternative pour l'Allemagne (AfD), formation eurosceptique récemment créée par Bernd Lucke, a créé la surprise en recueillant 4,7 % des suffrages, trop peu toutefois pour entrer au Bundestag.

À l'issue des élections fédérales, Angela Merkel a formé une « grande coalition » avec le Parti social-démocrate.

La participation s'est établie à 71,5 %.

Résultats des élections fédérales du 22 septembre 2013 en Allemagne
Participation : 71,5 %

Formations politiques	Scrutin majoritaire			Scrutin proportionnel			Total sièges
	Nombre de voix	% des suffrages	Sièges	Nombre de voix	% des suffrages	Sièges	
Union chrétienne-démocrate (CDU)	16 233 420	37,2	191	14 921 877	34,1	64	255
Union chrétienne-sociale (CSU)	3 544 079	8,1	45	3 243 569	7,4	11	56
Total Unions chrétiennes (CDU-CSU)	**19 777 499**	**45,3**	**236**	**18 165 446**	**41,5**	**75**	**311**
Parti social-démocrate (SPD)	12 843 458	29,4	58	11 252 215	25,7	135	193
Parti libéral-démocrate (FDP)	1 028 645	2,4	0	2 083 533	4,8	0	0
Parti de gauche (Die Linke)	3 585 178	8,2	4	3 755 699	8,6	60	64
Verts	3 180 299	7,3	1	3 694 057	8,4	62	63
Autres	3 894 846	7	0	5 358 975	11	0	0

AUTRICHE

Élections fédérales, 29 septembre 2013

Comme leurs voisins allemands (avec lesquels ils partagent une relative bonne santé économique) la semaine précédente, les Autrichiens ont reconduit leurs dirigeants lors des élections fédérales organisées le 29 septembre 2013. Les deux États germanophones seront donc gouvernés durant les quatre prochaines années par de grandes coalitions rassemblant chacune les deux principales formations politiques nationales – l'une de gauche, l'autre de droite – du pays.

La grande coalition Parti populaire-Parti social-démocrate (ÖVP-SPÖ) est une configuration politique « naturelle » pour les Autrichiens qui voient en elle une assurance de stabilité : le pays a été gouverné par un gouvernement rassemblant les sociaux-démocrates et les populaires pendant les deux décennies de l'après-guerre (de 1945 à 1966).

La coalition gouvernementale sortante, formée par le SPÖ du chancelier sortant Werner Faymann et l'ÖVP du vice-chancelier Michael Spindelegger, a remporté de justesse la majorité absolue. Les sociaux-démocrates ont recueilli 27,1 % des suffrages et remporté 53 sièges (soit 5 de moins que lors des élections de 2008) ; les populaires ont obtenu 23,8 % des voix et 47 députés (– 4). Le scrutin du 29 septembre marque une continuité de l'érosion de l'électorat des sociaux-démocrates et des populaires : ensemble, les deux partis ont remporté le résultat le plus faible de leur histoire, mobilisant tout juste la moitié des électeurs (50,9 %).

Le scrutin a été marqué par une nouvelle poussée du Parti de la liberté (FPÖ), formation populiste d'extrême droite conduite par Heinz-Christian Strache, qui a recueilli 21,4 % des suffrages et a obtenu 42 députés (+ 7).

Les écologistes ont pris la quatrième place et enregistré une progression, moindre cependant que celle que leur prédisaient les enquêtes d'opinion et inférieure à leur objectif de 15 % des voix : les Verts ont obtenu 11,5 % des suffrages et remporté 22 sièges (+ 3). « Le Parti de la liberté n'est plus la seule voix critique à l'encontre du gouvernement, ce qui le pénalise » a toutefois commenté le politologue de l'université de Vienne Thomas Meyer. Avec 5,8 % des voix (11 sièges), L'Équipe Stronach pour l'Autriche, formation libérale, anti-establishment et eurosceptique fondée en septembre 2012 par l'homme d'affaires austro-canadien Frank Stronach, a fait son entrée au Conseil national (Nationalrat), chambre basse du Parlement autrichien. Ce dernier accueillera également un autre petit nouveau : NEOS-Das Neue

Österreich (La Nouvelle Autriche), parti libéral, qui a recueilli 4,8 % des suffrages et obtenu 9 députés.

La participation est en très net recul : elle s'est établie à 65,9 %, soit près de presque 13 points de moins que lors des élections de 2008 qui marquaient le point le plus haut de l'abstention dans la république alpine. Le 29 septembre, les non-votants sont donc devenus le premier « parti » d'Autriche.

À l'issue du scrutin fédéral, le chancelier sortant Werner Faymann a reconduit sa grande coalition qui unit sa formation au Parti populaire.

Résultats des élections fédérales du 29 septembre 2013 en Autriche
Participation : 65,9 %

Formations politiques	Nombre de voix recueillies	% des suffrages exprimés	Nombre de sièges
Parti social-démocrate (SPÖ)	1 252 430	26,8	52
Parti populaire (ÖVP)	1 119 499	24,0	47
Parti de la liberté (FPÖ)	958 285	20,5	40
Verts (G)	575 195	12,3	24
Équipe Stronach pour l'Autriche	267 444	5,7	11
NEOS	229 692	4,9	9
Autres	1 981 786	5,5	0

BULGARIE

Élections législatives, 12 mai 2013

Les Citoyens pour le développement européen de la Bulgarie (GERB, blason en bulgare), formation dirigée par le Premier ministre sortant Boïko Borissov, sont arrivés en tête des élections législatives anticipées qui se sont déroulées en Bulgarie le 12 mai 2013. Le parti a recueilli 30,5 % des suffrages et remporté 97 sièges (soit 20 de moins qu'en 2009) au Parlement. Ce résultat est une première en Bulgarie où jamais depuis le retour à la démocratie en 1990 le parti d'un Premier ministre sortant ne s'était imposé dans les urnes dans un scrutin législatif. Le GERB est suivi du Parti socialiste bulgare (BSP), principale formation de l'opposition, conduit par l'ancien Premier ministre Sergueï Stanichev (2005-2009), qui a obtenu 26,6 % des voix et 84 sièges (+ 44). Le Mouvement pour les droits et les libertés (DPS), qui représente la minorité turque du pays (environ 8,8 % de la population), a pris la troisième place avec 11,2% des suffrages et 36 sièges (– 1). Enfin, Ataka, formation d'extrême droite, a recueilli 7,3% des voix et obtenu 23 sièges (+ 2).

La participation a été faible : la moitié des Bulgares (51,3%) se sont rendus aux urnes, contre 60,2% en 2009.

Ces élections législatives avaient été avancées à la suite des nombreuses manifestations, les plus importantes dans le pays depuis la crise de 1997, organisées dans tout le pays depuis 2012, pour protester au départ contre la hausse importante (20%) des tarifs de l'électricité. En marge des rassemblements, six personnes ont tenté de mettre fin à leur jour en s'immolant par le feu, quatre sont décédées des suites de leurs blessures. Le 20 février 2013, le Premier ministre Boïko Borissov avait donc préféré démissionner de ses fonctions, évitant par son retrait toute confrontation aussi bien avec le peuple qu'avec les entrepreneurs à la tête des monopoles. Il espérait pouvoir rebondir et retrouver sa légitimité à l'occasion des élections législatives mais la Bulgarie s'est retrouvée dans une impasse à l'issue du scrutin du 12 mai, le GERB étant dans l'incapacité de former une coalition gouvernementale. Le 29 mai, l'ancien ministre des Finances (2005-2009) Plamen Oresharski, économiste indépendant (mais candidat du BSP au poste de Premier ministre), a finalement constitué un gouvernement rassemblant les socialistes, le DPS et plusieurs indépendants. Cette équipe, qui ne dispose pas de la majorité au parlement, bénéficie du soutien parlementaire des nationalistes d'Ataka.

Le pays a grand besoin de stabilité pour mettre en place les réformes qui permettront d'endiguer véritablement la corruption et de briser les monopoles, d'allonger le temps de travail avant l'âge de départ à la retraite ou encore de réduire le nombre des hôpitaux et des universités.

« L'insatisfaction est générale. Il y a, en Bulgarie, une forte désillusion quant à la capacité du système politique à apporter le changement social souhaité » a souligné Daniel Smilov, directeur de programme du Center for Liberal Strategies (CLS) de Sofia.

Résultats des élections législatives du 12 mai 2013 en Bulgarie
Participation : 51,3%

Formations politiques	Nombre de voix recueillies	% des suffrages exprimés	Nombre de sièges
Citoyens pour le développement de la Bulgarie (GERB)	1 081 605	30,5	97
Parti socialiste (BSP)	942 541	26,6	84
Mouvement pour les droits et les libertés (DPS)	400 466	11,2	36
Ataka	258 481	7,3	23
Autres	815 434	24,3	0

CHYPRE

Élection présidentielle, 17 et 24 février 2013

Le candidat de l'opposition de droite Níkos Anastasiádis, dirigeant du Rassemblement démocratique (DISY) soutenu par le Parti démocratique (DIKO), a été élu à la présidence de la République de Chypre lors du second tour de scrutin le 24 février 2013. Il a recueilli 57,4 % des suffrages et a devancé l'ancien ministre de la Santé (2011-2012) Stávros Malás (Parti progressiste des travailleurs, AKEL), qui a obtenu 42,5 % des voix. Lors du premier tour, le 17 février, le dirigeant de l'opposition avait recueilli 45,4 % des suffrages contre 26,9 % à Stávros Malás.

La participation s'est élevée au second tour à 81,5 %, soit 9,2 points de moins que celle enregistrée lors de l'élection de 2008 (le vote est obligatoire dans l'île). Rappelons que le président de la République est le chef de l'exécutif chypriote : il nomme les ministres du gouvernement qu'il dirige lui-même.

Níkos Anastasiádis s'est présenté comme le candidat le plus à même de négocier un plan d'aide internationale indispensable au pays. Il y était en tout cas le plus favorable, y compris au prix d'une forte austérité. Il a promis de travailler à la signature d'un accord rapide avec la Troïka (Fonds monétaire international, Banque centrale européenne et Commission européenne) en vue d'élaborer un plan de sauvetage de 17 milliards d'euros (dont 10 milliards pour les banques) dont l'île, au bord de la faillite, a impérativement besoin.

Son prédécesseur Dimítris Khristófias (AKEL) a longtemps nié l'ampleur de la crise qui, pour la première fois depuis trente-neuf ans, a détrôné la question de la réunification de l'île comme principal sujet de débat de la campagne.

À l'issue de l'élection présidentielle, Níkos Anastasiádis a formé un gouvernement qui rassemble des membres du Rassemblement démocratique.

Résultats de l'élection présidentielle des 17 et 24 février 2013 à Chypre
Participation : 83,1 % (premier tour) et 81,5 % (second tour) (le vote est obligatoire)

Candidats	Nombre de voix (premier tour)	% des suffrages (premier tour)	Nombre de voix (second tour)	% des suffrages (second tour)
Níkos Anastasiádis (Rassemblement démocratique, DISY)	200 591	45,4	236 965	57,4
Stávros Malás (Parti progressiste des travailleurs, AKEL)	118 755	26,9	175 267	42,5
George Lillikas (Mouvement pour la social- démocratie, EDEK)	109 996	24,9		
Giorgos Charalambous (Front national populaire, ELAM)	3 899	0,8		
Praxoula Antoniadou Kyriacou (Démocrates unis, EDI)	2 678	0,6		
Makaria-Andri Stylianou	1 898	0,4		
Lakis Ioannou (Mouvement socialiste populaire, LASOK)	1 278	0,2		
Solon Gregoriou	792	0,1		
Kostas Kyriacou	722	0,1		
Andreas Efstratiou	434	0,1		
Loukas Stavrou	213	0,05		

ITALIE

Élections parlementaires, 24 et 25 février 2013

Les élections parlementaires des 24 et 25 février 2013 ont débouché sur le scénario du pire en Italie. La coalition de l'opposition de gauche Italie Bien commun – Parti démocrate (PD), Gauche, écologie et liberté (SEL), Parti populaire du Tyrol du Sud (SVP) et Parti socialiste italien (PSI) –, emmenée par Pier Luigi Bersani, a recueilli 29,5 % des suffrages et a remporté 345 sièges à la Chambre des députés, devançant de justesse la coalition de droite Silvio Berlusconi pour les libertés – Parti du peuple pour la liberté (PdL) et Ligue du Nord (LN) –, conduite par l'ancien président du Conseil (1994-1995, 2001-2006 et 2008-2011) Silvio Berlusconi (PdL), qui a obtenu

29,1 % des voix et 125 sièges à la Chambre des députés. Au Sénat, cette dernière coalition a recueilli 30,7 % des suffrages et remporté 116 sièges. La gauche est arrivée en première position à la chambre haute avec 31,6 % des voix (340 sièges), une avance trop faible pour pouvoir constituer une majorité.

Le Mouvement 5 étoiles (M5S) du populiste Beppe Grillo a recueilli 25,5 % des suffrages et a remporté 109 sièges à la Chambre des députés, et 23,7 % des voix et 54 sièges au Sénat. La coalition centriste Choix civique, avec Monti pour l'Italie – Union des démocrates chrétiens et du centre (UDC) et Futur et liberté pour l'Italie (FLI) –, emmenée par le président du Conseil sortant Mario Monti, est arrivée en quatrième position (10,5 % des voix au scrutin législatif et 9,1 % aux élections sénatoriales) ; elle a remporté 47 sièges à la chambre basse et 18 au Sénat. Ces élections parlementaires ont donc conduit à un blocage du pays en raison du bicaméralisme égalitaire en vigueur dans la Péninsule : les deux chambres possédant des pouvoirs identiques, le pays devient ingouvernable si la Chambre des députés et le Sénat ne disposent pas de la même majorité.

La participation s'est élevée à 75,1 % pour les élections législatives et les sénatoriales, soit un recul par rapport aux élections de 2008 (respectivement – 5,2 points et – 5,3 points).

À l'issue du scrutin, la gauche, qui avait fait campagne en assurant qu'elle ne reviendrait pas sur la politique d'austérité menée par le président du Conseil sortant Mario Monti, qu'elle ne modifierait pas la réforme des retraites, qu'elle ne réduirait pas les impôts et n'augmenterait pas les dépenses publiques, a vu s'envoler ses rêves d'union avec les centristes. Mis en difficulté par la décision de Mario Monti de s'engager dans la campagne, Pier Luigi Bersani avait néanmoins gauchisé son discours pour se démarquer du *Professore*, ce qui avait contribué à l'éloigner des centristes avec lesquels il envisageait de s'allier.

Mario Monti est indéniablement le grand perdant des élections. Les Italiens ont voté contre la politique de rigueur qu'il avait mise en place depuis son accession à la tête du gouvernement en novembre 2011 et l'homme a échoué à devenir le dirigeant d'un centre réformateur.

En revanche, Silvio Berlusconi, qui avait justifié son retour sur la scène politique par l'urgence de la situation et le bilan désastreux de son successeur, a remporté son pari et a réussi, quinze mois après son départ sous les huées, un impressionnant *come back*. Le *Cavaliere* a ressuscité son parti, pourtant affaibli par de multiples scissions internes. Ses promesses (remboursement de l'impôt sur la résidence principale, amnistie fiscale, création de 4 millions d'emplois et hausse des pensions de retraite les plus faibles) ont séduit des Italiens affectés par la politique d'austérité du gouvernement de Mario Monti.

La droite reste incontestablement forte en Italie. « L'hostilité à la gauche est très ancrée dans le pays réel. C'est le fruit de l'ancienne puissance du Parti communiste et, à mesure que la possibilité d'un gouvernement de gauche se précise, ce sentiment renaît » explique Marc Lazar, professeur à Sciences Po.

Beppe Grillo est le véritable vainqueur des élections. Le dirigeant populiste a réussi à attirer sur son nom les abstentionnistes et les électeurs, de plus en plus nombreux, qui rejettent les partis traditionnels et sont lassés des frasques d'une classe politique vieillissante et éreintée par les scandales de corruption, tout comme les Italiens les plus affectés par la crise socio-économique et mécontents de la politique d'austérité. Sa dénonciation des « élites pro-européennes » et ses promesses (réduction du temps de travail à 20 heures hebdomadaires, versement d'un revenu de citoyenneté de 1 000 euros par mois durant trois ans à tout Italien dans le besoin, référendum sur l'adhésion de l'Italie à l'Union européenne et à la zone euro, etc.) lui ont permis de prendre des suffrages à gauche comme à droite. Si l'on additionne les voix recueillies par le Mouvement 5 étoiles et celles de la coalition formée par le PdL (Silvio Berlusconi a accusé Mario Monti d'avoir accepté une « germanisation » de la politique italienne et d'avoir fait de la Péninsule un « protectorat de l'Allemagne ») et de la Ligue du Nord, sans parler des petites formations d'extrême droite et d'extrême gauche, les partis hostiles à l'Union européenne ont obtenu plus de 50 % des suffrages, un record dans un pays jusqu'alors très favorable à la construction européenne.

Enrico Letta a formé une coalition gouvernementale à l'issue des élections. Celle-ci comprend sa propre formation, le Parti démocrate, le Parti du peuple pour la liberté, Choix civique (CC), l'Union du centre (UDC) et les Radicaux italiens (RI).

Résultats des élections parlementaires des 24 et 25 février 2013 en Italie

Chambre des députés

Participation : 75,1 %

Formations politiques	Nombre de voix recueillies	% des suffrages exprimés	Nombre de sièges
Coalition Italie Bien commun	10 047 603	29,5	345
Coalition Silvio Berlusconi pour les libertés	9 923 109	29,1	125
Mouvement 5 étoiles (M5S)	8 689 168	25,5	109
Coalition Choix civique, avec Monti pour l'Italie	3 591 629	10,5	47
Autres	3 020 031	5,2	0

Source : ministère de l'Intérieur italien

Sénat
Participation : 75,1 %

Formations politiques	Nombre de voix recueillies	% des suffrages exprimés	Nombre de sièges
Coalition Italie Bien commun	9 686 683	31,6	340
Coalition Silvio Berlusconi pour les libertés	9 405 679	30,7	116
Mouvement 5 étoiles (M5S)	7 285 850	23,7	54
Coalition Choix civique, avec Monti pour l'Italie	2 797 486	9,1	18
Autres	6 095 842	4,7	0

LUXEMBOURG

Élections législatives, 20 octobre 2013

Le Parti populaire chrétien-social (PPCS/CSV), formation du Premier ministre sortant Jean-Claude Juncker, en poste depuis dix-huit ans et recordman européen de la longévité à la tête d'un gouvernement, a enregistré un recul aux élections législatives anticipées du 20 octobre 2013. La formation reste néanmoins la première du pays : elle a recueilli 33,6 % des suffrages et remporté 23 sièges (soit 3 de moins que lors du scrutin de 2009).

Les chrétiens-sociaux ont devancé le Parti ouvrier socialiste luxembourgeois (POSL/LSAP), qui s'est maintenu en obtenant 20,2 % des voix et en gagnant 13 sièges (=). Cette dernière formation est talonnée par le Parti démocratique (PD/DP), qui apparaît comme le vainqueur du scrutin : les libéraux ont enregistré une forte hausse, avec 18,2 % des suffrages et 13 sièges (+ 4). Déi Gréng/Les Verts ont, quant à eux, pris la quatrième place : ils ont recueilli 10,1 % des voix et remporté 6 sièges (– 1). Les écologistes sont suivis par le Parti réformiste d'alternative démocratique (ADR), qui a obtenu 6,6 % des voix et 3 sièges (– 1).

Le vote est obligatoire au Luxembourg et la participation, à 91,4 %, a été quasiment équivalente à celle enregistrée en 2009 (+ 0,5 point).

Les élections législatives du 20 octobre, initialement prévues pour le mois de mai 2014, étaient, après celles de 1969, les secondes organisées de façon anticipée dans l'histoire du Grand-Duché. Elles étaient également les premières depuis 1979 à ne pas avoir lieu en même temps que le scrutin européen. Ces élections faisaient suite à la démission, le 10 juillet 2013, de Jean-Claude Juncker qui avait perdu le soutien du Parti socialiste ouvrier, son partenaire au gouvernement. Le Premier ministre sortant avait été mis en cause pour sa gestion du Service de renseignement de l'État du Luxembourg (SREL) après la découverte de dysfonctionnements, voire d'illégalités, dans cet organisme dont il était responsable.

Pays le plus riche de la planète, le Luxembourg traverse néanmoins une période difficile. Le taux de chômage s'élève à 7 %, le pouvoir d'achat a baissé de 5 % depuis le début de la crise économique internationale et l'endettement du pays a triplé au cours des quinze dernières années. À partir de 2015, le Grand-Duché supprimera le secret bancaire qui a largement favorisé l'enrichissement du pays après le déclin de son industrie sidérurgique. Les recettes fiscales liées à la place financière luxembourgeoise représentent aujourd'hui un tiers des recettes totales du pays.

Le dirigeant démocratique Xavier Bettel a formé un gouvernement de coalition avec le Parti ouvrier socialiste et Déi Gréng/Les Verts à l'issue du scrutin.

Résultats des élections législatives du 20 octobre 2013 au Luxembourg
Participation : 91,4 % (le vote est obligatoire)

Formations politiques	Nombre de voix recueillies	% des suffrages exprimés	Nombre de sièges
Parti populaire chrétien-social (PPCS/CVS)	1 103 636	33,6	23
Parti socialiste ouvrier luxembourgeois (POSL/LSAP)	664 586	20,2	13
Parti démocratique (DP/PD)	597 879	18,2	13
Déi Gréng-Les Verts	331 920	10,1	6
Parti réformiste d'alternative démocratique (ADR)	217 683	6,6	3
Déi Lénk-La Gauche	161 759	4,9	2
Parti pirate	96 270	2,9	0
Parti communiste luxembourgeois (KPL/PCL)	53 669	1,6	0
Parti pour la démocratie intégrale (PID)	49 290	1,5	0

MALTE

Élections législatives, 9 mars 2013

Le Parti travailliste (Partit Laburista, LP) a remporté une victoire historique aux élections législatives du 9 mars 2013 dans l'archipel de Malte. La formation a recueilli 55,1 % des suffrages et gagné 38 sièges à la Chambre des représentants, chambre unique du Parlement (soit 4 de plus que lors du scrutin de 2008). Il s'agit de la plus large majorité remportée par un parti depuis l'indépendance du pays en 1964. Conduit par Joseph Muscat, le Parti travailliste retrouve donc le pouvoir après quinze années de règne du Parti nationaliste (Partit Nazzjonalista, PN) du Premier ministre sortant, Lawrence Gonzi.

La formation a obtenu 43,1 % des voix et remporté 29 sièges (– 6). Alternative démocratique (AD), parti écologiste dirigé par Michael Briguglio, qui a recueilli 1,8 % des suffrages, son résultat le plus élevé, échoue cependant à entrer au parlement.

La participation, toujours très importante à Malte, s'est établie à 93,1 %, soit quasiment équivalente au taux enregistré lors du scrutin de 2008 (– 0,2 point).

Le Premier ministre sortant Lawrence Gonzi, qui avait mis en avant la bonne santé financière du pays (la dette du pays atteint cependant 75 % du PIB et le déficit reste supérieur aux 3 % autorisés par le Pacte de stabilité et de croissance) et la baisse de la fiscalité réalisée durant son mandat, échoue donc à obtenir un troisième mandat à la tête du gouvernement. Le nouveau Premier ministre travailliste Joseph Muscat a promis de baisser l'impôt sur le revenu, de lutter contre la corruption et de réduire les tarifs de l'électricité de 25 % et ceux de l'eau de 5 %.

Résultats des élections législatives du 9 mars 2013 à Malte
Participation : 93 %

Formations politiques	Nombre de voix recueillies	% des suffrages exprimés	Nombre de sièges
Parti travailliste (LP)	167 533	54,8	39
Parti nationaliste (PN)	132 426	43,3	30
Alternative démocratique (AD)	5 506	1,8	0
Autres	4 135	0,3	0

RÉPUBLIQUE TCHÈQUE

Élection présidentielle, 11-12 et 25-26 janvier 2013

L'ancien Premier ministre (1998-2002) Miloš Zeman (Parti des droits des citoyens, SPO) a été élu le 26 janvier 2013 président de la République tchèque avec 54,8 % des suffrages lors de la toute première élection présidentielle organisée au suffrage universel direct dans le pays et au terme d'une campagne électorale particulièrement violente. Il a devancé le ministre des Affaires étrangères Karel Schwarzenberg (Tradition, responsabilité, prospérité 09, TOP 09), qui a recueilli 45,1 % des voix. Quelque six Tchèques sur dix se sont rendus aux urnes (61,3 % au premier tour, 59,1 % au second).

Miloš Zeman a recueilli 24,2 % des suffrages lors du premier tour de scrutin des 11 au 12 janvier, contre 23,4 % des voix à Karel Schwarzenberg. Le nouveau président a rassemblé sur son nom les voix des sympathisants de gauche. Le Parti social-démocrate (CSSD), principale formation d'opposition du pays, dont le candidat Jiří Dienstbier avait été battu au premier tour, n'avait pas donné de consigne de vote pour le second tour. L'ancien chef du gouvernement avait sollicité l'appui du Parti communiste de Bohême et Moravie (KSCM) entre les deux tours de scrutin et reçu le soutien du président sortant Václav Klaus, qui avait indiqué qu'il souhaitait que son successeur soit un citoyen ayant vécu toute sa vie sur le sol tchèque. Karel Schwarzenberg, dont la famille a fui le régime communiste instauré dans l'ex-Tchécoslovaquie en 1948, a vécu quarante et une années d'exil avant de retrouver son pays.

L'élection de Miloš Zeman à la tête de la République tchèque marque la fin du règne eurosceptique de Václav Klaus.

Résultats de l'élection présidentielle des 11-12 et 25-26 janvier 2013 en République tchèque
Participation : 61,3 % (premier tour) et 59,1 % (second tour)

Candidats	Nombre de voix obtenues (premier tour)	% des suffrages recueillis (premier tour)	Nombre de voix obtenues (second tour)	% des suffrages recueillis (second tour)
Miloš Zeman (Parti des droits des citoyens, SPO)	1 245 848	24,2	2 717 405	54,8
Karel Schwarzenberg (Tradition, responsabilité, prospérité 09, TOP 09)	1 204 195	23,4	2 241 171	45,2
Jan Fischer (indépendant)	841 437	16,35		
Jiří Dienstbier (Parti social-démocrate, CSSD)	829 297	16,1		
Vladimír Franz (indépendant)	351 916	6,8		
Zuzana Roithová (Union chrétienne- démocrate-Parti du peuple, KDU- CSL)	255 045	4,9		
Tat'ana Fischerová (indépendante soutenue par les Verts)	166 211	3,2		
Přemysl Sobotka (ODS)	126 846	2,4		
Jana Bobošíková (Souveraineté, SBB)	123 171	2,3		

Élections législatives, 25-26 octobre 2013

Le Parti social-démocrate est arrivé en tête des élections législatives des 25 et 26 octobre 2013, anticipées à la suite de l'échec du gouvernement de Jiří Rusnok d'obtenir la confiance du parlement après la chute, le 10 juillet, de la coalition gouvernementale dirigée par Petr Nečas (Parti démocrate-civique, ODS). La principale formation d'opposition a recueilli 20,4 % des suffrages et 50 sièges (– 6 par rapport au scrutin de 2010) et devancé de peu Ano 2011 (Oui 2011), mouvement créé par l'homme d'affaires Andrej Babiš en 2012 à partir de l'Association d'action des citoyens mécontents, qui a obtenu 18,6 % des voix et 47 sièges.

Andrej Babiš est propriétaire du groupe Agrofert, numéro 1 de l'industrie agroalimentaire et numéro 2 de l'industrie chimique, ainsi que de Mafra, le plus grand groupe de presse tchèque. Son parti tient un discours populiste (il s'attaque aux politiques « qui ne se préoccupent que d'eux-mêmes et ne travaillent pas ») et promet la réduction du chômage, un strict contrôle de la classe politique et la lutte contre la corruption, sans jamais préciser les moyens qu'il mettrait en place pour remplir ses objectifs.

Le Parti communiste de Bohême et Moravie (KSCM) est arrivé en troisième position, avec 14,9% des suffrages et 33 sièges (+ 7). Tradition, responsabilité, prospérité 09 (TOP 09), avec 11,9% et 26 sièges (– 15), est devenue la première formation de droite du pays. Le Parti démocrate-civique (ODS) s'est effondré : il a recueilli 7,7% et remporté 16 sièges (– 37). Au total, les forces de droite ont obtenu tout juste un peu plus d'un quart des suffrages (26,4%). Trois autres formations ont obtenu plus de 5% des voix et seront donc représentées au parlement.

La participation s'est élevée à 59,4%, soit 5 points de moins qu'en 2010.

Les élections n'ont pas permis à la République tchèque de sortir de la crise politique qu'elle traverse depuis plusieurs mois. Jacques Rupnik, directeur de recherche au Centre d'études et de recherches internationales (CERI) de Sciences Po, qualifie la démocratie tchèque de « démocratie épuisée » : « Le système politique et les partis se désintègrent en raison de l'absence de contenu de la politique et du dégoût de la population face aux liens incestueux entre les hommes politiques et le monde des affaires, entre les partis et l'État » souligne t-il. De nombreux analystes ne pensent pas qu'Ano 2011 soit capable d'effectuer un mandat de quatre ans et prévoient l'organisation de nouvelles élections avant le terme prévu de la législature.

À l'issue du scrutin, le dirigeant social-démocrate Bohuslav Sobotka a formé un gouvernement qui rassemble son parti Ano 2011 et les centristes de l'Union chrétienne-démocrate-Parti du peuple (KDU-CSL).

Résultats des élections législatives des 25-26 octobre 2013 en République tchèque
Participation : 59,4%

Formations politiques	Nombre de voix recueillies	% des suffrages exprimés	Nombre de sièges
Parti social-démocrate (CSSD)	1 016 829	20,4	50
Ano 2011	927 240	18,6	47
Parti communiste de Bohême et Moravie (KSCM)	741 044	14,9	33
Tradition, responsabilité, prospérité 09 (TOP 09)	596 357	11,9	26
Parti démocrate-civique (ODS)	384 174	7,7	16
Aube de la démocratie directe (Usvit)	342 339	6,8	14
Union chrétienne-démocrate-Parti du peuple (KDU-CSL)	336 970	6,7	14
Autres	1 225 031	12,6	0

ANNÉE 2014

BELGIQUE

Élections législatives, 25 mai 2014

La Nouvelle Alliance flamande (N-VA), parti nationaliste flamand présidé par Bart De Wever, est arrivée en tête des élections législatives belges du 25 mai 2014 en recueillant 20,26 % des suffrages et en remportant 34 sièges à la Chambre des représentants, chambre basse du Parlement belge (soit 7 de plus que lors du scrutin de 2010). La formation a devancé le Parti socialiste (PS) du Premier ministre sortant Elio Di Rupo, qui a obtenu 11,60 % des voix et 24 élus (– 2). Le Mouvement réformateur (MR), parti libéral, a recueilli 9,64 % des suffrages et gagné 19 sièges (+ 1) ; le Parti démocrate-chrétien flamand (CD&V) a obtenu 11,61 % des voix et 18 députés (+ 1) ; les Libéraux et démocrates flamands (Open VLD), 9,78 % des suffrages et 14 élus (+ 1) ; le Parti socialiste flamand (sp.a), 8,83 % des voix et 12 députés (– 1) et le Centre démocrate humaniste (cdH), 4,98 % des suffrages et 9 sièges (=). Les écologistes flamands de Groen ont recueilli 5,32 % des suffrages et remporté 6 élus (+ 1) et ceux d'ECOLO (Écologistes confédérés pour l'organisation de luttes originales), parti vert francophone, 3,30 % des voix et 6 sièges également (– 2), soit une nette baisse. ECOLO n'est pas parvenu à attirer les déçus du Parti socialiste et a indéniablement pâti de la percée de l'extrême gauche.

Consécutivement à la réforme de l'État adoptée en 2012, les sénateurs ne sont plus élus au suffrage universel direct en Belgique. Cinquante des soixante sénateurs sont désormais désignés par les parlements des Communautés et des Régions ; ces cinquante sénateurs cooptent ensuite 10 sénateurs sur la base des résultats électoraux obtenus à la Chambre des représentants.

La participation s'est élevée à 88,50 %. Rappelons que le vote est obligatoire en Belgique. Outre l'avenir institutionnel de la Belgique, plusieurs autres sujets – la politique budgétaire et les réformes structurelles nécessaires à la modernisation d'un pays très touché par la crise économique – ont figuré au cœur de la campagne électorale.

La Nouvelle Alliance flamande est donc, une nouvelle fois, le grand vainqueur des élections fédérales belges. Le parti a poursuivi son siphonnage des suffrages de la formation d'extrême droite du Vlaams Belang, aujourd'hui en très net recul, voire menacé de disparition (3,76 % des suffrages et 3 élus, – 9). Les socialistes sont en baisse en Wallonie et à Bruxelles, mais ils restent toutefois la première formation de Belgique (Parti socialiste et Parti socialiste flamand réunis). Le chef du gouvernement sortant Elio Di Rupo essuie cependant un échec personnel puisqu'il avait demandé à être jugé à l'aune du recul de la Nouvelle Alliance flamande à ces élections législatives.

La Nouvelle Alliance flamande, dont le programme vide l'État fédéral belge de toute substance, voulait faire des élections du 25 mai un référendum sur l'indépendance de la Flandre (à laquelle seuls 15 % des Flamands se déclarent favorables, un chiffre qui n'a pas évolué depuis quinze ans). Le parti parle aujourd'hui de transformer la Belgique en un État confédéral associant la Flandre et la Wallonie, et dans lequel les régions détiendraient toutes les compétences (fiscalité, emploi, sécurité sociale, éducation, santé, famille, justice, énergie, famille…), à l'exception de la défense, de la politique d'immigration et de la gestion de la dette. « Nous voulons le confédéralisme pour bâtir la Flandre dont nous rêvons. Nous devons nous débarrasser de la hausse des impôts, de l'augmentation de la dette [le parti propose un gel des dépenses publiques fédérales, pour un montant de 12,1 milliards d'euros en 2019, à la fin de législature] et d'une administration gouvernementale sans cesse en croissance. La solution s'appelle le confédéralisme » a ainsi affirmé le dirigeant de la formation et bourgmestre d'Anvers, Bart De Wever.

En 2010, le Parti démocrate-chrétien flamand et les Libéraux et démocrates flamands étaient également favorables à cette vision confédérale de l'avenir de la Belgique. Le premier défend toutefois aujourd'hui un « confédéralisme positif », sur le modèle de la Suisse ou du Canada, c'est-à-dire permettant de prévenir tout éclatement de la Belgique, tandis que les seconds se concentrent davantage sur les enjeux socio-économiques.

Le 11 octobre 2014, le Mouvement réformateur a formé avec les Libéraux et démocrates flamands, le Parti démocrate-chrétien flamand et la Nouvelle Alliance un gouvernement de rupture clairement positionné à droite. Cette coalition, inédite dans le royaume et qui renvoie le Parti socialiste dans l'opposition après vingt-six ans de présence ininterrompue dans le gouvernement fédéral belge, est dirigée par Charles Michel (MR).

Résultats des élections législatives du 25 mai 2014 en Belgique
Participation : 88,50 % (le vote est obligatoire en Belgique)

Formations politiques	Nombre de voix	% des suffrages	Nombre de sièges
Nouvelle Alliance flamande (N-VA)	1 350 742	20,26	34
Parti socialiste (PS)	728 135	11,60	24
Mouvement réformateur (MR)	601 799	9,64	19
Parti démocrate-chrétien flamand (CD&V)	773 599	11,61	18
Libéraux et démocrates flamands (Open VLD)	647 375	9,78	14
Parti socialiste flamand (sp.a)	583 731	8,83	12
Centre démocrate humaniste (cdH)	312 658	4,98	9
Groen	350 796	5,32	6
Écolo	203 948	3,30	6
Vlaams Belang (VB)	243 925	3,67	3
Parti des travailleurs de Belgique (PTB)	120 222	1,97	2
Fédéralistes démocrates francophones (FDF)	112 265	1,80	2
Parti populaire (PP)	95 664	1,52	1
Autres	361 993	5,72	0

BULGARIE

Élections législatives, 5 octobre 2014

Les Citoyens pour le développement européen de la Bulgarie (GERB), principal parti d'opposition dirigé par l'ancien Premier ministre (2009-2013) Boïko Borissov, sont arrivés en tête des élections législatives du 5 octobre 2014 en Bulgarie. Ce scrutin anticipé était consécutif à la démission du gouvernement dirigé par Plamen Oresharski (indépendant), après le retrait du Mouvement pour les droits et les libertés (DPS) de la coalition gouvernementale. Le GERB a recueilli 32,67 % des suffrages et remporté 84 des 240 sièges de l'Assemblée nationale (Narodno Sabranie), chambre unique du Parlement, soit 11 de moins que lors du scrutin de 2013.

Le Parti socialiste bulgare (BSP) a pris la deuxième place avec 15,40 % des voix, mais la formation a divisé son nombre d'élus par deux (39 sièges, – 45). Le Mouvement pour les droits et les libertés (DPS), qui représente la minorité turque, est arrivé en troisième position avec 14,84 % des suffrages et 38 députés (+ 2).

Cinq autres partis seront représentés à l'Assemblée nationale. Le Bloc réformiste (RB), qui rassemble les Démocrates pour une Bulgarie forte, le mouvement Bulgarie pour les citoyens, l'Union des forces démocratiques, le Parti national Liberté et Dignité et l'Union nationale agraire bulgare, a obtenu 8,89 % des voix et 23 députés. Le Front patriotique a recueilli 7,28 % des voix et 19 sièges ; Bulgarie sans censure (BBC), 5,69 % et 15 élus ; Ataka, parti d'extrême droite, 4,52 % et 11 sièges (– 12). Enfin, l'Alternative pour la renaissance bulgare (ABV) a remporté 4,15 % des voix et 11 députés.

La participation a atteint 49,51 % et elle a été la plus faible depuis la chute du communisme en Bulgarie en 1989.

La Bulgarie est le pays le plus pauvre de l'Union européenne (le PIB par habitant atteint seulement 46 % du PIB européen moyen, le salaire moyen est de 425 euros et la pension de retraite moyenne de 150 euros). Elle est également le plus instable sur le plan politique. Son principal problème réside dans la faiblesse de son État de droit et dans l'importance de la corruption et du crime organisé. Sept ans après son entrée dans l'Union européenne, Sofia est toujours sous contrôle de Bruxelles en raison de l'inachèvement de ses réformes de la police et du système judiciaire. Les Bulgares sont fortement désillusionnés à l'égard de l'ensemble de la classe politique. « La crise de confiance et de légitimité est si forte que le fonctionnement même de la société est remis en cause » estime Antoniy Galabov, professeur de sociologie à la Nouvelle Université bulgare de la capitale Sofia.

Le 7 novembre, Boïko Borissov a retrouvé la tête du gouvernement ; ce dernier est composé des seuls membres des Citoyens pour le développement européen de la Bulgarie.

Résultats des élections législatives du 5 octobre 2014 en Bulgarie
Participation : 49,51 %

Formations politiques	Nombre de voix	% des suffrages recueillis	Nombre de sièges
Citoyens pour le développement européen de la Bulgarie (GERB)	1 072 491	32,67	84
Parti socialiste bulgare (BSP)	505 527	15,40	39
Mouvement pour les droits et les libertés (DPS)	487 134	14,84	38
Bloc réformiste (RB)	291 806	8,89	23
Front patriotique	239 101	7,28	19
Bulgarie sans censure (BBC)	186 938	5,69	15
Ataka (A)	148 262	4,52	11
Alternative pour la renaissance bulgare (ABV)	136 223	4,15	11
Autres	275 710	6,57	0

HONGRIE

Élections législatives, 6 avril 2014

Comme attendu, l'Alliance des jeunes démocrates-Union civique (Fidesz-MPP) du Premier ministre sortant Viktor Orbán a remporté les élections législatives du 6 avril 2014 en Hongrie. Elle a recueilli 44,54 % des suffrages (résultat du seul scrutin proportionnel), devançant l'Alliance pour l'unité (Összefogás), formée par quatre partis de gauche, qui a obtenu 25,99 % des voix. Le Mouvement pour une meilleure Hongrie (Jobbik), parti d'extrême droite, a recueilli 20,54 % des suffrages. Enfin, Faire de la politique autrement (LMP), parti écologiste libéral qui a obtenu 5,26 % des voix, sera également représenté à l'Országgyűlés, chambre unique du Parlement.

Ces élections législatives étaient les premières à être organisées après le vote de la nouvelle loi électorale, le 26 novembre 2012. Le système de report de voix du nouveau mode de scrutin favorise le parti arrivé en tête. « Avec ce nouveau système électoral, l'Alliance des jeunes démocrates peut désormais remporter la majorité des deux tiers des élus au parlement avec seulement la moitié des suffrages du vote proportionnel » avait estimé après son adoption Róbert László du *think tank* Political Capital. Pour mieux assurer sa domination, le pouvoir en place avait également encouragé plusieurs « petits » partis à participer au scrutin : ainsi, dix-huit formations étaient en lice, pour seulement six en 2010.

La participation a été légèrement inférieure à celle enregistrée lors des élections législatives de 2010 : elle s'est élevée à 60,20%, soit – 4,17 points.

L'unique enjeu du scrutin ne portait pas sur le nom du vainqueur mais seulement sur l'ampleur de sa victoire. Une seule question se posait : l'Alliance des jeunes démocrates conserverait-elle sa majorité des deux tiers au parlement ? Viktor Orbán a gagné son pari puisqu'il a remporté 133 sièges de députés.

La volonté de rupture avec l'héritage communiste constitue, avec le nationalisme, l'un des fondements de l'action de Viktor Orbán. Qualifié de populiste, le Premier ministre, volontiers antilibéral, doit également son succès à la faiblesse de l'opposition de gauche, incapable de proposer une politique alternative à celle qu'il mène depuis quatre ans. La politique économique du Premier ministre hongrois mêle mesures libérales (hausse de la TVA de 24 à 27% – la plus élevée de l'Union européenne –, réductions des aides sociales et des indemnités de chômage…) et politique étatiste (taxations des banques et des multinationales, nationalisations des fonds de pension, relance de la demande intérieure, baisse des tarifs de l'énergie…), que complète un fort clientélisme politique.

Si la politique de l'Alliance des jeunes démocrates est loin de satisfaire tous les Hongrois, l'opposition est désormais quasi inexistante. Les forces de gauche se sont présentées extrêmement divisées devant les électeurs, alors que la modification de la loi électorale a renforcé la dimension majoritaire du scrutin.

L'Alliance pour l'unité, emmenée par le dirigeant socialiste Attila Mesterházy, qui avait fait des élections législatives du 6 avril un référendum sur le Premier ministre sortant et dont le programme consistait essentiellement à se débarrasser de Viktor Orbán, s'est en outre formée difficilement et tardivement en raison de divergences entre ses membres. L'Alliance regroupe quatre formations : le Parti socialiste (MSZP) ; Együtt 2014 (Ensemble 2014, E-2014) ; Dialogue pour la Hongrie (PM), formation écologiste créée en février 2013 qui a rejoint le mouvement Együtt 2014 (qui a d'ailleurs pris le nom d'Ensemble-Dialogue pour la Hongrie 2014, E-PM 2014) et la Coalition démocratique (DK), parti de centre gauche conduit par l'ancien Premier ministre (2004-2009) Ferenc Gyurcsány.

Le 6 avril, une grande partie des mécontents du système Orbán, notamment les plus jeunes, se sont tournés vers le Mouvement pour une meilleure Hongrie. La formation d'extrême droite, considérée comme fascisante et ouvertement antisémite et anti-Roms (le pays compte 600 000 Roms, soit environ 7% de sa population), a entrepris ces derniers mois de se recentrer pour se rendre plus respectable. Ses efforts ont payé puisque le parti, qui se positionne en défenseur des plus faibles (enfants, personnes âgées, femmes...), a encore progressé.

« Viktor Orbán est un homme politique non dénué de charisme, qui sait s'adresser aux foules, attire les gens et peut fasciner. Dans un pays qui regrette son rayonnement d'avant la Première Guerre mondiale, qui a été dominé par de grandes puissances à plusieurs reprises, son attitude frondeuse, notamment vis-à-vis de l'Union européenne, est appréciée » estime Antonela Capelle-Pogacean, chercheur au Centre de recherches internationales (Ceri) de Sciences Po.

Pour la première fois depuis la chute du communisme (1989), un parti de droite obtient en Hongrie un second mandat consécutif.

Résultats des élections législatives du 6 avril 2014 en Hongrie
Participation : 60,20%

Formations politiques	Scrutin majoritaire		Scrutin proportionnel		Nombre de sièges
	Nombre de voix	% des suffrages	Nombre de voix	% des suffrages	
Alliance des jeunes démocrates-Union civique (Fidesz-MPP)	2 165 342	44,10	2 265 780	44,80	133
Alliance pour l'unité (Összefogás)	1 317 879	26,85	1 290 806	25,57	38
Mouvement pour une meilleure Hongrie (Jobbik)	1 000 637	20,39	1 020 476	20,22	23
Faire de la politique autrement (LMP)	244 191	4,97	269 414	5,34	5

LETTONIE

Élections législatives, 4 octobre 2014

Le Centre de l'harmonie (SC) est arrivé en tête des élections législatives qui se sont déroulées en Lettonie le 4 octobre 2014, mais le parti dirigé par le maire de Riga Nils Ušakovs a cependant réalisé un résultat inférieur à celui que lui prédisaient les enquêtes d'opinion : 23% des suffrages et 24 des 100 sièges de la Saeima (Parlement), soit 7 de moins que lors du scrutin de 2011.

Unité (Vienotība, V), principal parti de la coalition gouvernementale sortante, a pris la deuxième place avec 21,87 % des suffrages et 23 sièges (+ 3). L'Union des Verts et des paysans (ZZS), parti membre du gouvernement sortant, est en forte progression : elle a recueilli 19,53 % et a remporté 21 sièges (+ 8). Elle a devancé l'autre membre de la coalition gouvernementale sortante, l'Alliance nationale (alliance de l'Union pour la patrie et la liberté (TB/LNNK) et de Tous pour la Lettonie (VL), qui a obtenu 16,61 % et 17 sièges (+ 3).

Deux autres partis font leur entrée au Parlement letton : De tout cœur pour la Lettonie (No sirds Latvijai, NSL), créé en janvier dernier par Inguna Sudraba, ancienne auditrice de l'État qui a fait de la lutte contre la corruption le cœur de son combat politique, avec 6,85 % des suffrages et 7 sièges, et l'Alliance des régions (Latvijas Reģionu Apvienība, LRA) avec 6,66 % et 8 sièges.

La participation s'est élevée à 58,85 % ; elle est la plus faible jamais enregistrée depuis le retour de la Lettonie à l'indépendance en 1991.

La guerre en Ukraine a joué un rôle essentiel dans la campagne électorale de ce pays où les manœuvres militaires russes suscitent de fortes inquiétudes. Le conflit a ravivé les craintes des Lettons quant aux intentions de Moscou dans les États baltes et les questions de sécurité ont figuré au cœur des débats électoraux. La crise russo-ukrainienne a finalement renforcé les partis de la coalition gouvernementale et elle a été fatale au Centre de l'harmonie dont le dirigeant Nils Ušakovs avait récemment affirmé que Vladimir Poutine était « le meilleur président pour la Russie ». Ce parti est en outre lié à Russie unie (ER), formation de Vladimir Poutine, par un accord de coopération. Le Centre de l'harmonie, positionné sur des enjeux socio-économiques et qui se présentait comme un parti de centre gauche s'adressant à tous les Lettons et prêt à coopérer avec toutes les autres formations, a échoué à maintenir son nombre de députés qui était l'objectif minimum qu'il s'était fixé.

« Les gens souhaitaient un changement, mais dans le contexte actuel se montrent inquiets » analyse Arnis Kaktiņš, de l'institut d'opinion SKDS. « Le gouvernement actuel reste en place et le Centre de l'harmonie demeure dans l'opposition. C'est la voie que nous suivons depuis près d'un quart de siècle [...]. L'ethnicité est le seul véritable clivage en Lettonie. Il y a une absence totale d'idéologie dans le pays, commente de son côté Daunis Auers, professeur de science politique de l'université de Lettonie. Nils Ušakovs et le Centre de l'harmonie suscitent une grande méfiance fondée sur la conviction de la majorité de la population que la Lettonie doit être gouvernée par des Lettons et que les russophones n'ont aucune légitimité à diriger le pays. »

La Première ministre sortante Laimdota Straujuma (V) a été reconduite dans ses fonctions et elle poursuivra son action à la tête d'un gouvernement qui comprend outre sa formation, l'Union des Verts et des paysans, et l'Alliance nationale.

Résultats des élections législatives du 4 octobre 2014 en Lettonie
Participation : 58,85%

Formations politiques	Nombre de voix	% des suffrages	Nombre de sièges
Centre de l'harmonie (SC)	209 885	23	24
Unité (Vienotība, V)	199 535	21,87	23
Union des Verts et des paysans (ZZS)	178 212	19,53	21
Alliance nationale	151 568	16,61	17
De tout cœur pour la Lettonie (No sirds Latvijai, NSL)	62 521	6,85	7
Alliance des régions (Latvijas Reģionu Apvienība, LRA)	60 812	6,66	8
Autres	50 020	5,48	0

LITUANIE

Élection présidentielle, 11 et 25 mai 2014

La chef de l'État sortante Dalia Grybauskaitė, qui se présentait en candidate indépendante mais qui était soutenue par l'opposition de centre droit de l'Union de la patrie-Chrétiens démocrates (TS-LK), le Parti chrétien (KP) et le Mouvement libéral (LRLS), a été réélue à la présidence de la République en Lituanie le 25 mai 2014, au second tour de scrutin, avec 59,05% des suffrages. Elle a battu le député européen et ancien ministre des Finances et des Transports Zigmantas Balčytis (Parti social-démocrate, LSP), qui bénéficiait également de l'appui du Parti du travail (DP), qui a obtenu 40,95% des voix.

Le 25 mai, les Lituaniens ont donc donné la victoire au Parti social-démocrate aux élections européennes et ils ont élu une candidate libérale à l'élection présidentielle.

Dalia Grybauskaitė était arrivée largement en tête du premier tour qui s'était déroulé le 11 mai : elle avait recueilli 45,61% des suffrages pour 13,84% des voix à Zigmantas Balčytis.

La participation s'est élevée à 52,17% au premier tour et à 47,31% au second.

La présidente de la République sortante a su convaincre ses compatriotes qu'elle était la seule à posséder la carrure d'un véritable chef d'État. Durant sa campagne électorale, elle avait été extrêmement critique à l'égard des actions de la Russie voisine. Les Lituaniens se sont quant à eux montrés très inquiets des événements se déroulant en Ukraine et de ce qu'ils qualifient d'« agression russe ». « L'Europe est face à une agression. La guerre et l'occupation ne sont pas des mots d'un passé lointain que l'on trouve seulement dans les livres d'histoire ; il existe aujourd'hui un réel danger de guerre en Europe. En fait, nous sommes pratiquement au bord d'une nouvelle guerre froide » avait déclaré Dalia Grybauskaitė. Selon une enquête d'opinion, près de neuf Lituaniens sur dix (87 %) pensent que la Russie pourrait essayer d'occuper leur pays ou une partie de celui-ci.

La présidente de la République a soutenu le projet du gouvernement dirigé par le Premier ministre Algirdas Butkevičius (LSP) d'augmenter le budget de la défense pour que celui-ci atteigne les 2 % du PIB en 2026. Vilnius dépense annuellement 0,8 % de son PIB pour sa défense (soit le plus faible pourcentage des pays de l'OTAN), ce taux devrait atteindre 1 % dès 2016. De son côté, son adversaire Zigmantas Balčytis s'était montré beaucoup plus prudent, défendant une politique étrangère pragmatique et prônant le dialogue avec Moscou. « Nous devons nouer un dialogue avec la Russie. N'importe quel genre de paix est préférable à une guerre » avait-il souligné. Rappelons que la conduite de la politique étrangère constitue en Lituanie la principale fonction du président de la République, qui est également le commandant en chef des armées.

Le candidat du Parti social-démocrate au pouvoir avait centré sa campagne sur les questions sociales et économiques, critiquant le soutien apporté par la chef de l'État sortante aux mesures, douloureuses pour une partie de la population, prises par le précédent gouvernement (2008-2012) d'Andrius Kubilius (TS-LK) : baisses des salaires des fonctionnaires et des pensions de retraite pour soutenir les finances de l'État et préserver l'arrimage de la monnaie nationale, le litas, à l'euro. À quelques mois de rejoindre la zone euro, les Lituaniens, inquiets des hausses de prix que pourrait entraîner ce changement de monnaie, ont choisi d'accorder une nouvelle fois leur confiance à l'expérience de l'ancienne commissaire européenne au Budget (2004-2009).

Le 25 mai 2014, Dalia Grybauskaitė est devenue la première chef de l'État de Lituanie à être réélue.

Résultats de l'élection présidentielle des 11 et 25 mai 2014 en Lituanie
Participation : 52,17 % (premier tour) et 47,31 % (second tour)

Candidats	Nombre de voix (premier tour)	% des suffrages exprimés (premier tour)	Nombre de voix (second tour)	% des suffrages exprimés (second tour)
Dalia Grybauskaitė (indépendante)	611 342	45,61	700 647	59,05
Zigmantas Balčytis (Parti social-démocrate, LSP)	181 561	13,84	485 968	40,95
Artūras Paulauskas (Parti du travail, DP)	160 064	12,20		
Naglis Puteikis	124 224	9,47		
Valdemar Tomaševski (Action électorale polonaise, LLRA)	109 637	8,36		
Artūras Zuokas (Mouvement civique du renouveau de la patrie et de l'avenir, TAIP)	69 553	5,30		
Bronis Ropė (Union paysanne populaire, LVLS)	55 235	4,21		

ROUMANIE

Élection présidentielle, 2 et 16 novembre 2014

Grosse surprise en Roumanie où, contrairement aux prévisions des enquêtes d'opinion, Klaus Iohannis, de l'Alliance chrétienne libérale (Alianta Crestin Liberală, ACL), maire de Sibiu (Hermannstadt), ville située en Transylvanie, représentant de la minorité allemande de Roumanie et membre du Forum démocratique des Allemands de Roumanie (FDGR), a remporté le second tour de l'élection présidentielle, le 16 novembre 2014. Le candidat de l'opposition de droite a recueilli 54,43 % des suffrages contre 45,56 % à Victor Ponta, Premier ministre sortant et président du Parti social-démocrate (PSD), soutenu par l'Union nationale pour le progrès de la Roumanie (UNPR) et le Parti conservateur (PC), deux formations membres de la coalition gouvernementale qu'il dirige. L'écart entre les deux hommes (9 points) est inhabituel en Roumanie où les scrutins présidentiels sont souvent très serrés.

Victor Ponta était arrivé en tête au premier tour le 2 novembre avec 40,44 % des suffrages, pour 30,37 % à Klaus Iohannis. La participation a été importante : 53,17 % au premier tour et 64,10 % deux semaines plus tard. Cette forte mobilisation, notamment des expatriés et des jeunes, a fait mentir les enquêtes d'opinion et a permis la victoire du candidat de l'opposition à l'élection présidentielle. Déjà, en 2009, Traian Băsescu était devenu président de la République pour la seconde fois en grande partie grâce au vote des Roumains vivant à l'étranger. Beaucoup de ces derniers, très majoritairement favorables à Klaus Iohannis, n'avaient pas pu s'exprimer lors du premier tour en raison d'un nombre insuffisant de bureaux de vote (294 au total et seulement 160 000 bulletins imprimés pour environ 4 millions d'électeurs), notamment en France, au Royaume-Uni, en Allemagne et en Belgique. Seuls 160 056 d'entre eux avaient déposé un bulletin dans l'urne. Entre les deux tours de scrutin, des manifestations avaient été organisées dans plusieurs grandes villes en solidarité avec les Roumains expatriés qui n'avaient pu remplir leur devoir civique. Le 10 novembre, le ministre des Affaires étrangères Titus Corlăţean (PSD), responsable de l'organisation du vote des expatriés, avait dû démissionner de ses fonctions. Il s'était défendu des accusations portées contre lui en expliquant que la législation interdisait au ministère de mettre en place davantage de bureaux de vote, une information démentie par le Bureau électoral central.

Selon les enquêtes d'opinion sortie des urnes, le 2 novembre 46 % des Roumains de l'étranger auraient voté pour Klaus Iohannis et 15,8 % pour Victor Ponta.

Grand favori des enquêtes d'opinion, Victor Ponta a fait campagne sur les résultats économiques de la Roumanie : croissance de 3,50 % du PIB en 2013, taux de chômage à 7 % (chiffre de juillet 2014). Sur le plan extérieur, le chef du gouvernement roumain s'était dissocié de la Russie de Vladimir Poutine, souhaitant que Bucarest renforce ses liens avec les États-Unis.

Aux élections européennes du 25 mai, les forces de droite avaient été largement battues par les sociaux-démocrates : le Parti national-libéral (PNL) et le Parti démocrate-libéral (PD-L) avaient recueilli ensemble 27,23 % des suffrages, soit – 17 points par rapport à 2009, pour 37,6 % des voix au Parti social-démocrate au pouvoir. Quelques jours après le scrutin, les deux formations de droite décidaient de présenter un candidat commun pour l'élection présidentielle. Klaus Iohannis a donc concouru sous l'étiquette Alliance chrétienne-libérale (ACL) et il a su rassembler sur son nom les forces de droite pourtant jusqu'alors très fragmentées. Le parti formé à partir des deux principales formations de droite du pays devrait conserver le nom de Parti national-libéral.

La victoire de Klaus Iohannis marque une véritable rupture en Roumanie, pays contrôlé par la nomenklatura postcommuniste depuis la chute de Nicolae Ceauşescu en décembre 1989.

Résultats de l'élection présidentielle des 2 et 16 novembre 2014 en Roumanie
Participation : 53,17% (premier tour) et 64,10% (second tour)

Candidats	Nombre de voix (premier tour)	% des suffrages (premier tour)	Nombre de voix (second tour)	% des suffrages (second tour)
Klaus Iohannis (Alliance chrétienne-libérale, ACL)	2 846 227	30,37	6 288 769	54,43
Victor Ponta (Parti social-démocrate, PSD)	3 771 522	40,44	5 264 383	45,56
Călin Popescu-Tăriceanu (Parti libéral-réformiste)	504 880	5,36		
Elena Udrea (Parti du mouvement populaire)	484 397	5,20		
Monica Macovei, membre du Parti libéral-démocrate (PD-L)	417 865	4,44		
Dan Diaconescu (Parti populaire- Dan Diaconescu, PP-DD)	373 944	4,03		
Corneliu Vadim Tudor (Parti de la grande Roumanie, PRM)	343 016	3,68		
Hunor Kelemen (Union démocratique des Hongrois de Roumanie, UDMR)	327 918	3,47		
Teodor Meleşcanu (indépendant)	102 936	1,09		
Zsolt Szilágyi (Parti du peuple hongrois de Transylvanie, EMNP)	52 809	0,56		
Gheorghe Funar (indépendant)	44 932	0,47		
William Brânză (Parti écologiste roumain, PER)	42 640	0,45		
Constantin Rotaru (Parti de l'alliance socialiste, PAS)	28 414	0,30		
Mirel Mircea Amariţei (Parti Prodemo)	7 794	0,08		

SLOVAQUIE

Élection présidentielle, 15 et 29 mars 2014

Andrej Kiska, qui se présentait en candidat indépendant, a été élu le 29 mars 2014 président de la République de Slovaquie au second tour de scrutin. Avec 59,38 % des suffrages, il a largement devancé le Premier ministre sortant Robert Fico (Direction-Démocratie sociale, SMER-SD) qui a obtenu 40,61 % des voix. Au premier tour, ce dernier avait remporté 28,01 % des suffrages et Andrej Kiska, 24,01 %.

Andrej Kiska s'est imposé dans sept des huit régions slovaques et a réalisé ses résultats les plus élevés dans les plus grandes villes du pays, notamment à Bratislava (74,16 % des voix).

La participation s'est établie à 50,48 % le 29 mars et à 43,40 % deux semaines auparavant, soit des taux quasiment identiques à ceux enregistrés en 2009.

« La victoire d'Andrej Kiska témoigne du fait que les Slovaques veulent un président de la République capable de les représenter tous [...]. Robert Fico a échoué à mobiliser ses partisans. Beaucoup d'électeurs sont déçus de son gouvernement » a commenté le politologue Grigorij Meseznikov. La campagne du candidat indépendant, centrée sur la lutte contre la corruption et la concentration des pouvoirs, a remporté un net succès auprès de Slovaques inquiets d'une éventuelle présidentialisation du système politique du pays et, surtout, de voir un seul parti, voire un seul homme, concentrer tous les pouvoirs entre ses mains. « Le vote ne s'est pas fait pour ou sur Andrej Kiska, mais contre Robert Fico et la menace qu'il représentait d'un contrôle par son parti de toutes les positions de pouvoir » a analysé le politologue Samuel Abraham. En ce sens, le vote du 30 mars rappelle les deux tentatives – vaines – de l'ancien Premier ministre (1993-1994 et 1994-1998) Vladimír Mečiar (Mouvement pour une Slovaquie démocratique, HZDS) à se faire élire à la tête de l'État (en 1999 et en 2004).

Andrej Kiska, qui a transformé son manque d'expérience politique en avantage auprès d'électeurs déçus de la politique, est le fondateur de l'organisation caritative L'Ange de la charité (Dobrý anjel) qui s'occupe des familles d'enfants malades. Se voulant au-dessus des partis, il se bat contre la corruption et la concentration des pouvoirs mais sa vision politique reste cependant assez floue. Il est le premier président de la République dépourvu de passé communiste depuis l'indépendance de la Slovaquie, en 1993.

Résultats de l'élection présidentielle des 15 et 29 mars 2014 en Slovaquie
Participation : 43,40 % (premier tour) et 50,48 % (second tour)

Formations politiques	Nombre de voix (premier tour)	% des suffrages (premier tour)	Nombre de voix (second tour)	% des suffrages (second tour)
Andrej Kiska (indépendant)	455 996	24,01	1 307 065	59,38
Robert Fico (Direction-Démocratie sociale, SMER-SD)	531 919	28,01	893 841	40,61
Radoslav Procházka (indépendant)	403 548	21,25		
Milan Kňažko (indépendant)	244 401	12,87		
Gyula Bárdos (Parti de la communauté hongroise, SMK)	97 035	5,11		
Pavol Hrušovský (Mouvement chrétien-démocrate, KDH, Union démocratique et chrétienne-Parti démocratique, SDKU-DS, Most- Hid)	63 298	3,33		
Helena Mezenská (Parti des gens ordinaires et des personnalités indépendantes, OL'aNO)	45 180	2,38		
Ján Jurišta (Parti communiste, KSS)	12 209	0,64		
Ján Čarnogurský (indépendant)	12 207	0,64		
Viliam Fischer (indépendant)	9 514	0,50		
Jozef Behýl (indépendant)	9 126	0,48		
Milan Melník (indépendant)	7 678	0,40		
Jozef Šimko (Parti de la Slovaquie moderne, SMS)	4 674	0,25		
Stanislav Martinčko (Coalition des citoyens de Slovaquie)	2 547	0		

SLOVÉNIE

Élections législatives, 13 juillet 2014

Le tout nouveau Parti du centre moderne (SMC) de Miro Cerar, fondé quelques semaines avant le scrutin, est arrivé largement en tête des élections législatives du 13 juillet 2014 en Slovénie, les secondes en trois ans à être anticipées et qui faisaient suite à la démission le 5 mai de la Première ministre Alenka Bratušek (Alliance Alenka Bratušek, auparavant Slovénie positive, PS).

La nouvelle formation créée par le professeur de droit de l'université de Ljubljana Miro Cerar a recueilli 34,61 % des suffrages et remporté 36 des 90 sièges du Državni Zbor (Assemblée nationale), chambre basse du Parlement slovène. Le Parti démocrate (SDS) de l'ancien chef du gouvernement (2004-2008 et 2012-2013) Janez Janša, sous les verrous depuis sa condamnation pour corruption, a pris la deuxième place avec 20,69 % des voix et 21 députés (– 5 par rapport aux élections de 2011). Le Parti démocratique des retraités (DeSUS) a recueilli 10,21 % des suffrages et remporté 10 sièges (+ 4). Il a devancé la Gauche unie (ZL), union du Parti démocratique du travail (DSD), du Parti du développement durable (TRS) et de l'Initiative pour un socialisme démocratique (IDS), qui a pris une étonnante cinquième place avec 5,97 % des voix (6 élus).

Les Sociaux-Démocrates (SD) suivent de près, avec 5,95 % des suffrages et 6 sièges également (– 4). Enfin, Nouvelle Slovénie-Chrétiens démocrates (NSI) a recueilli 5,53 % des voix (5 députés) et l'Alliance Alenka Bratušek (ZAB), 4,34 % des voix et 4 élus.

La participation a été peu élevée, sans doute en raison de la date du scrutin. La moitié des inscrits se sont rendus aux urnes (50,99 %), soit une participation inférieure de 14,61 points à celle des élections de 2011.

Miro Cerar, qui a mené une campagne centrée sur un retour de la morale en politique, a indéniablement profité de la désaffection des Slovènes à l'égard de leur classe politique. Le 5 juin 2013, l'ancien Premier ministre Janez Janša a été condamné à deux ans de prison ferme pour corruption, après avoir été reconnu coupable d'avoir reçu de l'homme d'affaires autrichien Walter Wolf environ 900 000 euros de pots-de-vin en faveur de son parti lors de l'achat, en 2006, de 135 véhicules blindés par le ministère de la Défense pour un montant de 278 millions d'euros au fabricant Patria. Par ailleurs, le maire de la capitale Ljubljana et dirigeant de Slovénie positive (PS) Zoran Janković est soupçonné d'avoir omis de déclarer plusieurs centaines de milliers d'euros de revenus aux services fiscaux.

La situation économique du pays, longtemps bon élève de l'Union européenne mais fortement touché par la crise économique, est chaque mois meilleure mais le prix à payer pour l'amélioration des résultats économiques a été élevé pour une partie de la population qui a pâti des coupes dans les dépenses publiques.

La scène politique slovène souffre d'une importante fragmentation, notamment à gauche. Outre l'Alliance Alenka Bratušek, cinq partis ont été créés juste avant les élections, le positionnement de certains d'entre eux n'étant d'ailleurs pas très bien défini. Il s'agit de Verjamem (Je crois), fondé par l'ancien président de la Cour d'audit Igor Šoltes ; Solidarité, formation alliant trois groupes engagés dans les manifestations de 2012 contre le gouvernement et la politique d'austérité ; Concret, parti centriste créé par le député Jelko Kacin, ancien ministre de la Défense (1994-1997) et ex-président des Libéraux-Démocrates (LDS) ; la Gauche unie et, enfin, le Parti du centre moderne de Miro Cerar qui rassemble des universitaires, des entrepreneurs et des personnalités publiques. L'homme, rédacteur de la première Constitution slovène après l'indépendance de 1991 et à qui l'on reproche de n'avoir ni expérience ni programme, affirme vouloir renforcer l'État de droit, mieux lutter contre la corruption et « combler le fossé idéologique entre la gauche et la droite » dans le pays.

Le 18 septembre 2014, Miro Cerar a formé un gouvernement rassemblant sa formation, le Parti démocratique des retraités et les Sociaux-Démocrates.

Résultats des élections législatives du 13 juillet 2014 en Slovénie
Participation : 50,99%

Formations politiques	Nombre de voix	% des suffrages	Nombre de sièges
Parti du centre moderne (SMC)	298 342	34,61	36
Parti démocrate (SDS)	178 294	20,69	21
Parti démocratique des retraités (DeSUS)	88 026	10,21	10
Gauche unie (ZL)	51 490	5,97	6
Sociaux-démocrates (SD)	51 300	5,95	6
Nouvelle Slovénie-Parti populaire (NSi- SLS)	47 701	5,53	5
Alliance Alenka Bratušek (ZAB)	37 375	4,34	4
Minorités hongroise et italienne			2
Autres	121 002	12,70	0

SUÈDE

Élections législatives, 14 septembre 2014

Le Parti social-démocrate (SAP) est arrivé en tête des élections législatives du 14 septembre 2014 en Suède. La formation emmenée par Stefan Löfven a recueilli 31 % des suffrages, au-dessous de l'objectif des 35 % qu'elle s'était fixé (un résultat qu'elle a atteint à vingt-six reprises consécutives entre 1921 et 2006), et a remporté 113 sièges (+ 1 par rapport au scrutin de 2010) des 349 du Riksdag, chambre unique du Parlement suédois.

Le Parti de l'environnement-Les Verts (MP) a obtenu 6,90 % des voix et 25 élus (=) et le Parti de la gauche (Vp) a recueilli 5,70 % des suffrages et remporté 21 sièges (+ 2). Ensemble, les trois formations de gauche ont obtenu 43,70 % des voix et 158 députés.

Le Parti du rassemblement modéré (M), conduit par le Premier ministre sortant Fredrik Reinfeldt, a recueilli 23,30 % des suffrages et a remporté 84 sièges au parlement (– 23). Le Parti du centre (C) a obtenu 6,10 % des voix et 22 élus (– 1) ; le Parti du peuple-Les Libéraux (FpL), 5,40 % des suffrages et 19 députés (– 5). Enfin, le Parti chrétien-démocrate (KD) a recueilli 4,60 % des voix et remporté 16 sièges (– 2). On notera la forte poussée des Démocrates suédois (SD), qui ont recueilli 12,90 % des suffrages et remporté 49 sièges (+ 29).

La formation populiste de droite a réussi au-delà de ses espérances son pari de s'imposer comme la troisième force du royaume. Les électeurs des Démocrates suédois s'estiment abandonnés par les formations traditionnelles de gauche comme de droite. Le parti populiste attire majoritairement les déçus de la social-démocratie, soit les plus défavorisés des Suédois, et de nombreux jeunes qui peinent à s'insérer dans la société, « pas des exclus mais des Suédois ordinaires » précise Anders Sannerstedt, politologue de l'université de Lund. Les Démocrates suédois demandent une réduction de 85 % du nombre de migrants entrant dans le pays. Si Stockholm possède une tradition d'accueil des réfugiés politiques qui date des années 1980 et 1990, l'immigration est un phénomène récent dans le royaume scandinave. Les élections du 14 septembre constituent une victoire personnelle pour le dirigeant populiste Jimmie Åkesson qui, en 2011, avait initié une nouvelle ligne social-conservatrice pour atténuer l'image nationaliste de sa formation et accroître sa visibilité et son influence. Les Démocrates suédois se sont réapproprié le concept de *Folkhemmet* (État-providence, littéralement maison du peuple) et ont réussi à se positionner aux yeux de certains de leurs compatriotes en défenseurs de l'identité et du modèle suédois, menacés, selon eux, par la mondialisation et le multiculturalisme.

La participation s'est élevée à 85,88 %, quasiment équivalente à celle enregistrée lors des élections de 2010.

La droite a indéniablement été victime de l'usure du pouvoir mais aussi de la faiblesse de la croissance (2,70 % prévus cette année) et de la hausse du taux de chômage (8,20 %, chiffre d'avril 2014). Si les Suédois ont apprécié la réduction des impôts (14 milliards d'euros sur les huit dernières années) et des prélèvements obligatoires (passés de 49 à 45 % du PIB dans le même temps), ils se montrent désormais inquiets de l'affaiblissement de leur État-providence auquel ils sont très attachés.

Après huit ans dans l'opposition – leur plus longue période éloignés du pouvoir –, les sociaux-démocrates ont donc retrouvé la tête de la Suède, même si leur dirigeant Stefan Löfven est le Premier ministre social-démocrate le plus mal élu de l'histoire du pays. Ils se posent en défenseurs du modèle suédois, s'opposent à toute nouvelle baisse d'impôt et à toute privatisation. Ils ont promis des investissements dans les infrastructures et une amélioration du système éducatif. Au total, la formation souhaite consacrer 40 milliards de couronnes (4,3 milliards d'euros) aux dépenses sociales et éducatives.

Le 3 octobre 2014, le dirigeant social-démocrate Stefan Löfven a formé un gouvernement en coalition avec le Parti de l'environnement-Les Verts.

Résultats des élections législatives du 14 septembre 2014 en Suède
Participation : 85,88 %

Formations politiques	Nombre de voix	% des suffrages	Nombre de sièges
Parti social-démocrate (SAP)	1 932 711	31	113
Parti du rassemblement modéré (M)	1 453 517	23,3	84
Démocrates suédois (SD)	801 178	12,9	49
Parti de l'environnement-Les Verts (MP)	429 275	6,9	25
Parti du centre (C)	380 397	6,1	22
Parti de la gauche (Vp)	356 331	5,7	21
Parti du peuple-Les Libéraux (FpL)	337 773	5,4	19
Parti chrétien-démocrate (KD)	284 806	4,6	16
Initiative féministe (FI)	194 719	3,1	0
Autres	60 326	1	0

ANNÉE 2015

CROATIE

Élection présidentielle, 28 décembre 2014 et 11 janvier 2015

L'ancienne ministre de l'Intégration européenne (2003-2005) puis des Affaires étrangères et de l'Intégration européenne (2005-2008), adjointe du secrétaire général de l'OTAN en charge des Informations publiques, Kolinda Grabar-Kitarović (Union démocratique croate, HDZ), a remporté le 11 janvier 2015 le second tour de l'élection présidentielle en Croatie et elle est devenue la première femme élue présidente de la République des Balkans. Elle a recueilli 50,7 % des suffrages et a battu le chef de l'État sortant Ivo Josipović (Parti social-démocrate, SDP), pourtant grand favori de l'élection, qui a obtenu 49,2 % des voix.

Lors du premier tour de scrutin de cette élection présidentielle qui s'était tenu le 28 décembre 2014, Kolinda Grabar-Kitarović avait été devancée par le président de la République sortant : elle avait recueilli 37,2 % des voix pour 38,4 % à Ivo Josipović. La candidate de la droite croate, dont le parti, l'Union démocratique croate, a su mobiliser ses électeurs, a certainement bénéficié d'un bon report de voix de la part des électeurs du premier tour de Milan Kujundžić (Aube croate-Parti du peuple, HZ), candidat du rassemblement de huit formations de droite appelé Alliance pour la Croatie (6,3 %). Elle a également pu s'appuyer sur le vote de la diaspora croate : le 28 décembre dernier, 91,1 % des Croates de l'étranger avaient voté pour elle et 8,8 % en faveur du président de la République sortant. À l'inverse, Ivo Josipović, soutenu dès le premier tour de scrutin par toutes les formations de gauche, ne disposait d'aucune réserve de voix. Personnalité politique la plus populaire du pays, le chef de l'État a pâti de la mauvaise situation économique de la Croatie. Après le premier tour de scrutin, le Premier ministre Zoran Milanović (SDP) avait admis que les piètres performances économiques de son gouvernement avaient sans doute représenté un « fardeau pour le président sortant ».

La participation s'est élevée à 59,1 %, soit près de 9 points de plus que lors du second tour du précédent scrutin présidentiel de 2010 et près de 12 points au-dessus du taux enregistré lors du premier tour.

« Je m'attends à voir un changement dans la politique étrangère, qui sera sans doute davantage centrée sur l'OTAN et l'Union européenne et moins sur la région des Balkans » analyse Anđelko Milardović, chercheur à l'Institut pour les migrations de la capitale Zagreb. Volontiers nationaliste, Kolinda Grabar-Kitarović a délivré un message de grande fermeté à l'égard de la Serbie voisine et a promis d'imposer des conditions drastiques à l'entrée de Belgrade dans l'Union européenne.

Résultats de l'élection présidentielle des 28 décembre 2014 et 11 janvier 2015 en Croatie

Participation : 47,1 % (premier tour) et 59,1 % (second tour)

Candidats	Nombre de voix recueillies (premier tour)	% des suffrages obtenus (premier tour)	Nombre de voix recueillies (second tour)	% des suffrages obtenus (second tour)
Kolinda Grabar-Kitarovic´ (Union démocratique croate, HDZ)	665 379	37,2	1 114 845	50,7
Ivo Josipovic´ (Parti social-démocrate, SDP)	687 618	38,4	1 082 436	49,2
Ivan-Vilibor Sincˇic´ (Zivi Zid)	293 570	16,4		
Milan Kujundžic´ (Aube croate-Parti du peuple, HZ)	112 585	6,3		

Élections législatives, 8 novembre 2015

La Domoljubna Koalicija (Coalition patriotique), formée par les partis de droite, emmenée par l'Union démocratique (HDZ) dirigée par Tomislav Karamarko et qui rassemble le Parti paysan (HSS), le Parti des droits-Dr Ante Starčević (HSP-AS), le Bloc des retraités (BUZ), le Parti social libéral (HSLS), le Parti de la croissance (HRAST) et le Parti chrétien démocrate (HDS), est arrivée en tête des élections législatives du 8 novembre 2015 en Croatie avec 33,3 % des suffrages. Elle a remporté 56 des 150 sièges du Parlement.

La coalition Hrvatska Raste (La Croatie grandit), conduite par le Parti social-démocrate (SDP) du Premier ministre sortant Zoran Milanović et qui regroupe le Parti populaire-Libéraux démocrates, le Parti des retraités, les Travaillistes-Parti du travail (HL-SR), le Parti paysan autochtone et le Parti Zagorje (région du nord-est du pays), a obtenu 33,2 % des voix et le même nombre d'élus.

Quatre autres formations ont dépassé le seuil des 5 % des suffrages et seront donc représentées au Hrvatski Sabor, chambre unique du parlement croate, dont Most Nezavisnih Lista (Pont-Listes indépendantes), qui recueille 13,5 % des suffrages et remporte 19 sièges. « La percée de Most montre que les électeurs ne veulent plus d'un système de deux partis et d'élites politiques qui commencent à être une sorte de monde à part, éloigné du peuple » analyse le politologue Davor Gjenero. La participation s'est élevée à 60,8 %. Ces élections législatives étaient les premières organisées en Croatie depuis l'entrée du pays dans l'Union européenne (1er juillet 2013).

Durant la campagne électorale, de nombreux analystes ont pointé du doigt le fait qu'aucun des deux grands partis ne proposait de réformes crédibles pour redresser l'économie du pays très affectée par la crise. La Croatie est l'un des États les plus pauvres de l'Union européenne. Après six années de récession (13 % de recul du PIB depuis 2008), le pays devrait retrouver la croissance en 2015 (1,1 %). Le taux de chômage s'élève à 16,2 % (43,1 % parmi les jeunes) et le déficit budgétaire s'établit à 5,5 % du PIB. L'économie croate reste très largement dominée par l'État : le secteur public est très important et le faible développement du secteur privé, notamment des petites et moyennes entreprises (PME), constitue l'un des principaux problèmes du pays. Enfin, le secteur du tourisme, importante manne financière pour le pays, n'a pas enregistré de résultats florissants en 2014 en raison des conditions météorologiques et de l'absence des touristes russes, conséquence des sanctions prises par l'Union européenne contre Moscou. Ces sanctions ont également obligé le gouvernement de Zoran Milanović à remettre en cause d'importants projets d'investissements dans le secteur énergétique.

Tihomir Orešković est devenu Premier ministre en janvier 2016, le premier chef de gouvernement sans affiliation politique depuis l'indépendance du pays. Sa coalition gouvernementale comprend des membres de l'Union démocratique, de Most-Nezavisnih Lista ainsi que des indépendants.

Résultats des élections législatives du 8 novembre 2015 en Croatie
Participation : 60,8 %

Formations politiques	Nombre de voix recueillies	% des suffrages obtenus	Nombre de sièges
Domoljubna Koalicija (Coalition patriotique)	746 626	33,3	56
Hrvatska Raste (La Croatie grandit)	742 909	33,2	56
Most-Nezavisnih Lista			
(Pont-Listes indépendantes)	302 453	13,5	19
Assemblée démocratique d'Istrie (IDS)	42 193	1,8	3
Milan Bandic 365 (MB 365)	74 301	3,3	2
Alliance démocratique de Slavonie et Baranja (HDSSB)	30 443	1,3	2
Zivi zid (Bouclier humain, ZZ)	94 877	4,2	1
Réformistes-Parti populaire (R-NS)	34 573	1,5	1
Autres	169 628	7,9	0

DANEMARK

Élections législatives, 18 juin 2015

Tremblement de terre au Danemark – et en Europe – où le Parti du peuple danois (DF) est arrivé en deuxième position et s'est imposé comme le premier parti de droite lors des élections législatives du 18 juin 2015. La formation dirigée par Kristian Thulesen Dahl a recueilli 21,1 % des suffrages et a remporté 37 sièges au Folketing, chambre unique du Parlement du royaume scandinave (+ 15 par rapport aux précédentes élections législatives de 2011). Elle a élargi sa base électorale en attirant de nouveaux votants, plus jeunes et plus souvent issus de la classe moyenne. La personnalité de Kristian Thulesen Dahl, aux propos plus modérés que ceux de la précédente dirigeante du parti Pia Kjærsgaard, a beaucoup contribué à la hausse enregistrée par sa formation. Le Parti du peuple danois avait depuis plusieurs années imposé son agenda à l'ensemble des formations du royaume ; il avait choisi pour le scrutin du 18 juin de centrer son discours sur la défense de l'État-providence, comme désormais la plupart des populistes en Europe. « Le Parti du peuple danois se présente comme le Parti social-démocrate des origines, généreux sur le plan social et préoccupé par la situation des plus défavorisés » indique la politologue Marlene Wind. L'écrivain Jens Christian Grøndahl pense également que « pour beaucoup d'électeurs, le Parti du peuple danois est devenu une formation sociale-démocrate alternative ».

Les populistes ont devancé le Parti libéral (V) de l'ancien Premier ministre (2009-2011) Lars Løkke Rasmussen, qui a obtenu 19,5 % des voix – son plus faible résultat depuis vingt-cinq ans – et 34 députés (– 13, soit le parti le plus durement sanctionné qui enregistre le plus fort recul). L'Alliance libérale (LA) a recueilli 7,5 % des suffrages et a remporté 13 élus (+ 4). Le Parti populaire conservateur (KF) a obtenu 3,4 % des voix et 6 sièges (– 2).

« Deux questions seront décisives, avait affirmé avant le scrutin Kasper Hansen, professeur de science politique à l'université de Copenhague, l'État-providence et l'immigration. La première bénéficie à la gauche et la seconde à la droite. » Cette dernière s'est donc imposée, mais une grande partie des Danois ont vu dans le choix des populistes la possibilité de voter à la fois pour le maintien de l'État-providence et pour une réduction de l'immigration.

Le Bloc bleu de l'opposition de droite est arrivé en tête mais de peu : il a obtenu 51,4 % des suffrages et 90 sièges (+ 4), contre 48,6 % et 85 élus (– 4) au Bloc rouge rassemblant les partis de gauche.

Le Parti social-démocrate (SD) de la Première ministre sortante Helle Thorning-Schmidt est arrivé en tête du scrutin législatif avec 26,3 % des suffrages. Il a augmenté son nombre de sièges, passant de 44 à 47. La Liste de l'unité-Alliance rouge-verte (E), formation de gauche mais opposée à la politique menée par la chef du gouvernement, a confirmé sa poussée aux élections locales de novembre 2013 et elle est devenue la deuxième formation de gauche du pays avec 7,8 % des voix et 14 sièges (+ 2).

À l'inverse, le Parti social-libéral (RV) paie sa participation à la coalition gouvernementale sortante : il obtient 4,6 % des voix et 8 sièges (– 7). Le Parti socialiste populaire (SF) partage son sort : il a recueilli 4,2 % des voix et remporté 7 élus (– 9). La situation de ces deux dernières formations bénéficie à l'Alternative (A), formation récemment créée par l'ancien ministre de la Culture (2011-2012) et ex-membre du Parti social-libéral Uffe Elbæk, qui pour sa première compétition électorale a obtenu 4,8 % des suffrages et 9 députés.

La participation a été très légèrement inférieure à celle enregistrée lors des précédentes élections législatives de 2011 et s'est élevée à 85,9 % (– 1,8 point).

Le programme du Parti libéral comprenait cinq points principaux : des baisses d'impôts pour les plus défavorisés, la réduction du chômage, une politique d'immigration plus stricte, la lutte contre le crime et une hausse des dépenses de santé. Le Parti du peuple danois et le Parti libéral s'opposent sur deux points essentiels : l'État-providence, que les populistes veulent à tout prix préserver (Kristian Thulesen Dahl a d'ailleurs fait campagne sur une augmentation de 0,8 % des dépenses publiques, tandis que les libéraux défendaient la stagnation), et l'Europe : la formation de Lars Løkke Rasmussen est pro-européenne quand les populistes sont favorables à une sortie du royaume scandinave de l'Union. Ils souhaitent d'ailleurs que, comme le Royaume-Uni, le Danemark organise un référendum sur ce sujet.

La Première ministre sortante Helle Thorning-Schmidt a été sanctionnée. Elle a perdu un grand nombre d'électeurs sur sa gauche ; beaucoup de sympathisants proches de cette tendance reprochent au gouvernement sortant d'avoir poursuivi la politique de rigueur budgétaire initiée par le Parti libéral et d'avoir oublié ses promesses de campagne en baissant l'impôt sur les sociétés de trois points (de 25 % à 22 %), en réduisant les bourses accordées aux étudiants et les allocations-chômage et en ayant décidé de vendre, en novembre 2013, pour 8 milliards de couronnes (1,07 milliard d'euros) 19 % de la compagnie publique danoise productrice de pétrole, gaz et électricité (éolienne et thermique) Dong Energy à la banque d'investissement américaine Goldman Sachs. Cette privatisation avait entraîné en janvier 2014 la démission des six ministres du Parti populaire socialiste du gouvernement.

Enfin, le Parti social-démocrate a, ces dernières années, considérablement durci son discours sur l'immigration, ce qui a bénéficié au Parti du peuple danois. Au total, si les sociaux-démocrates ont gagné des électeurs à droite, ils en ont cependant trop perdu sur leur gauche pour se maintenir au pouvoir.

À l'issue du scrutin, Lars Løkke Rasmussen a formé un gouvernement minoritaire avec son seul parti. Trois des quatre pays nordiques, le Danemark, la Finlande et la Norvège, sont désormais gouvernés par des forces de droite, une première depuis 1945. Dans les deux derniers, la droite gouverne avec un parti populiste.

Résultats des élections législatives du 18 juin 2015 au Danemark
Participation : 85,9 %

Formations politiques	Nombre de voix recueillies	% des suffrages obtenus	Nombre de sièges
Parti social-démocrate (SD)	924 940	26,3	47
Parti du peuple danois (DF)	741 746	21,1	37
Parti libéral (V)	685 188	19,5	34
Liste de l'unité-Alliance rouge-verte (E)	274 463	7,8	14
Alliance libérale (LA)	265 129	7,5	13
Alternative (A)	168 788	4,8	9
Parti social-libéral (RV)	161 009	4,6	8
Parti socialiste populaire (SF)	147 578	4,2	7
Parti populaire conservateur (KF)	118 003	3,4	6
Indépendants	3 066	0,1	
Chrétiens-démocrates (KD)	29 077	0,8	0

ESPAGNE

Élections parlementaires, 20 décembre 2015

Le Parti populaire (PP), formation du Premier ministre sortant Mariano Rajoy, est arrivé en tête des élections parlementaires du 20 décembre 2015 en Espagne. Avec 28,9 % des suffrages, le parti a obtenu 123 sièges au Congrès des députés, chambre basse du Parlement espagnol, 63 de moins cependant qu'aux précédentes élections parlementaires de 2011. Les populaires ont également remporté 124 sièges de sénateurs. Ils sont suivis du Parti socialiste ouvrier (PSOE), dirigé par Pedro Sánchez, qui a recueilli 22,1 % des voix et a remporté 90 sièges de députés (– 20) et 47 de sénateurs.

Les deux principales formations espagnoles ont cependant enregistré les résultats les plus faibles de toute leur histoire. Ensemble, elles ne rassemblent que la moitié des Espagnols (50 %), contre près des trois quarts en 2011 (73,4 %) et 83,8 % en 2008.

Les deux partis ont devancé Podemos, formation d'extrême gauche, qui a obtenu 20,8 % des suffrages et 69 sièges de députés (et 16 sénateurs), et Ciudadanos (C's), parti centriste, qui a recueilli 14,1 % des voix et gagné 40 sièges au Congrès des députés.

La participation s'est élevée à 69,6 %.

Les élections parlementaires ont profondément bouleversé l'équilibre des forces à l'œuvre sur la scène politique espagnole, dominée depuis 1982 par le bipartisme (Parti populaire *vs* Parti socialiste ouvrier) et le 20 décembre au soir, pour la première fois au terme d'une soirée électorale, les Espagnols sont allés se coucher sans connaître le nom du président du futur gouvernement.

« Le grand succès de Podemos, jusqu'ici, a été de capitaliser la colère contre le système. Ailleurs en Europe, et notamment en France, cela passe par l'extrême droite. En Espagne, par l'extrême gauche » constate la politologue Edurne Uriarte. Une analyse que partage un autre politologue, Ignacio Sánchez-Cuenca, directeur de l'Institut Juan-March : « Malgré des coutures sociales mises à l'épreuve, malgré l'énorme phénomène des Indignés [19], l'Espagne demeure fondamentalement un pays réformiste et modéré. Le sentiment de colère, bien réel et très justifié avec la crise, ne s'est pas encore accompagné d'options jusqu'au-boutistes. »

« À force d'avoir fait croire à l'opinion que la politique est soumise à l'économie, le ras-le-bol a explosé contre le système en place » souligne de son côté le philosophe Josep Ramoneda, qui voit dans le vote du 20 décembre une punition des deux principales formations politiques. « Le Parti populaire et le Parti socialiste ouvrier ont fini par patrimonialiser les institutions : c'est cela le poison du bipartisme, déclarait-il quelques jours avant le scrutin. Les conservateurs sont largement associés aux inégalités, à la précarité et au manque d'attention aux citoyens ; quant aux socialistes, dominés par les baronnies, ils sont englués dans un vide idéologique et à bout de souffle. En 2011, les Indignés criaient : "Vous ne nous représentez pas !" Reste aujourd'hui aux partis hégémoniques à payer les conséquences de leur cécité. »

« Jusqu'alors, on pensait autour de l'axe gauche-droite. Or les nouvelles formations, difficilement cataloguables, introduisent un autre fossé : la brèche générationnelle, remarque Enrique Gil-Calvo, politologue à l'université Complutense de Madrid. Les Espagnols qui sont nés en démocratie sont beaucoup plus exigeants sur la corruption et l'application des programmes électoraux, et aussi sur la défense du système de santé ou l'arsenal éducatif. »

19. Au printemps 2011, des centaines de milliers de jeunes Espagnols s'étaient regroupés et avaient occupé les places de plusieurs villes du pays (175 lieux d'occupation regroupant 60 000 personnes au total, dont 20 000 dans Madrid, avaient été recensés le 20 mai). Le Movimiento 15 M (Mouvement du 15 mai), nom donné à ce mouvement, rassemblait des chômeurs (dont certains en fin de droit), des fonctionnaires, des salariés (dont beaucoup en situation précaire), des étudiants qui s'étaient donnés le nom *d'Indignados* (les Indignés).

Selon la Constitution espagnole, le Parlement doit absolument désigner un Premier ministre dans les deux mois qui suivent le premier vote du Congrès des députés sur la formation d'un gouvernement. Celui-ci a eu lieu le 2 mars 2016. Le roi Felipe VI a refusé de désigner un nouveau candidat après l'échec de Pedro Sánchez le 4 mars, indiquant que les partis politiques devaient être en mesure d'avancer une proposition d'accord pour pouvoir faire voter les députés. Pour la première fois dans l'histoire de la démocratie espagnole, les Cortes Generales, soit les deux chambres du Parlement, ont donc été dissoutes le 3 mai 2016 par le roi, et non comme habituellement par le Premier ministre, entraînant l'organisation d'un nouveau scrutin parlementaire.

Résultats des élections parlementaires du 20 décembre 2015 en Espagne

Congrès des députés

Participation : 69,6%

Formations politiques	Nombre de voix recueillies	% des suffrages exprimés	Nombre de sièges
Parti populaire (PP)	7 236 965	28,9	123
Parti socialiste ouvrier espagnol (PSOE)	5 545 315	22,1	90
Podemos (P)	5 212 711	20,8	69
Ciudadanos (C's)	3 514 528	14,1	40
Autres	3 513 662	13,7	28

Sénat

Participation : 69,6%

Formations politiques	Nombre de sièges
Parti populaire (PP)	124
Parti socialiste ouvrier espagnol (PSOE)	47
Podemos (P)	16
Gauche républicaine de Catalogne-Catalunya Sí (ERC-CAT SÍ)	6
Démocratie et Liberté (DL)	6
Parti nationaliste basque (EAJ-PNV)	6
Cambio-Aldaketa	1
Coalition canarienne (CC)	1
Groupement socialiste gomérien (ASG)	1
Autres	0

ESTONIE

Élections législatives, 1er mars 2015

Les élections législatives qui se sont déroulées en Estonie le 1er mars 2015 ont profité aux deux « grandes » formations politiques du pays. Le Parti de la réforme (ER), formation libérale du Premier ministre sortant Taavi Rõivas, nommé à la tête du gouvernement moins d'un an auparavant (26 mars 2014), est arrivé en tête du scrutin après, rappelons-le, neuf années au pouvoir. La formation a recueilli 27,7 % des suffrages et remporté 30 sièges au Riigikogu, chambre unique du Parlement national, 3 de moins toutefois que lors des dernières élections législatives de 2011. De son côté, le Parti du centre (K), principale formation d'opposition, dirigée par l'actuel maire de Tallinn et ancien Premier ministre (1991-1992) Edgar Savisaar, a obtenu 24,8 % des voix et 27 députés (+ 1).

Le Parti social-démocrate (SDE) a pris la troisième place du scrutin et recueilli 15,2 % des suffrages (15 sièges, – 4). La formation enregistre donc un recul, tout comme l'Union pour la patrie-Res Publica (IRL), alliance de deux partis conservateurs (Union pour la patrie et Res Publica), qui a obtenu 13,7 % des voix et 14 députés (– 9), et qui est la grande perdant du scrutin législatif. Le parti a été la principale victime du succès de deux formations qui font leur entrée au Riigikogu : le tout nouveau Parti libre d'Estonie (EVA), formation libérale créée le 20 septembre 2015, et le Parti populaire conservateur (EKRE), formation nationaliste issue de la fusion en 2012 de l'Union du peuple et du Mouvement patriotique estonien, qui ont recueilli respectivement 8,7 % des suffrages (8 sièges) et 8,1 % des voix (7 députés).

La participation a été quasiment identique à celle enregistrée lors des précédentes élections législatives de 2011 et s'est élevée à 63,7 % (– 0,2 point).

Le Parti de la réforme a donc enregistré son troisième succès consécutif à des élections législatives. Par conséquent, le plus jeune Premier ministre d'Europe, Taavi Rõivas, conserve son poste à la tête du gouvernement. Il a cependant dû élargir la coalition qu'il formait jusqu'alors avec le Parti social-démocrate à l'Union pour la patrie-Res Publica.

Durant la campagne électorale, la coalition gouvernementale sortante avait mis en avant les inquiétudes suscitées par l'action de la Russie. L'Estonie, qui compte un quart de russophones, craint les velléités de Moscou qui, depuis 2008, justifie toutes ses interventions dans les pays voisins par sa volonté de protéger les populations russes qui s'y trouvent. « Le Parti du centre a une approche complètement différente de la nôtre sur la sécurité nationale et la guerre en Ukraine » a affirmé le Premier ministre Taavi Rõivas. Les partis estoniens reprochent au dirigeant du Parti du centre, Edgar Savisaar, de refuser de parler de l'action de la Russie en Ukraine.

Les questions sociales – niveau de vie et salaires – ont constitué l'autre grand thème de la campagne, dans un pays qui affiche une bonne santé économique : croissance de 1,8 % en 2014, 2 % prévus en 2015 ; dette publique de 10,4 % du PIB ; déficit public négatif (– 0,1 %) ; taux de chômage à 6,3 % ; consommation des ménages en forte progression, grâce à une hausse des salaires de 5 % l'an passé, consécutive à une baisse de la fiscalité du travail…

Taavi Rõivas a désormais quatre années devant lui pour construire, comme il l'a affirmé le 17 janvier 2015 « une Estonie nordique et libérale, un pays avec un niveau de vie et de sécurité nordiques et guidant le monde, un pays numéro un en matière de libertés individuelles et de sécurité économique ».

Résultats des élections législatives du 1er mars 2015 en Estonie
Participation : 63,7 %

Formations politiques	Nombre de suffrages obtenus	% des voix	Nombre de sièges
Parti de la réforme (ER)	158 970	27,7	30
Parti du centre (K)	142 458	24,8	27
Parti social-démocrate (SDE)	87 189	15,2	15
Union pour la patrie-Res Publica (IRL)	78 699	13,7	14
Parti libre d'Estonie (EVA)	49 882	8,7	8
Parti populaire conservateur (EKRE)	46 772	8,1	7
Autres	9 293	1,6	0
Indépendants	887	0,2	0

FINLANDE

Élections législatives, 19 avril 2015

La principale formation d'opposition, le Parti du centre (KESK) est arrivé en tête des élections législatives organisées le 19 avril 2015 en Finlande. Elle a recueilli 21,1 % des suffrages et remporté 49 des 200 sièges de l'Eduskunta/Riksdag, nom finnois et suédois du Parlement du pays, soit 14 de plus que lors du précédent scrutin législatif de 2011.

Les populistes des Vrais Finlandais (PS) sont arrivés en deuxième position avec 38 sièges (– 1) et 17,7 % des voix. Le Parti de la coalition nationale (KOK), dirigé par le Premier ministre sortant Alexander Stubb, a recueilli 18,2 % des suffrages et 37 députés (– 7). Le Parti social-démocrate (SPD), membre du gouvernement sortant, a pris la quatrième place avec 16,6 % des voix et 34 sièges (– 8).

Les Verts (VIHR) ont réalisé une percée en obtenant 8,6 % des suffrages et 15 députés (+ 5). L'Alliance des gauches (VAS), parti de gauche radicale, a recueilli 7,1 % des voix et 12 élus (– 2). Enfin, le Parti du peuple suédois (SFP), formation représentant les intérêts de la minorité suédoise, a obtenu 4,9 % des suffrages (9 sièges, =) et le Parti chrétien-démocrate (SKL), 3,6 % des voix (5 députés, – 1).

La participation s'est élevée à 70,1 %, soit 2,7 points de plus que lors des précédentes élections législatives de 2011.

Les élections du 19 avril ont consacré la victoire de l'opposition : le Parti du centre et les Vrais Finlandais ont largement devancé les formations du gouvernement sortant. Le Parti de la coalition nationale a été sanctionné dans les urnes pour son incapacité à gérer la crise économique qui affecte le pays et la victoire du Parti du centre tient sans doute plus au mécontentement des électeurs et à leur désir de changement qu'à un véritable engouement des Finlandais pour les propositions centristes.

Helsinki a souffert de deux chocs très importants au cours des dernières années : d'une part, l'écroulement de l'empire Nokia, premier constructeur de téléphones mobiles au monde entre 1998 et 2011 (la compagnie a revendu ses portables à Microsoft en 2013), qui a entraîné une baisse de 4,50 % du PIB du pays ; d'autre part, le fort recul de la demande de l'industrie papetière (domaine dans lequel la Finlande est leader en Europe) en raison de la chute des publications sur papier. Cette baisse a fait reculer le PIB de 1 %. En outre, ces deux industries étant de grandes exportatrices, les ventes vers l'étranger ont chuté de 25 % depuis 2008.

En octobre 2014, l'agence de notation Standard and Poor's a abaissé la note du pays, qui a perdu son triple A et est désormais classé AA+. L'agence a pointé la vulnérabilité de la Finlande par rapport à la Russie voisine : le commerce avec Moscou représente un dixième du total des exportations finlandaises et 4 % du PIB de la République nordique. La crise du rouble a entraîné une baisse de 13 % du tourisme russe et de 14 % des exportations de la Finlande vers Moscou.

Le dirigeant centriste Juha Sipilä a formé un gouvernement avec le Parti de la coalition nationale et les Vrais Finlandais, le concept de « cordon sanitaire » n'existant pas en Finlande. Le leader populiste Timo Soini a été nommé ministre des Affaires étrangères. La coalition gouvernementale a la lourde tâche de faire sortir la Finlande de la crise socio-économique qu'elle traverse depuis plus de trois ans. Juha Sipilä sait qu'il peut compter sur l'attachement de ses compatriotes à la discipline budgétaire. L'ensemble des formations politiques finlandaises considèrent que la fiscalité, déjà très lourde, ne peut être augmentée et sont d'accord pour réduire les dépenses de l'État et le coût du travail. La différence entre elles porte sur l'ampleur des efforts à mettre en place.

Résultats des élections législatives du 19 avril 2015 en Finlande
Participation : 70,1 %

Formations politiques	Nombre de suffrages obtenus	% des voix recueillies	Nombre de sièges
Parti du centre (KESK)	626 218	21,1	49
Vrais Finlandais (PS)	524 054	17,7	38
Parti de la coalition nationale (KOK)	540 212	18,2	37
Parti social-démocrate (SPD)	490 102	16,6	34
Verts (VIHR)	253 102	8,6	15
Alliance des gauches (VAS)	211 702	7,1	12
Parti du peuple suédois (SFP)	144 802	4,9	9
Parti chrétien-démocrate (SKL)	105 134	3,6	5
Autres	73 133	2,2	1

GRÈCE

Élections législatives, 25 janvier 2015

La Coalition de la gauche radicale (Syriza) d'Aléxis Tsípras a remporté une large victoire aux élections législatives anticipées, consécutives à l'échec de l'élection présidentielle du mois de décembre 2014 [20] et organisées en Grèce le 25 janvier 2015, manquant de deux sièges la majorité absolue : elle a recueilli 36,3 % des suffrages et a doublé son nombre de députés par rapport aux précédentes élections législatives de 2012 (149, + 78).

La Nouvelle Démocratie (ND), du chef du gouvernement sortant Antónis Samarás, a obtenu 27,8 % des voix et 76 sièges (– 53).

Aube dorée (XA), parti de droite radicale, dont seize députés sortants étaient incarcérés et soixante-dix membres inculpés d'appartenance à une organisation criminelle, demeure la troisième formation politique du pays. Le parti se maintient avec 6,2 % des suffrages et 17 sièges (– 1). Il est suivi par To Potami (La Rivière), formation libérale, qui a obtenu 6,1 % des voix et le même nombre de députés.

La gauche radicale a définitivement le vent en poupe puisque le Parti communiste de Grèce (KKE) a également enregistré une progression : il a recueilli 5,4 % des suffrages et remporté 15 sièges (+ 3). Enfin, le Parti des Grecs indépendants (Anel), formation de droite populiste, a obtenu 4,7 % des voix et 13 sièges (– 7).

Le scrutin du 25 janvier a consolidé le nouveau bipartisme qui se dessinait en Grèce depuis deux ans et qui oppose désormais la droite de Nouvelle Démocratie à la Coalition de la gauche radicale. Le Mouvement socialiste panhellénique (Pasok), formation traditionnelle de la gauche hellène depuis la chute de la dictature des colonels en 1974, a disparu de la scène électorale.

Le parti d'Aléxis Tsípras est donc le premier parti de gauche radicale à s'imposer dans les urnes en Europe.

---

20. Le 29 décembre 2014, Stávros Dimas, seul candidat en lice, soutenu par la Nouvelle Démocratie (ND) et le Mouvement socialiste panhellénique (Pasok), a recueilli les suffrages de 168 parlementaires, soit douze de moins que la majorité des trois cinquièmes obligatoires pour être élu chef de l'État lors du troisième tour de scrutin. Il avait obtenu un nombre de voix similaire le 23 décembre au second tour, où la majorité qualifiée des deux tiers du parlement, soit 200 suffrages, était indispensable, et 160 voix le 17 décembre lors du premier tour. L'échec de l'élection présidentielle a conduit à la dissolution de la Vouli, chambre unique du Parlement grec, le 31 décembre, et à la convocation d'élections anticipées législatives.

La participation a été légèrement supérieure à celle enregistrée lors des précédentes élections législatives de 2012 : elle s'est élevée à 63,6% (+ 1,1 point). Le vote est obligatoire en Grèce jusqu'à l'âge de 70 ans, mais l'abstention n'est pas sanctionnée.

Les Grecs ont clairement exprimé leur rejet des formations traditionnelles incarnées par la Nouvelle Démocratie et le Mouvement socialiste panhellénique. La Coalition de la gauche radicale a su attirer une large partie des Grecs épuisés par la politique d'austérité mise en œuvre ces dernières années et touchés par les coupes sévères dans les finances publiques exigées par la troïka (Union européenne, Fonds monétaire international et Banque mondiale) en contrepartie du versement de 240 milliards d'euros d'aide financière au pays. Le rejet des politiques d'austérité et la colère constituaient les premières motivations citées par les Grecs la veille du scrutin.

Syriza a promis la fin de l'austérité : allègements des taxes (suppression des impôts et des cotisations sociales pour une durée de sept ans, prélèvement limité à 30% du revenu), hausse du salaire minimum (751 euros contre 586), rétablissement du treizième mois pour les pensions de retraite les plus faibles, octroi de bons d'électricité ou de logement et accès gratuit aux transports en commun pour les plus défavorisés (environ 300 000 foyers), création de 300 000 emplois, gratuité des soins de santé pour tous. Un programme difficilement applicable alors que les finances publiques sont à sec.

Syriza souhaite également une négociation immédiate de la dette pour 2015 et la renégociation globale de la charge de la dette (175% du PIB, soit 318 milliards d'euros) afin de débloquer des fonds pour permettre à l'État d'investir et d'améliorer la situation sociale des plus défavorisés. Elle se bat pour une relance de l'économie qui passerait par une hausse de la demande intérieure.

Son dirigeant chiffre son programme à 12 milliards d'euros, dont il pense pouvoir disposer en réduisant le remboursement de la dette, en luttant contre la fraude fiscale et en réaffectant certains fonds européens.

À l'issue du scrutin, Aléxis Tsípras a choisi de gouverner avec les populistes du Parti des Grecs indépendants.

Résultats des élections législatives du 25 janvier 2015 en Grèce
Participation : 63,6% (le vote est obligatoire)

Formations politiques	Nombre de voix recueillies	% des suffrages obtenus	Nombre de sièges
Coalition de la gauche radicale (Syriza)	2 245 978	36,3	149
Nouvelle Démocratie (ND)	1 718 694	27,8	76
Aube dorée (XA)	388 387	6,2	17
To Potami (La Rivière)	373 924	6,1	17
Parti communiste de Grèce (KKE)	338 188	5,4	15
Parti des Grecs indépendants (Anel)	293 683	4,7	13
Mouvement socialiste panhellénique (Pasok)	289 469	4,6	13
Autres	532 549	8,9	0

Élections législatives, 20 septembre 2015

Le Premier ministre sortant et dirigeant de la Coalition de la gauche radicale (Syriza) Aléxis Tsípras a réussi son pari en remportant largement les élections législatives anticipées qui se sont déroulées le 20 septembre 2015, cinquième scrutin en six ans et le troisième pour la seule année 2015. Sa formation a recueilli 35,4% des suffrages et remporté 145 sièges, soit 4 de moins que lors du précédent scrutin législatif du 25 janvier 2015. Elle a devancé la Nouvelle Démocratie (ND), qui a obtenu 28,1% des voix et 75 sièges (– 1). Aube dorée (XA), parti de droite radicale, a conservé sa troisième place avec 6,9% des suffrages et 18 sièges (+ 1).

Le Parti des Grecs indépendants (Anel), formation de droite populiste, membre du gouvernement sortant, a recueilli 3,6% des suffrages et remporté 10 sièges (– 3). En revanche, l'Unité populaire (Laiki Enotita, LE), parti formé le 21 août 2015 par vingt-cinq membres de la Coalition de la gauche radicale opposés à la politique d'austérité et qui ont fait sécession de leur parti, n'a pas réussi à attirer les déçus d'Aléxis Tsípras : la formation n'a obtenu que 2,8% des voix.

La participation a été très faible pour ce scrutin, dans un pays où, rappelons-le, le vote est obligatoire. Un peu plus de la moitié des Grecs se sont rendus aux urnes : 56,5%, soit 7,3 points de moins que lors des précédentes élections législatives du 25 janvier 2015.

Le Premier ministre sortant conserve donc son poste à l'issue des élections législatives du 20 septembre. Aléxis Tsípras a visiblement convaincu une partie des Grecs qu'il était le mieux placé pour mettre en place de façon équitable et sociale les réformes exigées par les organisations internationales en échange du nouveau plan d'aide signé le 13 juillet 2015.

Les Grecs semblent avoir également apprécié que leur Premier ministre sortant ait tout fait pour résister aux créanciers du pays et par là même leur ait rendu un peu de leur dignité. Aléxis Tsípras a en effet obtenu un plan d'aide d'une durée de trois ans (alors que celui-ci était initialement prévu pour cinq mois) et contribué à faire bouger l'Europe, « qui n'est plus la même aujourd'hui que celle qu'elle était six mois auparavant » selon ses propres termes.

L'homme incarne toujours une rupture par rapport à l'ancienne classe politique hellène, une nouvelle fois fortement rejetée par les électeurs. « Les Grecs ne veulent pas de l'ancienne classe politique corrompue et l'opposition actuelle ne représente pas une voie alternative » constate le professeur de sciences politiques Georges Contogeorgis avant les élections législatives. « Aléxis Tsípras bénéficie encore de l'image sentimentale du bon garçon qui fait ce qu'il peut dans un contexte difficile. Et surtout, il n'a aucun challenger crédible. Il est encore un homme neuf » confirme le politologue.

Il n'empêche : selon Georges Sefertzis, « Alexis Tsipras, qui a passé tant d'années à combattre l'austérité, pourrait se retrouver dans la position du cinquième Premier ministre grec à devoir imposer des mesures de rigueur ». Nous y sommes. « Le nouveau gouvernement va désormais devoir mettre en œuvre un ensemble de réformes budgétaires et structurelles qu'il a rejetées vigoureusement auparavant » indique Stathis Kalyvas, professeur de science politique de l'université de Yale.

« Le résultat des élections législatives grecques n'a aucune importance, car 80 % des députés du Parlement sortant ont approuvé l'accord conclu à Bruxelles le 13 août dernier » déclarait à la mi-septembre le patron du Mécanisme européen de stabilité (MES), Klaus Regling. Le propos est violent mais pas totalement faux. Le futur gouvernement grec disposera d'une très faible marge de manœuvre politique, pour ne pas dire d'aucune. Le texte signé le 13 juillet dernier par Athènes et ses partenaires européens accorde en effet à la Grèce un nouveau plan d'aide de 86 milliards d'euros sur trois ans – le troisième après ceux de 2010 et 2012 – d'un montant total de 240 milliards d'euros, en échange de réformes structurelles et de nouvelles mesures d'austérité : hausse de la TVA, baisse du minimum retraite de 450 à 382 euros mensuels (celui-ci ne pourra être perçu qu'à partir de 67 ans), libéralisation de plusieurs marchés et création d'ici à mars 2016 d'un fonds de privatisation contrôlé par les créanciers internationaux pour dégager 50 milliards d'euros de recettes.

Résultats des élections législatives du 20 septembre 2015 en Grèce
Participation : 56,5% (le vote est obligatoire)

Formations politiques	Nombre de voix recueillies	% des suffrages obtenus	Nombre de sièges
Coalition de la gauche radicale (Syriza)	1 925 904	35,4	145
Nouvelle Démocratie (ND)	1 626 205	28,1	75
Aube dorée (XA)	379 581	6,9	18
Mouvement socialiste panhellénique (Pasok)	341 390	6,2	17
Parti communiste de Grèce (KKE)	301 632	5,5	15
To Potami (La Rivière)	222 166	4,1	11
Parti des Grecs indépendants (Anel)	200 423	3,6	10
Union centriste (EK)	186 457	3,4	9
Unité populaire (LE)	155 242	2,8	0
Autres	146 754	4	0

POLOGNE

Élection présidentielle, 10 et 24 mai 2015

Le 24 mai 2015, en Pologne, le chef de l'État sortant Bronisław Komorowski (Plateforme citoyenne, PO) a été battu lors du second tour de l'élection présidentielle par Andrzej Duda (Droit et justice, PiS), qui a recueilli 51,5% des suffrages, contre 48,4% à son adversaire libéral. Le conservateur était arrivé en tête du premier tour de scrutin le 10 mai à la surprise générale, avec 34,7% des suffrages, devançant Bronisław Komorowski qui avait obtenu 33,7% des voix. Le candidat indépendant Paweł Kukiz avait été la deuxième grande surprise du premier tour de cette élection présidentielle. Le chanteur de rock, acteur et ancien député régional de Basse-Silésie était arrivé en troisième position avec 20,8% des suffrages. Pour le second tour de scrutin, il avait appelé les Polonais à se rendre aux urnes, sans toutefois donner une quelconque consigne de vote.

La participation au second tour de scrutin a été supérieure à celle enregistrée le 10 mai (+ 6,4 points) et s'est élevée à 55,3%.

Le vote des Polonais reflète à la fois l'expression du désir de changement et le sentiment d'usure du pouvoir dont a été victime la Plateforme citoyenne, au pouvoir dans le pays depuis huit ans. Les Polonais ont vu en Bronisław Komorowski, qui avait fait campagne sur la sécurité et la continuité qu'il souhaitait incarner, le représentant des élites et ils ont vu en Andrzej Duda l'espoir d'un changement. Le président de la République sortant, qui a commis l'erreur, fatale, de considérer l'élection présidentielle comme une simple formalité, peut également se reprocher la mauvaise campagne électorale.

La défaite est non seulement sévère pour Bronisław Komorowski, mais également pour sa formation, la Plateforme citoyenne, sous la direction de laquelle Varsovie a connu depuis 2007 la plus forte croissance économique de son histoire (+ 20 % au total) et une nette amélioration du niveau de vie de la population. La Pologne est d'ailleurs le seul État membre de l'Union européenne à ne pas avoir connu de récession depuis la crise économique de 2008.

Résultats de l'élection présidentielle des 10 et 24 mai 2015 en Pologne
Participation : 48,9% (premier tour) et 55,3% (second tour)

Candidats	Nombre de voix obtenues (premier tour)	% des suffrages recueillis (premier tour)	Nombre de voix obtenues (second tour)	% des suffrages recueillis (second tour)
Andrzej Duda (Droit et justice, PiS)	5 179 092	34,7	8 630 627	51,5
Bronisław Komorowski (Plateforme citoyenne, PO)	5 031 060	33,7	8 112 311	48,4
Paweł Kukiz (indépendant)	3 099 079	20,8		
Janusz Korwin-Mikke (Coalition pour la restauration de la liberté et de l'espoir de la République, KORWiN)	486 084	3,2		
Magdalena Ogórek, soutenue par l'Alliance de la gauche démocratique (SLD)	353 883	2,3		
Adam Jarubas (Parti paysan, PSL)	238 761	1,6		
Janusz Palikot (Ton mouvement, TR)	211 242	1,4		
Grzegorz Braun (indépendant)	124 132	0,8		
Marian Kowalski (Mouvement national, RN)	77 630	0,5		
Jacek Wilk (Congrès de la nouvelle droite, KNP)	68 186	0,4		
Paweł Tanajno (Démocratie directe, DB)	29 785	0,2		

Élections parlementaires, 25 octobre 2015

Cinq mois après l'élection d'Andrzej Duda (PiS) à la présidence de la République, Droit et justice (PiS) s'est largement imposée aux élections parlementaires du 25 octobre 2015 en Pologne. Dirigé par Jarosław Kaczyński, le parti d'opposition, étatiste, conservateur, eurosceptique et très attaché à l'identité catholique de la Pologne, a recueilli 37,5 % des suffrages et remporté 235 sièges (+ 78 par rapport aux précédentes élections parlementaires de 2011) à la Diète, chambre basse du Parlement polonais. Il a devancé la Plateforme citoyenne (PO), formation libérale de la Première ministre sortante Ewa Kopacz, qui a obtenu 24,1 % des voix et 138 sièges (– 69).

Les listes de Paweł Kukiz, chanteur de rock et candidat protestataire qui avait recueilli 20,8 % des suffrages lors du premier tour de l'élection présidentielle du 10 mai 2015, ont pris la troisième place avec 8,8 % des suffrages (42 sièges).

Nowoczesna (Moderne) (.N), formation de l'économiste Ryszard Petru, associé de Leszek Balcerowicz, l'architecte de la transition des années 1990 vers le capitalisme, fondée en mai 2015, a réussi son pari : il a recueilli 7,6 % des voix et a remporté 28 sièges. Le parti avait fait campagne sur un programme libéral pour attirer les jeunes diplômés et les entrepreneurs déçus par la Plateforme citoyenne. Le Parti paysan (PSL), parti centriste et agrarien, a obtenu 5,1 % des voix et 16 sièges (– 12).

La gauche disparaît du Parlement polonais. La coalition Gauche unie (Zjednoczona Lewica, ZL), formée par l'Alliance de la gauche démocratique (SLD) de Leszek Miller, Ton mouvement (Twoj Ruch, TR) de Janusz Palikot, le Parti socialiste, les Verts et l'Union du travail (UP), ont obtenu 7,5 % des suffrages, soit un résultat situé au-dessous des 8 % indispensables à une coalition pour être représentée à la Diète.

Droit et justice s'est imposé au Sénat avec 61 élus pour 34 à la Plateforme citoyenne.

La participation a été légèrement supérieure (+ 2,6 points) à celle enregistrée lors des précédentes élections parlementaires du 9 octobre 2011 : un peu plus de la moitié des Polonais se sont rendus aux urnes (51,6 %).

Huit ans après sa dernière victoire électorale, Droit et justice n'attire plus seulement les Polonais les plus défavorisés, les perdants de la transition économique, les habitants des zones rurales et les plus religieux mais également de nombreux jeunes, qui n'ont pas connu la période communiste et se montrent aujourd'hui très préoccupés par la précarisation de l'emploi et par leur niveau de vie. « La nouvelle génération n'a pas – et pour cause

– conscience du saut immense qu'a fait le pays depuis 1989 » analyse Ben Stanley, politologue à l'université de Varsovie.

Par ailleurs, l'amélioration – réelle – du niveau de vie a conduit à une augmentation des aspirations des Polonais. « Le sentiment de bien-être n'a jamais été aussi élevé mais l'appréciation de la situation générale du pays reste mauvaise, soulignait le sociologue Janusz Czapiński quelques jours avant le scrutin parlementaire. La plupart des gens qui veulent voter pour Droit et justice adhèrent à son slogan d'une "Pologne en ruine" et à cette représentation d'une Pologne pauvre, inégale et injuste. »

Jarosław Kaczyński, le dirigeant de Droit et justice, s'est inspiré de son voisin hongrois Viktor Orbán (Alliance des jeunes démocrates-Union civique, Fidesz-MPP), notamment de sa décision, en 2010, de taxer les multinationales et les entreprises des secteurs économiques à forte présence étrangère (énergie, télécommunications, finances et grande distribution). « Droit et justice veut mettre en place un modèle d'État différent des démocraties occidentales classiques, un système autoritaire qui marginaliserait les institutions légales » constate Adam Michnik, directeur du quotidien *Gazeta Wyborcza*.

La Plateforme citoyenne a été victime de l'usure du pouvoir. En dépit de son – bon – bilan économique, la Pologne reste marquée par des inégalités de développement et Droit et justice a eu la partie aisée pour démontrer que tous les Polonais ne bénéficiaient pas des fruits du dynamisme économique du pays. « En termes de PIB, la Pologne s'est enrichie mais un grand nombre de Polonais se sont appauvris » souligne le politologue Kazimierz Kik. Au fil des années, les responsables de la Plateforme citoyenne sont apparus, à tort ou à raison, comme déconnectés de la population et arrogants. L'affaire des écoutes illégales (entretiens au langage parfois ordurier et compromettant pour de nombreuses personnalités de la vie politique et économique) qui a débuté en juin 2014 a fortement abîmé l'image du parti au pouvoir et déstabilisé le gouvernement à l'époque dirigé par Donald Tusk (PO). L'enquête qui a suivi la publication de ces écoutes a permis l'arrestation de plusieurs personnes et a entraîné la démission du président du parlement, Radosław Sikorski (PO), et de trois ministres en juin 2015.

La Plateforme citoyenne n'a pas été en mesure d'incarner le changement et la tentative du parti de jouer sur la peur d'un retour de Jarosław Kaczyński aux affaires n'a pas fonctionné.

Le 16 novembre 2015, Beata Szydło (PiS) a formé un gouvernement composé de seuls membres de Droit et justice, une première dans l'histoire du pays depuis la chute du communisme en 1989.

Résultats des élections parlementaires du 25 octobre 2015 en Pologne

Diète

Participation : 51,6%

Formations politiques	Nombre de voix obtenues	% des suffrages recueillis	Nombre de sièges obtenus
Droit et justice (PiS)	5 711 687	37,5	235
Plateforme citoyenne (PO)	3 661 774	24,1	138
Listes Paweł Kukiz	1 339 094	8,8	42
Modern PL (Nowoczesna)	1 155 370	7,6	28
Gauche unie (ZL)	1 147 102	7,5	0
Parti paysan (PSL)	779 875	5,1	16
Autres	1 405 769	9,4	0

Sénat

Participation : 51,6%

Formations politiques	Nombre de sièges obtenus
Droit et Justice (PiS)	61
Plateforme citoyenne (PO)	34
Listes Paweł Kukiz	0
Modern PL (Nowoczesna)	0
Gauche unie (ZL)	0
Parti paysan (PSL)	1
Indépendants	4

PORTUGAL

Élections législatives, 4 octobre 2015

La coalition Portugal à Frente (Portugal en avant), emmenée par le Premier ministre sortant Pedro Passos Coelho et regroupant sa formation du Parti social-démocrate (PSD), et le Parti populaire (PP), est arrivée largement en tête des élections législatives du 4 octobre 2015 au Portugal. Les deux partis ont recueilli ensemble 38,2% des suffrages et remporté 107 sièges (1 de moins que lors des élections législatives de 2011) à l'Assemblée de la République, chambre unique du Parlement portugais.

Le Parti socialiste (PS), principale formation d'opposition, a obtenu 32,3 % des voix et 86 sièges (+ 12).

Les deux partis sont suivis par le Bloc des gauches (BE), qui a recueilli 10,2 % des suffrages et remporté 19 sièges (+ 11) et qui, pour la première fois, a devancé la Coalition démocratique unitaire (CDU), alliance du Parti communiste portugais (PCP) et du Parti écologiste-Les Verts (PEV), qui a obtenu 8,2 % des voix et 17 sièges (+ 1). Les formations de la gauche radicale ont réalisé un résultat nettement plus élevé que celui prévue par les enquêtes préélectorales.

La participation a été inférieure de 2,2 points à celle enregistrée lors des précédentes élections législatives de 2011. La moitié des Portugais se sont rendus aux urnes : 55,8 %.

L'amélioration de la situation économique, notamment la baisse du chômage, semble avoir convaincu les Portugais à choisir la voie de la continuité. Le manque d'enthousiasme des électeurs à l'égard de ce scrutin et la forte abstention qui en a résulté expliquent également le résultat élevé de la coalition de droite.

Les socialistes avaient fait campagne en dénonçant la politique d'austérité menée par le Premier ministre sortant Pedro Passos Coelho et en promettant beaucoup sans réellement préciser comment ils comptaient financer leurs engagements dans un pays qui connaît encore de grandes difficultés financières. Au cours de la campagne électorale, leur dirigeant Antonio Costa avait cependant modéré son discours, affirmant qu'il honorerait les engagements du Portugal et qu'il poursuivrait la politique de réduction du déficit s'il accédait au pouvoir à l'issue du scrutin.

En dépit de sa victoire, la coalition de droite n'a pas obtenu la majorité absolue au parlement. Le 25 novembre 2015, le socialiste Antonio Costa a donc été nommé à la tête du gouvernement, après s'être accordé sur plusieurs points avec les partis de la gauche radicale : la fin du gel des retraites, le relèvement progressif du salaire minimum mais également le respect du cadre budgétaire européen.

Résultats des élections législatives du 4 octobre 2015 au Portugal
Participation : 55,8 %

Formations politiques	Nombre de voix obtenues	% des suffrages recueillis	Nombre de sièges
Portugal en avant (Parti social-démocrate-Parti populaire, PSD-PP)	1 993 504	38,2	107
Parti socialiste (PS)	1 747 730	32,3	86
Bloc des gauches (BE)	550 945	10,2	19
Coalition démocratique unitaire (CDU)	445 901	8,2	17
Peuple-Animaux-Nature	75 170	1,3	1
Autres	392 863	9,8	0

ROYAUME-UNI

Élections générales, 7 mai 2015

Le 7 mai 2015, les électeurs britanniques ont accordé une large victoire aux Tories au pouvoir depuis cinq ans. Le Parti conservateur (Cons) du Premier Ministre sortant David Cameron a recueilli 36,8 % des suffrages et remporté avec 330 sièges (+ 23 par rapport aux précédentes élections générales de 2010) la majorité absolue à la Chambre des communes, chambre basse du parlement britannique. Les Tories ont largement devancé les travaillistes, qui ont obtenu 30,5 % des voix et 232 députés (– 26), soit leur plus faible résultat depuis vingt-huit ans.

Les Libéraux-Démocrates (LibDem), conduits par le vice-Premier Ministre sortant Nick Clegg, ont payé leur participation au gouvernement sortant aux côtés des conservateurs et ont subi une déroute : 7,9 % des suffrages et 8 sièges (– 49).

Le deuxième vainqueur de ces élections générales est le Parti national écossais (SNP), qui s'est largement imposé en Écosse, seule région où la formation est présente et jusqu'à ce jour fief historique des travaillistes, où il a remporté 56 des 59 députés (+ 50) que compte cette région du royaume (4,7 % des voix au niveau national).

Le Parti pour l'indépendance du Royaume-Uni (UKIP), formation populiste et europhobe, a recueilli 12,7 % des suffrages, mais il n'a remporté qu'un seul siège (– 1 par rapport à la Chambre des communes sortante).

Son dirigeant Nigel Farage a été battu dans la circonscription de South Thanet Sud (Kent) où il se présentait, ce qui l'a conduit à abandonner, dès le lendemain du scrutin, la tête de sa formation.

En Irlande du Nord, le Parti démocratique d'Ulster (DUP), formation protestante unioniste favorable au maintien de l'Irlande dans le Royaume-Uni, a remporté 8 sièges (=) ; le Sinn Féin, parti républicain et nationaliste irlandais, 4 (– 1) ; le Parti travailliste et social-démocrate (SDLP), formation catholique d'Irlande du Nord, 3 (=) ; et le Parti unioniste d'Ulster (UUP), parti conservateur protestant, 2.

En dépit de ce qu'avaient prédit les enquêtes d'opinion, les Britanniques semblent donc avoir décerné un satisfecit aux conservateurs aux commandes du pays depuis cinq ans et avoir été séduits par la perspective de l'organisation d'un référendum sur la sortie du Royaume-Uni de l'Union européenne au cours de la prochaine législature (promesse de David Cameron). Par ailleurs, très habitués (et très favorables) à leur mode de scrutin (appelé *First past the post*), qui donne un large avantage aux grands partis, ils ont voté « utile ».

Si le Parti national écossais a privé les travaillistes de nombreux élus dans la région la plus septentrionale du royaume, les pertes du Labour en Écosse ne sont cependant pas suffisantes pour expliquer sa défaite. Les travaillistes ont pâti de leur faible crédibilité en matière économique alors que l'économie constituait, selon les sondages, la priorité des Britanniques pour ce scrutin général. Le dirigeant travailliste Ed Miliband a d'ailleurs reconnu que sa formation « n'avait pas réalisé suffisamment de progrès en Angleterre ». Enfin, la déroute des Libéraux-Démocrates a profité davantage aux conservateurs qu'à l'opposition. Finalement, comme lors du référendum sur l'indépendance de l'Écosse du 18 septembre 2014, les électeurs ont préféré la continuité au changement.

Conséquence du scrutin, pas moins de trois dirigeants politiques ont démissionné le lendemain du vote : le travailliste Ed Miliband, le libéral-démocrate Nick Clegg et le dirigeant du Parti pour l'indépendance du Royaume-Uni Nigel Farage. Ce dernier n'a toutefois pas exclu son retour dans les prochains mois.

Les deux tiers des Britanniques se sont rendus aux urnes (66,1 %). La participation a été de 1 point supérieure à celle enregistrée lors des précédentes élections du 6 mai 2010.

Les Britanniques ont donc plébiscité l'action de leur Premier Ministre sortant David Cameron. Celui-ci a en effet pu mettre en avant un bilan économique indiscutable : retour de la croissance, qui est aujourd'hui la plus élevée depuis 2007 (2,6 % en 2014 et 3,5 % prévus pour l'année 2015) et baisse du taux de chômage, qui s'établit à son plus faible niveau depuis juin 2008 (5,5 % en janvier 2015). Les conservateurs ont créé deux millions de nouveaux emplois depuis 2010. Le gouvernement des conservateurs et des libéraux-démocrates avait su réaliser l'essentiel de ses réformes en début de mandat avant de desserrer l'austérité – à partir de 2013 – en équilibrant réduction des déficits et maintien de la croissance, ce qui a conduit à une reprise économique.

Le Parti travailliste a essuyé une sévère défaite. Le Labour promettait davantage d'égalité sociale, notamment par une taxation plus importante des plus riches et il plaidait pour des coupes moins drastiques et davantage échelonnées dans le temps dans les dépenses sociales que celles proposées par la formation de David Cameron. Cependant, dépourvu d'un projet alternatif, il ne disputait finalement aux Tories que la méthode ou la péréquation. Par ailleurs, le dirigeant de l'opposition Ed Miliband, jugé peu charismatique, était considéré comme moins crédible au niveau économique que son principal rival. Le Parti national écossais a, quant à lui, pris une sorte de revanche sur le référendum perdu sur l'indépendance de l'Écosse du 18 septembre 2014 en devenant la troisième force politique de la Chambre des communes bénéficiant de sa concentration géographique qui lui permet de ne pas pâtir du mode de scrutin.

« Qu'il s'agisse du Parti national écossais ou du Parti pour l'indépendance du Royaume-Uni, on assiste à un réflexe de repli sur l'identité nationale face à une menace extérieure même si ces deux partis ont deux conceptions très différentes de l'État-nation » constate ainsi Agnès Alexandre-Collier, professeur de civilisation britannique à l'université de Bourgogne.

Passées ces élections générales et conséquemment à la grande victoire des conservateurs, l'Europe se retrouve au cœur des débats politiques britanniques. Le Premier Ministre David Cameron a fait de la tenue d'un référendum sur la sortie de son pays de l'Union européenne une ligne rouge de son programme. Fort de sa majorité absolue, celui-ci sera organisé d'ici à 2017.

Résultats des élections générales du 7 mai 2015 au Royaume-Uni
Participation : 66,1 %

Formations politiques	Nombre de voix obtenues	% des suffrages exprimés	Nombre de sièges
Parti conservateur (Cons)	11 333 109	36,8	330
Parti travailliste (Labour)	9 347 324	30,5	232
Parti pour l'indépendance du Royaume-Uni (UKIP)	3 881 099	12,7	1
Libéraux-Démocrates (LibDem)	2 415 862	7,9	8
Parti national écossais (SNP)	1 454 436	4,7	56
Parti vert d'Angleterre et du Pays de Galles (G)	1 157 613	3,8	1
Parti démocratique d'Ulster (DUP)	184 260	0,6	8
Plaid Cymru-Parti du Pays de Galles (PC)	181 704	0,6	3
Sinn Féin (SF)	176 232	0,6	4
Parti unioniste d'Ulster (UUP)	114 935	0,4	2
Parti travailliste et social-démocrate (SDLP)	99 809	0,3	3
Autres	349 487	1,1	1

ANNÉE 2016

AUTRICHE

Élection présidentielle, 24 avril, (22 mai) et 4 décembre 2016

Après un marathon électoral, Alexander Van der Bellen a finalement été élu président de la République autrichienne le 4 décembre 2016. Le candidat écologiste, qui se présentait en indépendant, a recueilli 53,8 % des suffrages, pour 46,2 % des voix à son adversaire, le populiste Norbert Hofer (Parti de la liberté, FPÖ).

Ce « troisième » tour de scrutin avait été organisé après l'invalidation du deuxième tour du 22 mai 2016 qui avait vu la victoire d'Alexander Van der Bellen avec 30 863 suffrages d'avance sur Norbert Hofer. Ce dernier avait contesté les résultats.

Les candidats des deux partis au pouvoir – le Parti social-démocrate autrichien (SPÖ) du chancelier Werner Faymann et le Parti populaire autrichien (ÖVP)–, respectivement Rudolf Hundstorfer, ancien ministre des Affaires sociales et de la Protection des consommateurs (2008-2016), et Andreas Khol, ancien président du Conseil national (2002-2006), avaient été éliminés de la course présidentielle dès le premier tour de scrutin, après avoir obtenu chacun un résultat quasiment identique (respectivement 11,3 % et 11,1 % des suffrages). Cette élimination est une première depuis la fin de la Seconde Guerre mondiale. Cette élection présidentielle a ainsi confirmé que le principe du *Proporzsystem*, système corporatiste fondé sur le compromis et le partage du pouvoir entre les deux principaux partis du pays ainsi que sur la coopération entre les syndicats et le patronat, qui figure au cœur du système politique autrichien, est à bout de souffle, ce qui explique la forte progression du FPÖ, aujourd'hui première formation d'Autriche selon les enquêtes d'opinion.

Alexander Van der Bellen a bénéficié du front républicain organisé par la société civile, la chose n'existant pas au sein de la classe politique autrichienne. Rappelons que, entre 2000 et 2007, l'ÖVP et le FPÖ ont gouverné ensemble au niveau fédéral (le SPÖ et le FPÖ ont fait de même entre 1983 et 1986) et que le SPÖ dirige aujourd'hui le *Land* du Burgenland, région d'où est originaire Norbert Hofer, avec la formation populiste. L'ÖVP, le PSÖ, les Verts et le FPÖ gouvernent également ensemble la région de Haute-Autriche.

En dépit de sa défaite, l'élection présidentielle est une source de satisfaction pour le FPÖ qui a obtenu le résultat le plus élevé de son histoire à un scrutin fédéral.

Résultats de l'élection présidentielle des 24 avril et 4 décembre 2016 en Autriche
Participation : 68,5% (premier tour) et 74,2% (second tour)

Candidats	Nombre de voix (premier tour)	% des suffrages (premier tour)	Nombre de voix (second tour)	% des suffrages (second tour)
Alexander Van der Bellen (indépendant)	913 218	21,3	2 472 892	53,8
Norbert Hofer (Parti de la liberté, FPÖ)	1 499 971	35,1	2 124 892	46,2
Irmgard Griss (indépendante)	810 641	18,9		
Rudolf Hundstorfer (Parti social-démocrate autrichien, SPÖ)	482 790	11,3		
Andreas Khol (Parti populaire autrichien, ÖVP)	475 767	11,1		
Richard Lugner (indépendant)	96 783	2,3		

BULGARIE

Élection présidentielle, 6 et 13 novembre 2016

Roumen Radev, soutenu par le Parti socialiste bulgare (BSP), a remporté l'élection présidentielle en Bulgarie le 13 novembre 2016. Avec 59,3% des suffrages, il a devancé au second tour de scrutin la présidente de l'Assemblée nationale, chambre unique du parlement bulgare, Tsetska Tsacheva, qui représentait la formation du Premier ministre en exercice Boïko Borissov, les Citoyens pour le développement européen de la Bulgarie (GERB, "blason" en bulgare), qui a recueilli 36,1% des voix. Il s'agit d'un sérieux revers et d'une première défaite pour le chef du gouvernement qui voit sa candidate battue de plus de 23 points. Roumen Radev était arrivé en tête du premier tour de l'élection présidentielle organisé, le 6 novembre, avec 25,4 % des suffrages. Sa rivale avait recueilli 21,9 % des voix.

Conformément à la promesse qu'il avait faite de se retirer dans le cas où Tsetska Tsacheva ne remporterait pas le scrutin, le Premier ministre Boïko Borissov, qui avait transformé l'élection présidentielle en vote de confiance sur son gouvernement alors même que le chef de l'État a un rôle essentiellement honorifique en Bulgarie, a annoncé sa démission à l'issue du scrutin.

Le président de la République sortant Rossen Plevneliev ne pouvant dissoudre le parlement durant les trois derniers mois de son mandat, qui se termine le 22 janvier 2017, des élections législatives consécutives à la démission du chef du gouvernement seront organisées au printemps 2017.

Roumen Radev a indiqué qu'il serait très actif en matière de lutte contre la corruption – un fléau qui gangrène la Bulgarie –, de transparence des institutions et de gestion des migrations. Surnommé « le général rouge » par ses opposants, il a annoncé qu'il développerait la coopération économique avec la Russie. Il est favorable à la levée des sanctions économiques imposées par l'Union européenne à Moscou à la suite de son annexion de la Crimée (« russe de fait » selon lui) et de son intervention militaire dans l'est de l'Ukraine.

L'élection de Roumen Radev constitue, après la victoire de Donald Trump (Parti républicain) le 8 novembre 2016 à la présidentielle des États-Unis, la seconde bonne nouvelle de la semaine pour le président de la Fédération de Russie, Vladimir Poutine.

Résultats de l'élection présidentielle des 6 et 13 novembre 2016 en Bulgarie
Participation : 56,2% (premier tour) et 50,4% (second tour)

Candidats	Nombre de voix (premier tour)	% des suffrages (premier tour)	Nombre de voix (second tour)	% des suffrages (second tour)
Roumen Radev (Parti socialiste, BSP)	973 754	25,4	2 063 032	59,3
Tsetska Tsacheva (Citoyens pour le développement européen de la Bulgarie, GERB)	840 635	21,9	1 256 485	36,1
Krassimir Karakachanov (Coalition Patriotes unis)	573 016	14,9		
Veselin Mareshki	427 660	11,1		
Plamen Oresharski (indépendant)	253 726	6,6		
Traïtcho Traïkov (Bloc réformiste, RB)	224 734	5,8		
Ivaïlo Kalfin (Comité Kalfin)	125 531	3,2		
Tatiana Doncheva (Mouvement PP 21)	69 372	1,8		
Georgi Ganchev (Union chrétienne-démocrate)	27 928	0,7		
Velizar Enchev (Mouvement pour un changement radical-Printemps bulgare)	18 213	0,4		
Dimitar Marinov (indépendant)	14 974	0,3		
Roumen Galabinov (indépendant)	10 286	0,2		
Plamen Paskov (indépendant)	10 103	0,2		
Alexander Tomov (Sociaux-démocrates bulgares-Euroleft)	9 513	0,2		
Gospodin Tonchev (Communauté démocratique bulgare)	6 855	0,1		
Kemil Ramadan (Ligue démocratique balkanique)	6 089	0,1		
Kamen Popov (indépendant)	5 212	0,1		
Diana Dimitrova (indépendant)	4 362	0,1		
Nikolay Banev (indépendant)	4 196	0,1		
Yordanka Koleva (indépendant)	4 182	0,1		
Bisser Milanov (indépendant)	3 215	0,08		

CHYPRE

Élections législatives, 22 mai 2016

Le Rassemblement démocratique (DISY), parti du président de la République Níkos Anastasiádis, s'est imposé aux élections législatives qui se sont déroulées à Chypre le 22 mai 2016, avec 30,6 % des suffrages. Il a remporté 18 sièges (– 2 par rapport au précédent scrutin du 22 mai 2011) et il a devancé le Parti progressiste des travailleurs (AKEL), formation de gauche qui a recueilli 25,6 % des voix et obtenus 16 élus (– 3) et qui reste discréditée par sa gestion de la crise économique durant ses années au pouvoir (2008-2013).

Le Parti démocratique (DIKO), formation de centre gauche, a pris la troisième place du scrutin avec 14,4 % des suffrages et 9 sièges (=) devant le Mouvement pour la social-démocratie (EDEK), qui a obtenu 6,1 % des voix et 3 députés (– 2).

Quatre « petits » partis seront également représentés dans la prochaine *Vouli Antiprosopon* (Chambre des représentants), chambre unique du Parlement chypriote, qui sera donc particulièrement fragmentée : l'Alliance des citoyens (SP), qui a recueilli 6 % des suffrages et remporté 3 sièges ; Solidarité (KA), qui a obtenu 5,2 % des voix et 3 élus ; le Parti vert-Coopération citoyenne (KO-SP), 4,8 % des suffrages et 3 députés et, enfin, pour la première fois depuis l'indépendance de l'île en 1960, une formation nationaliste, le Front national populaire (ELAM), qui fera son entrée au parlement chypriote avec 3,7 % des voix et 2 sièges. L'île méditerranéenne est donc à son tour touchée par la vague populiste qui déferle sur l'Europe.

Alors que le vote est obligatoire dans le pays, la participation a été de loin la plus faible jamais enregistrée à Chypre : elle s'est élevée à 66,7 %, soit 12 points de moins que lors des précédentes élections législatives du 22 mai 2011.

Chypre est sortie du programme d'aide internationale que lui avait accordé en avril 2013 la Troïka (Fonds monétaire international, Union européenne et Banque centrale européenne) le 31 mars 2016. L'île a retrouvé la croissance en 2015 (1,4 %), après trois années de récession. Le déficit public du pays s'élève désormais à 1 % du PIB (pour 8,9 % en 2014) et Nicosie peut, de nouveau, se financer sur les marchés.

L'ensemble des formations politiques, à l'exception du Rassemblement démocratique, avait mené campagne contre la politique d'austérité menée au cours des cinq dernières années. Cependant, la population chypriote a souffert de des restructurations restructurations bancaires, des coupes dans les rémunérations des personnels de la fonction publique, de l'augmentation de plusieurs autres taxes, dont la TVA et l'impôt sur les bénéfices des sociétés passé de 10 à 12,5 %, de la hausse des charges sociales, elle a cependant choisi la stabilité et elle a, une nouvelle fois, accordé sa confiance à l'équipe sortante.

Résultats des élections législatives du 22 mai 2016 à Chypre
Participation : 66,7 % (le vote est obligatoire à Chypre)

Formations politiques	Nombre de voix	% des suffrages exprimés	Nombre de sièges
Rassemblement démocratique (DISY)	107 825	30,6	18
Parti progressiste des travailleurs (AKEL)	90 204	25,6	16
Parti démocratique (DIKO)	50 923	14,4	9
Mouvement pour la social-démocratie (EDEK)	21 732	6,1	4
Alliance des citoyens (SP)	21 114	6,0	3
Solidarité (KA)	18 424	5,2	3
Parti vert-Coopération citoyenne (KO-SP)	16 909	4,8	3
Front national populaire (ELAM)	13 041	3,7	2
Minorités			3
Autres	7 129	3,2	0

CROATIE

Élections législatives, 11 septembre 2016

L'Union démocratique (HDZ), dirigée par Andrej Plenković, est arrivée en tête des élections législatives du 11 septembre 2016 en Croatie, premier scrutin anticipé organisé dans le pays depuis l'indépendance de 1991. Ces élections faisaient suite à la dissolution, le 21 juin 2016, du Hrvatski Sabor, chambre unique du Parlement croate, elle-même consécutive à un vote de défiance à l'encontre du gouvernement dirigé par l'indépendant Tihomir Orešković.

Le HDZ a déjoué les prévisions des enquêtes d'opinion préélectorales et a recueilli 33,8 % des suffrages et a remporté 59 sièges (+ 3 par rapport aux précédentes élections législatives du 8 novembre 2015). Principale formation d'opposition, le Parti social-démocrate (SPD), conduit par l'ancien Premier ministre (2011-2016) Zoran Milanović et allié à trois autres partis – le Parti populaire (HNS), le Parti paysan croate (HSS), et le Parti des retraités (HSU) – au sein de la Coalition du peuple, est en recul. Il a obtenu 33,8 % des voix et 54 élus (– 2).

Most-Nezavisnih lista (Pont-Listes indépendantes) est également en baisse, même s'il a maintenu sa troisième place avec 9,9 % des suffrages. Il a remporté 13 sièges (– 6). Enfin, Živi Zid (ZZ, Bouclier humain), formation fondée pour lutter contre les expulsions et les banques étrangères qu'elle accuse de pratiquer des taux d'intérêt trop élevés, a réalisé une percée en obtenant 6,2 % des voix et 8 sièges (+ 7).

La participation a été plus faible que celle enregistrée lors du précédent scrutin du 8 novembre 2015 (– 6,5 points). Elle s'est élevée à 54,3 %.

Andrej Plenković a créé la surprise en permettant au HDZ de conserver sa première place aux élections législatives. Nouveau dirigeant de ce parti désigné en juillet 2016, il a opéré un recentrement politique, loin des postures nationalistes de son prédécesseur Tomislav Karamarko.

Pari raté en revanche pour Zoran Milanović. Durant la campagne électorale, le dirigeant social-démocrate n'avait pourtant pas hésité à attiser les tensions nationalistes. Alors que le HDZ se recentrait, le SPD avait en effet choisi de jouer la carte nationaliste. « Les formations politiques mènent une politique néolibérale et surfent sur un certain sentiment d'euroscepticisme. Mais, concrètement, elles n'ont pas grand-chose à offrir aux citoyens » a commenté le journaliste Toni Gabrić. Comme lors des précédentes élections législatives du 8 novembre 2015, aucun des partis n'a, durant la campagne électorale, indiqué la façon dont il pensait pouvoir améliorer la situation des Croates qui vivent dans l'un des pays les plus pauvres de l'Union européenne. L'économie nationale reste très largement dominée par l'État : le secteur public est très important et le faible développement du secteur privé, notamment des petites et moyennes entreprises (PME), constitue l'un des principaux problèmes du pays.

À l'issue du scrutin, Andrej Plenković s'est uni à Most-Nezavisnih lista pour former un gouvernement qui est soutenu au parlement par le Parti paysan croate (HSS) et le Parti démocrate serbe indépendant (SDSS).

Résultats des élections législatives du 11 septembre 2016 en Croatie
Participation : 54,3 %

Formations politiques	Nombre de voix	% des suffrages	Nombre de sièges
Union démocratique (HDZ)	682 687	36,2	59
Coalition du peuple (Parti social-démocrate, SPD ; Parti populaire, HNS ; Parti paysan croate, HSS ; Parti des retraités, HSU)	636 602	33,8	54
Most-Nezavisnih lista (Pont-Listes indépendantes)	186 626	9,9	13
Zivi zid (ZZ, Bouclier humain)	117 208	6,2	8
Autres	296 065	14	6

ESPAGNE

Élections parlementaires, 26 juin 2016

Gouvernée depuis son retour à la démocratie, en 1975 en alternance par les deux « grandes » formations que sont le Parti populaire (PP) et le Parti socialiste ouvrier (PSOE), l'Espagne s'était retrouvée à l'issue des élections parlementaires du 20 décembre 2015 devant un Parlement fragmenté, dans l'incapacité de dégager une majorité de gouvernement. Les Espagnols sont donc revenus aux urnes le 26 juin 2016.

Le PP, conduit par le Premier ministre sortant Mariano Rajoy, est arrivé en tête de ces nouvelles élections parlementaires. La formation a recueilli 33 % des suffrages et a remporté 137 sièges au Congrès des députés (+ 14 par rapport au précédent scrutin du 20 décembre 2015) et 151 sièges au Sénat. Il devance le PSOE de Pedro Sánchez qui, contrairement à ce qu'avaient annoncé les enquêtes d'opinion, est resté le deuxième parti du pays et a obtenu 22,6 % des voix – deuxième résultat le plus faible de son histoire – et 85 députés (– 5 sièges) ainsi que 63 élus au Sénat.

Unidas Podemos, alliance de Podemos et de la Gauche unie (Izquierda Unida, IU) a recueilli 21,1 % des suffrages et a remporté 71 sièges à la chambre basse (23 sièges au Sénat). Les deux formations avaient obtenu ensemble 24,4 % des voix le 20 décembre dernier et 71 députés. Enfin, Ciudadanos (C's) d'Alberto Rivera a recueilli 13 % des suffrages et remporté

32 sièges (– 8) au Congrès des députés. Les deux formations politiques les plus récentes du royaume ibérique sont donc les perdantes des élections parlementaires du 26 juin.

La participation a été l'une des plus faibles jamais enregistrée dans l'Espagne démocratique : seuls les deux tiers des électeurs (66,5 %) se sont rendus aux urnes. « Le vote s'est fragmenté. Chaque formation a renforcé son identité auprès de son électorat en traçant des lignes rouges. Résultat : chacun campe sur ses positions et le système est bloqué » commente le politologue Enrique Gil Calvo. « Il faut que les Espagnols s'habituent à l'idée que le bipartisme historique a vécu. Nous sommes installés dans un contexte quadripartite pour une longue période et il faudra bien faire avec, faute de quoi nous sommes condamnés à une instabilité chronique » a pour sa part expliqué le sociologue José Juan Toharia.

Comme les précédentes, les élections du 26 juin n'ont pas permis de dégager une majorité de gouvernement. Le PP est la seule formation à progresser. Le vote des Britanniques en faveur de la sortie de leur pays de l'Union européenne trois jours avant les élections parlementaires du royaume ibérique a entraîné la plus importante chute de toute l'histoire de la Bourse de Madrid (– 12 %) et celle des taux d'intérêt de la dette souveraine espagnole et a certainement contribué à accroître le sentiment d'incertitude parmi les électeurs qui, de ce fait, ont été moins nombreux à se tourner vers les nouvelles forces politiques. Le Premier ministre sortant, Mariano Rajoy, avait mis ses compatriotes en garde contre les « expérimentations des extrémistes et des radicaux » après l'annonce des résultats du référendum britannique.

De leur côté, les socialistes, qui craignaient d'être victimes du *sorpasso* (dépassement en italien), autrement dit d'être devancés par la gauche radicale, se sont maintenus.

La progression du PP a accru le total des sièges de la droite (169) par rapport à ceux de la gauche (157). Par conséquent, Mariano Rajoy a revendiqué le « droit de gouverner ». Il est parvenu à obtenir une majorité au Parlement le 29 octobre 2016 (170 pour, 111 contre et 68 abstentions) après que les socialistes ont choisi de s'abstenir lors du vote à la chambre basse.

Résultats des élections parlementaires du 26 juin 2016 en Espagne

Congrès des députés

Participation : 66,5%

Formations politiques	Nombre de voix	% des suffrages	Nombre de sièges
Parti populaire (PP)	7 941 236	33	137
Parti socialiste ouvrier espagnol (PSOE)	5 443 846	22,6	85
Unidas Podemos (Podemos-Gauche unie)	5 087 538	21,1	71
Ciudadanos (C's)	3 141 570	13	32
Autres	2 439 565	10,3	25

Sénat

Participation : 65,7%

Formations politiques	Nombre de sièges
Parti populaire (PP)	151
Parti socialiste ouvrier espagnol (PSOE)	63
Unidas Podemos (Podemos-Gauche unie)	23
Ciudadanos (C's)	3
Autres	26

IRLANDE

Élections législatives, 26 février 2016

Les deux formations de la coalition gouvernementale sortante ont enregistré un sévère revers lors des élections législatives du 26 février 2016 en Irlande. Le Fine Gael (FG, « Clan des Gaels » en gaélique) du Premier ministre sortant Enda Kenny a recueilli 25,5% des suffrages et remporté 50 sièges. Son partenaire gouvernemental, le Parti travailliste (Labour) a obtenu 6,6% des voix et 7 sièges. Rappelons que 158 députés ont été élus le 26 février, soit huit de moins que le Dail Eireann, chambre basse du Parlement, n'en comptait jusqu'alors. Au total, la majorité sortante a perdu 23,4 points par rapport aux précédentes élections législatives du 25 février 2011.

Le Fianna Fail (FF, Soldats de la destinée), formation de centre droit, renaît véritablement de ses cendres et fait quasiment jeu égal avec le Fine Gael en recueillant 24,35 % des suffrages et en gagnant 44 sièges. Le parti semble avoir réussi à attirer une partie de l'électorat travailliste, déçu du fait que le Labour ait accepté les mesures d'austérité et ne soit pas parvenu à mieux défendre l'État-providence au cours de ses cinq années au gouvernement.

Le Sinn Féin (SF, Nous-mêmes), formation nationaliste d'extrême gauche, recueille le résultat le plus élevé de son histoire : 13,8 % des voix et 23 sièges. Le parti a néanmoins pâti du résultat des partis de gauche radicale comme l'Alliance contre l'austérité-Le Peuple avant les profits (AAA-PBP), qui a obtenu 3,9 % des suffrages et 6 sièges, mais aussi des Sociaux-démocrates, qui a obtenu 3 % des voix et 3 sièges, et du Parti vert, qui a recueilli 2,7 % des suffrages et gagné 2 sièges. Renua Ireland, formation de droite, a obtenu 2,1 % des voix. Enfin, les candidats indépendants ont recueilli 13,3 % des voix et ont remporté 23 sièges. Un résultat que l'on peut également analyser comme un rejet du système politique.

La participation a chuté de cinq points par rapport aux précédentes élections législatives du 25 février 2011 et s'est établie à 65,1 %.

Le scrutin du 26 février montre combien l'électorat irlandais s'est fragmenté depuis la crise financière et économique de 2008. Entre 1930 et 2007, le Fianna Fail et le Fine Gael ont dominé la scène politique du pays, qu'ils ont dirigé en alternance. Avec 25,5 % des suffrages, le Fine Gael a recueilli son troisième plus faible résultat depuis 1948.

« L'année 2016 pourrait être celle du tremblement de terre électoral en Irlande en raison de l'émergence de petits partis et de la présence de nombreux indépendants » indiquait Muiris MacCarthaigh, maître de conférences en science politique de la Queen's University de Belfast, quelques semaines avant le scrutin.

Les Irlandais ont sanctionné la politique d'austérité menée par le gouvernement sortant, qui avait fait campagne sur son bilan socio-économique et s'était présenté comme le garant de la stabilité indispensable pour terminer le travail en cours. L'Irlande possède aujourd'hui la croissance économique la plus élevée de l'Union européenne : 4,5 % prévu en 2016, après 6 % en 2015. Son budget est équilibré, sa dette publique est en baisse (107,7 % l'an passé, pour 111,1 % en 2011), son déficit budgétaire atteint 1,5 % du PIB (pour 32 % en 2010), la consommation est en hausse et le chômage est en recul (8,6 % en février 2016 pour 10,1 % en février 2015) et même à son plus faible niveau depuis 2008.

Certaines mesures de la politique d'austérité ont cependant été douloureuses pour une grande partie des Irlandais, comme la baisse du nombre de fonctionnaires (– 12 % entre 2008 et 2015), le recul de leurs salaires de 20 %, la réduction des aides sociales, l'augmentation de la TVA et des taxes sur les alcools et les cigarettes, la création d'un impôt sur l'eau. En outre, les services publics restent défaillants dans le pays et la crise du logement s'est encore aggravée, les emplois sont précaires et les salaires faibles. Quelque 16 % de travailleurs irlandais vivent sous le seuil de pauvreté.

Plusieurs scénarios étaient envisageables à l'issue du scrutin : la reconduction du gouvernement sortant composé du Fine Gael et du Labour, élargi à des personnalités indépendantes et des « petits » partis ; la formation d'une « grande coalition » entre les deux partis ennemis qui ont gouverné l'Irlande depuis 1932, le Fine Gael et le Fianna Fail, ou encore la formation d'un gouvernement minoritaire. Cette dernière option a été celle choisie par Enda Kenny, qui a constitué un gouvernement rassemblant des membres de sa propre formation et trois indépendants.

Résultats des élections législatives du 26 février 2016 en Irlande
Participation : 65,1 %

Formations politiques	Nombre de voix de première préférence	% des suffrages de première préférence	Nombre de sièges
Fine Gael (FG)	544 140	25,5	50
Fianna Fail (FF)	519 356	24,3	44
Sinn Féin (SF)	295 319	13,8	23
Parti travailliste (Lab)	140 898	6,6	7
Alliance contre l'austérité- Le Peuple avant les profits (AAA-PBP)	84 168	3,9	6
Sociaux-Démocrates	64 094	3,0	3
Parti vert	57 999	2,7	2
Renua Ireland	46 552	2,1	0
Autres	110 681	4,8	0
Indépendants	242 016	13,3	23

LITUANIE

Élections législatives, 9 et 23 octobre 2016

Le Parti paysan et vert (LVZS) s'est imposé aux élections législatives lituaniennes des 9 et 23 octobre 2016. La formation totalise désormais 56 sièges au Seimas, chambre unique du Parlement lituanien. Elle devance l'Union de la patrie-Chrétiens-démocrates (TS-LKD), conduite par Gabrielius Landsbergis, petit-fils du héros de l'indépendance lituanienne Vytautas Landsbergis, qui possède 31 élus, et le Parti social-démocrate (LSP), formation dirigée par le Premier ministre sortant Algirdas Butkevičius, qui a obtenu 17 sièges.

« Le résultat des élections législatives montre que les gens veulent voir des visages nouveaux. Ils ne sont pas satisfaits de la politique menée ces dernières années mais ce qu'ils souhaitent reste difficile à dire. Les candidats du Parti paysan et vert sont peu connus » analyse Ramūnas Vilpišauskas, directeur de l'Institut des relations internationales et des sciences politiques de Vilnius.

Le TS-LKD est arrivé en tête avec 22,6 % des voix (scrutin proportionnel). La formation avait devancé de très peu le LVZS, qui avait recueilli 22,4 % des suffrages. Le LSP avait pris la troisième place avec 15 % des voix.

Derrière, le Mouvement libéral (LRLS) avait recueilli 9,4 % des suffrages ; l'Action électorale polonaise (LLRA), parti représentant la minorité polonaise de Lituanie, 5,7 % des voix, et Pour l'ordre et la justice (TT), parti populiste de droite, 5,5 % des suffrages. On notera que le Parti du travail (DP), formation populiste de gauche, membre de la coalition gouvernementale sortante, avait obtenu 4,8 % des voix, soit au-dessous du minimum de 5 % indispensable pour être représenté au Parlement lituanien.

La participation a été légèrement inférieure à celle enregistrée lors des précédentes élections législatives des 14 et 28 octobre 2012 : seul un Lituanien sur deux s'est rendu aux urnes (50,6 %, soit 2,4 points de moins qu'il y a quatre ans).

Les Lituaniens ont donc voté pour le changement et fait mentir les enquêtes d'opinion qui avaient anticipé une reconduction des sociaux-démocrates au pouvoir. La formation du Premier ministre sortant Algirdas Butkevičius a été sanctionnée par des électeurs insatisfaits de leurs conditions de vie (l'emploi et les salaires ont été les deux motivations de vote les plus importantes selon les enquêtes d'opinion). Les sociaux-démocrates ont également payé leur vote d'un nouveau code du travail (rendant l'emploi plus flexible) et leur implication, au début de cette année, dans un scandale de corruption concernant des constructions dans des zones protégées situées près de Druskininkai, ville située au sud du pays. Le ralliement le 23 mars 2016 de l'une des personnalités les plus populaires de Lituanie, Saulius Skvernelis, ministre de l'Intérieur et ancien chef de la police nationale, connu pour son combat contre la corruption, au Parti paysan et vert semble avoir grandement bénéficié à la formation. « Le scrutin du 9 octobre a été un vote de protestation contre le gouvernement sortant emmené par les sociaux-démocrates » expliquait Ramūnas Vilpišauskas.

À l'issue du scrutin, Saulius Skvernelis a néanmoins choisi de former un gouvernement de coalition comprenant le Parti paysan et vert, le Parti social-démocrate et des indépendants.

Résultats des élections législatives du 9 octobre 2016 en Lituanie
Participation : 50,6%

Formations politiques	Scrutin majoritaire		Scrutin proportionnel		Nombre total de sièges
	Nombre de voix	% des suffrages	Nombre de sièges	% des suffrages	
Union de la patrie-Chrétiens-démocrates (TS-LKD)	276 275	22,6	20	11	31
Parti paysan et vert (LVZS)	274 108	22,4	19	35	54
Parti social-démocrate (LSP)	183 597	15	13	4	17
Mouvement libéral (LRLS)	115 361	9,4	8	6	14
Coalition anticorruption de Kristupas Krivickas et Naglis Puteikis	77 114	6,3	0	1	1
Action électorale polonaise (LLRA)	69 810	5,7	5	3	8
Pour l'ordre et la justice (TT)	67 817	5,5	5	3	8
Autres	209 345	13	0	8	8

PORTUGAL

Élection présidentielle, 24 janvier 2016

Marcelo Rebelo de Sousa, ancien dirigeant du Parti social-démocrate (PSD) de 1996 à 1999, soutenu par cette formation et par le Parti populaire (PP), n'a pas fait mentir la tradition qui veut qu'au Portugal le président de la République soit élu dès le premier tour de scrutin. Le 24 janvier 2016, il a recueilli 52 % des suffrages et a largement devancé Antonio Sampaio da Nóvoa, soutenu par LIVRE/Tempo de Avançar (L/TDA, Libre/Il est temps d'avancer) et le Parti communiste des travailleurs portugais (PCTP/MRPP), qui a obtenu 22,8 % des voix. La troisième place est revenue à la député européenne Marisa Matias (Bloc des gauches, BE), qui a recueilli 10,1 % des suffrages. Elle est suivie par Maria de Belém, ancienne dirigeante du Parti socialiste (2011-2014), qui se présentait en candidate indépendante et qui a obtenu 4,2 % des voix. Les six autres candidats ont recueilli moins de 4 % des suffrages. La participation a été légèrement plus élevée (+ 2,1 points) que lors du premier tour de la précédente élection présidentielle du 23 janvier 2011 et s'est établie à 48,6 %.

Marcelo Rebelo de Sousa a assuré qu'il souhaitait surmonter les divisions du Portugal, un pays déchiré depuis les élections législatives du 4 octobre 2015 gagnées par le PSD mais sans que celui-ci remporte la majorité absolue. Le 24 novembre 2015, le président de la République sortant António Cavaco Silva (PSD) a nommé le socialiste António Costa à la tête du gouvernement. Celui-ci a obtenu le soutien (sans participation) des partis de la gauche radicale : la Coalition démocratique unitaire (CDU) et le Bloc des gauches (BE).

La division a été fatale à la gauche, dont certains sympathisants ont soutenu Maria de Belém, d'autres Antonio Sampaio da Nóvoa, d'autres encore Henrique Neto. Le Parti socialiste avait annoncé qu'il n'appuierait aucun candidat pour cette élection avant le second tour.

Lors du scrutin présidentiel, les Portugais cherchent habituellement moins à désigner un chef de l'État partisan qu'un arbitre du jeu politique. L'élection est donc le plus souvent très personnalisée même si, paradoxalement, les chefs de l'État portugais ont toujours été des politiciens, des figures importantes au sein de leur propre formation politique. Les Portugais ne craignent pas non plus la cohabitation politique. À plusieurs reprises (1987 ou 2006, par exemple), ils ont élu un président de la République du bord opposé à la majorité parlementaire qu'ils avaient portée au pouvoir quelques mois auparavant.

Résultats de l'élection présidentielle du 24 janvier au Portugal
Participation : 48,6 %

Candidats	Nombre de voix obtenues	% des suffrages recueillis
Marcelo Rebelo de Sousa (Parti social-démocrate/ Parti populaire, PSD/PP)	2 413 956	52
Antonio Sampaio da Nóvoa	1 062 138	22,8
Marisa Matias (Bloc des gauches, BE)	469 814	10,1
Maria de Belém (indépendante)	196 765	4,2
Edgar Silva (Parti communiste portugais, PCP)	182 051	3,9
Vitorino Silva (indépendant)	152 374	3,2
Paulo de Morais (indépendant)	100 191	2,1
Henrique Neto (PS)	339 163	0,8
Jorge Sequeira (indépendant)	13 954	0,3
Cândido Ferreira (indépendant)	10 609	0,2

ROUMANIE

Élections parlementaires, 11 décembre 2016

Le Parti social-démocrate (PSD) est arrivé largement en tête des élections parlementaires du 11 décembre 2016 en Roumanie. La formation a recueilli 45,4 % des suffrages à la Chambre des députés (154 sièges) et 45,6 % au Sénat (67). Le Parti libéral national (PNL), qui s'était fixé comme objectif de conquérir un quart des sièges de la Chambre des députés, a obtenu 20 % des voix à la chambre basse (69 élus) et 20,4 % à la chambre haute (30).

L'Union pour le salut de la Roumanie (USR) a pris la troisième place du scrutin avec 8,8 % des suffrages à la Chambre des députés (30 sièges) et 8,9 % au Sénat (13). Fondée en 2015 par le jeune mathématicien Nicuşor Dan, la formation se veut « ni de droite ni de gauche » et a pour premier objectif de lutter contre la corruption.

L'Union démocratique des Hongrois de Roumanie (UDMR) a recueilli 6,1 % des suffrages à la Chambre des députés (21 élus) et 6,2 % au Sénat (9). L'Alliance des libéraux et des démocrates (ALDE) a obtenu 5,6 % des voix à la chambre basse (20 sièges) et 6 % à la chambre haute (9). Enfin, une sixième formation sera représentée au Parlement roumain : le Parti du mouvement populaire (PMP) de l'ancien président de la République

Traian Băsescu (2004-2014) a recueilli 5,3 % des suffrages à la Chambre des députés (18 sièges) et 5,6 % au Sénat (8).

La participation a été faible : elle s'est élevée à 39,4 %, soit 2,2 points de moins que lors des précédentes élections parlementaires du 9 décembre 2012.

Un an après la démission du Premier ministre Victor Ponta (2012-2015) (PSD), consécutive au dramatique incendie survenu dans la discothèque Colectiv de la capitale Bucarest le 30 octobre 2015, qui avait fait au total 64 morts et 150 blessés et lors duquel plusieurs manquements aux normes de sécurité dus à la corruption ou à la négligence des autorités locales avaient été mis à jour par l'enquête menée par la police, le PSD obtient une victoire historique en parvenant à revenir au pouvoir.

La Roumanie était dirigée depuis l'incendie par un gouvernement d'experts indépendants conduit par l'ancien ministre de l'Agriculture et du Développement rural (2007-2009) et ex-commissaire européen à l'Agriculture et au Développement rural (2010-2014), l'indépendant Dacian Cioloş. Le Premier ministre sortant n'était pas candidat à sa propre succession mais il avait appelé à un large rassemblement des partis politiques, de la société civile et des chefs d'entreprise autour d'un projet de réforme de l'État, intitulé Plateforme Roumanie 100. Il était soutenu par le PNL et l'USR.

Dans un pays où le salaire moyen est de 470 euros par mois, où un habitant sur quatre vit dans la pauvreté (la Roumanie est le deuxième État membre le plus pauvre de l'Union européenne, après la Bulgarie) et où le PIB par habitant atteint seulement 57 % de la moyenne des Vingt-huit, les sociaux-démocrates ont fait une campagne classique, centrée sur la redistribution, promettant une hausse des salaires et des pensions de retraite, des baisses d'impôts, de massifs investissements publics (la construction de nouveaux hôpitaux, des transports plus rapides, etc.).« Le Parti social-démocrate dispose d'un électorat stable, notamment dans les campagnes et les petites villes. Aucune autre formation ne s'est adressée à ces personnes qui sont les plus touchées par la pauvreté et le chômage. Cet électorat rural et relativement âgé est traditionnellement plus mobilisé » analyse le sociologue Barbu Mateescu.

À l'issue du scrutin, l'ancien ministre de la Société de l'information (2014-2015) Sorin Grindeanu (PSD) a formé un gouvernement, qui allie sa propre formation et l'ALDE.

Résultats des élections parlementaires du 11 décembre 2016 en Roumanie

Chambre des députés

Participation : 39,4%

Formations politiques	Nombre de voix	% des suffrages	Nombre de sièges
Parti social-démocrate (PSD)	3 204 864	45,4	154
Parti libéral national (PNL)	1 412 377	20	69
Union pour le salut de la Roumanie (USR)	625 154	8,8	30
Union démocratique des Hongrois de Roumanie (UDMR)	435 969	6,1	21
Alliance des libéraux et des démocrates (ALDE)	396 386	5,6	20
Parti du mouvement populaire (PMP)	376 891	5,3	18
Autres	809 659	8,8	17

Sénat

Participation : 39,4%

Formations politiques	Nombre de voix obtenues	% des suffrages recueillis	Nombre de sièges
Parti social-démocrate (PSD)	3 221 786	45,6	67
Parti libéral national (PNL)	1 440 193	20,4	30
Union pour le salut de la Roumanie (USR)	629 375	8,9	13
Union démocratique des Hongrois de Roumanie (UDMR)	440 409	6,2	9
Alliance des libéraux et des démocrates (ALDE)	423 728	6	9
Parti du mouvement populaire (PMP)	398 791	5,6	8
Autres	704 657	7,3	0

SLOVAQUIE

Élections législatives, 5 mars 2016

Direction-Démocratie sociale (Smer-SD), formation dirigée par le Premier ministre sortant Robert Fico, s'est imposée aux élections législatives du 5 mars 2016 en Slovaquie. Le parti a recueilli 28,2 % des suffrages et a remporté 49 des 150 sièges (– 34 par rapport au précédent scrutin législatif du 10 mars 2012) du Conseil national de la République (Národná rada Slovenskej republiky), chambre unique du Parlement slovaque.

Le parti libéral Liberté et solidarité (Sloboda a Solidarita, SaS) est arrivé en deuxième position avec 12,1 % des voix (21 sièges, + 10), suivi par le Parti des gens ordinaires et des personnalités indépendantes (OL'aNO), formation de droite, et les libéraux de NOVA, qui se présentaient en coalition et qui ont obtenu 11 % des voix et 19 sièges.

L'extrême droite a réalisé une véritable percée, puisque le Parti national slovaque (SNS), formation nationaliste, a pris la quatrième place du scrutin avec 8,6 % des suffrages et retrouve les bancs du Conseil national de la République avec 15 sièges (+ 15) et qu'une autre formation de cette tendance, le Parti populaire Notre Slovaquie (ĽSNS) fait son entrée au parlement avec 8 % des suffrages (14 sièges). Sme-Rodina (Nous sommes une famille), parti populiste, a recueilli 6,6 % des voix (11 sièges) et la formation libérale Most-Híd (Pont, en slovaque et en hongrois) a obtenu 6,5 % des suffrages et 11 sièges (– 2). Enfin, le parti centriste SIEŤ (Réseau), récemment fondé, a recueilli 5,6 % des voix et a remporté 10 sièges.

Au total, huit formations sont représentées dans le nouveau Conseil national de la République, qui est donc très fragmenté.

La participation a été quasiment équivalente à celle enregistrée lors des précédentes élections législatives du 10 mars 2012 et s'est élevée à 59,8 % (+ 0,7 point).

Le Premier ministre sortant a fait campagne sur la défense de la Slovaquie menacée selon lui par l'arrivée de migrants du Moyen-Orient. Robert Fico refuse que son pays accueille des réfugiés comme le prévoit l'engagement pris par Bruxelles de relocaliser 160 000 réfugiés de Syrie, d'Irak et d'Érythrée dans les États membres et il souhaite un renforcement du contrôle des frontières, une position approuvée par 89 % de ses compatriotes selon les enquêtes d'opinion. À l'automne 2015, le chef du gouvernement slovaque a déposé plainte contre la décision du Conseil européen de relocaliser les réfugiés devant la Cour de justice de l'Union européenne.

Smer-SD défend moins un programme qu'il ne se positionne comme seul garant de la stabilité et de la sécurité du pays. Le parti met en avant les tensions – réelles – existant entre les formations de l'opposition. En effet, la droite est, en Slovaquie, extrêmement divisée. Pas moins de six partis la représentent. Plusieurs d'entre eux ont à diverses reprises tenté de s'unir, en vain. « Trop de personnes veulent jouer premier violon » affirme Pavel Haulík de l'institut d'opinion MVK. L'opposition de droite peine à imposer ses thèmes de campagne et ne parvient pas à offrir un véritable programme alternatif à la politique menée par Robert Fico.

À l'issue des élections législatives, le Premier ministre sortant a formé un nouveau gouvernement qui rassemble sa propre formation, les nationalistes du SNS, les libéraux de Most-Híd et les centristes de SIEŤ.

Résultats des élections législatives du 5 mars 2016 en Slovaquie
Participation : 59,8 %

Formations politiques	Nombre de voix	% des suffrages	Nombre de sièges
Direction-Démocratie sociale (Smer- SD)	737 481	28,2	49
Liberté et solidarité (SaS)	315 558	12,1	21
Parti des gens ordinaires et des personnalités indépendantes-NOVA (OL'aNO)-NOVA	287 611	11	19
Parti national slovaque (SNS)	225 386	8,6	15
Parti populaire Notre Slovaquie (L'SNS)	209 779	8	14
Sme-Rodina	172 860	6,6	11
Most-Híd (Pont)	169 593	6,5	11
SIEŤ (Réseau)	146 205	5,6	10
Autres	108 874	4	0

ANNÉE 2017

ALLEMAGNE

Élections fédérales, 24 septembre 2017

Les élections fédérales allemandes ont, sans surprise, consacré la chancelière sortante Angela Merkel (Union chrétienne-démocrate, CDU) qui va donc accomplir un quatrième mandat à la tête du gouvernement. Elle égale ainsi le record de Konrad Adenauer et Helmut Kohl. Le scrutin a également contribué à « normaliser » l'Allemagne qui, comme de nombreux pays européens, voit ses partis politiques traditionnels s'essouffler (et la social-démocratie s'effondrer) et un parti populiste de droite entrer au Bundestag, chambre basse du parlement pour la première fois depuis 1949.

L'Union chrétienne-démocrate de la chancelière sortante, Angela Merkel, au pouvoir depuis 2005, est arrivée en tête du scrutin. Avec son alliée l'Union chrétienne-sociale (CSU) qui ne se présente que dans le *Land* de Bavière, l'Union CDU-CSU a recueilli 33 % des suffrages et remporté 238 sièges (– 84 par rapport aux précédentes élections du 22 septembre 2013). On notera que la CSU a réalisé le plus faible résultat de son histoire avec moins de 40 % en Bavière (45 sièges, – 11).

En recul, la droite allemande a néanmoins largement devancé le Parti social-démocrate (SPD), emmené par Martin Schulz, qui, scrutin après scrutin, continue de chuter. Le SPD a obtenu 20,50 % des voix et 148 sièges (– 45), soit le résultat le plus faible de toute son histoire.

La percée de l'Alternative pour l'Allemagne (AfD), qui devient la troisième force politique d'Allemagne, constitue le deuxième événement de ces élections. Le parti a rempli son objectif en recueillant un score à 2 chiffres, 13 % des suffrages (dont 21 % dans les *Länder* de l'Est) et 95 sièges (+ 95). Fondée au printemps 2013 par des économistes pour protester contre les plans de sauvetage de l'euro, l'AfD s'est « reconvertie » deux ans plus tard dans la lutte contre l'islam et l'immigration et est désormais représentée dans treize des seize parlements des *Länder*. Selon les sondages sortie des urnes, l'AfD aurait pris un million de voix à la CDU, environ 400 000 au SPD et convaincu un million d'abstentionnistes.

Le Parti libéral-démocrate (FDP) retrouve les bancs du Bundestag dont il avait été chassé lors des dernières élections de 2013 avec 10,7 % des suffrages et 78 sièges (+ 78). Avec 8,9 % des voix et 65 élus (+ 2), Les Verts/ Alliance 90 (Grünen) progressent très légèrement. « Les candidats des Verts font campagne au centre. Or cet espace est déjà occupé par la CDU et le SPD » a souligné Andreas Stifel, professeur de science politique à l'université de Fribourg. Enfin, le Parti de gauche (Die Linke), parti populiste de gauche a recueilli 9,20 % des suffrages et remporté 66 sièges (+ 2).

La participation a été supérieure de 5,1 points à celle enregistrée lors des élections de 2013 : 76,2 %.

Comme lors des précédents scrutins, la chancelière sortante s'est présentée comme la garante de la stabilité et de la prospérité du pays et elle a fait campagne sur sa propre personne, une stratégie qui lui a toujours particulièrement réussi, et sur son bilan jugé satisfaisant par la grande majorité de ses compatriotes. « Dans ce monde incertain elle incarne une stabilité qui rassure » analyse Michael Kuneert de l'institut d'opinion Infratest Dimap.

La chancelière sortante bénéficie de la faiblesse de ses adversaires et de l'absence de candidat alternatif crédible au point que l'ancien ministre-président du Schleswig-Holstein Torsten Albig (SPD) a pu dire : « Tant qu'Angela Merkel est chancelière, on pourrait faire l'économie d'un candidat social-démocrate pour l'affronter ».

Le SPD n'a tiré aucun profit de sa participation au pouvoir au cours des quatre dernières années alors que la mise en place du salaire minimum, la réforme des retraites, la mise en place de quotas de femmes à la tête des grandes entreprises, l'acceptation du mariage entre personnes du même sexe ont été des projets initiés par lui. « Les ministres sociaux-démocrates ont fait passer de vieilles revendications de la social-démocratie, comme le salaire minimum mais au final, c'est la chancelière à qui on a décerné des lauriers » a indiqué Siegfried Heimann, historien et politologue. « Après les revers électoraux du début d'année[21], Martin Schulz n'a pas modifié son discours et ses méthodes de campagne. Son équipe s'est avérée incapable d'analyser la situation et de changer de stratégie » a-t-il ajouté.

Angela Merkel a formé pour la troisième fois à l'issue du scrutin fédéral du 24 septembre une grande coalition rassemblant sa formation et les sociaux-démocrates qui avaient pourtant exprimé le souhait de rejoindre l'opposition notamment pour revoir leur ligne politique et analyser les raisons de leur déroute.

21. L'Union chrétienne-démocrate a remporté les trois élections régionales qui se sont tenues en 2017 en Allemagne : le 26 mars dans la Sarre, le 7 mai dans le Schleswig-Holstein et une semaine plus tard, en Rhénanie-du-Nord-Westphalie, région industrielle d'où sont originaires de nombreux dirigeants sociaux-démocrates dont Martin Schulz.

Résultats des élections fédérales du 24 septembre 2017 en Allemagne
Participation : 76,1 %

Formations politiques	Scrutin majoritaire			Scrutin proportionnel			Total sièges
	Nombre de voix	% des suffrages	Sièges	Nombre de voix	% des suffrages	Sièges	
Union chrétienne-démocrate (CDU)	14 030 751	30,25	185	12 447 656	26,76	15	200
Union chrétienne-sociale (CSU)	3 255 487	7,02	46	2 869 688	6,17	0	46
Total Unions chrétiennes (CDU/CSU)	**17 286 238**	**37,27**	**231**	**15 317 344**	**32,93**	**15**	**246**
Parti social-démocrate (SPD)	11 429 231	24,64	59	9 539 381	20,51	94	153
Alternative pour l'Allemagne (AfD)	5 317 499	11,46	3	5 878 115	12,64	91	94
Parti libéral-démocrate (FDP)	3 249 238	7,00	0	4 999 449	10,75	80	80
Die Linke (Linke)	3 966 637	8,55	5	4 297 270	9,24	64	69
Alliance 90 / Les Verts (Grünen)	3 717 922	8,01	1	4 158 400	8,94	66	67
Autres	1 321 961	2,85	0	2 325 533	5,01	0	0
Indépendants	100 889	0,22	0			0	0

AUTRICHE

Élections fédérales, 15 octobre 2017

Le Parti populaire (ÖVP), dirigé par le ministre sortant de l'Europe, de l'Intégration et des Affaires étrangères, Sebastian Kurz, est arrivé en tête des élections législatives du 15 octobre en Autriche avec 31,4 % des suffrages, soit 61 sièges (+ 14 par rapport au précédent scrutin législatif du 29 septembre 2013). Le jeune dirigeant, 31 ans, pour mieux convaincre de sa volonté de changement avait choisi de présenter ses candidats sous l'appellation Liste Sebastian Kurz-Le nouveau Parti populaire

Ces élections législatives, qui ont mis fin à dix années de « grande coalition » avec les sociaux-démocrates (SPÖ) du chancelier sortant Christian Kern, étaient anticipées d'un an. Leur tenue avait été provoquée par l'arrivée de Sebastian Kurz au poste de vice-chancelier et de dirigeant du Parti populaire qui avait fait pression sur le chef du gouvernement pour l'organisation d'un nouveau scrutin.

Le Parti de la liberté (FPÖ), formation populiste, est arrivé en deuxième position avec 26 % des voix. Il a obtenu 51 sièges (+ 13). Il est suivi de près par le Parti social-démocrate, qui a recueilli 26,9 % des suffrages et remporté 52 sièges (=).

Divisés, Les Verts-L'Alternative verte (DG) sont évincés de cette même assemblée et ont perdu leurs 24 sièges.

La participation a été supérieure de 5 points par rapport à celle enregistrée lors des précédentes élections législatives du 29 septembre 2013 et s'est élevée à 80 %.

« Sebastian Kurz a réussi un coup de génie à la fois tactique et stratégique. Il était le représentant d'un des deux grands partis qui ont gouverné depuis plusieurs décennies et il a quand même su représenter l'alternance » a souligné Anton Pelinka, professeur de science politique à l'université d'Europe centrale de Budapest. « Le Parti populaire comme le Parti social-démocrate sont devenus chacun un Parti de la liberté *light*. Contrôles aux frontières, réduction des allocations familiales pour les étrangers, protectionnisme sur le marché de l'emploi, interdiction du voile intégral... Ils sont en concurrence pour savoir lequel d'entre eux sera le plus proche de la ligne du Parti de la liberté » a ajouté le politologue.

À l'issue du scrutin fédéral, le FPÖ a fait son retour au pouvoir onze années après en avoir été évincé. Sebastian Kurz n'a jamais caché qu'il était proche des populistes, notamment sur la question migratoire et a formé un gouvernement avec le Parti de la liberté.

L'ÖVP a déjà gouverné avec le FPÖ entre 2000 et 2006 sous la houlette du chancelier Wolfgang Schüssel (ÖVP). L'Union européenne avait alors imposé à l'Autriche des sanctions politiques sans précédent pour tenter d'isoler le parti populiste, dirigé à l'époque par Jörg Haider. Durant sept mois, le gouvernement et les diplomates autrichiens avaient été mis au ban de l'Europe avant que les autres États membres constatent l'improductivité des sanctions et décident de les lever le 14 septembre 2000. Le chancelier Wolfgang Schüssel avait su transformer l'ostracisme de l'Union européenne en avantage politique, en rassemblant l'ensemble des Autrichiens derrière son gouvernement.

Résultats des élections fédérales du 15 octobre 2017 en Autriche
Participation : 80%

Formations politiques	Nombre de voix	% des suffrages recueillis	Nombre de sièges
Liste Sebastian Kurz - Le Nouveau Parti populaire (ÖVP)	1 595 526	31,47	62
Parti social-démocrate d'Autriche (SPÖ)	1 361 746	26,86	52
Parti de la liberté (FPÖ)	1 316 442	25,97	51
NEOS - La nouvelle Autriche-Forum libéral (NEOS)	268 518	5,30	10
Liste Peter Pilz (PILZ)	223 544	4,41	8
Les Verts - L'Alternative verte (Grünen)	192 638	3,80	0
Autres	111 515	2,2	0

BULGARIE

Élections législatives, 26 mars 2017

Les Citoyens pour le développement européen de la Bulgarie (GERB, « blason » en bulgare), parti du Premier ministre sortant (2009-2013 et 2014-2016) Boïko Borissov, sont arrivés en tête des élections législatives anticipées le 26 mars en Bulgarie. Le chef du gouvernement s'est imposé pour la quatrième fois dans les urnes après 2009, 2013 et 2014. Le GERB a recueilli 32,64% des suffrages. Le Parti socialiste (BSP), principal parti d'opposition, est arrivé en deuxième position avec 27,12% des voix.

Le Front patriotique, alliance nationaliste regroupant le Mouvement national (IMRO-BNM) de Krasimir Karakachanov, le Front national de salut de la Bulgarie et Ataka (A), a pris la troisième place avec 9,06 % des suffrages. Il devance le Mouvement pour les droits et les libertés (DPS), parti représentant la minorité turque de Bulgarie (700 000 personnes, soit environ 10 % de la population totale), qui a obtenu 9,04 % des voix.

Ces élections législatives faisaient suite à la démission du Premier ministre sortant Boïko Borissov à l'issue du second tour de l'élection présidentielle des 6 et 13 novembre 2016, scrutin perdu par la candidate du GERB Tsetska Tsatcheva et remporté par le candidat soutenu par le Parti socialiste Roumen Radev. Boïko Borissov avait transformé l'élection présidentielle en vote de confiance sur son gouvernement.

Seule la moitié des Bulgares se sont rendus aux urnes (52,5 %).

« Les Bulgares ont choisi la sécurité et ramené au pouvoir le GERB, pariant sur leur avenir au sein de l'Union européenne. Les socialistes ont échoué à convaincre les électeurs qu'ils pouvaient être les acteurs d'un changement » a analysé Genoveva Petrova, directrice de l'institut d'opinion Alpha Research.

Boïko Borissov s'est présenté en garant de la stabilité politique de son pays qu'il veut un membre fidèle de l'Union européenne et de l'OTAN. « Le consensus pro-occidental est préservé. La hausse des ambitions de politique étrangère de la Russie a joué un rôle pour mobiliser l'électorat » a indiqué Parvan Simeonov de l'institut Gallup. Les questions internationales – poids de l'influence russe et tensions avec la Turquie voisine – avaient d'ailleurs dominé la campagne électorale. « Les Bulgares qui ne sont pas satisfaits de la politique menée par le GERB ont soutenu Boïko Borissov pour ne pas voir arriver les socialistes. Celui-ci a su rassurer, adopter le rôle du rassembleur, du conciliateur » a analysé le politologue Haralan Alexandrov.

À l'issue du scrutin législatif, Boïko Borissov a formé un gouvernement rassemblant sa formation et les Patriotes unis. Cette coalition bénéficie du soutien de Volya, formation populiste de droite.

Résultats des élections législatives du 26 mars 2017 en Bulgarie
Participation : 52,5%

Formations politiques	Nombre de voix	% des suffrages recueillis	Nombre de sièges
Citoyens pour le développement européen de la Bulgarie (GERB)	1 147 292	32,65	95
Parti socialiste bulgare (BSP)	955 490	27,19	80
Patriotes unis (UP)	318 513	9,07	27
Mouvement des droits et des libertés (DPS)	315 976	8,99	26
Volya (V)	145 637	4,15	12
Bloc réformateur (RB)	107 407	3,06	0
Coalition Oui, Bulgarie !	101 177	2,88	0
Autres	328 990	9,37	0
Indépendants	5 116	0,15	0
Aucun de ces choix	87 850	2,50	

FRANCE

Élection présidentielle, 23 avril et 7 mai 2017

Emmanuel Macron (En marche, EM) a largement remporté le second tour de l'élection présidentielle française le 7 mai. Il a recueilli 66,10% des suffrages, son adversaire Marine Le Pen (Front national, FN) remportant 33,90% des voix. Au premier tour de scrutin le 23 avril, le candidat d'En marche avait obtenu 24,01% des suffrages et sa rivale 21,30%.

Le front républicain a de nouveau fonctionné en France. La grande majorité des représentants des deux « grands » partis de gouvernement – les Républicains (LR) et le Parti socialiste (PS) – avaient appelé à voter en faveur d'Emmanuel Macron, tout comme le chef de l'État sortant François Hollande (PS) dès le 24 avril. En revanche, Jean-Luc Mélenchon (La France insoumise, LFI) avait choisi de ne pas donner de consigne de vote pour le second tour.

Nicolas Dupont-Aignan (Debout la France, DLF), qui avait recueilli 4,70% des suffrages le 23 avril avait été le seul à rallier la candidate du Front national entre les deux tours.

Le 7 mai, la participation s'est élevée à 74,56 %, soit la plus faible jamais enregistrée depuis 2002. On notera qu'elle est également inférieure à celle du premier tour (77,77 %), une première depuis 1969.

Premier président de la République depuis Charles de Gaulle (1958-1969) issu d'un mouvement formé autour de sa personne plutôt que d'un parti politique, Emmanuel Macron, qui n'a jamais été élu avant d'accéder à la magistrature suprême, a réalisé en trois ans ce qui a demandé des décennies à chacun de ses prédécesseurs : acquérir un statut de présidentiable et remporter l'élection mère de la vie politique française, le tout sans l'appui d'une formation politique traditionnelle (il a créé son propre parti En marche en avril 2016, soit un an seulement avant le scrutin). Le 7 mai, il est devenu le plus jeune chef de l'État élu de l'histoire de France.

Emmanuel Macron, dont le talent est indéniable, a également bénéficié de circonstances qui lui ont été très favorables tout au long de la campagne. En effet, les élections primaires ont entraîné, à droite – où l'on croyait l'élection présidentielle imperdable – comme à gauche – où on la pensait ingagnable – la victoire de candidats radicaux : fortement marqué à droite (François Fillon chez Les Républicains, LR) ou à gauche (Benoît Hamon connu pour son attitude frondeuse, pour ne pas dire hostile au pouvoir en place au cours du quinquennat de François Hollande, et son programme beaucoup plus à gauche que la ligne officielle du Parti socialiste). Par la suite, les affaires dans lesquelles François Fillon a été impliqué, puis sa mise en examen pour détournement de fonds publics, complicité et recel d'abus de biens sociaux et manquement aux obligations déclaratives, une première sous la Ve République ont rendu la campagne de l'ancien Premier ministre inaudible et ont laissé un vaste espace au représentant d'En marche. Enfin, le renoncement du chef de l'État sortant François Hollande (PS), une première sous la Ve République pour un Président sortant, lui a permis de se lancer dans la course.

Les candidats des deux principaux partis de gouvernement du pays ont été fortement sanctionnés et éliminés dès le premier tour de l'élection présidentielle. À eux deux, ils ont rassemblé 26,26 % des suffrages, soit – 9,84 points par rapport au premier tour de l'élection présidentielle de 2002. Quinze ans après 2002, le Front national s'est qualifié pour la deuxième fois pour le second tour de l'élection présidentielle française.

Emmanuel Macron et Marine Le Pen prospèrent sur la crise du système partisan, sur l'affaiblissement et le discrédit dont font l'objet les hommes politiques issus des deux « grands » partis. Le clivage société ouverte/société fermée semble en passe de supplanter le clivage gauche/droite. Pour l'heure, le candidat qui se pose en défenseur de l'ouverture, en partisan de l'Union européenne et en réformateur pro-européen s'est imposé sur sa rivale favorable au repli national, au rejet de l'Europe et au refus de l'immigration.

Résultats de l'élection présidentielle des 23 avril et 7 mai 2017 en France
Participation : 77,77 % (premier tour) et 74,56 % (second tour)

Candidats	Premier tour		Second tour	
	Nombre de voix	% des suffrages	Nombre de voix	% des suffrages
Emmanuel Macron (En marche !, EM)	8 656 346	24,01	20 743 128	66,10
Marine Le Pen (Front national, FN)	7 678 491	21,30	10 638 475	33,90
François Fillon (Les Républicains, LR)	7 212 995	20,01		
Jean-Luc Mélenchon (La France insoumise, LFI)	7 059 951	19,58		
Benoît Hamon (Parti socialiste, PS)	2 291 288	6,36		
Nicolas Dupont-Aignan (Debout la France, DLF)	1 695 000	4,70		
Jean Lassalle (Résistons)	435 301	1,21		
Philippe Poutou (Nouveau Parti anticapitaliste, PPA)	394 505	1,09		
François Asselineau (Union populaire républicaine, UPR)	332 547	0,92		
Nathalie Arthaud (Lutte ouvrière, LO)	232 384	0,64		
Jacques Cheminade (Solidarité et progrès, SP)	65 586	0,18		

Élections législatives, 11 et 18 juin 2017

La République en marche (LREM), parti du président de la République Emmanuel Macron, a largement remporté les élections législatives des 11 et 18 juin. Lors du second tour de scrutin, LREM a recueilli 43,06 % des suffrages et a obtenu 306 élus, soit à lui seul la majorité absolue (289 sièges). Son partenaire du Mouvement démocrate (MoDem) a obtenu 6,06 % des voix et 42 sièges.

Le 18 juin, la défaite des partis traditionnels, cinglante lors du premier tour le 11 juin, a été légèrement atténuée. Les Républicains (LR) ont obtenu 22,23 % des voix et 113 sièges (– 81 par rapport aux précédentes élections législatives des 10 et 17 juin 2012). Leurs alliés de l'Union des démocrates et indépendants (UDI) ont recueilli 3,04 % des suffrages et obtenu 17 élus. La droite sera donc la principale force d'opposition à LREM au sein de l'Assemblée nationale, chambre basse du Parlement français.

Le Front national (FN) a obtenu 8,75 % des voix et 8 élus (+ 6). C'est la première fois que le parti populiste, très désavantagé par le système majoritaire, remporte des sièges dans des duels électoraux. Il échoue néanmoins à devenir le grand parti d'opposition au chef de l'État qu'il rêvait d'être. La France insoumise (LFI) a recueilli 4,86% des suffrages et a remporté 17 sièges. La formation pourra donc former son propre groupe parlementaire. Le Parti socialiste (PS) est à terre. Avec 5,68% des suffrages et 29 élus (– 251), il subit la pire défaite de son histoire. Le Parti socialiste et Le Républicains ont obtenu chacun le plus faible nombre de députés de leur histoire. On notera qu'en outre, à l'issue des élections législatives, l'Assemblée nationale est totalement renouvelée : les trois quarts des députés sont des nouveaux venus.

La participation a également été la plus faible de l'histoire : seuls 42,64% des électeurs se sont rendus aux urnes (– 12,76 points par rapport au second tour du scrutin de 2012).

Une fois de plus, la logique institutionnelle a fonctionné et les Français ont confirmé lors des élections législatives leur vote du scrutin présidentiel en offrant au chef de l'État élu quelques semaines auparavant la majorité qui lui est indispensable pour gouverner. Le président de la République Emmanuel Macron possède désormais les moyens de mener sa politique et d'engager les réformes qu'il souhaite mettre en œuvre pour transformer le pays.

À l'issue du scrutin législatif, Emmanuel Macron a confirmé Édouard Philippe (LR) au poste de Premier ministre. Le gouvernement qu'il a constitué est, comme Emmanuel Macron l'avait promis, strictement paritaire et composé de personnalités venues d'horizons divers. Des rangs de la gauche : des ministres sont issus du Parti socialiste (PS) et d'autres du Parti radical de gauche (PRG), et de la droite : certains viennent des Républicains et d'autres encore du Mouvement démocrate (MoDem). Enfin, près de la moitié des membres du gouvernement sont issus de la société civile.

Résultats des élections législatives des 11 et 18 juin 2017 en France
Participation : 48,70 % (premier tour) et 42,64 % (second tour)

Formations politiques	Premier tour			Second tour			Total sièges
	Nombre de voix	% des suffrages	Sièges	Nombre de voix	% des suffrages	Sièges	
La République en marche (LREM)	6 391 269	28,21	2	7 826 245	43,06	306	308
Les Républicains (LR)	3 573 427	15,77	0	4 040 203	22,23	112	112
Front national (RN)	2 990 454	13,20	0	1 590 869	8,75	8	8
La France insoumise (LFI)	2 497 622	11,03	0	883 573	4,86	17	17
Parti socialiste	1 685 677	7,44	0	1 032 842	5,68	30	30
Écologistes	973 527	4,30	0	23 197	0,13	1	1
Mouvement démocrate (MoDem)	932 227	4,12	0	1 100 656	6,06	42	42
Union des démocrates et indépendants (UDI)	687 225	3,03	1	551 784	3,04	17	18
Divers droite	625 345	2,76	0	306 074	1,68	6	6
Parti communiste français (PCF)	615 487	2,72	0	217 833	1,20	10	10
Divers	500 309	2,21	0	100 574	0,55	3	3
Divers gauche	362 281	1,60	1	263 488	1,45	11	12
Debout la France (DLF)	265 420	1,17	0	17 344	0,10	1	1
Régionalistes	204 049	0,90	0	137 490	0,76	5	5
Extrême gauche	175 214	0,77	0		0		
Parti radical de gauche (PRG)	106 311	0,47	0	64 860	0,36	3	3
Extrême droite	68 320	0,30	0	19 034	0,10	1	1

MALTE

Élections législatives, 3 juin 2017

Le Parti travailliste (MLP) du Premier ministre sortant Joseph Muscat est arrivé en tête des élections législatives anticipées du 3 juin à Malte. Avec 55,04 % des suffrages, il a devancé son principal adversaire, le Parti nationaliste (PN), emmené par Simon Busuttil, qui a recueilli 43,68 % des voix.

La participation, toujours très élevée dans l'archipel, a été quasiment équivalente à celle enregistrée lors du précédent scrutin législatif du 9 mars 2013 : elle s'est établie à 92,06 % (– 0,9 point).

Le Premier ministre sortant Joseph Muscat avait décidé de convoquer un scrutin législatif anticipé au début du mois de mai après les attaques de la blogueuse Daphne Caruana Galizia qui a révélé que son chef de cabinet Keith Schembri et le ministre de l'Énergie Konrad Mizzi (MLP) étaient les propriétaires respectifs des entreprises Hearnville Inc et Tillgate Inc, deux sociétés panaméennes *offshore* qu'ils auraient acquises grâce au cabinet d'avocats panaméen Mossack Fonseca mis en cause dans le scandale international des Panama Papers. Joseph Muscat a refusé de sanctionner les deux hommes, ce qui a attisé la colère contre lui et qui a entraîné des milliers de personnes à manifester contre son gouvernement.

À la fin du mois d'avril, la femme du Premier ministre sortant, Michelle Muscat, a été accusée d'être propriétaire d'une partie d'une entreprise panaméenne *offshore*, Egrant Inc. L'intéressée a formellement démenti ces informations. Une enquête judiciaire a été ouverte.

Détenir une entreprise *offshore* n'est pas illégal à Malte mais cela reste néanmoins vu comme une tentative d'évasion fiscale ou de blanchiment d'argent.

Pour la première fois depuis l'indépendance de l'archipel en 1964, les travaillistes remportent deux élections législatives consécutives. Depuis l'indépendance de Malte en 1964, seules deux partis ont été représentés au parlement de l'archipel : le Parti travailliste, positionné à gauche sur l'échiquier politique, et le Parti nationaliste, situé à droite. Les deux formations s'opposent notamment sur la question européenne, la fiscalité et les privatisations.

Joseph Muscat avait fait campagne sur le bilan économique de son gouvernement Le Premier ministre peut en effet s'enorgueillir de l'état des finances publiques puisque La Valette a connu en 2016 son premier excédent budgétaire (+ 1 %) depuis 1981. Par ailleurs, le taux de croissance du PIB est élevé (4,50 % en 2013, 3,50 % en 2014, 6,20 % en 2015 et 4,10 % en 2016) et le chômage à un niveau très faible (4,10 %).

Résultats des élections législatives du 3 juin 2017 à Malte
Participation : 92,06 %

Formations politiques	Nombre de voix	% des suffrages	Nombre de sièges
Parti travailliste (PL)	170 976	55,04	37
Parti nationaliste (PN)	135 696	43,68	30
Alternative démocratique (AD)	2 564	0,83	0
Mouvement patriotique maltais (MPM)	1 117	0,36	0
Alliance pour le changement (AB)	221	0,07	0
Indépendants	91	0,03	0

PAYS-BAS

Élections législatives, 15 mars 2017

Le Parti populaire pour la liberté et la démocratie (VVD), formation libérale dirigée par le Premier ministre sortant Mark Rutte, est arrivé largement en tête des élections législatives du 15 mars aux Pays-Bas. Il a recueilli 21,3 % des suffrages et a remporté 33 des 150 sièges dans la Chambre des États généraux, chambre basse du Parlement néerlandais, soit – 8 par rapport aux élections de 2012.

En dépit de la victoire du parti du chef de gouvernement, la coalition gouvernementale sortante a subi un revers, notamment en raison de l'effondrement des sociaux-démocrates du Parti du travail (PvdA), qui ont obtenu 5,70 % des voix et 9 élus (– 29). La lente agonie de la social-démocratie est une tendance lourde dans toute l'Europe.

Le Parti de la liberté (PVV) de Geert Wilders n'a pas réussi de percée spectaculaire. « La vraie victoire de Geert Wilders, c'est que d'autres partis se sont inspirés de son discours » analyse cependant Stefan de Vries, de la chaîne RTL4.

L'autre leçon de ce scrutin législatif réside dans la progression réalisée par les partis pro-européens : l'Appel chrétien-démocrate (CDA), parti de centre-droit, a recueilli 12,5 % des suffrages et 19 sièges (+ 6) ; les Démocrates

66 (D66) ont obtenu 12% des voix et 19 élus (+ 7) et enfin la Gauche verte (GL) est devenue la première force de la gauche de gouvernement avec 8,9% des suffrages et 14 députés (+ 10).

Huit Néerlandais sur dix se sont rendus aux urnes. Le taux de participation s'est élevé à 81,3%, soit + 5,8 points par rapport aux précédentes élections législatives du 12 septembre 2012.

Le paysage politique du royaume est de plus en plus instable. Les trois principaux partis néerlandais regroupent 44% des suffrages pour 81,8% des voix il y a moins de vingt ans (1989). Les électeurs des Pays-Bas, à l'image d'une grande partie des Européens, font preuve d'une défiance croissante à l'égard de leur personnel politique, et plus largement des institutions de leur pays. Au total, treize partis politiques seront représentés dans le prochain parlement. « Les Pays-Bas ont une tradition de partis nombreux et très diversifiés : religieux, laïques, chrétiens, protestants, gauche, droite. Mais ce qui a changé ces deux dernières décennies, c'est que les partis dominants ont perdu beaucoup d'influence et sont désormais des mouvements de second plan. Le paysage politique est beaucoup plus fragmenté » analyse Eddy Habben Jansen, directeur de Prodemos, organisation néerlandaise à but non lucratif d'information des citoyens sur la démocratie.

Première conséquence de cette fragmentation : l'absence de parti dominant, à droite comme à gauche, qui rend difficile la formation d'une coalition gouvernementale solide et cohérente. Jusque dans les années 1990, les gouvernements regroupaient deux partis. Ce chiffre est passé à trois au cours des vingt dernières années.

Mark Rutte a donc formé le gouvernement de son troisième mandat à la tête des Pays-Bas. Le ralliement de trois formations politiques lui a été nécessaire pour obtenir une majorité au Parlement (76 sur 150). La nouvelle coalition gouvernementale comprend donc quatre partis : outre le Parti populaire pour la liberté et la démocratie, l'Appel chrétien-démocrate, les Démocrates 66 et l'Union chrétienne.

Résultats des élections législatives du 15 mars 2017 aux Pays-Bas
Participation : 81,38 %

Formations politiques	Nombre de voix	% des suffrages	Nombre de sièges
Parti populaire pour la liberté et la démocratie (VVD)	2 238 351	21,29	33
Parti pour la liberté (PVV)	1 372 941	13,06	20
Appel chrétien-démocrate (CDA)	1 301 796	12,38	19
Démocrates 66 (D66)	1 285 819	12,23	19
Gauche verte (GL)			
959 600	9,13	14	
Parti socialiste (SP)	955 633	9,09	14
Parti du travail (PvdA)	599 699	5,70	9
Union chrétienne (CU)	356 271	3,39	5
Parti pour les animaux (PvdD)	335 214	3,19	5
50 Plus (50+)	327 131	3,11	4
Parti politique réformé (SGP)	218 950	2,08	3
Denk (DENK)			
216 147	2,06	3	
Forum pour la démocratie (FvD)	187 162	1,78	2
Autres	161 327	1,53	0

RÉPUBLIQUE TCHÈQUE

Élections législatives, 21 octobre 2017

ANO (OUI), dont l'acronyme signifie à la fois « oui » et Action des citoyens insatisfaits, parti populiste membre de la coalition gouvernementale sortante dirigé par le milliardaire Andrej Babis, est arrivé largement en tête des élections législatives des 20 et 21 octobre en République tchèque avec 29,64 % des suffrages et 78 sièges (+ 31 par rapport au précédent scrutin législatif de 2013).

Le Parti démocrate-civique (ODS), formation eurosceptique de droite, est arrivé en deuxième position avec 11,32 % des voix et 25 sièges (+ 9). Il est suivi du Parti pirate (P), qui a recueilli 10,79 % des voix et remporté 22 sièges (+ 22). Les Pirates accèdent au parlement pour la première fois de leur histoire. Liberté et démocratie directe (SPD), parti populiste de droite, a pris la quatrième place avec 10,64 % des suffrages et 22 sièges (+ 22).

Le Parti communiste de Bohême et Moravie (KSCM), dernier parti communiste non réformé d'Europe centrale, a obtenu 7,76% des suffrages et 15 sièges (– 18). Il a donc devancé le Parti social-démocrate (CSSD) du Premier ministre sortant, Bohuslav Sobotka, qui a subi un important revers et qui a recueilli seulement 7,27% des voix et remporté 15 sièges (– 35), soit le plus faible résultat de son histoire.

La participation a été quasiment équivalente à celle enregistrée lors des précédentes élections législatives de 2013. Elle s'est élevée à 60,84%, soit + 1,36 point.

Au total, neuf partis seront représentés à la Chambre des députés, chambre basse du Parlement, qui sera donc une assemblée très fragmentée. À l'issue du scrutin, la scène politique tchèque est ébranlée. « Nous sommes devant un tremblement de terre, une révolte totale contre les partis traditionnels et l'orthodoxie. Depuis 1990, je n'ai pas de souvenir d'élections ayant autant bouleversé le paysage politique tchèque » a souligné Milan Nic, analyste pour le *think tank* Conseil allemand sur les relations extérieures (DGAP).

Andrej Babis, qui aime à rappeler qu'il est un *self-made man*, souhaite gérer l'État comme il gère ses entreprises. Homme d'action, il considère que, à l'image d'un Silvio Berlusconi ou d'un Donald Trump, ses qualités d'homme d'affaires le rendent parfaitement apte à diriger la République tchèque. Sa fortune personnelle est estimée à 2,2 milliards d'euros.

« Andrej Babis est un populiste par excellence, un oligarque imprévisible, qui voudrait gouverner le pays comme une entreprise familiale. Un autocrate peu féru de démocratie, qui ressemble finalement beaucoup à Donald Trump » confirme Jiri Pehe, directeur de la New York University à Prague. Jacques Rupnik, chercheur à Sciences Po, qualifie le vainqueur des élections législatives de « populiste entrepreneurial », soit « un entrepreneur qui a réussi dans les affaires et qui, en quelque sorte, veut prolonger son succès ou transformer l'essai en entrant dans le jeu politique. Donc, d'une certaine façon, il achète son ticket d'entrée sur la scène politique et il le fait en brisant la structure partisane existante. Généralement, il a un grand thème : la lutte contre la corruption mais aussi l'efficacité ».

« Andrej Babis se présente comme la seule personne capable de maintenir l'ordre dans le pays. Beaucoup d'électeurs sont convaincus qu'il sera un bon manager, notamment parce qu'il est millionnaire et que donc, il n'aura pas besoin de voler l'État » analyse Josef Mlejnek, politologue à l'université Charles de Prague.

Le 21 octobre, Andrej Babis a donc réussi son pari en faisant de son parti la première force politique de la République tchèque. Il a formé un gouvernement autour de sa seule formation et quelques indépendants.

Résultats des élections législatives des 20 et 21 octobre 2017 en République tchèque
Participation : 60,8 %

Formations politiques	Nombre de voix	% des suffrages	Nombre de sièges
ANO 2011	1 500 113	29,64	78
Parti démocratique civique (ODS)	572 962	11,32	25
Parti pirate (ČPS)	546 393	10,79	22
Liberté et démocratie directe (SPD)	538 574	10,64	22
Parti communiste de Bohême et Moravie (KSČM)	393 100	7,76	15
Parti social-démocrate tchèque (ČSSD)	368 347	7,27	15
Union chrétienne-démocrate - Parti populaire tchécoslovaque (KDU-ČSL)	293 643	5,80	10
TOP 09	268 811	5,31	7
Maires et indépendants (STAN)	262 157	5,18	6
Autres	316 659	6,26	0

ROYAUME-UNI

Élections générales, 8 juin 2017

La Première Ministre sortante Theresa May (Parti conservateur, Cons) a perdu son pari. Alors qu'elle avait convoqué des élections générales anticipées (de trois ans) pour asseoir sa légitimité dans le pays, renforcer son autorité personnelle et élargir sa majorité en vue de négocier au mieux la sortie du Royaume-Uni de l'Union européenne, la dirigeante des Tories a perdu la majorité absolue que son parti détenait à la Chambre des Communes. Les conservateurs ont reculé dans les urnes : le 8 juin, ils ont recueilli 42,3 % des suffrages et ils ont remporté 318 sièges, soit – 13 par rapport au précédent scrutin général du 7 mai 2015. Huit ministres du gouvernement sortant ont été battus.

À l'inverse, le Parti travailliste, conduit par Jeremy Corbyn, est sorti renforcé du scrutin : il a obtenu 40 % des voix et 262 élus (+ 30).

Le Parti national écossais (SNP), formation indépendantiste, a également enregistré un recul recueillant 3 % des suffrages et 35 sièges (– 21). Le parti avait néanmoins réalisé un résultat record en 2015. Étonnamment toutefois, les électeurs du SNP ont préféré les conservateurs aux travaillistes dont ils sont pourtant plus proches. Avec 13 sièges, les Tories sont devenus le deuxième parti de la région septentrionale du Royaume-Uni, leur résultat le plus élevé depuis 1983.

Les Libéraux-Démocrates (LibDem) ont également amélioré leur nombre de députés. Ils ont obtenu 7,40 % des voix et 12 sièges (+ 4).

La Première Ministre Theresa May avait fait alliance (accord sur un soutien parlementaire mais pas de coalition gouvernementale) avec le Parti démocratique d'Ulster (DUP), formation unioniste qui défend les intérêts de la communauté protestante en Irlande du Nord. Ce parti a recueilli 0,9 % des suffrages et 10 élus (+ 2). Le DUP aurait obtenu des Tories la promesse qu'il n'y aura pas de statut spécial pour l'Irlande du Nord dans les négociations sur le Brexit (rappelons que 56 % des électeurs d'Irlande du Nord ont voté pour que le Royaume-Uni reste dans l'Union européenne).

La participation a été la plus élevée depuis les élections générales de mai 1997. Elle s'est élevée à 68,7 %, soit + 2,60 points par rapport au scrutin du 7 mai 2015.

Theresa May a sans doute fait l'erreur de trop centrer sa campagne sur sa personnalité et de refuser de débattre avec les autres candidats ou, parfois, de répondre aux médias. Elle est apparue trop confiante et, erreur fatale, a négligé son adversaire travailliste. « Son refus de participer aux débats télévisés a accru son image de leader craignant la confrontation » a déclaré le professeur de science politique à l'University College de Londres, Philippe Marlière, en parlant de la Première Ministre sortante, qui selon lui est apparue « sûre d'elle et méprisant son adversaire ».

Elle s'est également focalisée sur le Brexit et, par conséquent, a laissé au Parti travailliste toute latitude pour investir les autres sujets et notamment les thèmes socio-économiques. Elle a défendu un État protecteur et social mais sans parvenir à convaincre les Britanniques après la politique d'austérité menée par les conservateurs depuis 2010. « Les électeurs ne votent pas pour les Tories pour des raisons sociales » souligne Chris Bickerton, politologue de l'université de Cambridge.

Le Parti travailliste au contraire a su surfer sur les insuffisances de la campagne électorale de Theresa May. Jeremy Corbyn a fait le bon choix en proposant un programme très à gauche qui se voulait le représentant du socialisme du XXIe siècle et qui mettait l'accent sur la défense des services publics menacés par la politique d'austérité budgétaire que mènent, selon lui, les conservateurs depuis sept ans.

Le Parti travailliste propose des réformes soutenues par de nombreux Britanniques comme la renationalisation des transports ferroviaires ou des services postaux ou encore la gratuité des études supérieures, ce programme a mobilisé l'électorat travailliste. Jeremy Corbyn est parvenu à établir une véritable relation avec les Britanniques, ce que sa rivale n'a jamais su faire.

« Je pense que la majorité des personnes qui ont voté pour le Brexit le 23 juin 2016 l'ont fait en espérant une sortie de leur pays de l'Union européenne mais en souhaitant que celui-ci reste proche de l'Union européenne, avec une participation au marché unique et à l'union douanière. L'option du Brexit dur privilégiée par Theresa May n'était pas leur souhait » a déclaré Simon Hix, professeur de science politique à la London School of Economics (LSE). La contre-performance de Theresa May, elle-même favorable à une sortie du marché unique, à la fin de l'union douanière et de la libre-circulation, désormais à la tête d'une majorité relative à la Chambre des Communes, renforce cependant les partisans d'un Brexit dur au sein des Tories.

Theresa May a conservé son poste de Première Ministre. Son gouvernement, composé des seuls Conservateurs et donc minoritaire, a obtenu le soutien du Parti démocratique d'Ulster.

Résultats des élections générales du 8 juin 2017 au Royaume-Uni
Participation : 68,70%

Formations politiques	Nombre de voix	% des suffrages	Nombre de sièges
Parti conservateur (Cons)	13 632 914	42,4	317
Parti travailliste (Lab)	12 874 985	40,0	262
Parti national écossais (SNP)	977 569	3,0	35
Libéraux-Démocrates (LibDem)	2 371 772	7,4	12
Parti unioniste démocrate (DUP)	292 316	0,9	10
Sinn Féin (SF)	238 915	0,7	7
Plaid Cymru (PC)	164 466	0,5	4
Parti vert (GP)	525 371	1,6	1
Autres	772 551	2,4	0

SLOVÉNIE

Élection présidentielle, 22 octobre et 12 novembre 2017

Sans surprise mais de façon moins large que prévu, le chef de l'État slovène sortant Borut Pahor a été réélu pour un deuxième mandat de cinq ans à la présidence de la République lors du second tour de l'élection présidentielle le 12 novembre. Il a recueilli 52,93 % des suffrages contre 47,07 % à son adversaire Marjan Sarec (Liste Marjan Šarec, LMS), maire de Kamnik.

Lors du premier tour le 22 octobre dernier, celui-ci avait obtenu 24,76 % des suffrages et il avait été largement devancé par le chef de l'État sortant qui avait obtenu 47,21 % des voix.

La participation a été inférieure à celle enregistrée lors du premier tour de scrutin (– 2,51 points), la plus faible enregistrée lors d'une élection présidentielle dans le pays. Seuls quatre Slovènes sur dix se sont rendus aux urnes (41,73 %, – 0,68 point par rapport au second tour du précédent scrutin présidentiel du 2 décembre 2012).

Borut Pahor, qui se veut moderne et proche de ses concitoyens, est néanmoins souvent qualifié de « populiste » par ses adversaires. Il possède plus de 40 000 abonnés sur le réseau social Instagram sur lequel il poste des photos de ses activités publiques mais également des photos privées. L'ancien chef de l'État (1991-2002) Milan Kucan l'a accusé d'avoir « banalisé » la fonction présidentielle.

Borut Pahor, qui n'a pas hésité à parcourir plus de 700 km à pied et à visiter quelque 280 municipalités au cours de sa campagne électorale, a promis de se consacrer durant son deuxième mandat « aux relations entre les Slovènes, à la coopération, à la stabilité politique et à la sécurité ».

Résultats de l'élection présidentielle des 22 octobre et 12 novembre 2017 en Slovénie

Participation : 56,4 % (premier tour) et 58,1 % (second tour)

Candidats	Premier tour		Second tour	
	Nombre de voix	% des suffrages	Nombre de voix	% des suffrages
Borut Pahor (Sociaux-démocrates, SD)	348 507	47,07	375 106	52,98
Marjan Šarec (Liste Marjan Šarec, LMS)	184 873	24,97	332 871	47,02
Romana Tomc (Parti démocratique slovène, SDS)	101 714	13,74		
Ljudmila Novak (Nouvelle Slovénie, Nsi)	52 973	7,15		
Andrej Šiško (Mouvement de la Slovénie unie)	16 440	2,22		
Boris Popovič (La Slovénie pour toujours)	13 266	1,79		
Maja Makovec Brenčič (Parti du centre moderne, SMC)	12 724	1,72		
Suzana Lara Krause (Parti populaire slovène, SLS)	5 711	0,77		
Angela Likovič (Voix pour les enfants et les familles)	4 269	0,58		

ANNÉE 2018

CHYPRE

Élection présidentielle, 28 janvier et 4 février 2018

Le 4 février 2018, le chef de l'État sortant Nikos Anastasiádis (Rassemblement démocratique, DISY) a remporté l'élection présidentielle chypriote en s'imposant au second tour de scrutin avec 55,9 % des suffrages. Il a battu l'ancien ministre de la Santé (2011-2013) Stavros Malás, qui a recueilli 44 % des voix et qui se présentait comme candidat indépendant tout en étant soutenu par le Parti progressiste des travailleurs (AKEL). Lors du premier tour de scrutin, le 28 janvier, Stavros Malás avait obtenu 30,2 % des suffrages et Nikos Anastasiádis, 35,5 %. Aucun des sept candidats éliminés au premier tour du scrutin ne s'était prononcé en faveur de l'un des deux finalistes.

La participation s'est élevée à 73,9 %, soit 7,6 points de moins que lors du second tour de l'élection de 2013. Lors du premier tour, 71,8 % des Chypriotes s'étaient rendus aux urnes (un recul de 11,2 points par rapport à 2013). La participation est pourtant obligatoire dans l'île.

On rappellera que la Constitution chypriote, qui date de 1960, n'est plus appliquée depuis les troubles intercommunautaires de 1963. Selon ce texte, la fonction présidentielle est réservée à un Chypriote, la vice-présidence revenant à un Turc (le poste est actuellement vacant). Le président de la République est élu au suffrage universel direct pour un mandat de cinq ans. En tant que chef de l'exécutif, il nomme les ministres du gouvernement qu'il dirige.

La campagne électorale a été dominée par les questions économiques, reléguant, une fois n'est pas coutume, le problème de la réunification de l'île au second plan. Le président de la République sortant a mis en avant son expérience et il s'est présenté comme le sauveur de l'économie chypriote et le garant de la stabilité économique du pays. Il s'est engagé à mettre en place un fonds pour aider à rembourser une partie de l'épargne de ses compatriotes saisie en 2013. « L'atout de Nikos Anastasiádis est d'avoir permis à Chypre de se relever d'une grave crise économique, analyse Fiona Mullen, directrice du cabinet de conseil Sapienta Economics. Beaucoup d'électeurs doutent de sa capacité à résoudre le problème de la réunification de l'île mais ils ont en définitive voté avec leur porte-monnaie. Stavros Malás ne pouvait cacher le fait qu'il était le candidat de l'AKEL, une formation jugée responsable de la crise économique du début des années 2010. Le fait que le Parti démocratique (DIKO) ait choisi de ne soutenir aucun des deux finalistes du scrutin a également aidé Nikos Anastasiádis, car ses électeurs sont plus proches du DISY que de l'AKEL. »

Nikos Anastasiádis a promis de relancer les négociations, qui butent notamment sur la présence de plus de 40 000 soldats turcs dans la partie nord de l'île [22], sur les ajustements territoriaux ou sur les garanties de sécurité. « Plus la Turquie devient autoritaire, moins une solution sera facile à trouver. D'ici l'élection présidentielle turque de 2019, le président de la République turque Recep Tayyip Erdoğan va vouloir attirer les électeurs nationalistes pour conserver son pouvoir » commente Hubert Faustmann, analyste politique de la Fondation Friedrich Ebert à Chypre, qui estime aussi très improbable la signature d'un accord sur la réunification de Chypre avant ce scrutin. Selon lui, « il existe deux récits dans la communauté chypriote grecque : l'un attribue à Nikos Anastasiádis l'échec des pourparlers et l'autre en fait porter la responsabilité à l'intransigeance de la Turquie. C'est apparemment le second récit qui a prévalu à l'élection présidentielle. »

Résultats de l'élection présidentielle des 28 janvier et 4 février 2018 à Chypre
Participation : 71,88% (1er tour) et 73,97% (2e tour)

Candidats	Nombre de voix (premier tour)	% des suffrages (premier tour)	Nombre de voix (second tour)	% des suffrages (second tour)
Nikos Anastasiádis (Rassemblement démocratique, DISY)	137 268	35,51	215 281	55,99
Stavros Malás (Parti progressiste des travailleurs, AKEL)	116 920	30,24	169 243	44,01
Nikolas Papadopoulos (Parti démocratique, DIKO)	99 508	25,74		
Chrístos Christou (Front national populaire, ELAM)	21 846	5,65		
Giórgos Lillíkas (Alliance des citoyens)	8 419	2,18		
Andréas Efstratíou (indépendant)	845	0,22		
Cháris Aristeidou (indépendant)	752	0,19		
Michális Miná (indépendant)	662	0,17		
Christákis Kapiliótis (indépendant)	391	0,10		

22. Le président de la République turque Recep Tayyip Erdoğan exige le maintien d'une base militaire turque sur l'île alors que la République de Chypre demande le départ de l'ensemble des soldats actuellement stationnés dans la partie nord de l'île.

FINLANDE

Élection présidentielle, 28 janvier 2018

Le chef d'État sortant, Sauli Niinistö, a été réélu dès le premier tour à la présidence de la République de Finlande le 28 janvier 2018. Soutenu par son ancien parti, le Parti de la coalition nationale (KOK) mais également par les Chrétiens-Démocrates (KD) et par plusieurs députés de L'Avenir bleu (ST), formation créée par des membres des Vrais Finlandais (PS) qui ont quitté leur parti en juin 2017, il a remporté une victoire écrasante, recueillant 62,6 % des suffrages dès le premier tour. Un succès d'une telle ampleur est inédit depuis 1994, année de la première élection du président de la République au suffrage universel direct en Finlande.

Sauli Niinistö a devancé le député de la Ligue verte (VIHR) Pekka Haavisto, qui a recueilli 12,4 % des voix ; la député Laura Huhtasaari (Vrais Finlandais), qui a obtenu 6,9 % des suffrages, et le député européen Paavo Väyrynen (Parti des citoyens) avec 6,2 %. Les quatre autres candidats ont obtenu moins de 4 % des voix chacun.

La participation a été un peu plus élevée que celle enregistrée lors du premier tour de l'élection de 2012, puisque 66,8 % des électeurs ont rempli leur devoir citoyen (+ 0,8 point).

Les Finlandais ont choisi le candidat le plus compétent en matière de politique étrangère, le chef de l'État ayant de toute façon peu de pouvoirs en politique intérieure. « Un président de la République en place est très difficile à battre en Finlande, souligne Pertti Ahonen, professeur de science politique à l'université d'Helsinki. Il existait très peu de différences politiques entre les candidats aux yeux des citoyens. Ces derniers ont donc misé sur la stabilité que représente Sauli Niinistö. » De son côté, Juhana Aunesluoma, chercheur au Réseau d'études européennes de l'université d'Helsinki, pense que « les Finlandais aspirent à la stabilité, ils ne veulent pas de changement pour l'instant. La stratégie et la tactique de Sauli Niinistö se sont révélées gagnantes, surtout sur sa façon de gérer le président russe Vladimir Poutine. Les gens ont le sentiment que Sauli Niinistö possède la capacité et les outils pour affronter les défis », tandis que Tapio Raunio, professeur de science politique à l'université de Tampere, estime que « Sauli Niinistö a joué un rôle actif en politique étrangère, en rencontrant les dirigeants russes et les gens apprécient le leadership dont il a fait preuve ».

Résultats de l'élection présidentielle du 28 janvier 2018 en Finlande
Participation : 66,80 %

Candidats	Nombre de voix	% des suffrages exprimés
Sauli Niinistö (Parti de la coalition nationale, Kok)	1 875 342	62,60
Pekka Haavisto (Ligue verte, VIHR)	371 254	12,40
Laura Huhtasaari (Vrais Finlandais, PS)	207 337	6,90
Paavo Väyrynen (indépendant)	185 305	6,20
Matti Vanhanen (Parti du centre, KESK)	122 383	4,10
Tuula Haatainen (Parti social-démocrate, SPD)	97 294	3,20
Merja Kyllönen (Alliance des gauches, VAS)	89 977	3,00
Nils Torvalds (Parti du peuple suédois, SFP)	44 776	1,50

HONGRIE

Élections législatives, 8 avril 2018

Le Premier ministre sortant Viktor Orbán s'est largement imposé aux élections législatives organisées en Hongrie le 8 avril 2018 et conserve donc le pouvoir pour les quatre années à venir. Sa formation, l'Alliance des jeunes démocrates-Union civique (FIDESZ-MPP), alliée au Parti populaire démocrate-chrétien (KDNP) a recueilli 49,2 % des suffrages (résultats du vote au scrutin proportionnel de liste) et a remporté 133 des 199 sièges de l'Országgyűlés, chambre unique du Parlement hongrois, soit la majorité des deux tiers des députés. La formation du Premier ministre sortant a, comme il y a quatre ans, bénéficié du découpage électoral et du système de vote taillés sur mesure pour elle. On rappellera que selon les analystes politiques, avec ce système électoral, le FIDESZ-MPP aurait remporté chacun des scrutins législatifs qui se sont déroulés lors des vingt-cinq dernières années en Hongrie.

Le Mouvement pour une meilleure Hongrie (Jobbik), formation nationaliste, a recueilli 19,1 % des voix et remporté 26 sièges. À gauche, le Parti socialiste (MSZP), allié à Dialogue pour la Hongrie (PM), formation sociale-démocrate et écologiste, a obtenu 11,9 % des suffrages et 20 élus. Le parti écologiste La Politique peut être différente (LMP) a recueilli 7,1 % des voix et remporté 8 sièges, et la Coalition démocratique (DK), formation sociale-libérale de l'ancien Premier ministre (2004-2009) Ferenc Gyurcsány, a obtenu 5,3 % des suffrages et 9 sièges.

La participation a été nettement plus élevée que lors des élections de 2014. Près de sept Hongrois sur dix se sont rendus aux urnes (70,2 %), un taux en hausse de 7,6 points et le deuxième le plus important enregistré dans la Hongrie démocratique depuis les élections législatives des 8 et 29 mai 1994.

Les formations de l'opposition ont obtenu leurs résultats les plus élevés dans la capitale Budapest alors que les zones les plus rurales du pays sont restées fidèles au FIDESZ-MPP du Premier ministre sortant, un phénomène de répartition des votes que l'on observe partout à travers l'Europe.

Viktor Orbán, grand admirateur du président de la Fédération de Russie Vladimir Poutine et chantre d'une « démocratie illibérale », avait centré toute sa campagne électorale sur l'immigration. L'homme se veut le défenseur de l'identité hongroise, qualifie les réfugiés d'« envahisseurs musulmans » et en appelle à l'intérêt national pour justifier sa politique de limitation de certaines libertés, sa reprise en main de l'économie, des médias, etc. Il s'oppose à l'engagement pris par Bruxelles de relocaliser 160 000 réfugiés de Syrie, d'Irak et d'Érythrée au sein des vingt-huit États membres de l'Union européenne, évoquant une « offensive de l'islam ». Pour Viktor Orbán, « l'Union européenne cherche à saper les fondations chrétiennes de l'Europe et à transformer les sociétés de chaque État membre en sociétés multiculturelles ».

Autre obsession du Premier ministre sortant : George Soros, milliardaire américain d'origine hongroise et président de l'Open Society Foundation, qu'il accuse de conspirer contre la Hongrie en finançant des réseaux d'influence au sein de l'Union européenne et de l'Organisation des nations unies pour agir contre Budapest et en travaillant à un plan destiné à islamiser l'Europe par le biais d'une immigration forcée.

Le FIDESZ-MPP s'est appuyé sur son bilan des huit dernières années (deux mandats consécutifs) à la tête de l'État, sur la bonne croissance du PIB (qui s'est établie à 4 % l'an passé), sur les augmentations du salaire minimum (6 % en 2016, 15 % en 2017, 8 % prévus cette année) et sur la faiblesse du taux de chômage, qui s'élève à 3,8 %, soit le plus faible depuis la chute du communisme en 1989.

Bulcsú Hunyadi, analyste politique du *think tank* Political Capital, analysait les résultats des élections hongroises de cette façon : « Dans un pays aux contre-pouvoirs affaiblis depuis huit ans, la plupart des électeurs n'ont pas eu accès à toutes les informations nécessaires pour voter. Toutefois, Viktor Orbán a réussi à mobiliser son électorat dans des proportions surprenantes. On pensait que l'opposition ferait un meilleur résultat. » De son côté, le politologue de l'université libre de Belgique Jean-Michel De Waele faisait le constat suivant : « En Europe, être réélu pour la troisième fois est quand même rare. Nous sommes dans un climat où on sort les sortants, où tous les partis au pouvoir ont des difficultés. Même affaibli, Viktor Orbán n'a contre lui qu'une opposition morcelée et une société civile qui a des difficultés à prouver qu'elle peut être une solution alternative forte et crédible et offrir une perspective. »

Concernant l'opposition, si le Jobbik reste la deuxième formation politique du pays, il peine à progresser par rapport aux élections de 2014. Ses électeurs ne semblent pas avoir été convaincus par l'évolution récente de leur parti. La radicalisation du FIDESZ-MPP, qui a durci son discours sur les questions de l'immigration et de l'Union européenne au cours des dernières années, a en effet poussé la formation de Gábor Vona à se recentrer : « Le Jobbik n'a pas su répondre à la demande de radicalisme qui s'est exprimée dans la société à la suite de la crise migratoire historique de 2015, estime András Pulai, analyste politique à l'institut d'opinion Publicis. Ce parti a ensuite brouillé son image en tentant de gommer son côté xénophobe pour diversifier son électorat. » La transformation imposée par Gábor Vona n'a pas été acceptée par les sympathisants du mouvement qui n'ont pas forcément apprécié l'évolution de leur parti et elle n'est pas non plus parvenue à convaincre de nouveaux électeurs. Quant à l'opposition de gauche, elle a indéniablement pâti de ses divisions et de sa fragmentation.

À l'issue du scrutin, le Premier ministre Viktor Orbán a reconduit son gouvernement qui unit l'Alliance des jeunes démocrates-Union civique et le Parti populaire démocrate-chrétien.

Résultats des élections législatives du 8 avril 2018 en Hongrie
Participation : 69,73%

Formations politiques	Scrutin proportionnel de liste			Scrutin uninominal			Total sièges
	Nombre de voix	% des suffrages	Sièges	Nombre de voix	% des suffrages	Sièges	
Alliance des jeunes démocrates-Union civique/Parti populaire démocrate-chrétien (FIDESZ-MPP/KDNP)	2 636 203	47,89	91	2 824 551	49,27	42	133
Mouvement pour une meilleure Hongrie (Jobbik)	1 276 842	23,20	1	1 092 806	19,06	25	26
Parti socialiste (MSZP) et Dialogue pour la Hongrie (PM)	622 458	11,22	8	682 701	11,91	12	20
La Politique peut être différente (LMP)	312 731	5,64	1	404 429	7,06	7	8
Coalition démocratique (DK)	348 178	6,28	3	308 161	5,38	6	9
Mouvement Momentum (MM)	75 035	1,35	0	175 229	3,06	0	0
Parti hongrois du chien à deux queues (MKKP)	39 763	0,72	0	99 414	1,73	0	0
Ensemble (E)	58 591	1,06	1	37 562	0,66	0	1
Autres	111 310	12,99	1	75 070	1,31	0	1
Indépendants	5 525	0,10	1				1

IRLANDE

Élection présidentielle, 26 octobre 2018

Le président de la République sortant, Michael D. Higgins, qui se présentait en candidat indépendant, a été réélu à la tête de l'Irlande avec 55,8 % des suffrages, le 26 octobre 2018. Il a largement devancé tous ses adversaires mais dans une moindre mesure que ce qui avait été prévu par les enquêtes d'opinion. Pour la première fois depuis 1966, un chef de l'État sortant a été contraint de remettre son mandat en jeu et n'a donc pas été réélu de façon automatique comme cela a été le cas pour ses prédécesseurs.

L'indépendant Peter Casey a pris la deuxième place de l'élection, avec 23,2 % des voix. Sean Gallagher (indépendant) a recueilli 6,4 % des suffrages ; la candidate du Sinn Fein (SF) Liadh Ní Riada a obtenu 6,3 % des voix et Joan Freeman (indépendante), 5,9 % des suffrages. Gavin Duffy (indépendant) ferme la marche avec 2,1 % des voix.

Moins d'un Irlandais sur deux a rempli son devoir civique : la participation s'est élevée à 43,8 % (– 12,2 points par rapport au scrutin de 2011), soit le plus faible taux jamais enregistré pour une élection présidentielle. La victoire annoncée du chef de l'État sortant a sans doute dissuadé nombre de ses compatriotes de se rendre aux urnes.

Michael D. Higgins était soutenu par le Parti travailliste (Lab), formation à laquelle il appartient, le Fine Gael du Premier ministre (*Taoiseach* en gaélique) Leo Varadkar et par le Fianna Fail (FF). Aucune des grandes formations politiques du pays ne présentait de candidat à cette élection présidentielle, à l'exception du Sinn Fein, qui n'aura cependant tiré aucun avantage de l'absence de ses principaux adversaires. Le résultat de sa candidate fragilise la position de la dirigeante du parti, Mary Lou McDonald, qui avait affirmé qu'il existait « un appétit pour un changement politique et social dans le pays » durant la campagne électorale.

La surprise du scrutin présidentiel est venue de Peter Casey. Ce dernier a tenu au cours des deux dernières semaines de campagne des propos très critiques sur les gens du voyage (qui, selon lui, ne paient pas d'impôts et vivent en s'installant sur les propriétés des particuliers) et il a exprimé ses regrets que l'Irlande soit devenue un pays d'assistés. Fondateur et directeur général de l'entreprise de recrutement mondial Claddagh Resources, Peter Casey s'est présenté comme le candidat des Irlandais moyens, de ceux qui ont des difficultés à payer leurs factures et à trouver un logement et qui sont, selon lui, les personnes que l'État devrait aider en priorité. Ces propos, condamnés par le Premier ministre Leo Varadkar, ont propulsé Peter Casey à la deuxième place de l'élection présidentielle.

Résultats de l'élection présidentielle du 26 octobre 2018 en Irlande
Participation : 43,87 %

Formations politiques	Nombre de votes de première préférence	% des votes de première préférence
Michael D. Higgins (indépendant)	822 566	55,81
Peter Casey (indépendant)	342 727	23,25
Sean Gallagher (indépendant)	94 514	6,41
Liadh Ní Riada (Sinn Fein, SF)	93 987	6,38
Joan Freeman (indépendante)	87 908	5,96
Gavin Duffy (indépendant)	32 198	2,18

ITALIE

Élections parlementaires, 4 mars 2018

Deux partis se sont imposés aux élections parlementaires italiennes qui ont eu lieu le 4 mars 2018 : le Mouvement 5 étoiles (M5S) et la Ligue (L). Le premier, parti populiste conduit par Luigi Di Maio, a confirmé sa place de première formation politique de la Péninsule en recueillant 32,6 % des suffrages à la Chambre des députés (au scrutin proportionnel) et en obtenant 227 sièges (soit 118 de plus que lors des élections de 2013, avec un mode de scrutin différent) et 112 sièges au Sénat.

Le 3 novembre 2017, l'Italie a adopté une nouvelle loi électorale, appelée « Rosatellum bis » du nom de l'homme qui a porté cette réforme, Ettore Rosato, dirigeant du groupe du Parti démocrate à la Chambre des députés. La Chambre des députés (Camera dei Deputati) compte 630 membres élus pour cinq ans : 232 députés (37 % du total) sont désignés au scrutin uninominal, 386 (61 %) sont choisis au scrutin proportionnel et 12 (2 %) sont élus par les Italiens de l'étranger.

« Pour la première fois en Europe, les forces antisystèmes l'emportent » pouvait-on lire dans l'éditorial du quotidien *La Stampa* du 5 mars 2018. En effet, ensemble, le Mouvement 5 étoiles, la Ligue et Frères d'Italie ont obtenu 54,4 % des suffrages. La coalition de droite formée par Forza Italia (FI), parti de l'ancien président du Conseil (1994-1995, 2001-2006 et 2008-2011)

Silvio Berlusconi, par la Ligue, formation populiste, antieuropéenne et xénophobe, et par Frères d'Italie (FdI) est quant à elle arrivée en tête des élections parlementaires. Ensemble, ces partis ont obtenu 37 % des voix et 265 élus (+ 140) à la chambre basse (et 138 sénateurs), mais ils ont échoué à remporter la majorité absolue.

Au sein de cette coalition, la Ligue a largement devancé Forza Italia en recueillant 17,3 % des suffrages et en remportant 125 sièges (+ 107). Matteo Salvini, en abandonnant les revendications régionalistes de son parti, a indéniablement réussi son pari de faire de la Ligue une formation nationale. Quant à Silvio Berlusconi, il n'est pas parvenu à faire son retour et a échoué à convaincre les Italiens qu'il pouvait constituer un rempart contre les populistes et assurer la stabilité de l'Italie. Forza Italia a obtenu 14 % des voix, le plus faible résultat de son histoire, et 104 sièges. Enfin, Frères d'Italie, a recueilli 4,3 % des suffrages et a remporté 32 élus (+ 23).

Comme dans de nombreux pays européens, la gauche a essuyé un revers. Le Parti démocrate (PD) du président du Conseil sortant Paolo Gentiloni, a recueilli 18,7 % des suffrages et a remporté 112 sièges (– 185), soit le résultat le plus faible depuis la fondation du parti en 2007. Au total, la coalition de gauche a obtenu 22,8 % des voix et 122 députés (– 223). La coalition a également remporté 59 sièges de sénateurs. Libres et égaux (LeU), formation de gauche, a recueilli 3,3 % des voix et remporté 14 sièges.

La participation a été de 72,9 %, inférieure à celle enregistrée lors des élections de 2013 (– 2,2 points). La nouvelle loi électorale, « Rosatellum bis » n'aura donc pas permis à l'Italie de dégager une majorité à l'occasion de ce scrutin. « Le verdict est toujours le même : le pays vit une instabilité permanente. L'ingouvernabilité est désormais une maladie endémique » commentait Claudio Tito, éditorialiste au quotidien *La Repubblica*.

Le Mouvement 5 étoiles a su faire progresser son électorat et conserve donc sa place de première formation d'Italie. Luigi Di Maio a réussi son pari de transformer le parti en formation capable de gouverner. « On vote désormais pour le Mouvement 5 étoiles pas seulement par protestation mais aussi par adhésion, analyse Marc Lazar, directeur du Centre d'histoire de Sciences Po. Le mouvement est très ancré dans l'opinion parce qu'il s'adresse à de multiples catégories d'électeurs, il représente une forme d'attrape-tout en profitant de la crise économique et sociale, de l'euroscepticisme, de la défiance envers le monde politique. Luigi Di Maio donne une nouvelle impulsion au Mouvement 5 étoiles, il ne veut plus rester dans la contestation. Il dit qu'il faut prendre ses responsabilités et les assumer, être compétents. Il s'agit d'une rupture avec la dimension traditionnelle du mouvement parce qu'il n'exclut pas de faire des alliances pour gouverner.

C'est une grande première car le mouvement s'est toujours basé sur le refus de toute compromission comme lors des élections de 2013. »

La Ligue, qui a modifié son nom (elle s'appelait auparavant la Ligue du Nord), est désormais présente sur l'ensemble du territoire italien. La formation est également davantage critique envers l'Union européenne. « Certains disent qu'ils veulent plus d'Europe, je dis qu'il doit y avoir plus d'Italie » a répété Matteo Salvini durant la campagne. La formation populiste a fait des questions de sécurité le premier enjeu des élections parlementaires : « Nous voulons chasser les clandestins qui sont trop nombreux, fermer les camps de Roms et défendre les frontières » a par exemple déclaré Matteo Salvini.

Du côté des forces de gauche, le Parti démocrate de Matteo Renzi apparaît comme le grand perdant de ces élections parlementaires. La formation a sans doute été victime de la sanction infligée aux sortants (depuis 1994, chaque élection parlementaire a débouché sur une alternance). En effet, si selon les statistiques, la situation socio-économique de l'Italie s'est améliorée, les Italiens ne semblent pas partager cette impression. Par ailleurs, le Parti démocrate n'est pas épargné par la profonde crise qui affecte l'ensemble de la gauche sociale-démocrate en Europe.

Le 1er juin 2018, le Mouvement 5 étoiles et la Ligue ont formé un gouvernement, dirigé par l'indépendant Giuseppe Conte. Luigi Di Maio, le dirigeant du Mouvement 5 étoiles, y occupe le poste de ministre du Développement économique, du Travail et des Politiques sociales et Matteo Salvini, le leader de la Ligue, celui de ministre de l'Intérieur. Les deux hommes sont tous deux vice-présidents du Conseil.

Résultats des élections législatives du 4 mars 2018 en Italie
Les sièges obtenus par les votes des Italiens de l'étranger sont comptabilisés dans ces tableaux

Chambre des députés
Participation : 72,9%

Formations politiques	Scrutin majoritaire			Scrutin proportionnel			Total sièges
	Nombre de voix	% des suffrages	Sièges	Nombre de voix	% des suffrages	Sièges	
Coalition de droite	12 169 466	36,9	111	12 152 345	37	151	265
Coalition de gauche	7 521 152	22,8	28	7 506 723	22,8	88	122
Mouvement cinq étoiles (M5S)	10 748 065	32,6	93	10 732 066	32,6	133	227
Autres	2 468 712	7,7	0	2 450 571	7,6	16	16

Sénat
Participation : 72,9%

Formations politiques	Scrutin majoritaire			Scrutin proportionnel			Total sièges
	Nombre de voix	% des suffrages	Sièges	Nombre de voix	% des suffrages	Sièges	
Coalition de droite	11 343 776	37,4	59	11 327 549	37,5	77	138
Coalition de gauche	6 963 157	23	13	6 947 199	23	44	59
Mouvement cinq étoiles (M5S)	9 748 326	32,2	44	9 733 928	32,2	68	112
Autres	2 217 042	7,4	0	2 201 885	7,3	6	6

LETTONIE

Élections législatives, 6 octobre 2018

Harmonie (S), parti de gauche dirigé par Nils Ušakovs, est arrivé en tête des élections législatives qui se sont déroulées le 6 octobre 2018. La formation a recueilli 19,8 % des suffrages et a remporté 23 sièges (– 1 par rapport au scrutin de 2014) à la Saeima, chambre unique du parlement letton. À qui appartient le pays ? (KPV?), formation populiste fondée en 2016, a pris la deuxième place en obtenant 14,2 % des voix et 16 députés. Elle est suivie par le Nouveau Parti conservateur (JKP), qui a recueilli 13,5 % des suffrages et remporté 16 sièges.

Harmonie s'est imposé dans deux circonscriptions électorales sur cinq, celles de Latgale et de la capitale Riga ; KPV? est arrivé en tête dans les circonscriptions de Zemgale et de Kurzeme, et le JPK a pris la première place dans la circonscription de Vidzeme.

Pour le développement de la Lettonie (PAR), alliance électorale libérale (tant sur le plan économique que sur le plan sociétal), a pris la quatrième place des élections législatives en obtenant 12,1 % des voix et 13 élus. Elle est suivie par l'Alliance nationale (AN), membre du gouvernement sortant qui réunit l'Union pour la patrie et la liberté (TB/LNNK) et la formation de droite Tous pour la Lettonie (VL), (11 % des suffrages et 13 sièges, - 4) et, enfin, par l'Union des Verts et des paysans (ZZS), parti centriste du Premier ministre sortant Māris Kučinskis, qui a recueilli 9,9 % des suffrages et a remporté 11 députés (– 10).

Nouvelle unité (JV) ferme la marche avec 6,6 % des voix et 8 élus (– 15).

La participation a été la plus faible jamais enregistrée dans l'histoire de la Lettonie, puisqu'elle s'est élevée à 54,5 %, soit un taux inférieur de 4,2 points à celui enregistré lors des élections de 2014.

Avec l'entrée de sept formations en son sein, la nouvelle Saiema est très fragmentée. Les possibilités de coalition sont donc nombreuses et les partis opposés à la participation d'Harmonie au gouvernement ont une fois de plus tout fait pour empêcher la formation de Nils Ušakovs d'accéder à la tête de l'État. On rappellera que le parti Harmonie est arrivé à deux reprises en tête des élections législatives en Lettonie dans le passé (2011 et 2014) mais qu'il n'a jamais pu participer à un gouvernement, la grande majorité des autres formations politiques refusant toute collaboration avec un parti qu'elles considèrent trop proche de la Russie voisine. Harmonie est en effet majoritairement soutenu par des électeurs russophones et entretient des relations de « respect mutuel » avec Moscou et les autres pays de la Communauté des États indépendants (CEI). La formation n'a pas condamné l'annexion de la Crimée par la Russie en 2014 et s'est opposée aux sanctions économiques infligées à Moscou en conséquence de l'invasion de l'Ukraine.

« Il existe un sentiment anti-establishment très important en Lettonie ainsi qu'un fort désir de nouveauté, analyse Arnis Kaktiņš, directeur de l'institut d'opinion SKDS. Si l'on regarde autour de nous, on observe la même chose dans un grand nombre de pays européens. » Una Bergmane, professeur de science politique à la London School of Economics (LSE), pense de son côté que « KPV? a réussi à convaincre de nombreux Lettons que la classe dirigeante pourrie a corrompu l'État et qu'aucun changement ne pourra avoir lieu en Lettonie avant que celle-ci ne soit chassée et remplacée ».

Le 23 janvier 2019, Arturs Krišjānis Kariņš, dirigeant de Nouvelle unité, a formé un gouvernement qui réunit outre son parti Développement/Pour !, À qui appartient le pays ?, le Nouveau Parti conservateur et l'Alliance nationale.

Résultats des élections législatives du 7 octobre 2018 en Lettonie
Participation : 54,58 %

Formations politiques	Nombre de voix	% des suffrages exprimés	Nombre de sièges
Harmonie (S)	167 117	19,80	23
À qui appartient le pays ? (KPV?)	120 264	14,25	16
Nouveau Parti conservateur (JKP)	114 694	13,59	16
Pour le développement de la Lettonie (PAR)	101 685	12,04	13
Alliance nationale (AN)	92 963	11,01	13
Union des Verts et des paysans (ZZS)	83 675	9,91	11
Nouvelle unité (JV)	56 542	6,69	8
Autres	102 060	14,71	0

LUXEMBOURG

Élections législatives, 14 octobre 2018

Le Parti populaire chrétien-social (PCS/CVS), principale formation d'opposition du pays, est arrivé en tête des élections législatives qui se sont déroulées le 14 octobre 2018. La formation a recueilli 28,3 % des suffrages et remporté 21 des 60 sièges (– 2 par rapport aux élections de 2013) de la Chambre des députés, chambre unique du Parlement luxembourgeois, soit son résultat le plus faible depuis 1974. S'il reste la première force politique du pays, le parti, dans l'opposition depuis quatre ans, est cependant en recul par rapport à son résultat de 2013 et il ne semble pas avoir profité autant qu'il l'espérait de son éloignement du pouvoir.

Le Parti ouvrier socialiste (POSL/LSAP), membre de la coalition gouvernementale sortante, a pris la deuxième place de ces élections en termes de nombre et de pourcentage de voix (17,6 %, soit un résultat au-dessous des 20 % des suffrages, une première dans son histoire) mais il n'a remporté que 10 sièges (– 3), soit son plus faible résultat depuis la Seconde Guerre mondiale, tandis que le Parti démocratique (PD/DP), formation de centre droit du Premier ministre sortant Xavier Bettel, a obtenu 16,9 % des suffrages mais seulement 12 élus (– 1). Le découpage électoral explique cette répartition des sièges.

Les Verts/Dei Greng (LV-DG), parti membre de la coalition gouvernementale sortante, apparaissent comme l'un des vainqueurs du scrutin législatif du 14 octobre. Avec 15,1 % des voix et 9 députés (+ 3), la formation est en forte progression, atteignant les 15 % de suffrages pour la première fois de son histoire.

Le Parti réformiste d'alternative démocratique (ADR), formation populiste de droite et qui se présentait en coalition avec Wee 2050, issu de Nee 2015, mouvement créé en 2015 pour lutter contre le vote des résidents étrangers aux élections législatives proposé par le référendum du 7 juin 2015[23], est en progression : le parti a obtenu 8,2 % des voix et 4 sièges (+ 1).

De même, La Gauche/Dei Lenk (LG/DL), parti d'extrême gauche, a enregistré une légère hausse, même s'il échoue à atteindre son objectif de conquérir un siège supplémentaire. La formation ne profite pas autant qu'elle le souhaitait du recul du Parti ouvrier socialiste luxembourgeois : elle a recueilli 5,4 % des suffrages et a remporté 2 sièges (=).

---

23. Le 7 juin 2015, plus des trois quarts des Luxembourgeois (78 %) se sont prononcés contre le vote des résidents non luxembourgeois aux élections législatives et 80,8 % contre l'abaissement du droit de vote à 16 ans.

Enfin, autre surprise de ces élections législatives, le Parti pirate (PPLU) fait une entrée remarquée au parlement luxembourgeois. La formation, qui se présentait en coalition avec le Parti pour la démocratie intégrale (PID), a recueilli 6,4 % des suffrages et a remporté 2 sièges.

La participation (89,6 %) a été légèrement inférieure à celle enregistrée lors des élections de 2013 (– 1,5 %). Le vote est obligatoire au Grand-Duché mais, pour la première fois cette année, les Luxembourgeois étaient autorisés à voter par correspondance sans avoir à justifier leur absence le jour du scrutin.

On observe au Luxembourg comme ailleurs que les partis traditionnels, notamment ceux de gauche, sont à la peine et enregistrent tous un recul dans les urnes à chaque scrutin législatif. En revanche, les petites formations et, dans une moindre mesure, les partis populistes ou radicaux sont en progression.

Le PCS/CVS a dû renoncer à envisager de former une coalition gouvernementale avec le PD/DP (à elles deux, les formations ont obtenu 33 sièges au Parlement). La coalition gouvernementale sortante emmenée par le Premier ministre Xavier Bettel et composée par le Parti démocratique, le Parti ouvrier socialiste et les Verts, a obtenu une (très courte) majorité dans les urnes (31 sièges sur 60) et a donc été reconduite, Xavier Bettel conservant son poste de Premier ministre.

Résultats des élections législatives du 14 octobre 2018 au Luxembourg
Participation : 89,61 % (le vote est obligatoire au Luxembourg)

Formations politiques	Nombre de voix	% des suffrages exprimés	Nombre de sièges
Parti populaire chrétien-social (PSC/CSV)	999 360	28,31	21
Parti ouvrier socialiste luxembourgeois (POSL/LSAP)	597 075	16,92	12
Parti démocratique (PD/DP)	621 221	17,60	10
Les Verts/Dei Greng (LV/DG)	533 919	15,13	9
Parti réformiste d'alternative démocratique (ADR)	292 364	8,28	4

RÉPUBLIQUE TCHÈQUE

Élection présidentielle, 12-13 janvier et 26-27 janvier 2018

Les Tchèques ont finalement choisi la continuité et ils ont réélu le 27 janvier 2018 leur chef de l'État sortant Miloš Zeman (Parti des droits des citoyens, SPOZ) à la présidence de la République. Il a recueilli 51,3 % des suffrages, contre 48,6 % pour son rival, Jiří Drahoš (indépendant). Miloš Zeman était largement arrivé en tête au premier tour du scrutin avec 38,5 % des suffrages, devançant Jiří Drahoš, ancien président de l'Académie des sciences, soutenu par l'Union chrétienne-démocrate- Parti du peuple (KDU-CSL) et par Maires et indépendants (STAN), qui avait obtenu 26,6 % des voix.

Les deux tiers des Tchèques se sont rendus aux urnes pour le second tour : la participation s'est élevée à 66,6 %, soit 7,4 points au-dessus de celle enregistrée lors du second tour de l'élection de 2013.

Aucun des partis de gouvernement ne présentait son propre candidat, chacune des formations politiques ayant bien compris la méfiance qu'elle suscite parmi les électeurs qui ont marqué leur préférence pour une personnalité indépendante.

Miloš Zeman est opposé aux sanctions mises en place par Bruxelles contre Moscou et considère l'annexion de la Crimée par la Russie comme un « fait établi ». Il soutient également le président américain Donald Trump et il veut que, comme Washington l'a fait, Prague reconnaisse Jérusalem comme capitale d'Israël. Le président de la République sortant, qui s'était déclaré fan de Norbert Hofer (Parti de la liberté, FPÖ), candidat populiste à l'élection présidentielle autrichienne de 2016, a qualifié l'arrivée de réfugiés en Europe d'« invasion organisée » et de « bouillon de culture d'attaques terroristes ». Critiqué par les intellectuels et les Tchèques les plus urbains, Miloš Zeman se veut le représentant des oubliés de la transition économique.

« Miloš Zeman a clairement mis en avant sa position anti-immigration, ce qui lui a permis de remporter l'élection présidentielle, constate Jakub Charvát, professeur de science politique à l'université métropolitaine de Prague. Il a attiré sur son nom les électeurs percevant les plus faibles revenus et les moins diplômés du pays, qui sont convaincus d'avoir, avec lui, quelqu'un qui les défend au plus haut niveau de l'État. »

Novice en politique, Jiří Drahoš défendait de son côté la mise en place d'un État moderne, pro-occidental, l'appartenance de la République tchèque à l'Union européenne et l'adoption de l'euro. Il avait reçu le soutien du Parti civique-démocrate (ODS) pour le second tour de scrutin. Comme l'écrit l'analyste politique Jiří Pehe, cette élection présidentielle a été en fait « une bataille entre la partie postcommuniste de la société tchèque représentée par Miloš Zeman et l'autre partie, disons moderne, pro-occidentale, et qui ne veut tout simplement plus de l'actuel chef de l'État ». Il ajoute par ailleurs : « Jiří Drahoš n'a pas vraiment tendu la main aux électeurs des candidats du premier tour qui avaient appelé à voter pour lui, et c'est une erreur. Il semble que certains d'entre eux ont préféré rester chez eux ou même qu'ils ont voté pour le président de la République sortant. D'autre part, le manque d'expérience politique de Jiří Drahoš lui a sans doute fait perdre des points pendant les deux débats télévisés, au cours desquels il n'a pas été très bon. » Analyse que partage Lukas Macek, directeur du campus de Sciences Po Dijon (campus spécialisé sur l'Europe centrale et orientale) : « La campagne du second tour de Jiří Drahoš n'a probablement pas été assez convaincante aux yeux des électeurs dont le candidat avait été éliminé au premier tour et pour qui, visiblement, il n'a pas su être un second choix. Le simple fait de ne pas être Miloš Zeman n'a pas suffi. Drahoš n'a pas su créer de dynamique ni une adhésion suffisamment forte autour de sa personne. »

Résultats de l'élection présidentielle des 12-13 janvier et 26-27 janvier 2018 en République tchèque
Participation : 61,92% (premier tour) et 66,60% (second tour)

Candidats	Nombre de voix obtenues (premier tour)	% des suffrages exprimés (premier tour)	Nombre de voix obtenues (second tour)	% des suffrages exprimés (second tour)
Miloš Zeman (Parti des droits des citoyens, SPOZ)	1 985 547	38,57	2 853 390	51,37
Jiří Drahoš (indépendant)	1 369 601	26,60	2 701 206	48,63
Pavel Fischer (indépendant)	526 694	10,23		
Michal Horáček (indépendant)	472 643	9,18		
Marek Hilser (indépendant)	454 949	8,84		
Mirek Topolánek (indépendant)	221 689	4,31		
Jiří Hynek (indépendant)	63 348	1,23		
Petr Hannig (Parti du bon sens)	29 228	0,57		
Vratislav Kukhánec (indépendant)	24 442	0,47		

SLOVÉNIE

Élections législatives, 3 juin 2018

Le Parti démocrate (SDS), dirigé par l'ancien chef du gouvernement (2004-008 et 2012-2013) Janez Janša, est arrivé en tête des élections législatives anticipées (de quelques mois) – les troisièmes consécutives – qui ont eu lieu le 3 juin 2018 en Slovénie. Le scrutin faisait suite à la démission, le 14 mars, du Premier ministre Miro Cerar (Parti moderne du centre, SMC) après que la Cour suprême de Slovénie a annulé le référendum du 24 septembre 2017 portant sur la construction d'une seconde voie ferrée (longue de 27 kilomètres) entre Divača et Koper, unique port commercial de Slovénie situé sur la côte de la mer Adriatique[24].

Le SDS a recueilli 24,9 % des suffrages et remporté 25 sièges au Državni Zbor (Assemblée nationale), chambre basse du Parlement slovène, soit 4 de plus que lors des élections de 2014. La Liste Marjan Šarec (LMŠ) a pris la deuxième place avec 12,6 % des voix et 13 élus. Les Sociaux-Démocrates (SD), formation membre de la coalition gouvernementale sortante, sont arrivés en troisième position. Ils ont obtenu 9,9 % des suffrages et 10 sièges (+ 4). Ils sont suivis par le SMC, qui a enregistré un net recul en recueillant 9,7 % des voix et en obtenant 10 sièges (– 26). La Gauche (Levica) est arrivée en cinquième position avec 9,3 % des voix (9 députés). Viennent ensuite Nouvelle Slovénie (NSi) (7,1 % des suffrages et 7 sièges, + 2) ; l'Alliance Alenka Bratušek (ZaAB), formation centriste dirigée par l'ancienne Premier ministre (2013-2014) Alenka Bratušek (5,1 % des voix et 5 élus, + 1) ; le Parti démocratique des retraités (DeSUS), parti membre de la coalition gouvernementale sortante, qui a perdu la moitié de ses élus (4,9 % des suffrages et 5 sièges, – 5) ; et enfin le Parti national slovène (SNS), qui retrouve les bancs du parlement slovène (4,1 % des voix et 4 députés, + 4). Au total, neuf formations seront donc représentées dans la prochaine Assemblée nationale slovène, un record dans l'histoire du pays.

---

24. Le 24 septembre 2017, une courte majorité des votants (53,4 %) avait répondu « oui » à la question suivante : « Approuvez-vous la construction, la mise en service et l'administration de la seconde voie ferrée de la ligne Divača-Koper telles que votées par l'Assemblée nationale le 8 mai 2017 ? », tandis que 46,5 % des électeurs avaient opté pour le non. Au total, 20,5 % des Slovènes s'étaient rendus aux urnes, soit juste le minimum nécessaire pour que le référendum soit validé. En mars 2018, la Cour suprême a néanmoins jugé que le gouvernement slovène avait manqué à son devoir de neutralité en finançant la campagne électorale avec des fonds publics. Un second référendum a eu lieu sur ce même sujet le 13 mai 2018, et une courte majorité d'électeurs (50,1 %) s'est à nouveau prononcée pour la voie ferrée et 49,9 % contre, mais la participation s'est élevée à seulement 15 %. Conséquence : la voie ferrée entre Divača et Koper sera bien construite.

La participation s'est élevée à 52,6%, soit 0,9 point au-dessus de celle enregistrée lors des élections de 2014.

C'est avec le slogan « La Slovénie d'abord ! » et un discours fermement anti-immigrés que le Parti démocrate, qui affirme défendre un « patriotisme positif », s'est imposé dans les urnes. La formation a fait campagne sur la défense de l'identité slovène menacée, selon elle, par l'arrivée de réfugiés venus du Moyen-Orient (notamment Syrie et Irak) ou d'Afrique (Éthiopie, Soudan et Libye). Durant sa campagne électorale, le dirigeant démocrate Janez Janša s'est largement inspiré du Premier ministre hongrois Viktor Orbán, qui est d'ailleurs venu lui apporter son soutien le 11 mai, jour du lancement de la campagne de son parti. « Quand on parle de migrants, le Parti démocrate joue sur du velours, la majorité des Slovènes étant plutôt hostiles aux migrants et sceptiques quant à leur intégration » analyse Alem Maksuti, analyste politique à l'Institut du management politique.

Le 13 septembre 2018, Marjan Šarec est devenu Premier ministre de Slovénie à la tête d'un gouvernement qui, outre sa propre formation, rassemble le SD, le SMC, le ZaAB et le DeSUS. Durant la campagne, la quasi-totalité des formations politiques slovènes avaient en effet exclu de participer à une coalition gouvernementale avec le SDS. Marjan Šarec avait même déclaré : « En répandant la peur des migrants et en faisant intervenir le Premier ministre d'un pays étranger dans les élections législatives slovènes, Janez Janša a franchi la ligne rouge. ».

Résultats des élections législatives du 3 juin 2018 en Slovénie
Participation : 52,64%

Formations politiques	Nombre de voix	% des suffrages exprimés	Nombre de sièges
Parti démocrate (SDS)	222 042	24,92	25
Liste Marjan Šarec (LMŠ)	112 250	12,60	13
Sociaux-Démocrates (SD)	88 524	9,93	10
Parti moderne du centre (SMC)	86 868	9,75	10
La Gauche (Levica)	83 108	9,33	9
Nouvelle Slovénie (NSi)	63 792	7,16	7
Alliance Alenka Bratušek (ZaAB)	45 492	5,11	5
Parti démocratique des retraités (DeSUS)	43 889	4,93	5
Parti national slovène (SNS)	37 182	4,17	4
Minorités italienne et hongroise			1
Autres	107 950	12,11	0

SUÈDE

Élections législatives, 9 septembre 2018

Événement inédit en Suède : au lendemain des élections législatives qui se sont déroulées dans le royaume scandinave le 9 septembre 2018, impossible de connaître le véritable vainqueur du scrutin ! « Nous sommes devant une tendance européenne où des partis qui ont été au gouvernement depuis des décennies perdent leur assise et où le paysage politique est plus fragmenté » a commenté David Ahlin, directeur des études d'opinion à Ipsos Suède. Alors qu'il a obtenu le résultat le plus faible de son histoire, le Parti social-démocrate (SAP), conduit par le Premier ministre sortant Stefan Löfven, a cependant conservé la place de première formation du pays qu'il occupe depuis 1917. Le parti a recueilli 28,2 % des suffrages et remporté 100 élus, soit 13 de moins que lors des élections de septembre 2014. Il est suivi par le Parti des modérés (M), qui a obtenu 19,8 % des voix et 70 sièges (– 14).

De leur côté, les Démocrates de Suède (SD), parti populiste de droite, ont pris la troisième place du scrutin avec 17,5 % des voix et 62 sièges, soit une progression de 13 sièges par rapport aux élections de 2014 et un résultat bien supérieur à la moyenne des populistes en Europe, même s'il est moins élevé que celui qu'avaient prévu les enquêtes d'opinion. La Suède n'échappe pas à la percée des partis populistes qui touche quasiment tous les pays européens, notamment les États nordiques. Les populistes participent en effet au gouvernement en Finlande (Parti des Finlandais, PS) et en Norvège (Parti du progrès, F). Au Danemark, le Parti du peuple danois (DF) est devenu la première formation de droite du pays lors des dernières élections législatives du 18 juin 2015.

Du côté des « petits » partis, le Parti du centre (C) a recueilli 8,6 % des suffrages et remporté 31 sièges (+ 9). Il est suivi par le Parti de la gauche (Vp), qui a obtenu 8 % des voix et 28 députés (+ 7). Le Parti chrétien- démocrate (KD) a recueilli 6,3 % des suffrages et a remporté 22 élus (+ 6), et Les Libéraux (L) ont obtenu 5,4 % des voix et 20 sièges (+ 1). Enfin, si l'on avait pu penser que la canicule qu'a connue le pays au cours de l'été 2018 aurait pu entraîner les Suédois à se tourner vers les écologistes, il n'en a rien été. Le Parti de l'environnement-Les Verts (MP) a atteint de justesse le seuil des 4 % des suffrages exprimés au niveau national indispensable pour être représenté dans le prochain parlement (4,4 % des voix, 16 députés, – 9 sièges).

Avec 40,6 % des suffrages et 144 élus, les trois partis du bloc de la gauche devancent d'une très courte tête les quatre formations du bloc de la droite qui ont recueilli 40,2 % des suffrages et remporté 143 sièges.

Avec un taux de 87,1 %, la participation a été légèrement supérieure à celle enregistré lors des élections de 2014, soit 1,3 point de plus.

La campagne électorale a largement été dominée par les thèmes de l'immigration et de l'intégration, une première dans le royaume scandinave. « En Suède, l'économie et les services publics ont toujours constitué les principaux enjeux lors des scrutins législatifs, analyse Nicholas Aylott, professeur de science politique de l'université Södertörn. Mais, au cours des deux ou trois dernières années, les thèmes de la loi, de l'ordre et de l'immigration sont devenus prédominants. C'est un grand changement. ». On rappellera que le royaume scandinave a accueilli plus de 350 000 migrants depuis 2014 (pour 9,9 millions d'habitants). En 2015, 163 000 personnes y ont demandé l'asile, soit une demande pour 25 Suédois, un record en Europe.

Le gouvernement de Stefan Löfven, qui rassemblait sa formation et le Parti de l'environnement-Les Verts (MP), a réintroduit le contrôle à la frontière entre la Suède et le Danemark dès le 12 novembre 2015. En juin 2016, il a adopté des mesures en vue de durcir la politique d'asile du pays. Présentées comme temporaires, ces dernières (réduction des quotas de réfugiés accueillis dans le pays à environ 14 000 par an, attribution d'un permis de séjour d'une durée de trois ans – celui-ci était auparavant d'une durée indéterminée – et regroupement familial et attribution des aides sociales aux seuls réfugiés) ont été pérennisées en mai 2018. Le Premier ministre sortant Stefan Löfven avait présenté les élections législatives du 9 septembre comme un « référendum sur le *Folkhemmet* [littéralement « maison du peuple », soit l'État-providence] » et appelé les Suédois à voter pour un « gouvernement stable capable de diriger la Suède en ces temps incertains », présentant sa formation comme un rempart contre les populistes de droite. Au pouvoir depuis quatre ans, le SAP a gouverné le royaume durant quatre-vingts des cent-une années de démocratie qu'a connues la Suède. Plus ancien et plus conséquent parti du pays, il a perdu un sympathisant sur quatre depuis 2014. Nombreux sont les Suédois qui estiment que le parti ne défend plus les catégories populaires et qui voient dans la présence d'étrangers dans le royaume une menace sur leur emploi. Ils accusent d'ailleurs souvent ces derniers de se contenter de bas salaires tant qu'ils peuvent bénéficier des prestations sociales ou même de venir uniquement pour profiter du généreux système social suédois.

De son côté, le dirigeant des Démocrates de Suède Jimmie Akesson avait souhaité faire des élections législatives du 9 septembre un plébiscite contre la politique migratoire du gouvernement sortant. Il s'est déclaré prêt à collaborer avec les forces de gauche comme avec celles de droite, à condition de pouvoir décider de la politique migratoire du pays. Selon une enquête sortie des urnes, un peu plus de la moitié des électeurs des Démocrates de Suède le 9 septembre (54 %) avaient voté pour ce parti lors du précédent scrutin du 14 septembre 2014, 19 % s'étaient prononcés à l'époque pour le Parti social-démocrate et 18 % pour le Parti des modérés. On voit que la formation populiste a su à la fois fidéliser ses sympathisants et attirer de nouveaux électeurs venus de la droite comme de la gauche.

Les deux blocs politiques étant quasiment à égalité, la formation du gouvernement suédois a été longue et difficile. Après plus de quatre mois de négociations, le 19 janvier 2019, Stefan Löfven a été nommé Premier ministre. Il a formé un gouvernement réunissant les sociaux-démocrates et le Parti de l'environnement-Les Verts.

Résultats des élections législatives du 9 septembre 2018 en Suède
Participation : 87,18 %

Formations politiques	Nombre de voix	% des suffrages exprimés	Nombre de sièges obtenus
Parti social-démocrate (SAP)	1 830 386	28,26	100
Parti des modérés (M)	1 284 698	19,84	70
Démocrates de Suède (SD)	1 135 627	17,53	62
Parti du centre (C)	557 500	8,61	31
Parti de la gauche (Vp)	518 454	8,00	28
Parti chrétien-démocrate (KD)	409 478	6,32	22
Les Libéraux (L)	355 546	5,49	20
Parti de l'environnement-Les Verts (MP)	285 899	4,41	16
Autres	98 549	1,50	0

ANNÉE 2019

AUTRICHE

Élections fédérales, 29 septembre 2019

Le Parti populaire autrichien (ÖVP), formation dirigée par le chancelier sortant, Sebastian Kurz, est arrivé largement en tête des élections du 29 septembre 2019 en Autriche. Il a obtenu 37,54 % des suffrages, soit son résultat le plus élevé depuis 2002 (42,30 %), et 71 sièges (+ 9 par rapport aux précédentes élections de 2017).

Son ancien partenaire de coalition, le Parti de la liberté (FPÖ), a été lourdement sanctionné par les électeurs. La formation s'est effondrée : elle a obtenu 16,21 % des voix et 31 sièges (– 18). Une large partie des personnes qui avaient choisi le parti populiste en 2017 se sont cette fois-ci tournées vers la formation du chancelier sortant.

Le FPÖ était à l'origine de ce scrutin législatif anticipé consécutif au renversement de Sebastian Kurz le 27 mai 2019 par le Nationalrat, chambre basse du Parlement autrichien. Pour la première fois dans l'histoire de l'Autriche, un chancelier avait échoué à remporter la confiance du Parlement. Le fait est d'autant plus remarquable que, la veille du vote de sa destitution par le Parlement, sa formation avait obtenu une large victoire aux élections européennes avec 34,55 % des suffrages.

Ce vote de défiance faisait suite à la diffusion, dix jours plus tôt, par deux médias allemands, le *Spiegel* et le *Süddeutsche Zeitung*, d'une vidéo dans laquelle on voyait Heinz-Christian Strache, vice-chancelier d'Autriche, ministre fédéral de la Fonction publique et des Sports et dirigeant du FPÖ, et Johann Gudenus, chef du groupe parlementaire du FPÖ, filmés à leur insu dans une villa à Ibiza en 2017 en train de négocier avec une femme, qui se disait la nièce de l'oligarque russe du gaz Igor Makarov, un accès privilégié pour le businessman aux marchés publics autrichiens via la création d'une société de BTP en échange d'un soutien financier de sa part au FPÖ. Le 18 mai, Heinz-Christian Strache avait démissionné du gouvernement avant d'abandonner le lendemain la direction de sa formation.

Le Parti social-démocrate d'Autriche (SPÖ) a pris la deuxième place du scrutin avec 21,22 % des suffrages (40 sièges, – 12). Grands perdants des précédentes élections fédérales, Les Verts-L'Alternative verte (DG) ont retrouvé les bancs du Parlement : ils ont recueilli 13,80 % des voix et obtenu 26 sièges (+ 26).

La participation s'est élevée à 75,07 %.

Large vainqueur du scrutin, le chancelier sortant Sebastian Kurz a conservé son poste mais il a dû néanmoins s'allier avec un autre parti pour diriger le pays. Au tout début de 2020, il a conclu une alliance avec Les Verts-L'Alternative verte (DG) qui ont fortement progressé depuis le dernier scrutin de 2017. Le fait que les enjeux du réchauffement de la planète et du climat aient constitué la préoccupation principale des Autrichiens, devant les questions migratoires, explique en partie ce succès. Si les écologistes gouvernent déjà de concert avec l'ÖVP dans plusieurs *Länder*, cette coalition est inédite au niveau national. Les Verts ont obtenu quatre ministères, dont un super ministère de l'Environnement qui inclut également les Transports, l'Énergie et la Technologie. Ils seront également en charge de la Justice, des Affaires sociales et de la Culture.

Résultats des élections fédérales du 29 septembre 2019 en Autriche
Participation : 75,07 %

Formations politiques	Nombre de voix	% des suffrages	Nombre de sièges
Parti populaire autrichien (ÖVP)	1 780 976	37,54	71
Parti social-démocrate d'Autriche (SPÖ)	1 006 749	21,22	40
Parti de la liberté (FPÖ)	769 187	16,21	31
Les Verts-L'Alternative verte (DG)	654 961	13,80	26
NEOS-Nouvelle Autriche (NEOS)	382 329	8,06	15
Autres	150 294	3,17	0

BELGIQUE

Élections législatives, 26 mai 2019

Les élections législatives organisées le 26 mai 2019 en Belgique ont livré l'image d'un pays fortement divisé. Si la Nouvelle Alliance flamande (N-VA), parti nationaliste flamand, demeure la première formation de Flandre avec 25 sièges[25], elle est néanmoins en recul (– 8 sièges par rapport aux précédentes élections parlementaires du 25 mai 2014) et elle échoue à passer le seuil de 30 % des suffrages. Le Vlaams Belang (VB, Intérêt flamand) réalise une percée dans la région et prend la deuxième place du scrutin avec 18 élus. Les Chrétiens-démocrates flamands (CD&V) prennent la troisième place du scrutin mais ils enregistrent une baisse avec seulement 12 élus (– 6). On notera que le Parti du travail de Belgique (PTB/PVdA), formation de gauche radicale, remporte pour la première fois des sièges en Flandre.

A contrario, en Wallonie, le Parti socialiste (PS) prend la première place du scrutin en dépit de son recul à 20 sièges (– 3). Il devance le Mouvement réformateur (MR), parti libéral du Premier ministre sortant Charles Michel, qui enregistre un recul avec 14 élus (– 6), ainsi qu'Écolo, qui obtient 13 élus (+ 7) et le Parti du travail de Belgique, parti de gauche radicale, en forte progression avec 12 sièges (+ 10).

À Bruxelles, les socialistes sont également arrivés en tête, juste devant les écologistes francophones, qui connaissent une progression importante. Comme en Wallonie, le Parti du travail de Belgique réalise une percée dans la capitale belge.

Neuf Belges sur dix (93,93 %) ont rempli leur devoir citoyen dans un pays où le vote est obligatoire.

Les nombreux électeurs qui étaient passés du Vlaams Belang à la Nouvelle Alliance flamande (N-VA) lors des élections législatives de 2014 semblent avoir été déçus par l'action de cette dernière formation au gouvernement. « La réalité, c'est que dans la plupart des pays et régions d'Europe, un quart voire jusqu'à un tiers des électeurs sont attirés par un parti très strict sur l'immigration, analyse Dave Sinardet, politologue de l'université Saint-Louis et de la Vrije Universiteit (VUB), à Bruxelles. Selon le contexte politique, ces gens vont voter pour un parti d'extrême droite ou de droite radicale qui affiche une ligne sécuritaire. On l'a vu en Autriche, par exemple. Mark Rutte avait aussi joué là-dessus il y a quelque temps avec succès

25. Le nombre de sièges donné dans cet article le sont pour l'ensemble de la Belgique.

au Pays-Bas. En Flandre, ces électeurs étaient au Vlaams Belang et ils sont partis à la Nouvelle Alliance flamande qui est devenue un parti de gouvernement. C'était le risque pour la Nouvelle Alliance flamande d'avoir une partie des déçus qui retournent vers le Vlaams Belang. Cela s'est confirmé. » On ajoutera que le Vlaams Belang, à l'image d'autres formations de droite radicale en Europe, a su également se positionner sur des enjeux sociaux. « Le Vlaams Belang s'est profilé davantage à gauche, notamment sur les questions socio-économiques, explique Dave Sinardet. Il a aussi à cœur de défendre les classes sociales plus défavorisées, c'est clairement un nouveau positionnement pour tenter de gagner des voix chez les déçus des partis de gauche. Les positions du Vlaams Belang sont quelquefois assez proches de celles des partis de gauche. Le succès du Vlaams Belang repose en partie sur les frustrations nées d'une réalité : la Nouvelle Alliance flamande est devenue un parti de l'establishment. Les déçus de la Nouvelle Alliance flamande se sont aussitôt tournés vers le Vlaams Belang, parti qui a réussi à capitaliser toute sorte de frustrations sociales. »

Enfin, la jeunesse des dirigeants de la formation d'extrême droite a également constitué un atout important : le parti semble avoir séduit les électeurs les plus jeunes, notamment de nombreux primo-votants. Les partis du gouvernement sortant et les formations de l'opposition s'accusent mutuellement de la hausse du Vlaams Belang. Les secondes en rendent responsable les premiers en raison du gouvernement du Premier ministre sortant Charles Michel (MR) auquel la Nouvelle Alliance flamande a participé durant quatre ans, jusqu'en décembre 2018, et de son discours très à droite. De son côté, le Mouvement réformateur met en avant l'attitude de contestation systématique des partis d'opposition au cours des cinq dernières années et rappelle que l'extrême droite progresse dans de nombreux pays d'Europe.

Avec une Flandre fortement ancrée à droite et deux autres régions (Wallonie et Bruxelles) dominées par la gauche, la formation de la future coalition gouvernementale belge a été complexe, et ce alors que les Belges ne seront plus consultés au cours des quatre prochaines années. « Nous entrons dans une période de quatre années sans élection. Nous n'aurons jamais eu une période sans scrutin aussi longue en temps de paix depuis 1830 » fait ainsi remarquer Jean Faniel, directeur général du Centre de recherche et d'information socio-politiques (Crisp).

Le 27 octobre 2019, Charles Michel a quitté son poste de Premier ministre afin de se préparer à la présidence du Conseil européen. Il a été remplacé par Sophie Wilmès (MR). Cette dernière a gouverné quasiment un an avant que le 1er octobre 2020, Alexander De Croo (Libéraux et démocrates flamands, Open VLD) parvienne à former un gouvernement réunissant sa formation, le Parti socialiste, les Chrétiens-démocrates flamands, le Mouvement réformateur, le Parti socialiste flamand, Écolo et Groen.

Résultats des élections législatives du 26 mai 2019 en Belgique
Participation : 93,93 % (vote obligatoire)

Formations politiques	Nombre de voix	% des suffrages	Nombre de sièges
Nouvelle Alliance flamande (N-VA)	1 086 787	16,03	25
Parti socialiste (PS)	641 623	9,46	20
Vlaams Belang (VB)	810 177	11,95	18
Mouvement réformateur (MR)	512 825	7,56	14
Écolo	416 452	6,14	13
Parti du travail de Belgique (PTB/PvdA)	584 621	8,62	12
Chrétiens-démocrates flamands (CD&V)	602 520	8,89	12
Libéraux et démocrates flamands (Open VLD)	579 334	8,54	12
Parti socialiste flamand (SP.A)	455 034	6,71	9
Groen !	413 836	6,10	8
Centre démocrate humaniste (cdH)	250 861	3,70	5
Démocrate fédéraliste indépendant (DéFI)	150 394	2,22	2
Autres	276 074	4,08	0

DANEMARK

Élections législatives, 5 juin 2019

Le Parti social-démocrate (SD) est arrivé en tête des élections législatives danoises organisées le 5 juin, jour de la Constitution (*Grundlovsdag*), férié dans le royaume. La formation dirigée par Mette Frederiksen a recueilli 25,90 % des suffrages et a remporté 48 sièges au Folketing, chambre unique du Parlement danois, soit un élu de plus que lors des précédentes élections de 2015.

Le Parti socialiste populaire (SF) a obtenu 7,70 % des voix et il a doublé son nombre d'élus, passant de 7 à 14. Le Parti social-libéral (RV) a également multiplié par deux son nombre de députés : il a recueilli 8,60 %

des suffrages et a remporté 16 sièges (+ 8). Enfin, l'Alliance rouge-verte (E) a obtenu 6,90 % des voix et 13 élus (– 1).

Ensemble, les quatre partis qui composent le Bloc rouge des forces de gauche ont recueilli 91 sièges, soit la majorité absolue au Folketing. Leur victoire tient essentiellement à la progression des partis alliés des sociaux-démocrates qui, et bien qu'arrivés en tête, enregistrent un recul par rapport aux élections de 2015.

Le Parti libéral (V) du Premier ministre sortant Lars Løkke Rasmussen a réalisé une performance honorable après quatre années au pouvoir : il a recueilli 23,40 % des suffrages et a remporté 43 sièges (+ 9). Selon Jørgen Goul Andersen, professeur de sociologie politique à l'université d'Aalborg, la coalition gouvernementale sortante a payé le prix de la politique d'austérité budgétaire menée depuis 2010 : « Alors que les besoins explosent, notamment en raison du vieillissement rapide de la population, les dépenses publiques qui ont augmenté de 1,8 % par an et *per capita* entre 1992 et 2010 n'ont progressé que de 0,1 % depuis cette même année, ce qui suscite une grande insatisfaction. » Le Parti populaire conservateur (KF) a obtenu 6,60 % des voix et a également doublé le nombre de ses sièges, passant de 6 à 12.

Le Parti du peuple danois (DF), formation populiste de droite, a quant à lui essuyé un sérieux revers en recueillant 8,70 % des suffrages, soit son résultat le plus faible depuis les élections législatives de 1998. Le parti a perdu plus de la moitié de ses élus (16 sièges, – 21). Il est vrai que son échec dans les urnes est à relativiser tant les populistes sont parvenus à peser sur la vie politique nationale du pays. Au fil des années, tous les gouvernements ont mis en place des mesures d'accueil des migrants de plus en plus restrictives. Comme le fait remarquer Susi Meret, professeur à l'université d'Aalborg, « la plupart des positions anti-immigration, anti-asile et anti-islam, qui caractérisaient essentiellement le Parti du peuple danois, se sont peu à peu normalisées jusqu'à devenir omniprésentes, les partis "dominants" se sont emparés de son discours ».

L'Alliance libérale (LA) a également enregistré un net recul : avec 2,30 % des suffrages, elle a obtenu 4 élus (– 9). Les quatre partis du Bloc bleu des forces de droite ont remporté de concert 75 sièges au Folketing.

Comme traditionnellement au Danemark, la participation a été élevée et a atteint 84,54 %.

Mette Frederiksen a donc succédé à Lars Løkke Rasmussen. Elle est devenue la plus jeune Première ministre de son pays et la seconde femme à diriger un gouvernement danois. La dirigeante social-démocrate a formé un gouvernement minoritaire avec son seul parti, une pratique assez fréquente dans le royaume scandinave, et elle peut s'appuyer sur le soutien des autres formations de gauche.

Mette Frederiksen défend des positions très à gauche sur les questions sociales mais se situe très à droite sur d'autres enjeux comme les questions d'immigration. Elle a ainsi promis de permettre le départ à la retraite anticipée aux personnes qui ont réalisé des carrières longues et pénibles et de faire cesser les coupes budgétaires dans les secteurs de la santé et de l'éducation. « Il est évident que nous devons recommencer à dépenser plus », a-t-elle affirmé.

Dans le même temps, la dirigeante de la gauche a soutenu la politique migratoire extrêmement restrictive (réduction des allocations familiales pour les réfugiés, allongement du temps de traitement des dossiers de demande d'asile, limitation du regroupement familial, durcissement des conditions d'emprisonnement dans les centres de rétention pour les déboutés du droit d'asile, renforcement du contrôle des frontières, renvoi des migrants clandestins) mise en place par le gouvernement de Lars Løkke Rasmussen. « Certains électeurs sociaux-démocrates avaient délaissé le parti car ils n'approuvaient pas notre politique migratoire ; maintenant, ils reviennent » a indiqué Mette Frederiksen.

Résultats des élections législatives du 5 juin 2019 au Danemark
Participation : 84,54%

Formations politiques	Nombre de voix	% des suffrages	Nombre de sièges
Sociaux-démocrates (SD)	915 393	25,90	48
Parti libéral (V)	825 486	23,40	43
Parti populaire danois (DF)	308 219	8,70	16
Parti social-libéral danois (RV)	304 273	8,60	16
Parti populaire socialiste (SF)	272 093	7,70	14
Alliance rouge-verte (E)	244 664	6,90	13
Parti populaire conservateur (C)	233 349	6,60	12
L'Alternative (A)	104 148	3,00	5
Nouvelle droite	83 228	2,40	4
Alliance libérale (LA)	82 228	2,30	4
Ligne dure (P)	63 091	1,80	0
Chrétiens-démocrates (K)	61 215	1,70	0
Klaus Riskær Pedersen (E)	29 617	0,80	0
Indépendants	2 755	0,10	0

ESPAGNE

Élections parlementaires, 28 avril 2019

Le Parti socialiste ouvrier espagnol (PSOE), dirigé par le Premier ministre sortant Pedro Sánchez, a remporté une victoire nette aux élections parlementaires organisées le 28 avril 2019 en Espagne, un scrutin anticipé à la suite du rejet, le 13 février, du budget du pays par le Congrès des députés, chambre basse du Parlement espagnol (Cortes Generales).

Le PSOE a recueilli 28,67 % des suffrages et a obtenu 123 sièges au Congrès des députés, soit 38 de plus que lors des précédentes élections parlementaires de 2016. La formation a également remporté 123 sièges de sénateurs.

Principal parti d'opposition, le Parti populaire (PP) s'est effondré : il a obtenu 16,69 % des voix et son nombre d'élus a été divisé par deux : 66 députés, autrement dit 69 de moins qu'il y a trois ans. Le parti a conquis 55 sièges de sénateurs. La formation centriste Ciudadanos a réalisé une performance en prenant la troisième place du scrutin avec 15,86 % des suffrages. Elle a remporté 57 sièges (+ 25). Le parti centriste a sans doute attiré les électeurs les plus modérés du Parti populaire opposés à la récente droitisation de leur parti.

La coalition Unidas Podemos a recueilli 14,32 % des suffrages et remporté 42 sièges (– 17). Enfin, Vox, formation populiste de droite fondée en 2013 à partir d'une scission du Parti populaire, a obtenu 10,26 % des voix et entre au Congrès des députés avec 24 sièges. Presque quarante-cinq ans après la mort du dictateur Franco, l'extrême droite fait donc son retour au Parlement espagnol. D'une certaine façon, le royaume ibérique se « normalise », si l'on peut s'exprimer de la sorte, en accueillant comme la grande majorité des pays européens des forces populistes au sein de ses instances dirigeantes.

La participation a été élevée et a atteint 71,76 %.

Les élections parlementaires espagnoles montrent une fois de plus qu'il est de plus en plus difficile pour les « grands » partis de gouvernement de s'imposer dans les urnes en Europe. Le système partisan centré autour de deux forces majeures – sociaux-démocrates ou socialistes d'un côté, libéraux ou conservateurs de l'autre – se délite, laissant place à de nouvelles forces, souvent populistes. La scène politique espagnole a ainsi été fortement bouleversée ces dernières années. Le bipartisme qui structurait le pays depuis son retour à la démocratie en 1975 est mis à mal et Madrid est désormais entrée dans la stratégie des alliances pour la formation de son gouvernement. L'apparition de nouveaux partis au cours des dernières années a considérablement divisé la scène politique.

Cette fragmentation avait empêché la formation d'une majorité de gouvernement à l'issue des élections parlementaires de 2015, raison pour laquelle les Espagnols avaient dû retourner aux urnes six mois plus tard, le 26 juin 2016. Le scrutin du 28 avril 2019 a de nouveau accouché d'un parlement divisé, rendant le royaume ibérique ingouvernable.

La crise politique espagnole est également liée aux divers scandales de corruption et à la percée des indépendantistes en Catalogne. Le 1er octobre 2017, le gouvernement catalan a organisé un référendum (illégal) sur l'indépendance de la région. Dix jours plus tard, le président de la région, Carles Puigdemont (Ensemble pour la Catalogne-Junts per Catalunya, JxCat), proclamait que « la Catalogne a gagné le droit d'être un État indépendant ». Le 27 octobre, la région engageait un « processus constituant » pour se séparer de l'Espagne. Conséquence : le Premier ministre de l'époque, Mariano Rajoy (PP), a destitué le gouvernement catalan et convoqué de nouvelles élections régionales. Le 30 octobre 2017, Carles Puigdemont s'est enfui en Belgique pour échapper à la justice. Il est aujourd'hui sous la menace d'un mandat d'arrêt international.

Le 17 septembre 2019, le roi d'Espagne Felipe VI indiquait qu'« il n'exist[ait] aucun candidat disposant [d]es soutiens nécessaires pour former un gouvernement ». La Constitution espagnole prévoyant la dissolution du Parlement si aucun chef de gouvernement n'est élu deux mois après le premier vote d'investiture (qui avait eu lieu le 23 juillet précédent), le Parlement espagnol a été dissous le 23 septembre. Conséquence immédiate : 36,8 millions d'Espagnols devront retourner aux urnes, pour la quatrième fois en quatre ans et pour la seconde fois en 2019, pour élire les 556 membres de leur Parlement.

Résultats des élections parlementaires du 28 avril 2019 en Espagne

Participation : 71,76%

Formations politiques	Nombre de voix	% des suffrages	Nombre de sièges
Parti socialiste ouvrier espagnol (PSOE)	7 513 142	28,67	123
Parti populaire (PP)	4 373 653	16,69	66
Ciudadanos (C's)	4 155 665	15,86	57
Unidas Podemos	3 751 145	14,32	42
Vox (V)	2 688 092	10,26	24
Gauche républicaine de Catalogne (ERC)	1 024 628	3,91	15
Junts per Catalunya (JxCat)	500 787	1,91	7
Parti nationaliste basque (EAJ/PNV)	395 884	1,51	6
Euskal Herria Bildu (EH Bildu)	259 647	0,99	4
Coalition canarienne-Parti nationaliste canarien (CC-PNC)	137 664	0,53	2
Navarra Suma (NA+)	107 619	0,41	2
Bloc national galicien (BNG)	94 433	0,36	–
Parti régionaliste de Cantabrie (PRC)	52 266	0,20	1

Sénat

Participation : 71,76%

Formations politiques	Nombre de sièges
Parti socialiste ouvrier espagnol (PSOE)	123
Parti populaire (PP)	55
Gauche républicaine de Catalogne (ERC)	11
Parti nationaliste basque (EAJ/PNV)	9
Ciudadanos (Cs)	5
Junts per Catalunya (JxCat)	2
Groupement socialiste gomérien (ASG)	1
Euskal Herria Bildu (EH Bildu)	1
Union du peuple navarrais (UPN)	1

Élections parlementaires, 10 novembre 2019

Le Premier ministre sortant Pedro Sánchez a perdu son pari : si sa formation, le Parti socialiste ouvrier espagnol (PSOE), est une nouvelle fois arrivée en tête des élections parlementaires organisées le 10 novembre avec 28 % des suffrages, elle est toutefois en recul par rapport au scrutin du 28 avril 2019. Les socialistes ont obtenu 120 élus au Congrès des députés, soit 3 de moins que six mois auparavant, et 93 au Sénat. Par ailleurs, leurs alliés potentiels de gauche, Unidas Podemos (UP) – alliance de douze partis, dont Podemos, la Gauche unie (IU) et Equo – sortent affaiblis du scrutin, avec 12,84 % des voix et 35 sièges (– 7).

À droite, le Parti populaire (PP) se redresse après avoir obtenu le résultat le plus faible de son histoire six mois auparavant. Il recueille 20,81 % des suffrages et obtient 89 députés (+ 23) et 84 sénateurs. Ciudadanos (C's) subit un net revers en obtenant 6,79 % des suffrages et seulement 10 élus (– 47).

Mais l'événement des élections parlementaires du 10 novembre est la percée de Vox, qui obtient 15,08 % des suffrages et 52 sièges (+ 28), devenant ainsi le troisième parti d'Espagne. Vox a sans aucun doute bénéficié de la crise catalane et des violences qui ont suivi le verdict de la Cour suprême d'Espagne qui, le 14 octobre 2019, a condamné à des peines allant de neuf à treize ans de prison neuf dirigeants catalans pour sédition, rébellion et détournements de fonds, pour avoir organisé un référendum sur l'indépendance de la Catalogne le 1er octobre 2017 et pour avoir déclaré de façon unilatérale l'indépendance de la Catalogne, une mesure anticonstitutionnelle. Trois autres dirigeants catalans ont été condamnés à des amendes de 60 000 euros chacun pour désobéissance.

« C'est un vote de protestation, analyse le politologue Gabriel Colomé. Ces gens qui votent pour Vox ne sont pas d'extrême droite mais ils veulent montrer qu'ils en ont marre du système. Barcelone a brûlé pendant cinq jours, Vox en a profité. C'est la Catalogne qui leur donne des voix, pas l'immigration. ». Les partis indépendantistes catalans ont également réalisé un résultat historique lors du scrutin parlementaire du 10 novembre. Ensemble, ils ont obtenu 23 sièges au Congrès des députés. La Candidature d'unité populaire-Pour la rupture (CUP-PR), formation indépendantiste de gauche radicale qui avait toujours refusé de participer aux élections nationales, fait même son entrée au parlement espagnol.

La participation a été légèrement plus faible que celle enregistrée lors des précédentes élections parlementaires du 28 avril 2019 : elle s'est établie à 66,23 %.

Destinées à permettre à l'Espagne de trouver une majorité de gouvernement, les élections parlementaires du 10 novembre ont au contraire compliqué encore les choses et elles ont abouti à un Parlement encore plus fragmenté que le précédent.

Ni les formations de gauche (Parti socialiste ouvrier, Unidas Podemos et Plus de pays) ni les partis de droite (Parti populaire, Ciudadanos et Vox) n'ont obtenu la majorité absolue des sièges au Congrès des députés qui s'élève à 176. Le 10 novembre, les transferts de voix ont eu lieu au sein de chacun des blocs, le rapport de force est donc resté identique à celui qu'il était avant les élections parlementaires.

Début janvier 2020, Pedro Sanchez a été nommé Premier ministre. Il a été élu avec les voix de sa formation, celles des membres d'Unidas Podemos, du Parti nationaliste basque, de Mas Pais, du Bloc national galicien, de Compromís, des Nouvelles Canaries et de Teruel Existe.

Résultats des élections parlementaires du 10 novembre 2019 en Espagne
Participation : 66,23%

Formations politiques	Nombre de voix	% des suffrages	Nombre de sièges
Parti socialiste ouvrier espagnol (PSOE)	6 792 199	28	120
Parti populaire (PP)	5 047 040	20,81	89
Vox (V)	3 656 979	15,08	52
Unidas Podemos	3 119 364	12,86	35
Ciudadanos (C's)	1 650 318	6,80	10
Gauche républicaine de Catalogne (ERC)	880 734	3,63	13
Mas Pais	584 306	2,41	3
Junts per Catalunya (JxCat)	530 225	2,19	8
Parti nationaliste basque (EAJ/PNV)	379 002	1,56	6
Euskal Herria Bildu (EH Bildu)	277 621	1,14	5
Candidature d'unité populaire-Pour la rupture (CUP-PR)	246 971	1,02	2
Coalition canarienne-Parti nationaliste canarien (CC-PNC)	124 289	0,51	2
Bloc national galicien (BNG)	120 456	0,50	1
Navarra Suma (NA+)	99 078	0,41	2
Parti régionaliste de Cantabrie (PRC)	68 830	0,28	1
Teruel existe	19 761	0,08	1

Sénat
Participation : 62,63 %

Formations politiques	Nombre de sièges
Parti socialiste ouvrier espagnol (PSOE)	93
Parti populaire (PP)	84
Gauche républicaine de Catalogne (ERC)	11
Parti nationaliste basque (EAJ/PNV)	9
Junts per Catalunya (JxCat)	3
Teruel existe	2
Vox	2
Union du peuple navarrais (UPN)	1
Groupement socialiste gomérien (ASG)	1
Euskal Herria Bildu (EH Bildu)	1
Ciudadanos (Cs)	1

ESTONIE

Élections législatives, 3 mars 2019

Le Parti de la réforme (ER), principale formation d'opposition, s'est imposé aux élections législatives du 3 mars 2019 en Estonie. La formation a recueilli 28,94 % des suffrages et a remporté 34 des 101 sièges du Riigikogu, chambre unique du Parlement national, soit 6 de plus qu'aux élections de 2015. Le Parti du centre (K), conduit par le Premier ministre sortant Jüri Ratas, a pris la deuxième place du scrutin avec 23,10 % des voix et 26 sièges (– 1).

Le Parti conservateur populaire (EKRE), formation populiste de droite, a réalisé une percée dans les urnes : 17,76 % des suffrages et 19 élus (+ 10). Le parti prône des valeurs conservatrices, défend l'identité estonienne et s'oppose aux quotas de réfugiés votés par l'Union européenne pour l'accueil de personnes fuyant la Syrie, l'Irak, l'Éthiopie ou le Soudan, ainsi qu'au Pacte mondial pour des migrations sûres, ordonnées et régulières (également appelé Pacte de Marrakech), adopté le 19 décembre 2018 par l'Assemblée générale des Nations unies.

L'Estonie rejoint donc à son tour le grand nombre de pays européens qui voient les partis populistes augmenter leur résultat à chaque élection. Pour Tonis Saarts, politologue de l'université de Tallinn, le généreux programme de dépenses sociales de Tallinn et les ressentiments de la population rurale après des années de politique d'austérité expliquent la percée du Parti conservateur populaire dans les urnes.

La participation s'est élevée à 63,67%. Le vote par anticipation, électronique ou dans les bureaux de vote, a atteint des niveaux records : 274 232 Estoniens ont rempli leur devoir civique via internet et 99 163 dans les bureaux de vote mais de façon anticipée, soit au total 39,30% des votants. Ce chiffre s'était établi à 33% lors des précédentes élections de 2015.

Le Parti de la réforme a donc réussi son retour en remportant une victoire assez large mais il n'est pas parvenu à former un gouvernement. Le Premier ministre sortant Jüri Ratas s'est ainsi allié au Parti conservateur populaire et à Pro Patria (I).

Résultats des élections législatives du 3 mars 2019 en Estonie
Participation : 63,67%

Formations politiques	Nombre de voix	% des suffrages	Nombre de sièges
Parti de la réforme (ER)	162 364	28,94	34
Parti du centre (K)	129 617	23,10	26
Parti conservateur populaire (EKRE)	99 672	17,76	19
Pro Patria (I)	64 219	11,44	12
Parti social-démocrate (SDE)	55 168	9,83	10
Estonie 200	24 447	4,36	0
Autres	24 054	4,29	0
Indépendants	1 590	0,28	0

FINLANDE

Élections législatives, 14 avril 2019

Le Parti social-démocrate (SDP) est arrivé en tête des élections législatives du 14 avril 2019 en Finlande. Avec 17,70% des suffrages et 40 sièges (+ 6 par rapport au précédent scrutin de 2015), la formation ne précède que d'une très courte tête les Vrais Finlandais (PS), parti populiste, nationaliste et eurosceptique qui a recueilli 17,50% des voix et remporté 39 sièges (+ 1). Le dirigeant populiste Jussi Halla-aho a d'ailleurs obtenu 30 500 voix sur son nom, soit le plus grand nombre de suffrages de tout le pays.

« Pour la première fois depuis 1999, nous sommes le plus important parti en Finlande » s'est félicité à l'annonce des résultats Anti Rinne, le dirigeant social-démocrate, qui avait fait campagne sur la fin de la politique d'austérité, un élargissement de l'assiette fiscale (sans hausse des impôts) et la lutte contre les inégalités. Le résultat élevé des Vrais Finlandais a néanmoins gâché la fête des sociaux-démocrates. Un succès d'autant plus notable que la formation a connu une scission en juin 2017, lorsque vingt députés du parti, dont trois ministres, ont fait sécession après l'élection de Jussi Halla-aho à la présidence de la formation. Ils ont ensuite fondé une association, Réforme bleue (SIN), qui est devenue un parti politique le 15 novembre suivant. Ce parti a recueilli seulement 1 % des suffrages aux élections législatives.

Selon le politologue Sami Borg, les Vrais Finlandais doivent leur résultat élevé aux crimes sexuels qui ont eu lieu à Oulu, ville située au nord-ouest de la Finlande – en décembre 2018 et janvier 2019, une dizaine d'hommes étrangers, réfugiés et demandeurs d'asile, soupçonnés de viols et d'agressions sexuelles sur des mineurs ont été arrêtés –, mais aussi au débat sur la politique climatique, sujet sur lequel ils professent une opinion singulière. En effet, le parti dénonce l'« hystérie climatique » de ses adversaires et il refuse que les Finlandais paient pour des mesures supplémentaires contre le changement climatique.

Le Rassemblement conservateur (KOK) suit de près les deux formations de tête. Il a obtenu 17 % des suffrages et 38 sièges (+ 1). Le véritable perdant de ces élections législatives est le Parti du Centre (KESK), conduit par le Premier ministre sortant Juha Sipilä, seule formation à perdre des sièges. Il a pris la quatrième place du scrutin avec 13,80 % des suffrages (31 sièges, – 18), soit le résultat le plus faible de son histoire.

La Ligue verte (VIHR) est en progression et passe pour la première fois la barre des 10 % des voix. Elle a recueilli 11,50 % des suffrages et a remporté 20 sièges (+ 5). L'Alliance des gauches (VAS), parti d'extrême gauche, a obtenu 8,2 % des voix et 16 sièges (+ 4). Enfin, le Parti du peuple suédois (SFP), représentant les intérêts de la minorité suédoise, n'a pas réussi son pari et n'augmente pas son nombre de sièges à l'Eduskunta/Riksdag, chambre unique du Parlement. Avec 4,5 % des suffrages, il a obtenu 9 sièges. Le Parti chrétien-démocrate (SKL) a recueilli 3,9 % des voix et a remporté 5 sièges (=).

La participation s'est élevée à 68,73 %.

Moins de deux mois après le scrutin, le social-démocrate Antti Rinne a formé un gouvernement avec quatre autres formations en plus de la sienne : le Parti du centre, la Ligue verte, l'Alliance de gauche et le Parti du peuple suédois. Les Vrais Finlandais sont donc restés dans l'opposition. Le 10 décembre, Antti Rinne, victime d'un vote de défiance de la part du

Parlement en raison de sa gestion d'une grève de la poste finlandaise, a été remplacé par Sanna Marin (SDP), qui est devenue la plus jeune chef de gouvernement de l'histoire de la Finlande. Elle a formé un gouvernement qui réunit, auprès des sociaux-démocrates, le Parti du centre, la Ligue verte, l'Alliance de gauche et le Parti populaire suédois. On notera que tous les partis de la coalition gouvernementale sont dirigés par des femmes, une première dans l'histoire finlandaise et européenne.

Résultats des élections législatives du 14 avril 2019 en Finlande
Participation : 68,73%

Formations politiques	Nombre de voix	% des suffrages recueillis	Nombre de sièges obtenus
Parti social-démocrate (SDP)	546 471	17,70	40
Vrais Finlandais (PS)	538 805	17,50	39
Parti de la coalition nationale (KOK)	523 957	17	38
Parti du centre (KESK)	423 920	13,80	31
Ligue verte (VIHR)	354 194	11,50	20
Alliance de gauche (VAS)	251 808	8,20	16
Parti du peuple suédois (SFP)	139 640	4,50	9
Chrétiens-démocrates (KD)	120 144	3,90	5
Autres	200 821	5,90	1

GRÈCE

Élections législatives, 7 juillet 2019

La Nouvelle Démocratie (ND), principal parti d'opposition de droite, a largement remporté les élections législatives du 7 juillet 2019 en recueillant 39,85% des suffrages et en obtenant 158 (+ 83 par rapport aux élections de 2015) des 300 sièges que compte la Voulí, chambre unique du Parlement grec. La Nouvelle Démocratie a devancé la Coalition de la gauche radicale (Syriza), formation de gauche radicale dirigée par le Premier ministre sortant Aléxis Tsípras, qui a obtenu 31,53% des voix et 86 sièges (– 59).

Le Mouvement pour le changement (Kinima Allagis, Kinal), parti né de la fusion du Mouvement socialiste panhellénique (Pasok) et du Mouvement des socialistes démocratiques (Kidiso), a pris la troisième place du scrutin avec 8,10% des suffrages et 22 élus.

Deux choses encore sont à noter : le Front européen de désobéissance réaliste (MeRA25), parti de gauche dirigé par Yánis Varoufákis, ancien ministre des Finances du gouvernement d'Aléxis Tsípras (janvier-juillet 2015), a obtenu 3,44 % des voix et 9 élus, tandis qu'Aube dorée (XA), parti d'extrême droite, a échoué à recueillir 3 % des suffrages exprimés, seuil minimum pour entrer au Parlement grec, et ne sera donc plus représenté à la Voulí.

La participation s'est élevée à 57,92 %. Le vote est obligatoire en Grèce jusqu'à l'âge de 70 ans et l'abstention est officiellement punie d'une peine d'emprisonnement allant d'un mois à un an ainsi que par un licenciement du contrevenant mais ces sanctions ne sont pas appliquées.

Fort de la majorité absolue, Kyriákos Mitsotákis (ND) a formé dans la foulée du scrutin législatif un gouvernement composé de membres de sa seule formation Nouvelle Démocratie.

Aléxis Tsípras a perdu une grande partie de son électorat populaire, qui a longtemps été sensible à son charisme et qui a surtout cru à ses promesses. Le Premier ministre sortant, élu sur le rejet des mémorandums et de la politique d'austérité, avait été contraint moins d'un an après son arrivée au pouvoir de signer un troisième plan de sauvetage international de 86 milliards d'euros qui obligeait Athènes à prendre de strictes mesures de rigueur.

Le 20 août 2018, la sortie de ce plan d'aide et le dépassement par Athènes des objectifs budgétaires qui lui avaient été fixés par les créanciers internationaux ne semblent cependant pas avoir eu de portée, réelle ou symbolique. Si l'économie grecque a retrouvé la croissance depuis 2017 (+ 2 %), la population peine toujours à se remettre de huit années de récession. Le PIB grec est aujourd'hui au niveau de celui de 2003. Le chômage s'élève à 18,30 %, soit le taux le plus élevé de la zone euro. « L'économie explique les résultats des élections législatives, estime Theodore Couloumbis, professeur de science politique à l'université d'Athènes. Au cours des quatre, cinq dernières années, les gens n'ont vu aucune amélioration de leur situation. Au contraire, il y a eu des coupes dans les salaires et les pensions de retraites. »

Enfin, le 12 juin 2018, la signature par Aléxis Tsípras et le Premier ministre Zoran Zaev (Union sociale-démocrate de Macédoine, SDSM) de l'accord dit de Prespa, qui a mis fin à vingt-sept années de querelles sur l'utilisation du nom de Macédoine par l'ancienne République yougoslave de Macédoine, a été très mal reçue par la majorité des Grecs, qui ont vu dans l'adoption du nom de Macédoine du Nord par leurs voisins une menace sur l'intégrité territoriale de leur pays et un viol de leur histoire et de leur identité nationales.

Résultats des élections législatives du 7 juillet 2019 en Grèce
Participation : 57,92 % (participation obligatoire)

Formations politiques	Nombre de voix	% des suffrages recueillis	Nombre de sièges obtenus
Nouvelle Démocratie (ND)	2 251 411	39,85	158
Coalition de la gauche radicale (Syriza)	1 781 174	31,53	86
Mouvement pour le changement (Kinal)	457 519	8,10	22
Parti communiste grec (KKE)	299 592	5,30	15
Solution grecque (EL)	208 805	3,70	10
Front européen de désobéissance réaliste (MeRA25)	194 232	3,44	9
Autres	456 599	8,08	0

LITUANIE

Élection présidentielle, 12 et 26 mai 2019

L'économiste Gitanas Nausėda (indépendant) a remporté le 26 mai 2019 le second tour de l'élection présidentielle lituanienne avec 66,53 % des suffrages. Il a donc largement battu sa rivale et l'ancienne ministre des Finances (2009-2012) Ingrida Šimonytė, qui a recueilli 33,47 % des voix.

Lors du premier tour du 12 mai, Ingrida Šimonytė avait obtenu 31,53 % des suffrages contre 31,16 % pour Gitanas Nausėda. Elle se présentait en candidate indépendante mais elle était soutenue par la principale formation d'opposition, l'Union de la patrie-Chrétiens-démocrates (TS-LKD).

La participation au second tour de ce scrutin présidentiel, qui se déroulait dans le pays le même jour que les élections européennes, s'est élevée à 53,88 %.

En raison de sa plus grande couverture de l'échiquier politique, Gitanas Nausėda a su attirer sur son nom les électeurs des autres candidats du premier tour, notamment ceux de gauche. La défaite d'Ingrida Šimonytė sonne comme celle de l'opposition conservatrice de l'Union de la patrie-Chrétiens-démocrates lituaniens.

La campagne présidentielle a été dominée par la question des inégalités sociales, qui s'accroissent en Lituanie malgré la croissance soutenue du PIB (+ 2,70 % attendus cette année). Le taux de pauvreté du pays figure parmi les plus élevés de l'Union européenne en raison d'un système fiscal inadapté.

Résultats de l'élection présidentielle des 12 et 26 mai 2019 en Lituanie
Participation : 57,37% (premier tour) et 53,88% (second tour)

Candidats	Premier tour		Second tour	
	Nombre de voix	% des suffrages	Nombre de voix	% des suffrages
Ingrida Šimonytė (indépendante)	446 719	31,53	443 394	33,47
Gitanas Nausėda (indépendant)	441 396	31,16	881 495	66,53
Saulius Skvernelis (Parti paysan et vert, LVZS)	279 413	19,72		
Vytenis Povilas Andriukaitis (Parti social-démocrate, LSP)	68 118	4,81		
Arvydas Juozaitis (indépendant)	66 957	4,73		
Valdemar Tomaševski (Action électorale des Polonais en Lituanie, LLRA)	56 476	3,99		
Mindaugas Puidokas (indépendant)	37 036	2,61		
Naglis Puteikis (Parti du centre, LCP)	11 302	0,80		
Valentinas Mazuronis (indépendant)	9 205	0,65		

POLOGNE

Élections parlementaires, 13 octobre 2019

Droit et justice (PiS), formation présidée par Jarosław Kaczyński, s'est largement imposée lors des élections parlementaires du 13 octobre en Pologne. Le parti a recueilli 43,59% des suffrages et conquis 235 des 460 sièges de la Diète (Sejm), chambre basse du Parlement polonais, soit la majorité absolue, et 48 sièges de sénateurs.

La Coalition civique (KO), qui rassemble la Plateforme citoyenne (PO) et Moderne (.Nowoczesna), parti libéral, est arrivée loin derrière. Elle a obtenu 27,40% des voix et 134 députés (– 32). La Plateforme citoyenne (PO) a remporté 43 sièges de sénateurs. Elle est suivie par La Gauche (Lewica), coalition qui regroupe l'Alliance démocratique de gauche (SLD), Printemps (Wiosna), Ensemble (Razem), le Parti socialiste de Pologne (PPS), l'Union du travail (UP) et plusieurs organisations féministes et laïques. Avec 12,56% des suffrages et 49 élus (+ 49), La Gauche retrouve les bancs de la Diète après quatre années d'absence.

La Coalition polonaise, qui unit le Parti paysan polonais (PSL) et Kukiz'15, formation populiste, a pris la quatrième place du scrutin en obtenant 8,55 % des voix et 30 sièges (– 28).

Enfin, la Confédération Liberté et Indépendance, alliance de plusieurs partis de droite populiste, ultralibérale et nationaliste, dont Korwin, le Mouvement national (RN), la Confédération de la couronne polonaise (Korona) et l'Union des familles chrétiennes (ZChR), fait son entrée au Parlement polonais en remportant 6,81 % des suffrages et 11 sièges (+11).

Six Polonais sir dix ont rempli leur devoir civique : la participation s'est élevée à 61,74 %.

Si la gauche fait son retour au Parlement, les forces de l'opposition ont cependant échoué à devancer et même à freiner la progression de Droit et justice. Elles ont essentiellement fait campagne sur la critique du parti au pouvoir, une stratégie qui s'est avérée inefficace.

En Pologne, les scrutins se suivent et se ressemblent. Les forces de l'opposition ont eu beau promettre de ne pas abandonner ou de ne pas amender les différentes mesures sociales prises par Droit et justice au cours de la dernière législature, les électeurs n'ont pas vu l'intérêt de se tourner vers un autre parti et ils se sont montrés peu convaincus de la nécessité de changer de gouvernants tant la formation au pouvoir demeure beaucoup plus crédible sur le terrain social que chacun de ses adversaires.

Le parti au pouvoir depuis quatre ans devrait par conséquent poursuivre au cours de la prochaine législature la généreuse politique sociale qu'il a mise en place depuis 2015. Droit et justice a en effet déployé entre 2015 et 2019 un vaste et généreux programme d'aides sociales : mise en place d'une allocation mensuelle de 500 złoty (125 euros), appelée « 500 + », versée pour chaque enfant aux familles percevant les plus faibles revenus et à partir du deuxième enfant dans les familles percevant le salaire moyen (cette mesure a été élargie à tous les enfants), allocation d'un treizième mois de pension aux retraités, baisse du taux de l'impôt sur le revenu de 18 à 17 %, augmentation des aides sociales versées aux personnes handicapées et aux agriculteurs, gratuité des médicaments pour les personnes de plus de 75 ans et, enfin, suppression de l'impôt sur le revenu pour tous les salariés âgés de moins de 26 ans. Le gouvernement de Mateusz Morawiecki a également abaissé l'âge de la retraite (à 65 ans pour les hommes et 60 ans pour les femmes), renationalisé plusieurs banques et taxé certaines institutions financières afin de « repoloniser » l'économie.

De nombreux Polonais, laissés pour compte de la transition économique consécutive à la libéralisation du pays, sont très redevables à Droit et Justice de cette « version polonaise de l'État-providence », selon les mots de Jarosław Kaczyński, et le mépris que manifestent certains dirigeants et/ou sympathisants de l'opposition à l'égard du parti au pouvoir ne fait que consolider l'assise de ce dernier au sein de son électorat.

« Le soutien important dont bénéficie Droit et justice ne doit pas être vu comme le signe que les Polonais sont devenus nationalistes ou xénophobes, affirme Paweł Zerka, chargé de recherche au sein du groupe de réflexion du Conseil européen pour les relations étrangères. Il révèle plutôt l'efficacité de la formation et sa capacité à mobiliser les électeurs à l'aide de politiques fondées sur des transferts sociaux. »

Par sa dénonciation des membres de la communauté LGBT, que la formation au pouvoir n'hésite pas à présenter comme des ennemis de la Pologne, Droit et justice a également su trouver une façon de mobiliser et de solidifier son électorat face à ceux que le parti considère, selon les propres mots de Jarosław Kaczyński, comme « une menace pesant sur l'identité de la nation et l'État polonais ».

Le Premier ministre sortant Mateusz Morawiecki a été reconduit à son poste. Il a formé un gouvernement composé de membres de Droit et justice et de plusieurs indépendants.

Résultats des élections parlementaires du 13 octobre 2019 en Pologne

Diète

Participation : 61,74%

Formations politiques	Nombre de voix	% des suffrages	Nombre de sièges
Droit et justice (PiS)	8 051 935	43,59	235
Coalition civique (KO)	5 060 355	27,40	134
La Gauche (Lewica)	2 319 946	12,56	49
Coalition polonaise	1 578 523	8,55	30
Confédération Liberté et indépendance	1 256 953	6,81	11
Minorité allemande			1
Autres	269 644	1,09	0

Sénat
Participation : 61,74%

Formations politiques	Nombre de sièges
Droit et justice (PiS)	48
Plateforme citoyenne (PO)	43
Parti paysan (PSL)	3
Gauche unie (ZL)	2
Indépendants	4

PORTUGAL

Élections législatives, 6 octobre 2019

Le Parti socialiste (PS) du Premier ministre sortant António Costa a largement remporté les élections législatives du 6 octobre 2019 au Portugal. La formation a recueilli 36,34% des suffrages et a obtenu 108 des 230 sièges de l'Assemblée de la République, chambre unique du Parlement portugais (23 de plus que lors des élections de 2015). La république ibérique conserve donc son statut d'exception européenne puisque le Portugal est, avec Malte, le seul État membre de l'Union européenne à être dirigé par un socialiste.

Autre exception portugaise : l'absence de formations populistes ou extrémistes dans le pays. Pour l'heure, les électeurs semblent à chaque élection se réfugier plus dans l'abstention, très élevée dans le pays, que dans la contestation. « L'abstention est en train de devenir une caractéristique structurelle de la société portugaise, sans doute en raison d'une offre politique qui reste étonnamment inchangée. La démocratie portugaise se caractérise par la grande résistance des partis traditionnels » analyse le politologue António Costa Pinto, professeur à l'Institut des sciences sociales de l'université de Lisbonne.

Le 6 octobre, la participation (48,57%) a été la plus faible jamais enregistrée à des élections de ce type. « Le taux d'immigration et les chocs culturels sont faibles et, au Portugal, il existe une culture du rejet des extrêmes et de la violence » souligne également l'historien António Araujo.

Le Parti social-démocrate (PSD), principale formation de droite du pays, est arrivé en deuxième position du scrutin législatif avec 27,76% des voix (79 sièges, – 10). Le Bloc des gauches (BE), parti de gauche radicale, a recueilli 9,52% des suffrages et a remporté 19 sièges (=). La Coalition démocratique unitaire (CDU) a obtenu 6,33% des voix et 12 élus (– 5).

Le Premier ministre sortant António Costa a fait campagne sur son bilan. En effet, contre toute attente, au cours des quatre dernières années, le socialiste a déjoué les prédictions et il est parvenu à assainir les comptes publics du Portugal tout en allégeant la politique d'austérité menée par le précédent gouvernement (2011-2015) dirigé par Pedro Passos Coelho (PSD). Pour preuve, le déficit budgétaire, qui avait atteint les 11 % du PIB au début des années 2010, s'établit aujourd'hui à 0,50% du PIB, soit le plus faible taux depuis quarante ans.

Tout en respectant la discipline budgétaire du plan de stabilité, le gouvernement d'António Costa a réussi à réduire la pression fiscale sur les classes moyennes et à augmenter les pensions de retraite des personnes les plus modestes, ce qui a permis une hausse de la consommation et donc un retour de la croissance, qui a atteint 1,90% en 2018 et environ 2% en 2019. Par ailleurs, le Portugal attire de nouveau les investisseurs. Enfin, le chômage, qui s'élevait à 17% au plus fort moment de la crise, a chuté à 6,70% (chiffres de juin 2019).

À l'issue du scrutin, le Premier ministre sortant a reconduit l'alliance, appelée *geringonça*, terme désignant un dispositif de bric et de broc, avec le Bloc des gauches et la Coalition démocratique unitaire, grâce à laquelle il a pu gouverner au cours des quatre années écoulées.

« António Costa est un fin négociateur, quelqu'un de très pragmatique, un politicien né » affirme Marina Costa Lobo, analyste de l'université de Lisbonne. « Tout a marché car il a posé un cadre de collaboration très strict, explique António Costa Pinto. Le pacte a été très clair d'emblée. Ses alliés de gauche lui garantissaient la stabilité de son gouvernement en minorité et il s'engageait sur un agenda social pour desserrer la pression des politiques d'austérité et eux acceptaient qu'il ait les mains libres en matière d'équilibre budgétaire et dans ses négociations avec Bruxelles. ».

Lors des quatre prochaines années, António Costa sera sans doute contraint de mettre en œuvre plusieurs réformes structurelles pour moderniser certains secteurs de l'économie portugaise, surtout ceux de l'administration publique et des banques. Il devra également apporter des réponses aux demandes sociales des Portugais, notamment celles concernant la faiblesse des salaires, la dégradation des services publics et la hausse des prix de l'immobilier, conséquence du développement du tourisme dans le pays.

Résultats des élections législatives du 6 octobre 2019 au Portugal
Participation : 48,57%

Formations politiques	Nombre de voix	% des suffrages	Nombre de sièges
Parti socialiste (PS)	1 908 036	36,34	108
Parti social-démocrate (PSD)	1 457 704	27,76	79
Bloc des gauches (BE)	500 017	9,52	19
Coalition démocratique unitaire (CDU)	332 473	6,33	12
Centre démocrate social/Parti populaire (CDS/PP)	221 774	4,22	5
Personnes-Animaux-Nature (PAN)	174 511	3,32	4
Chega	67 826	1,29	1
Initiative libérale (IL)	67 681	1,29	1
Livre (L)	57 172	1,09	1
Autres	172 284	8,84	0

ROUMANIE

Élection présidentielle, 10 et 24 novembre 2019

Le chef de l'État sortant, Klaus Iohannis, a été réélu à la présidence de la République en Roumanie pour un second mandat consécutif lors du deuxième tour de scrutin de l'élection présidentielle le 24 novembre 2019. Il a recueilli 65,88% des suffrages et a sèchement battu Viorica Dăncilă (Parti social-démocrate, PSD), qui a obtenu 34,12%. Klaus Iohannis était déjà arrivé en tête au premier tour de scrutin le 10 novembre avec 37,82% des suffrages (22,26% pour sa rivale).

Les Roumains de l'étranger (4 millions de personnes) ont été très nombreux à voter (900 000 environ) et à apporter leur soutien au président de la République sortant (près de 90% des suffrages au sein de cet électorat). Le chef de l'État sortant a également obtenu la majorité des voix parmi la classe moyenne comme les plus jeunes et les plus diplômés des électeurs.

Par ailleurs, il a pu bénéficier du soutien de Dan Barna, dirigeant de l'Union Sauvez la Roumanie (USR), qui était arrivé en troisième position lors du premier tour de l'élection avec 15,02% des suffrages.

La participation s'est élevée à 55,07% au second tour, légèrement supérieure à celle enregistrée au premier tour (+ 3,89 points).

La chef du gouvernement tout juste destitué Viorica Dăncilă[26] et le Parti social-démocrate ont donc essuyé une lourde défaite. Jamais un candidat social-démocrate n'avait obtenu un résultat aussi faible à une élection présidentielle. Selon l'analyste politique Andrei Taranu, la polarisation due à la crise politique qu'a récemment traversée le pays a bénéficié aux deux principaux candidats : « Cette situation particulière a mis les seuls Klaus Iohannis et Viorica Dăncilă sous les projecteurs au cœur de la scène politique. Les autres candidats n'avaient aucune chance de se faire une place » explique-t-il.

Résultats de l'élection présidentielle des 10 et 24 novembre 2019 en Roumanie
Participation : 51,18 % (premier tour) et 55,07 % (second tour)

Candidats	Premier tour		Second tour	
	Nombre de voix	% des suffrages	Nombre de voix	% des suffrages
Klaus Iohannis (Parti national- libéral, PNL)	3 485 292	37,82	6 509 135	66,09
Viorica Dăncilă (Parti social- démocrate, PSD)	2 051 725	22,26	3 339 922	33,91
Dan Barna (Union Sauvez la Roumanie, USR)	1 384 450	15,02		
Mircea Diaconu (indépendant)	815 201	8,85		
Theodor Paleogu (Parti du mouvement populaire, PMP)	527 098	5,72		
Kelemen Humor (Union démocratique des Hongrois de Roumanie, UDMR)	357 014	3,87		
Ramona-Ioana Bruynseels (Parti du pouvoir humaniste)	244 275	2,65		
Alexandru Cumpănaşu (indépendant)	141 316	1,53		
Viorel Cataramă (Parti de la droite libérale)	48 662	0,53		
Bogdan Marian-Stanoevici (indépendant)	39 192	0,42		
Cătălin Ivan (Alternative pour la dignité nationale)	32 787	0,36		
Ninel Peia (Parti de la nationalité roumaine)	30 884	0,34		
Sebastian-Constantin Popescu (Parti de la nouvelle Roumanie)	30 850	0,33		
John-Ion Banu (Parti de la nation roumaine)	27 769	0,30		

26. Le gouvernement dirigé par Viorica Dăncilă a chuté le 10 octobre 2019 à la suite du vote d'une motion de censure du Parlement. Cinq jours plus tard, le président de la République Klaus Iohannis a nommé le dirigeant du Parti national libéral, Ludovic Orban, au poste de Premier ministre. Le gouvernement (minoritaire) que celui-ci a formé a obtenu le 4 novembre la confiance du Parlement.

ROYAUME-UNI

Élections générales, 12 décembre 2019

Le Parti conservateur (Cons), emmené par le Premier Ministre sortant Boris Johnson, a remporté une victoire éclatante aux élections générales qui se sont tenues le 12 décembre 2019 au Royaume-Uni, le premier scrutin à être organisé en hiver depuis 1923 et le troisième de toute l'histoire du Royaume-Uni à avoir lieu en cette saison. Les Tories ont recueilli 43,60 % des suffrages et ont remporté 365 sièges (+ 48 par rapport au précédent scrutin du 8 juin 2017) à la Chambre des Communes, chambre basse du Parlement. Cette victoire, qui offre une majorité absolue à Boris Johnson, est la plus importante pour les Tories depuis celle obtenue par la formation alors conduite par Margaret Thatcher le 9 juin 1983 (42,40 % des voix et 397 élus).

Ce succès de Boris Johnson sonne également la fin de l'espoir pour l'ensemble des Britanniques proeuropéens qui espéraient l'organisation d'un second référendum sur la sortie du Royaume-Uni de l'Union européenne. « *Get Brexit done* » a martelé le Premier Ministre sortant durant toute la campagne électorale. Les Britanniques, sans doute lassés de l'interminable feuilleton et de la situation dans laquelle se trouve leur pays depuis plus de trois ans, l'ont écouté et ils ont voté pour clore le chapitre du divorce de leur pays d'avec Bruxelles. « Le Parti conservateur a reçu un nouveau mandat puissant pour concrétiser le Brexit. Ce mandat est irréfutable. Il met fin à la menace d'un second référendum. Nous allons quitter l'Union européenne le 31 janvier prochain (2020), plus de "si" ni de "mais" » a déclaré Boris Johnson dès les premiers résultats.

Le Premier Ministre sortant a su rassembler sur son nom l'électorat populaire, y compris une partie de celui traditionnellement fidèle au Parti travailliste (Lab). Boris Johnson a ainsi parfaitement su identifier et cibler les circonscriptions travaillistes du centre et du nord de l'Angleterre, remportées par l'opposition lors des précédentes élections générales du 8 juin 2017 mais qui avaient majoritairement voté en faveur du Brexit. « Le véritable génie de Boris Johnson a été de rassembler derrière lui les *Leavers*, explique Sarah Hobolt, professeur de politique européenne à la London School of Economics (LSE). Alors que 78 % d'entre eux avaient dit qu'ils voteraient pour lui, les *Remainers*, en revanche, se sont éparpillés entre le Parti travailliste et les Libéraux-Démocrates ou bien ils n'ont pas voté. » Pour Simon Hix, professeur de science politique à la LSE, « il est très rare de voir un si grand nombre de sièges changer de camp lors d'une élection et il faudra sans doute plusieurs scrutins au Labour pour espérer combler son retard et revenir au pouvoir ».

Le Parti du Brexit, fondé en janvier 2019 et favorable à une rupture nette et rapide avec Bruxelles, a recueilli 2 % des voix et n'a conquis aucun siège à la Chambre des Communes. « Nous avons usé de notre influence pour éviter un second référendum et cela semble avoir réussi » s'est réjoui son dirigeant le député européen Nigel Farage à l'issue de l'annonce des résultats des élections. La formation avait choisi de ne pas présenter de candidat dans les 317 circonscriptions remportées par les Tories lors du scrutin général du 8 juin 2017.

Le Parti travailliste a essuyé le 12 décembre l'un de ses plus importants revers électoraux. Il a recueilli 32,1 % des suffrages et a obtenu 202 sièges (– 60). Il s'agit de sa plus lourde défaite depuis le scrutin du 14 novembre 1935 (38 % des voix et 154 élus) et également de son quatrième échec électoral consécutif. La formation a perdu de nombreuses circonscriptions ouvrières qu'elle détenait depuis des décennies. Seule consolation : la capitale Londres et le Pays de Galles lui sont demeurés fidèles.

À l'inverse, le Parti national écossais (SNP) a réalisé un bon résultat. Il a obtenu 3,88 % des voix et 48 députés (+13). Les Libéraux-Démocrates (LibDem), qui avaient fait campagne sur l'annulation pure et simple du Brexit, ont eux aussi subi une lourde défaite. Ils ont recueilli 11,5 % des suffrages et ont remporté 11 sièges (– 1).

Le Parti démocratique unioniste d'Ulster (DUP), formation protestante unioniste qui défend les intérêts de la communauté protestante en Irlande du Nord, favorable au maintien de la région dans le Royaume-Uni, a obtenu 0,76 % des voix et a perdu 2 de ses 10 sièges au profit du Sinn Fein (SF) et de l'Alliance, deux formations favorables au maintien du Royaume-Uni dans l'Union européenne et à la réunification de l'Irlande du Nord avec la République d'Irlande. Pour la première fois, l'Irlande du Nord compte plus de députés nationalistes qu'unionistes.

Les deux tiers des Britanniques se sont rendus aux urnes : la participation s'est élevée à 67,5 %.

Boris Johnson a donc gagné son pari qui consistait à obtenir la majorité absolue à la Chambre des Communes, ce qui devrait clore le feuilleton du Brexit. Sa large victoire lui permettra également de décider quel Brexit il souhaite pour son pays : « Il sera moins dépendant des *hard Brexiters* de son parti que s'il avait disposé d'une majorité plus courte » constate la politologue Sarah Holbolt. « Les Conservateurs étaient en manque de leadership avant la prise de pouvoir de Boris Johnson, analyse également Paul Goodman, responsable du site d'information Conservative Home. Celui-ci a eu beau accumuler les déboires et les défaites à la Chambre des Communes, les gens ont vu qu'il essayait de les sortir de l'impasse. »

À l'issue du scrutin du 12 décembre, Boris Johnson a été reconduit au poste de Premier Ministre. À lui désormais la lourde charge de mettre en œuvre la sortie du Royaume-Uni de l'Union européenne prévue pour le 31 janvier 2020.

Résultats des élections générales du 12 décembre 2019 au Royaume-Uni
Participation : 67,5%

Formations politiques	Nombre de voix	% des suffrages	Nombre de sièges
Parti conservateur (Cons)	13 966 454	43,6	365
Parti travailliste (Lab)	10 269 051	32,1	202
Libéraux-Démocrates (LibDem)	3 696 419	11,5	11
Parti national écossais (SNP)	1 242 380	3,8	48
Parti vert d'Angleterre et du Pays de Galles (G)	865 715	2,7	1
Parti du Brexit	644 257	2	0
Parti démocratique unioniste d'Ulster (DUP)	244 128	0,7	8
Sinn Fein (SF)	181 853	0,5	7
Plaid Cymru (PC)	153 265	0,4	4
Alliance	134 115	0,4	1
Parti social-démocrate et travailliste (SDLP)	118 737	0,3	2
Autres	497 736	2	1

SLOVAQUIE

Élection présidentielle, 16 et 30 mars 2019

Zuzana Čaputová (Slovaquie progressiste, PS) est devenue le 30 mars 2019 la nouvelle présidente de la République slovaque. L'accession d'une femme à ce poste constitue une première dans l'histoire du pays. La candidate a recueilli 58,41 % des suffrages et elle s'est donc largement imposée devant son adversaire, le vice-président de la Commission européenne Maroš Šefčovič, soutenu par le parti au pouvoir Direction-Démocratie sociale (SMER-SD) et qui a obtenu 41,59% des voix. Lors du premier tour de scrutin organisé le 16 mars, Zuzana Čaputová avait déjà largement devancé son rival en recueillant 40,57% des suffrages pour 18,66% à Maroš Šefčovič.

La participation s'est élevée à 58,21 % au second tour, au-dessus de celle enregistrée lors du premier tour (+ 6,95 points).

Zuzana Čaputová a reçu entre les deux tours de scrutin le soutien de Jozef Kuciak, frère du journaliste Ján Kuciak, assassiné avec sa compagne Martina Kušnírová à la fin du mois de février 2018. Ján Kuciak enquêtait sur les soupçons de fraude fiscale et de corruption dans les milieux politique et économique pour le site internet aktuality.sk, site du premier quotidien du pays *Nový čas*. Ces assassinats avaient entraîné la démission, en mars 2018, du Premier ministre en exercice Robert Fico (SMER-SD) et de deux de ses ministres.

Zuzana Čaputová avait également été soutenue depuis le début de la campagne électorale par le président de la République sortant Andrej Kiska, qui avait renoncé à se présenter pour un second mandat.

Critique virulente du gouvernement dirigé par Peter Pellegrini (SMER-SD), Zuzana Čaputová a bénéficié du désenchantement des électeurs vis-à-vis du pouvoir en place. « Direction-Démocratie sociale est épuisée et compromise par des manifestations d'arrogance du pouvoir, par la corruption et ses relations avec les oligarques, explique ainsi Juraj Marušiak, politologue de l'Académie des sciences. La popularité de Zuzana Čaputová est une expression du mécontentement des électeurs. »

« Zuzana Čaputová a touché les électeurs, surtout par son attitude, la franchise avec laquelle elle s'adresse aux gens et le fait qu'elle formule ses idées avec fermeté mais sans jamais rechercher le conflit. Sur une scène politique divisée où la vulgarité fait partie de la norme, son style apparaît comme un autre mode de communication. Sans compter qu'elle défend des positions profondément humaines » a commenté Iveta Radičová, sociologue, ancienne Première ministre (2010-2012) et candidate malheureuse à l'élection présidentielle de 2009.

Résultats de l'élection présidentielle des 16 et 30 mars 2019 en Slovaquie
Participation : 51,26% (premier tour) et 58,21% (second tour)

Candidats	Premier tour		Second tour	
	Nombre de voix	% des suffrages	Nombre de voix	% des suffrages
Zuzana Čaputová (Slovaquie progressiste, PS)	870 415	40,57	1 056 582	58,41
Maroš Šefčovič (Direction/Démocratie sociale, SMER/SD)	400 379	18,66	752 403	41,59
Štefan Harabin (indépendant)	307 823	14,34		
Marian Kotleba (Kotleba-Parti populaire Notre Slovaquie, L'SNS)	222 935	10,39		
František Mikloško, indépendant	122 916	5,72		
Béla Bugár (Most-Hid)	66 667	3,10		
Milan Krajniak (Nous sommes une famille, SME Rodina)	59 464	2,77		
Eduard Chmelár, (indépendant)	58 965	2,74		
Martin Daňo, (indépendant)	11 146	0,51		
Róbert Švec, (indépendant)	6 567	0,30		
Juraj Zábojník, (indépendant)	6 219	0,30		
Ivan Zuzula (Parti conservateur slovaque, SKS)	3 807	0,17		
Bohumila Tauchmannová, (indépendante)	3 535	0,16		
Robert Mistrík, (indépendant)	3 318	0,15		
Jozsef Menyhart (Parti de la coalition hongroise, SMK-MKP)	1 208	0,05		

ANNÉE 2020

CROATIE

Élection présidentielle, 22 décembre 2019 et 5 janvier 2020

L'ancien Premier ministre (2011-2016) Zoran Milanović (SDP), soutenu par le Parti travailliste (SDP), le Parti démocratique d'Istrie (IDS) et l'Alliance civile libérale (GLAS), a été élu à la présidence de la République en Croatie lors du second tour du 5 janvier 2020. Il a battu la Présidente sortante Kolinda Grabar-Kitarović, qui se présentait en indépendante mais qui était soutenue par l'Union démocratique croate (HDZ) du Premier ministre Andrej Plenković. Zoran Milanović a recueilli 52,66 % des voix (29,55 % au premier tour) et Kolinda Grabar-Kitarović, 47,34 % des suffrages (26,65 % au premier tour).

La participation s'est élevée à 54,99 % le 5 janvier, en recul par rapport à l'élection présidentielle de 2014-2015 (– 4,07 points).

Zoran Milanović a rassemblé les sympathisants des forces de gauche. Il a fait campagne en faveur d'une Croatie « normale », dans laquelle le pays laisserait la guerre et les divisions derrière lui. Son message selon lequel la Croatie « est une République pour tous, pour des citoyens égaux » a donc été entendu.

Le patriotisme, la défense des valeurs familiales traditionnelles et d'une Croatie forte au cœur de l'Europe constituaient les trois points principaux du programme de Kolinda Grabar-Kitarović. À plusieurs reprises, la présidente sortante a minimisé les crimes commis par le régime des Oustachis lors la Seconde Guerre mondiale et a exprimé son soutien à des personnages « douteux ». Ainsi, elle a rendu hommage au général Slobodan Praljak, qui s'est suicidé le 29 novembre 2017 alors que le Tribunal pénal international pour l'ex-Yougoslavie (TPIY) venait de le condamner pour crimes de guerre et crimes contre l'humanité durant la guerre de Bosnie- Herzégovine. Elle a affirmé que, réélue à la tête du pays, elle accorderait son pardon au général Tomislav Merčep, sous le commandement duquel 43 civils, pour la plupart serbes, ont été tués en 1991. Le militaire avait été condamné à cinq années et demie d'emprisonnement pour ce crime et en février 2017 sur appel du parquet, la Cour suprême de Croatie avait prolongé sa peine de prison, la portant à sept ans.

Les espoirs que Kolinda Grabar-Kitarović pouvait avoir de rallier sur son nom les suffrages qui s'étaient portés au premier tour sur Miroslav Škoro (indépendant), chanteur soutenu par les partis de la droite populiste (24,45 %), se sont néanmoins révélés vains. Ce dernier avait fait campagne sur sa volonté d'« éradiquer la peur » et « de rendre l'État au peuple ». S'il n'a pas réussi son pari d'atteindre le second tour, il a néanmoins obtenu un résultat élevé qui démontre la force, voire la poussée du discours populiste en Croatie. « La Croatie vire à droite, nous le voyons dans cette élection présidentielle, souligne Tihomir Cipek, professeur de science politique de l'université de Zagreb. Comme ailleurs en Europe, la droite radicale montre ses forces dans le pays. Nous verrons si elle est en mesure de répéter cette performance lors des prochaines élections. »

Résultats de l'élection présidentielle des 22 décembre 2019 et 5 janvier 2020 en Croatie

Participation : 51,18 % (premier tour) et 54,99 % (second tour)

Candidats	Premier tour		Second tour	
	Nombre de voix	% des suffrages	Nombre de voix	% des suffrages
Zoran Milanović (Parti social-démocrate, SDP)	562 783	29,55	1 034 170	52,66
Kolinda Grabar-Kitarović (indépendante)	507 628	26,65	929 707	47,34
Miroslav Škoro (indépendant)	465 704	24,45		
Mislav Kolakušić (indépendant)	111 916	5,88		
Dario Jurica (indépendant)	87 883	4,61		
Dalija Orešković (indépendant)	55 163	2,90		
Ivan Pernar (Parti d'Ivan Pernar, SIP)	44 057	2,31		
Katarina Peović				
(Front des travailleurs, RF)	21 387	1,12		
Dejan Kovač (Parti social-libéral, HSLS)	18 107	0,95		
Anto Đapić (Alliance démocratique du renouveau national, Desno)	4 001	0,21		
Nedjeljko Babić (Parti des locuteurs des dialectes chakavian, kajkavian et shtokavian, HSSCKS)	3 014	0,16		

Élections législatives, 5 juillet 2020

Pari gagné pour l'Union démocratique (HDZ) du Premier ministre sortant Andrej Plenković qui a remporté les élections législatives du 5 juillet 2020 en Croatie. Le parti a recueilli 37,26 % des suffrages et gagné 66 sièges (+ 7 par rapport au précédent scrutin de 2016) au Hrvatski sabor, chambre unique du Parlement croate. Le scrutin, initialement prévu pour décembre 2020, avait été anticipé de six mois. Le chef du gouvernement voulait capitaliser sur sa gestion de la crise sanitaire consécutive à la pandémie de coronavirus qui avait fait croître sa cote de popularité. Les autorités craignaient en outre le développement d'une deuxième vague de Covid-19 à l'automne 2020 ainsi que celui d'une crise économique dans un pays très dépendant du secteur du tourisme, qui représente près d'un cinquième de son PIB.

Le Premier ministre Andrej Plenković a donc choisi la bonne stratégie, il a réussi à distancer l'opposition social-démocrate. La coalition d'opposition de gauche, appelée Coalition pour un nouveau départ, conduite par le Parti social-démocrate (SDP) qui rassemblait le Parti paysan (HSS), le Parti des retraités (HSU), le Parti de l'engagement civique et du peuple (Snaga), l'Alliance civique libérale (GLAS) et l'Assemblée démocratique d'Istrie (IDS), a remporté 24,87 % des voix et 41 sièges (– 13).

Les sociaux-démocrates échouent pour la troisième fois consécutive aux élections législatives. Plus encore, ils ont perdu leur fief, Zagreb, qui est tombé dans l'escarcelle de la Coalition gauche-verte. Les analystes politiques mettent en avant le manque de charisme du dirigeant du Parti social-démocrate Davor Bernardić pour expliquer la défaite de son camp.

Le Mouvement patriotique (Domovinski Pokret, DPMS), parti populiste de droite créé en février 2020 par l'ancien chanteur Miroslav Škoro, qui était arrivé en troisième position lors du premier tour de l'élection présidentielle du 22 décembre 2019, allié à la Coalition des souverainistes – alliance formée pour les élections européennes du 26 mai 2019 par le Parti conservateur (HKS), la Croissance (Hrast), le Parti croate des droits– Dr Ante Starčević (HSP-AS) et les Patriotes unis (UHD) – et au Bloc pour la Croatie, a pris la troisième place des élections législatives avec 10,89 % des suffrages et 16 élus.

Comme beaucoup de ses voisins européens, la Croatie doit donc désormais compter avec un parti populiste. La coalition de Miroslav Škoro se bat pour une modification de la loi électorale, une « décommunisation » du pays et une réduction des impôts, notamment de la TVA. Elle refuse aussi l'adoption de l'euro et se veut une voie alternative à celle proposée par l'Union démocratique et le Parti social-démocrate.

Most-Nezavisnih Lista (Pont-Listes indépendantes) de Božo Petrov a obtenu 7,39 % des voix et 8 sièges (+ 5) et la Coalition gauche-verte, formée par Nous pouvons (Možemo!), la Nouvelle gauche (NL) et Développement durable de Croatie (ORaH), 6,99 % des suffrages et 7 élus.

La participation a été plus faible que lors des précédentes élections législatives du 11 septembre 2016. Moins d'un Croate sur deux (46,44 %) s'est rendu aux urnes, dans des circonstances certes exceptionnelles en raison de la pandémie de coronavirus (– 7,91 points).

À l'issue du scrutin, Andrej Plenković et l'Union démocratique, qui sont sortis renforcés du scrutin législatif, ont formé une coalition avec le Parti démocratique indépendant serbe (SDSS), qui représente la minorité serbe de Croatie.

Résultats des élections législatives du 5 juillet 2020 en Croatie
Participation : 46,44 %

Formations politiques	Nombre de voix	% des suffrages	Nombre de sièges
Union démocratique (HDZ)	621 035	37,26	66
Coalition pour un nouveau départ conduite par le Parti social-démocrate (SDP)	414 645	24,87	41
Mouvement patriotique (Domovinski Pokret, DPMS)-Coalition des souverainistes	181 493	10,89	16
Most-Nezavisnih Lista			
(Pont-Listes indépendantes)	123 194	7,39	8
Coalition gauche-verte	116 483	6,99	7
Parti du centre (Centar)	66 399	3,98	3
Parti croate du peuple-Libéraux démocrates (HNS-LD)	21 727	1,30	1
Parti du peuple-Réformistes (NS-R)	16 900	1,01	1
Autres	143 810	6,31	0
Minorités nationales			8

IRLANDE

Élections législatives, 8 février 2020

Trois partis sont arrivés dans un mouchoir de poche aux élections législatives organisées le 8 février en Irlande. Le Sinn Fein (SF), formation de gauche radicale dirigée par Mary Lou McDonald, a créé la surprise en réalisant une impressionnante percée avec 24,50 % des suffrages (votes de première préférence) et 37 sièges (+ 14 par rapport au précédent scrutin de 2016) au Dáil Eireann, chambre basse du Parlement irlandais. Le Fianna Fail (FF) a remporté 22,20 % des voix et 37 sièges également (– 7). Enfin, le Fine Gael (FG), parti du Premier ministre sortant Leo Varadkar, a obtenu 20,90 % des voix et 35 élus (– 15). Ce résultat serré est inédit dans cette république celtique qui, depuis 1932, n'a été dirigée que par deux partis seulement, le Fianna Fail et le Fine Gael, qui se sont succédé au pouvoir, gouvernant en alternance ou en coalition.

La participation s'est élevée à 62,71 %, inférieure à celle enregistrée lors des précédentes élections législatives de 2016 (– 2,38 %).

Le *Taoiseach* (Premier ministre) Leo Varadkar avait mis en avant les résultats économiques obtenus par son gouvernement : forte croissance (6,30 %, la plus élevée de l'Union européenne), quasi-plein emploi (le taux de chômage a été divisé par trois en huit ans), hausse des salaires et du pouvoir d'achat, finances saines (le budget de l'État, déficitaire de 12 % en 2011, est désormais excédentaire et la dette s'établit à 63 % du PIB, contre 120 % en 2012).

Devancé par un candidat du Sinn Fein dans sa circonscription de Dublin-Ouest mais en mesure néanmoins de conserver son siège de député, Leo Varadkar avait mis le Brexit au cœur de sa campagne électorale. Il s'est félicité d'avoir évité le rétablissement d'une frontière physique entre son pays et l'Irlande du Nord malgré la sortie du Royaume-Uni de l'Union européenne. Cependant, les électeurs ont montré que le Brexit était pour eux déjà du passé. Selon les sondages sortie des urnes, seule une minorité d'Irlandais se sont déterminés sur l'enjeu du Brexit au moment de déposer leur bulletin dans l'urne. Par ailleurs, le Premier ministre a pu constater à ses dépens que l'on ne gagne pas des élections sur un bilan. « Si l'issue du scrutin dépendait de la politique européenne de Leo Varadkar, il gagnerait facilement mais les gens veulent du changement » avait ainsi analysé Jon Tonge, politologue de l'université de Liverpool, en amont du scrutin.

Leo Varadkar, qui demandait à ses compatriotes un « mandat fort », a donc perdu son pari. La campagne et le vote ont été dominés par des thèmes « domestiques », les « trois H : *Health, Housing* et *Homelessness* (santé, logement et situation des personnes sans abri) selon les mots de Noelle O'Connell, directrice de l'European Movement Ireland. Il faut savoir en effet que l'Irlande manque cruellement de médecins et d'infirmiers, et que le coût des soins ne cesse de croître depuis plusieurs années ; par ailleurs, le nombre de logements neufs est également très insuffisant, ce qui contribue à l'augmentation incessante des loyers. Le Sinn Fein a justement été très présent sur tous ces thèmes, se prononçant pour le blocage des loyers, le lancement d'un ambitieux plan de construction de 100 000 logements sur cinq ans et d'importants plans d'investissements publics dans la santé et les transports, pour la hausse des taxes sur les entreprises et les citoyens les plus fortunés. Ce programme lui a permis de se positionner comme la seule force politique en face des deux partis traditionnels.

La poussée du Sinn Fein est d'autant plus impressionnante que le parti présentait seulement 42 candidats aux élections législatives du 8 février, soit à peu près deux fois moins que chacun des deux grands partis. Après la crise de 2008, la politique irlandaise a changé de façon spectaculaire et le Sinn Fein s'est imposé comme la principale force alternative de gauche : « Il est comparable à la Coalition de la gauche radicale (Syriza) en Grèce et l'arrivée en 2018 d'une nouvelle présidente qui n'est pas associée au passé du parti l'a renforcé » analyse ainsi David Farrell, directeur de l'école de science politique de l'University College de Dublin. Mary Lou McDonald a en effet su transformer son parti en le positionnant sur des sujets de société, ce qui lui a permis d'attirer de nouveaux électeurs, notamment les jeunes. « Le Sinn Fein parie sur le temps long, estime quant à lui Jonathan Evershed, chercheur en science politique de l'University College de Cork. S'il n'entre pas au gouvernement cette fois-ci, je pense que le parti considérera néanmoins tout ce qui se passera comme un succès car il est devenu une force alternative pour les prochaines élections législatives. » Pour Gail McElroy, professeur de science politique du Trinity College de Dublin, « il existe une certaine lassitude vis-à-vis des partis classiques. Le Fine Gael a certes rétabli la situation économique et la prospérité du pays mais des problèmes demeurent. Quant au Fianna Fail, il a beau dire qu'il a changé, il paie encore le prix de sa gestion catastrophique qui a débouché sur la crise financière de 2008. Les gens veulent du changement et le Sinn Fein répond peut-être à cette attente, particulièrement parmi les jeunes ».

Le Fine Gael et le Fianna Fail ont chacun exclu de s'allier avec le Sinn Fein, notamment en raison de ses liens avec l'Armée républicaine irlandaise (IRA), organisation paramilitaire luttant par les armes contre la présence britannique en Irlande du Nord. De son côté, le Sinn Fein a refusé de négocier avec les deux partis sans un engagement de leur part de mettre en place un référendum sur la réunification de l'Irlande dans les cinq années à venir. « Le Sinn Fein est désormais un parti *mainstream* et il sera très difficile à moyen terme pour le Fine Gael et le Fianna Fail de poursuivre leur politique d'exclusion à l'encontre du parti républicain » a estimé Kevin Doyle, journaliste au quotidien *The Irish Independent*.

À l'issue du scrutin, le Fianna Fail, le Fine Gael et le Parti vert (CG) ont formé un gouvernement conduit par Micheál Martin, le dirigeant du Fianna Fail.

Résultats des élections législatives du 8 février 2020 en Irlande
Participation : 62,71 %

Formations politiques	Nombre de voix (votes de première préférence)	% des suffrages exprimés (votes de première préférence)	Sièges
Sinn Fein (SF)	535 595	24,5	37
Fianna Fail (FF)	484 315	22,2	37
Fine Gael (FG)	455 568	20,9	35
Parti vert (CG)	155 695	7,1	12
Parti travailliste (Lab)	95 582	4,4	6
Sociaux-démocrates (SD)	63 397	2,9	6
Solidarité-Nos vies avant leurs profits (S-PBP)	57 420	2,6	5
Aontú	41 575	1,9	1
Indépendants pour le changement	8 421	0,4	1
Indépendants	266 353	12,2	0
Autres	19 890	0,9	0

LITUANIE

Élections législatives, 11 et 25 octobre 2020

L'Union de la patrie-Chrétiens-démocrates (TS-LKD), principal parti d'opposition du pays, a consolidé le 25 octobre sa victoire du premier tour des élections législatives. La formation a remporté au total 50 des 141 sièges du Seimas, chambre unique du Parlement lituanien (+ 19 par rapport aux précédentes élections de 2016). Le Parti paysan et vert (LVZS), emmené par le Premier ministre sortant Saulius Skvernelis, a obtenu 32 élus (– 22).

Le Parti social-démocrate (LSP), qui apparaît comme le grand perdant du scrutin, a obtenu 13 sièges (– 4), le même nombre que le Mouvement libéral (LRLS) (– 1). Le Parti de la liberté, formation sociale-libérale, a réussi son pari en entrant au Seimas avec 11 élus. Il accède au gouvernement dès sa première participation à un scrutin. Le Parti du travail (DP) a conquis 10 sièges (+ 8). Enfin, les partenaires du Parti paysan et vert au sein du gouvernement sortant – le Parti social- démocrate du travail (LSDDP) et l'Action électorale polonaise-Alliance des familles chrétiennes (LLRA-KSS) – ont remporté 3 élus chacun (– 5 pour ce dernier parti).

On notera que contrairement à la grande majorité de certains États membres de l'Union européenne, la Lituanie est un pays où les villes votent en majorité pour les partis de droite quand les campagnes font davantage confiance aux formations de gauche. En effet, Vilnius, Kaunas ou Panevėžys sont des municipalités conservatrices. « Dans les grandes municipalités, la population est plus aisée et n'apprécie pas toujours l'intervention de l'État dans la sphère sociale, explique ainsi Tomas Janeliūnas, professeur à l'Institut des relations internationales et de science politique de l'université de Vilnius. Généralement, les électeurs désapprouvent les régulations de l'État, ils ne souhaitent pas se voir dicter la façon dont ils vivent leur vie. »

Moins d'un électeur sur deux s'est déplacé pour ces élections législatives, différentes cette fois (les réunions et débats ont été moins nombreux qu'habituellement en raison de la situation sanitaire causée par la pandémie de coronavirus) : la participation s'est élevée à 47,54 % au second tour (47,80 % au premier tour), soit – 3,12 points par rapport aux précédentes élections législatives des 9 et 23 octobre 2016. Quelque 40 000 Lituaniens résidant à l'étranger, qui pour la première fois seront représentés dans une circonscription spécifique, ont accompli leur devoir civique. Ils étaient 19 000 il y a quatre ans.

« Les électeurs étaient fatigués de la coalition au pouvoir, ils voulaient un changement dans le paysage politique » analyse Ramūnas Vilpišauskas, professeur de science politique de l'université de Vilnius. La politique et les promesses de campagne du gouvernement sortant de poursuivre la lutte contre les inégalités sociales et d'introduire une prime annuelle, qualifiée de « treizième mois de pension de retraite », pour les personnes âgées n'ont pas convaincu les Lituaniens de lui renouveler leur confiance. Le Premier ministre Saulius Skvernelis a même été battu dans sa circonscription de Vilnius (Pilaitė- Karoliniškės) par un candidat de l'Union de la patrie-Chrétiens-démocrates. Élu au scrutin proportionnel de liste, il conserve néanmoins son siège au Seimas.

L'Union de la patrie-Chrétiens-démocrates, tiraillée entre une aile conservatrice, appelée chrétienne, positionnée à droite et qui défend les valeurs traditionnelles, et une autre plus libérale, à laquelle appartient son dirigeant Gabrielius Landsbergis, a réussi son pari. Le parti avait choisi de partir au combat électoral sous la houlette d'Ingrida Šimonytė, qui n'est pas membre du parti mais qui appartient à son groupe parlementaire au Seimas.

À l'issue du scrutin, cette ancienne ministre des Finances (2009-2012) a formé une coalition gouvernementale paritaire qui rassemble l'Union de la patrie-Chrétiens-démocrates et deux formations libérales, le Mouvement libéral et le Parti de la liberté. Elle devient la seconde femme Premier ministre en Lituanie après Kazimira Prunskienė, qui a dirigé le premier gouvernement du pays après que la République balte a recouvré son indépendance en 1990.

Résultats des élections législatives des 11 et 25 octobre 2020 en Lituanie
Participation : 47,55% (premier tour) et 38,96% (second tour)

Formations politiques	Vote proportionnel			Vote majoritaire						Total sièges
				Premier tour			Second tour			
	Voix	%	Sièges	Voix	%	Sièges	Voix	%	Sièges	
Union de la patrie-Chrétiens-démocrates (TS-LKD)	290 036	24,82	23	267 976	22,94	1	352 566	38,42	26	50
Parti paysan et vert (LVZS)	204 482	17,50	16	169 551	14,51	0	209 714	22,85	16	32
Parti du travail (DP)	110 547	9,46	9	88 083	7,54	0	8 077	0,88	1	10
Parti social-démocrate (LSP)	108 244	9,26	8	130 559	11,17	0	75 560	8,23	5	13
Parti de la liberté (LP)	105 474	9,03	8	69 740	5,97	0	68 630	7,48	3	11
Mouvement libéral (LRLS)	79 310	6,79	6	102 586	8,78	0	57 671	6,28	7	13
Action électorale polonaise-Alliance des familles chrétiennes (LLRA-KSS)	56 353	4,82	0	52 905	4,53	2	14 835	1,62	1	3
Parti social-démocrate du travail (LSDDP)	37 043	3,17	0	51 229	4,41	0	26 198	2,85	3	3
Parti du centre (LCP)	26 686	2,28	0	20 474	1,75	0	5 405	0,59	0	0
Alliance nationale (NS)	24 921	2,13	0	14 938	1,28	0				0
Union de la liberté (PLT)	23 266	1,99	0	28 568	2,44	0	9 631	1,05	1	1
Parti vert (LŽP)	19 156	1,64	0	35 174	3,01	0	6 648	0,72	1	1
Autres	41 905	3,58	0	21 465	2,70	0				0
Indépendants	43 756	3,74	0	41 936	4,57	4				4

POLOGNE

Élection présidentielle, 28 juin et 12 juillet 2020

Le président de la République sortant Andrzej Duda (Droit et Justice, PiS) a remporté d'une courte tête le second tour de l'élection présidentielle organisé le 12 juillet 2020. Il a recueilli 51,03 % des suffrages et il a devancé Rafał Trzaskowski, maire de Varsovie et ancien ministre de l'Administration et du Numérique (2013-2014), candidat de la Plateforme citoyenne (PO), qui a obtenu 48,97 % des voix. Moins de 500 000 suffrages (sur un total de plus de 20 millions) séparent les deux hommes. Jamais un scrutin présidentiel n'a été aussi serré en Pologne (quelque 518 000 voix séparaient Andrzej Duda de Bronislaw Komorowski (PO) lors du second tour de la dernière élection présidentielle de 2015 mais le nombre total de votants était moindre (16,7 millions). Andrzej Duda s'est imposé dans les sept provinces de l'est du pays quand Rafał Trzaskowski a remporté les neuf de l'ouest. De même, les électeurs de plus de 50 ans ont majoritairement voté en faveur du président sortant quand les plus jeunes lui ont préféré Rafał Trzaskowski. Andrzej Duda était arrivé en tête du premier tour de l'élection le 28 juin avec 43,50 % des suffrages contre 30,46 % à Rafał Trzaskowski.

Le scrutin présidentiel a fortement mobilisé les Polonais. La participation s'est élevée à 68,18 % le 12 juillet (64,51 % lors du premier tour du 28 juin), soit 23,55 points de plus que lors du précédent scrutin de 2015. Initialement prévue pour le 10 mai, l'élection présidentielle avait été reportée en raison de la pandémie de coronavirus et de l'incapacité du gouvernement à trouver un compromis avec l'opposition sur l'organisation et la légalité du scrutin.

Andrzej Duda est le premier président de la République à s'être rendu au cours de son mandat dans chacune des 380 circonscriptions électorales que compte la Pologne. Le chef de l'État sortant aime montrer l'intérêt et l'estime qu'il a pour les « Polonais ordinaires » qui vivent dans de petites villes et dans les zones rurales du pays. Ces derniers, qui se sentent parfois considérés comme des citoyens de seconde zone, apprécient son attitude à leur égard. Durant la campagne électorale, Andrzej Duda s'est sans cesse positionné en homme « soucieux de la famille traditionnelle et des intérêts de la nation ». Il a d'ailleurs proposé d'amender la Constitution pour y introduire l'interdiction d'adopter un enfant pour les couples de même sexe.

Candidat inattendu de ce scrutin présidentiel, Rafał Trzaskowski avait été désigné le 16 mai et il avait remplacé la vice-présidente du Parlement Małgorzata Kidawa-Błońska, qui avait chuté à moins de 5 % des suffrages dans les enquêtes d'opinion après l'annonce du report de l'élection.

En très peu de temps, il a réussi à se positionner comme une force alternative mais il a finalement échoué à s'imposer. Le pari était difficile : Rafał Trzaskowski accusait en effet un retard de 13 points sur son adversaire après le premier tour de scrutin et il devait parvenir à mobiliser les opposants à Andrzej Duda, électeurs très disparates, pour l'emporter le 12 juillet. « Même s'il a été défait, Rafał Trzaskowski a réalisé une bonne performance qui ressemble au début de quelque chose, qui donne une nouvelle dynamique à l'opposition », constate Andrzej Rychard, professeur de sociologie à l'université de Varsovie, tandis que Rafał Chwedoruk, professeur de science politique de l'université Jan-Kochanowski de Kielce, pense qu'« Andrzej Duda a remporté une petite victoire : il a certes remporté le scrutin mais le vrai succès revient à Rafał Trzaskowski et à l'opposition qui regagne du terrain ». À l'issue de ce scrutin présidentiel, la Pologne apparaît plus divisée que jamais entre une partie conservatrice et très religieuse et une autre libérale et proeuropéenne.

Reconduit à la présidence de la République, Andrzej Duda a débuté son second mandat le 6 août 2020. Les dernières élections parlementaires, remportées par Droit et Justice datant de moins d'un an (elles ont eu lieu le 13 octobre 2019), le parti peut désormais gouverner le pays sans réel obstacle jusqu'à la fin de l'année 2023.

Résultats de l'élection présidentielle des 28 juin et 12 juillet 2020 en Pologne
Participation : 64,51 % (premier tour) et 68,18 % (second tour)

Formations politiques	Premier tour		Second tour	
	Nombre de voix	% des suffrages	Nombre de voix	% des suffrages
Andrzej Duda (Droit et justice, PiS)	8 450 513	43,50	10 440 648	51,03
Rafał Trzaskowski (Coalition citoyenne, PO)	5 917 340	30,46	10 018 263	48,97
Szymon Hołownia (indépendant)	2 693 397	13,87		
Krzysztof Bosak (Mouvement national, RN)	1 317 380	6,78		
Władysław Kosiniak-Kamysz (Parti paysan, PSL)	459 365	2,36		
Robert Biedroń (Wiosna, W)	432 129	2,22		
Stanisław Zoltek (Congrès de la nouvelle droite, KNP)	45 419	0,23		
Marek Jakubiak (indépendant)	33 652	0,17		
Paweł Tanajno (indépendant)	27 909	0,14		
Waldemar Witkowski (Union travailliste, UP)	27 290	0,14		
Mirosław Piotrowski (Mouvement de l'Europe réelle)	21 065	0,11		

ROUMANIE

Élections parlementaires, 6 décembre 2020

Le Parti social-démocrate (PSD) a créé la surprise lors des élections parlementaires du 6 décembre en arrivant en tête du scrutin avec 28,90 % des suffrages et 110 sièges à la Chambre des députés (– 44 toutefois par rapport au précédent scrutin de 2016) et 29,3 % des voix au Sénat (47). En dépit d'une absence de leader (Marcel Ciolacu est dirigeant par intérim), de promesses non tenues, de son très controversé vote en 2017 d'une modification du Code pénal réduisant certaines peines de prison, notamment en cas d'abus de pouvoir, et facilitant les amnisties et les grâces (une mesure qui a fait descendre dans les rues durant plusieurs semaines des milliers de Roumains), et de l'incarcération de son ancien président (2015-2019) et ex-président de la Chambre des députés (2016-2019) Liviu Dragnea, condamné à trois ans et demi d'emprisonnement pour abus de pouvoir et détournement de biens sociaux le 21 juin 2018, le parti de gauche confirme qu'il dispose d'un électorat fidèle et mobilisé, notamment parmi les personnes âgées et celles qui vivent dans les zones rurales.

Les sociaux-démocrates dominent la vie politique roumaine depuis la chute du communisme en 1989. Ils préconisent une politique d'aide sociale souvent clientéliste et le renforcement de l'État protecteur, ils s'appuient sur une idéologie très nationaliste et ils sont proches de l'Église orthodoxe. Ainsi, le PSD a été le seul des grands partis à soutenir le changement de la Constitution qui a inscrit dans la Loi fondamentale l'interdiction du mariage entre deux personnes de même sexe lors du référendum des 6 et 7 octobre 2018 (les autres ont prôné l'abstention)[27].

Le PSD a devancé le Parti national-libéral (PNL), dirigé par le Premier ministre sortant Ludovic Orban, qui a obtenu 25,19 % des voix et 93 députés, soit une progression de 24 sièges, et 25,5 % des voix à la chambre haute (41). L'alliance Sauvez la Roumanie-Parti de la liberté, de la solidarité et de l'unité (USR-PLUS), formation libérale, a pris la troisième place du scrutin avec 15,37 % des suffrages et 55 députés (+ 25) et 15,8 % des voix au Sénat (25).

L'entrée au parlement d'un nombre plus important de membres de l'USR-PLUS pourrait bien marquer le début d'une évolution du personnel politique roumain. En effet, ceux-ci ont été formés à l'étranger

27. Quelque 93,40 % des électeurs ont voté en faveur de l'interdiction, mais seulement un cinquième (21,10 %) des Roumains se sont rendus aux urnes, soit un chiffre inférieur à 30 %, seuil obligatoire pour que le référendum soit valide.

dans les universités internationales, notamment en Europe et en Amérique du Nord, et sont tous détenteurs de plusieurs diplômes. Ils semblent davantage en phase avec la Roumanie actuelle et, surtout, plus en capacité d'incarner celle de demain que les responsables actuels des deux plus grands partis.

Seules deux autres formations sont parvenues à franchir le seuil des 5 % des voix (ou 20 % du total des suffrages exprimés dans au moins quatre circonscriptions) indispensables pour être représenté à la Chambre des députés. Il s'agit de l'Alliance pour l'union des Roumains (AUR), parti nationaliste très proche de l'Église orthodoxe, qui a recueilli 9,08 % des suffrages à la Chambre des députés (33 sièges) et 9,1 % des voix au Sénat (14) et qui fait donc son entrée au parlement et de l'Union démocratique des Hongrois de Roumanie (UDMR), qui a obtenu 5,74 % des voix à la chambre basse (21 élus) et 5,89 % au Sénat (9). En revanche, le Parti du mouvement populaire (PMP) a recueilli seulement 4,82 % des suffrages et l'union Pro Romania-Alliance des libéraux et démocrates, dirigée par l'ancien Premier ministre social-démocrate (2012-2015) Victor Ponta, 4,09 % des voix, soit moins des 5 % indispensables pour être représenté au parlement.

La participation a été la plus faible jamais enregistrée lors d'élections parlementaires en Roumanie : 31,94 %, soit 7,52 points au-dessous de celle du précédent scrutin de 2016. La peur suscitée par la pandémie de coronavirus, qui a rendu ces élections si singulières, explique en partie cet état de fait mais il faut également prendre en considération le désenchantement des Roumains vis-à-vis de leur classe politique. « Beaucoup de Roumains sont démotivés parce qu'ils estiment que tous les partis se valent, souligne ainsi Liliana Popescu, professeur de science politique de l'université nationale de Bucarest. Une opinion fondée sur le nombre de personnes mises en examen parmi les candidats présentés par les deux principales forces politiques (PSD et PNL). »

Les sociaux-démocrates resteront cependant dans l'opposition. Devancé dans les urnes, le PNL, qui a bénéficié tout au long de la campagne électorale du soutien du président de la République Klaus Iohannis mais qui a échoué à consolider son pouvoir, continuera à diriger le pays.

À l'issue des élections parlementaires, Florin Cîțu (PNL) a formé un gouvernement comprenant, outre sa propre formation, l'Union Sauvez la Roumanie-Parti de la liberté, de la solidarité et de l'unité et l'Union démocratique des Hongrois de Roumanie.

Résultat des élections parlementaires du 6 décembre 2020 en Roumanie

Chambre des députés
Participation : 31,94%

Formations politiques	Nombre de voix	% des suffrages exprimés	Nombre de sièges
Parti social-démocrate (PSD)	1 705 777	28,90	110
Parti national-libéral (PNL)	1 486 401	25,19	93
Sauvez la Roumanie-Parti de la liberté, de la solidarité et de l'unité (USR-PLUS)	906 962	15,37	55
Alliance pour l'union des Roumains (AUR)	535 828	9,08	33
Union démocratique des Hongrois de Roumanie (UDMR)	339 030	5,74	21
Parti du mouvement populaire (PMP)	284 501	4,82	0
Pro Romania-Alliance des libéraux et démocrates	241 267	4,09	0
Autres	472 327	4,91	0
Minorités	95 681	1,90	18

Sénat
Participation : 31,94%

Formations politiques	Nombre de voix	% des suffrages exprimés	Nombre de sièges
Parti social-démocrate (PSD)	1 732 276	29,32	47
Parti national-libéral (PNL)	1 511 225	25,58	41
Sauvez la Roumanie-Parti de la liberté, de la solidarité et de l'unité (USR-PLUS)	936 862	15,86	25
Alliance pour l'union des Roumains (AUR)	541 935	9,17	14
Union démocratique des Hongrois de Roumanie (UDMR)	348 262	5,89	9
Parti du mouvement populaire (PMP)	291 484	4,93	0
Autres	695 713	9,25	0

SLOVAQUIE

Élections législatives, 29 février 2020

Le Parti des gens ordinaires et des personnalités indépendantes (OL'aNO), formation de droite dirigée par Igor Matovič, allié à Nouvelle Majorité (Nova), a remporté les élections législatives du 29 février 2020 en Slovaquie. Le parti a recueilli 25,02 % des suffrages et il a conquis 53 des 150 sièges du Conseil national de la République (Národná rada Slovenskej republiky), chambre unique du Parlement slovaque, soit 34 de plus que lors des précédentes élections de 2016. Direction-Démocratie sociale (Smer-SD), parti du Premier ministre sortant Peter Pellegrini, conduit par Robert Fico, a donc été battu, n'obtenant que 18,29 % des voix et 38 sièges (– 1). Nous sommes une famille (Sme Rodina), formation populiste de droite, a créé la surprise en prenant la troisième place du scrutin avec 8,24 % et 17 sièges (+ 6). Le Parti populaire-Notre Slovaquie (LSNS), formation nationaliste d'extrême droite mais positionnée à gauche sur le plan socio-économique et qui se veut le successeur du Parti du peuple, formation fasciste qui a dirigé la Slovaquie entre les deux guerres mondiales, et le défenseur de l'identité et de la souveraineté slovaques, a recueilli 7,97 % et 17 sièges (+ 3).

Liberté et Solidarité (Sloboda a Solidarita, SaS), parti libéral, a pris la cinquième place du scrutin avec 6,22 % et 13 sièges (– 8). Pour le peuple (Za l'udí), parti créé en 2019 par l'ancien président de la République (2014-2019) Andrej Kiska, fait son entrée au parlement avec 5,77 % et 12 sièges. Slovaquie progressiste (SP), alliée à Ensemble-Démocratie civique (Spolu), n'a pas obtenu d'élus.

Enfin, pour la première fois dans l'histoire de la Slovaquie, aucun parti représentant la communauté hongroise n'aura de représentant au Parlement. L'autre allié de Robert Fico au sein de la coalition gouvernementale, le Parti national (SNS), formation nationaliste d'extrême droite, échoue également aux portes du parlement (3,16 % des voix).

La participation a été la plus élevée depuis le scrutin législatif de 2002. Elle s'est établie à 65,80 %, soit très au-dessus de celle enregistrée lors des précédentes élections législatives de 2016 (+ 5,98 points).

Le scrutin était organisé quelques jours seulement après le deuxième anniversaire de l'assassinat du journaliste Ján Kuciak et de sa fiancée Martina Kušnírová, tous deux âgés de 27 ans, le 21 février 2018. Ján Kuciak enquêtait pour aktuality.sk, site internet du premier quotidien du pays *Novy Čas*, sur les soupçons de fraude aux subventions européennes organisées par la mafia italienne en Slovaquie avec l'aide de proches du gouvernement. Ce double assassinat avait conduit plusieurs dizaines de milliers de Slovaques à descendre dans les rues, la plus importante mobilisation depuis la révolution de velours de 1989, et il avait également poussé en mars 2018 le Premier ministre de l'époque Robert Fico (Smer-SD), deux de ses ministres et le chef de la police slovaque à la démission. Le 27 février 2020, soit l'avant-veille du scrutin, l'homme d'affaires Marian Kočner, arrêté et incarcéré depuis octobre 2018 pour avoir commandité le double assassinat, a été condamné, tout comme l'ancien ministre de l'Économie (2003-2006) Pavol Rusko, à une peine de dix-neuf années d'emprisonnement dans une autre affaire : il a été reconnu coupable de crime de contrefaçon, de modification et de fabrication illégale d'argent et de titres à hauteur de 69 millions d'euros. L'assassinat de Ján Kuciak et de Martina Kušnírová a révélé les liens de Marian Kočner avec les dirigeants de Smer SD. Comme le souligne Grigorij Mesežnikov, de l'Institut des affaires publiques de Bratislava : « Les Slovaques souhaitent du changement et surtout une action contre la corruption. Le parti qui a dirigé le gouvernement sortant est perçu comme responsable de la corruption. »

Igor Matovič avait fait de la lutte contre Robert Fico son principal argument : « Igor Matovic est apparu comme l'homme qui pouvait faire tomber le gouvernement, explique Jana Vargovčíková, politologue à l'Université de Lorraine. Sa rhétorique anti-Direction-Démocratie sociale a fini par payer, d'autant que l'éclatement de l'opposition a atteint un niveau jamais vu depuis 1989. Les partis libéraux se sont concentrés en fin de campagne sur la bataille contre l'extrême droite plutôt que sur la critique du gouvernement. En outre, Slovaquie progressiste, le parti de Zuzana Čaputová, la présidente de la République élue en 2019 et qui s'était impliquée dans les manifestations (consécutives à l'assassinat de Ján Kuciak et de Martina Kušnírová), n'a pas réussi à s'imposer comme l'héritier de la mobilisation. C'est devenu un parti parmi d'autres. »

Smer-SD, qui domine la vie politique slovaque depuis 2006 (avec un intermède de deux ans entre 2010 et 2012), a donc essuyé sa première défaite à un scrutin législatif depuis quatorze ans. « Ces élections législatives traduiront avant tout l'aspiration à la décence en politique, prédisait avant le scrutin l'analyste politique Radoslav Štefančík. Au lieu de manifester dans les rues contre le parti au pouvoir, les gens le feront dans les bureaux de vote. »

À l'issue du scrutin, Igor Matovič a formé un gouvernement rassemblant quatre forces politiques : son propre parti, Nous sommes une famille, Liberté et solidarité et Pour le peuple. Il reste néanmoins difficile de savoir quelle sera la politique menée par le Parti des gens ordinaires et des personnalités indépendantes. Pour Michal Vašečka, sociologue à l'institut politique de

Bratislava, le Parti des gens ordinaires et des personnalités indépendantes est un « caméléon ». Ses listes rassemblent en effet des personnalités hétéroclites auxquelles Igor Matovič aime à laisser une grande liberté.

Résultats des élections législatives du 29 février 2020 en Slovaquie
Participation : 65,80 %

Formations politiques	Nombre de voix	% des suffrages exprimés	Nombre de sièges
Parti des gens ordinaires et des personnalités indépendantes (OL'aNO)	721 166	25,02	53
Direction-Démocratie sociale (Smer-SD)	527 172	18,29	38
Nous sommes une famille (Sme Rodina)	237 531	8,24	17
Parti populaire-Notre Slovaquie (LSNS)	229 660	7,97	17
Slovaquie progressiste-Ensemble-Démocratie civique (SP-Spolu)	200 780	6,96	0
Liberté et solidarité (Sloboda a Solidarita, SaS)	179 246	6,22	13
Pour le peuple (Za l'udí)	166 325	5,77	12
Parti national (SNS)	91 171	3,16	0
Most-Híd	59 174	2,05	0
Parti de la communauté hongroise (SMK-MKP)	112 662	3,90	0
Mouvement chrétien-démocrate (KDH)	134 099	4,65	0
Autres	222 525	7,77	0

ANNÉE 2021

ALLEMAGNE

Élections fédérales, 26 septembre 2021

Le 26 septembre 2021, l'Allemagne a tourné la page Angela Merkel après plus de quinze années de gouvernement de l'Union chrétienne-démocrate (CDU), toujours en coalition avec le Parti social-démocrate (SPD), à l'exception des années 2009-2013 où le parti de la chancelière a gouverné avec le Parti libéral-démocrate (FDP).

Les enquêtes d'opinion l'avaient prédit : le SPD, emmené par le ministre des Finances sortant Olaf Scholz, a pris la première place des élections fédérales avec 25,7 % des suffrages. Il a obtenu 206 élus au Bundestag, chambre basse du Parlement allemand (+ 53 par rapport au scrutin de 2017), devançant d'une courte tête la CDU de la chancelière sortante. Cette formation, conduite par Armin Laschet, a subi un sérieux revers en passant pour la première fois sous la barre des 30 % des voix : 24,1 % et 197 sièges (152 pour la CDU et 45 pour son partenaire de coalition électorale, l'Union chrétienne-sociale (CSU), soit – 49). Cette dernière formation, dirigée par le ministre-président de Bavière Horst Seehofer, a également reculé dans son fief de Bavière où elle a recueilli 33 % des suffrages, soit 8 points de moins que lors des élections de 2017.

« La façon d'agir d'Amin Laschet – lors des graves inondations de la mi-juillet en Rhénanie du Nord-Westphalie, le candidat chrétien-démocrate est apparu pris d'un fou rire alors qu'il se trouvait à une cérémonie organisée pour les victimes de cette catastrophe dans la ville d'Erfstadt, près de Bonn, pendant un discours d'hommage prononcé par le chef de l'État Frank-Walter Steinmeier (SPD) – a entraîné une perte de confiance et de réputation de l'Union chrétienne-démocrate » souligne Thorsten Faas, professeur de sociologie politique à l'Université libre de Berlin. Tout à coup, celle-ci s'est retrouvée dans une position de challenger à laquelle elle n'était pas préparée. » Le candidat du parti d'Angela Merkel a multiplié les bévues durant sa campagne électorale. Conséquence : l'avance qu'il avait dans les sondages a fondu au fur et à mesure des semaines. Centriste et europhile, Armin Laschet homme de consensus et proche d'Angela Merkel, avait la difficile – impossible ? – tâche de défendre l'héritage de la chancelière sortante et de tenter d'incarner un renouveau.

Pour la première fois dans l'histoire de l'Allemagne, les deux principales forces politiques, la CDU et le SPD, affaiblies et victimes d'une érosion continue depuis des années, ont obtenu à elles deux moins de 50 % des voix à des élections fédérales.

L'Alliance 90/Les Verts (Grünen) a nettement amélioré ses résultats de 2017 et elle a battu son record de 2009. Avec 14,7 % des voix et 118 sièges (+ 51), les écologistes peuvent cependant être déçus, notamment au vu des résultats dont les créditaient les enquêtes d'opinion quelques mois avant le scrutin.

Le Parti libéral-démocrate (FDP), lui, a retrouvé le rôle de faiseur de rois qui a si longtemps été le sien. La formation a obtenu 11,4 % des voix et 92 élus (+ 12), tandis qu'Alternative pour l'Allemagne (AfD), parti populiste de droite, est en légère perte de vitesse mais est parvenue à se maintenir. L'AfD a recueilli 10,3 % des suffrages et remporté 83 sièges (– 11). Le parti est arrivé en deuxième position dans les cinq *Länder* de l'Allemagne orientale, avec 21 % des suffrages, derrière les sociaux-démocrates. Il a même pris la première place en Saxe avec 29,8 % des voix. Le Parti de gauche (Die Linke, DL), formation populiste de gauche, a enregistré un net recul : 4,8 % des suffrages et 39 élus (– 30).

La participation s'est élevée à 76,5 %, soit un taux quasiment équivalent à celui enregistré en 2017 (+ 0,4 point).

Les élections fédérales du 26 septembre ont donc été marquées par la renaissance du SPD. Le peu charismatique Olaf Scholz a su convaincre ses concitoyens de son sérieux et de ses compétences. « Alors que ses concurrents font des erreurs, lui n'en fait pas, remarque Wolfgang Merkel, politologue de l'université Humboldt de Berlin. Olaf Scholz est une version masculine de la chancelière sortante, plutôt modeste, modéré, sans talent oratoire mais expérimenté et capable de trouver des compromis. Les gens le connaissent et, après plus de quinze années de chancellerie Merkel, cela rassure. »

Olaf Scholz a choisi de former avec les Verts et le FDP une coalition dite *Ampel-Koalition* (coalition du feu tricolore), en référence aux couleurs de chacun des partis qui la composent (rouge pour le SPD, jaune pour le FDP et vert pour les Grünen). L'accord qui unit les trois formations prévoit l'absence de toute hausse des impôts, le maintien du frein constitutionnel à l'endettement, l'augmentation du salaire minimum et l'accélération de la sortie du charbon. Un gouvernement constitué de l'union de trois partis est une première en Allemagne depuis 1950. En outre, le Bundestag élu le 26 septembre, compte 736 députés, un nombre record d'élus à la chambre basse.

Résultats des élections fédérales du 26 septembre 2021 en Allemagne
Participation : 76,5%

Formations politiques	Scrutin majoritaire			Scrutin proportionnel			Total sièges
	Nombre de voix	% des suffrages	Sièges	Nombre de voix	% des suffrages	Sièges	
Parti social-démocrate (SPD)	12 334 690	26,6	121	11 955 434	25,7	85	206
Union chrétienne-démocrate (CDU)	10 451 524	22,5	98	8 775 471	18,8	54	152
Union chrétienne-sociale (CSU)	2 788 048	6	45	2 402 827	5,1	0	45
Total Unions chrétiennes CDU-CSU	**13 239 572**	**28,5**	**143**	**11 178 298**	**24,1**	**54**	**197**
Alliance 90/ Les Verts (Grünen)	6 649 081	13,9	16	6 852 206	14,7	102	118
Parti libéral démocrate (FDP)	4 042 951	8,7	0	5 319 952	11,4	92	92
Alternative pour l'Allemagne (AfD)	4 695 611	10,1	16	4 803 902	10,3	67	83
Parti de gauche (Die Linke, DL)	2 307 536	4,9	3	2 270 906	4,8	36	39
Association des électeurs du Schleswig du Sud	35 027	0	0	55 578	0,1	1	1
Autres	2 946 651	7,1	0	4 005 747	9,1	0	0
Indépendants	110 894	0,2	0	0	0	0	0

BULGARIE

Élections législatives, 4 avril 2021

Les élections législatives du 4 avril étaient considérées comme un référendum sur Boïko Borissov (GERB, qui signifie « blason » en bulgare), Premier ministre sortant, qui dirige la Bulgarie depuis 2009, affaibli par plusieurs scandales de corruption et qui a dû affronter à l'été 2020 le mécontentement d'une partie de la population. Les nombreuses manifestations qui ont été organisées étaient consécutives à un scandale immobilier qui avait éclaté en mars 2019 dans lequel plusieurs membres des Citoyens pour le développement européen de la Bulgarie (GERB) dont les ministres de la Justice, des Sports, de l'Énergie et de la Culture étaient impliqués. Le parti du Premier ministre sortant, très entaché par ce scandale, avait alors fortement chuté dans les enquêtes d'opinion.

Pour faire face aux mobilisations, Boïko Borissov a remanié son gouvernement mais les manifestants demandaient sa démission et celle du Procureur général. Le 6 août, il a proposé de quitter son poste si son parti pouvait se maintenir au pouvoir jusqu'aux élections législatives du printemps 2021. Le 14 août, il a réitéré cette proposition en échange de la convocation d'une Grande Assemblée nationale en charge de rédiger une nouvelle Constitution et il a proposé de réduire le nombre de parlementaires ainsi que de limiter les pouvoirs du Premier ministre, du ministre de la Justice et du Parquet. La proposition a été rejetée par tout le monde : le président de la République, les manifestants, les forces d'opposition et les partenaires gouvernementaux du GERB.

Si les Citoyens pour le développement européen de la Bulgarie, qui se présentaient en coalition avec l'Union des forces démocratiques (SDS) de Rumen Hristov, sont arrivés en tête du scrutin du 4 avril avec 26,14 % des suffrages, ils enregistrent néanmoins un recul par rapport aux précédentes élections du 26 mars 2017.

Le Parti socialiste bulgare (BSP) conduit par Korneliya Ninova s'est effondré : il a recueilli 15,02 % des suffrages et a perdu son statut de premier parti d'opposition, n'arrivant qu'en troisième position. S'il a participé à plusieurs manifestations en 2020, il a cependant échoué à se présenter comme une véritable force alternative au GERB. En outre, le BSP, qui occupe toute la place sur la gauche de l'échiquier politique, se retrouve dans l'incapacité d'élargir son électorat.

Les partis protestataires qui ont animé les manifestations de 2020 réalisent des performances plus élevées que prévu par les enquêtes d'opinion. C'est notamment le cas d'Un tel peuple existe (Ima takuv narod, ITN), formation populiste créé par le chanteur et présentateur de télévision Slavi Trifonov, qui a pris la deuxième place du scrutin avec 17,73 % des voix. La coalition libérale Bulgarie démocratique, qui rassemble trois partis (Oui Bulgarie, les Démocrates pour une Bulgarie forte et les Verts), a recueilli 9,52 % des suffrages.

La coalition Lève-toi Bulgarie ! Sortez les bandits ! (Izpravi se BG! Moutri van!) de l'ancienne médiatrice Maya Manolova et du Trio empoisonné (nom donné par le journaliste Sasho Dikov au trio composé par l'avocat Nikolai Hadjigenov, le sculpteur Velislav Minekov et le spécialiste des relations publiques et ancien journaliste de la radio, Arman Babikyan, tous très actifs durant les manifestations de 2020) avec 4,6 % des voix entre au Parlement.

Enfin, le Mouvement pour les droits et les libertés (DPS), parti représentant la minorité turque, a obtenu 10,34 % des voix.

Au total, six partis seront représentés au parlement.

La participation a été faible. Elle s'est élevée à 42,83 %, soit – 11,02 points par rapport aux élections législatives du 26 mars 2017. Les électeurs les plus âgés, dont beaucoup sont des partisans du Parti socialiste, ont préféré rester à la maison dans un contexte sanitaire de pandémie de coronavirus.

« C'est l'absence d'autres options en raison d'une opposition morcelée et peu convaincante qui explique l'hégémonie politique du GERB » a souligné Antony Todorov, professeur de science politique de la Nouvelle Université bulgare. « Les résultats traduisent la profonde fragmentation de la société. Aucune majorité nette ne se dégage et le GERB ne doit sa victoire qu'au besoin de stabilité des électeurs » a indiqué de son côté Antony Galabov, professeur de science politique dans le même établissement.

Les élections n'ont pas permis de dégager une majorité de gouvernement. Le président de la République, Roumen Radev, a donné mandat à trois personnalités – Boïko Borissov, Slavi Trifonov et Kornelia Ninova – pour former un gouvernement. En vain. Le chef de l'État a par conséquent nommé un gouvernement d'experts dirigé par Stefan Yanev, conseiller à la Défense du chef de l'État. Ces trois échecs ouvrent la voie à de nouvelles élections législatives.

Résultats des élections législatives du 4 avril 2021 en Bulgarie
Participation : 49,10 %

Formations politiques	Nombre de voix	% des suffrages	Nombre de sièges
Citoyens pour le développement européen de la Bulgarie (GERB)	837 707	25,80	75
Un tel peuple existe (ITN)	565 014	17,40	51
Parti socialiste bulgare (BSP)	480 146	14,79	43
Mouvement des droits et des libertés (DPS)	336 306	10,36	30
Bulgarie démocratique (DB)	302 280	9,31	27
Lève-toi Bulgarie ! Sortez les bandits !	150 940	4,65	14
VMRO - Mouvement national bulgare (VMRO-BND)	116 434	3,59	0
Unification nationale bulgare (BNO)	94 515	2,91	0
Renaissance (Vazrazhdane, V)	78 414	2,41	0
Coalition patriotique	75 926	2,34	0
Autres	162 039	5,01	0
Aucun de ces choix	47 749	1,47	

Élections législatives, 11 juillet 2021

Les Citoyens pour le développement européen de la Bulgarie (GERB, qui signifie « blason » en bulgare), emmenés par l'ancien Premier ministre (2009-2013, 2014-2017 et 2017-2021) Boïko Borissov, et Un tel peuple existe (Ima takuv narod, ITN), parti populiste créé par le chanteur et présentateur de télévision Slavi Trifonov, ont terminé au coude à coude lors des élections législatives du 11 juillet en Bulgarie. ITN est arrivé en tête avec 24,08 % des voix et 65 députés, tandis que le GERB a obtenu 23,51 % des voix et 63 élus.

Le Parti socialiste bulgare (BSP) a recueilli 13,51 % des suffrages (36 sièges), suivi par la coalition libérale Bulgarie démocratique, qui rassemble trois partis (Oui Bulgarie, les Démocrates pour une Bulgarie forte et les Verts), qui a obtenu 12,56 % des voix (34 élus). Le Mouvement pour les droits et les libertés (DPS), formation représentant la minorité turque, a recueilli 10,66 % des suffrages (29 députés). Enfin, la coalition Lève-toi Bulgarie ! Sortez les bandits ! (Izpravi se BG! Moutri van!) a obtenu 5,06 % des voix (13 sièges) et sera donc représentée dans la prochaine Assemblée nationale (Narodno sabranie), chambre unique du Parlement.

La participation a été faible. Elle s'est élevée à 38,7 %. Plusieurs raisons l'expliquent : la date du scrutin qui était aussi celle de la période des vacances pour une partie des Bulgares, l'augmentation du nombre de machines à voter qui a pu décourager certains électeurs notamment les plus âgés mais, également et surtout, la lassitude des Bulgares face à leur classe politique. Enfin, la forte abstention est également le résultat de la baisse de l'achat de voix dans le pays selon Parvan Simeonov, directeur de l'institut Gallup International en Bulgarie.

Les élections législatives du 11 juillet étaient le deuxième scrutin de ce type en trois mois en Bulgarie. Le précédent, organisé le 4 avril, n'avait en effet pas permis de dégager une majorité de gouvernement.

« Ces élections législatives sont un prolongement politique du mouvement de contestation que connaît le pays depuis un an. Cela correspond aux aspirations de la société qui veut mettre un terme au système de corruption qui tient le pays depuis onze ans » a souligné Ivan Nachev, politologue à la Nouvelle université bulgare. La crise politique que traverse le pays est inédite dans l'histoire de la Bulgarie démocratique. « Les résultats du scrutin viennent confirmer la transformation du paysage politique » a indiqué Antony Todorov, professeur de science politique de la Nouvelle Université bulgare.

Le résultat des élections législatives du 11 juillet n'est guère différent de celui du scrutin du 4 avril : le nouveau Parlement bulgare est tout aussi fragmenté, voire plus, et la société est traversée par de profonds désaccords.

Sollicités par le chef de l'État pour former un gouvernement, les dirigeants des trois formations arrivées en tête du scrutin ont de nouveau échoué, chacun à leur tour, à rassembler une majorité et à former un gouvernement.

Résultats des élections législatives du 11 juillet 2021 en Bulgarie
Participation : 40,39 %

Formations politiques	Nombre de voix	% des suffrages	Nombre de sièges
Un tel peuple existe (ITN)	657 829	23,78	65
Citoyens pour le développement européen de la Bulgarie (GERB)	642 165	23,21	63
Parti socialiste bulgare (BSP)	365 695	13,22	36
Bulgarie démocratique (DB)	345 331	12,48	34
Mouvement des droits et des libertés (DPS)	292 514	10,57	29
Lève-toi Bulgarie ! Sortez les bandits !	136 885	4,95	13
Patriotes bulgares (BP)	85 795	3,10	0
Renaissance (Vazrazhdane, V)	82 147	2,97	0
Autres	123 291	4,45	0
Aucun de ces choix	35 201	1,27	

Élections législatives, 14 novembre 2021

Poursuivons le changement (PP), coalition formée par le mouvement du même nom fondée par Kiril Petkov, ancien ministre de l'Économie, et Asen Vasilev, ex-ministre des Finances, tous deux membres du gouvernement d'experts dirigé par le Premier ministre sortant Stefan Yanev, a créé la surprise en arrivant en tête des élections du 14 novembre 2021 en Bulgarie, avec 25,3 % des suffrages et 67 des 240 sièges de l'Assemblée nationale (Narodno sabranie), chambre unique du Parlement. Le 16 septembre, Kiril Petkov et Asen Vasilev avaient quitté leur poste respectif pour se lancer dans la course électorale à la tête du mouvement qu'ils venaient de créer.

Les Citoyens pour le développement européen de la Bulgarie (GERB) de l'ancien Premier ministre (2009-2013, 2014-2017 et 2017-2021) Boïko Borissov ont pris la deuxième place du scrutin, avec 22,4 % des voix et 59 élus. Ils ont devancé le Mouvement pour les droits et les libertés (DPS), parti représentant la minorité turcophone du pays, qui a recueilli 12,8 % des suffrages et a remporté 34 sièges.

La participation a été très faible – moins d'un électeur sur quatre (38,4 %) a rempli son devoir civique –, ce qui s'explique en partie par une certaine fatigue électorale, ce scrutin étant le troisième de ce type en sept mois. On rappellera en effet qu'à l'issue des élections du 4 avril 2021, le président de la République Roumen Radev avait donné mandat à chacun des dirigeants des trois formations arrivées en tête du scrutin – le Premier ministre sortant Boïko Borissov, dont le parti avait obtenu 25,8 % des suffrages ; Slavi Trifonov (Un tel peuple existe, ITN), 17,4 % des voix et Korneliya Ninova, du Parti socialiste bulgare (BSP), 14,7 % des voix – pour former un gouvernement. En vain. Aucun d'entre eux n'était parvenu à rassembler une majorité sur son nom ou à trouver un accord pour mettre en place un gouvernement d'experts. Le 11 juillet suivant, de nouvelles élections législatives avaient donc été organisées. Les trois partis étaient de nouveau arrivés en tête du scrutin, ITN devançant le GERB de seulement quelques points (23,7 % contre 23,2 %), le BSP prenant la troisième place (13,2 %). Sollicités par le chef de l'État pour former un gouvernement, les dirigeants de ces trois formations avaient encore échoué, chacun à leur tour, à rassembler une majorité. La troisième tentative du 14 novembre a donc été la bonne.

« Il y a une soif d'alternance, estime Boriana Dimitrova, directrice de l'institut d'opinion Alpha Research. Les gens sont donc enclins à voter pour les partis du changement qu'ils jugent capables de former un gouvernement », tandis qu'Ivan Nachev, politologue de la Nouvelle Université bulgare, perçoit « ces élections comme un prolongement politique du mouvement de contestation que connaît le pays depuis un an et qu'elles correspondent aux aspirations de la société qui veut mettre un terme au système de corruption qui tient le pays depuis onze ans ». Au cours de l'été 2020, la Bulgarie a connu en effet d'importantes manifestations exprimant le mécontentement d'une partie de la population. Celles-ci étaient consécutives à un scandale immobilier qui avait éclaté en mars de l'année précédente dans lequel plusieurs membres du GERB, dont le ministre de la Justice, celui des Sports, celui de l'Énergie et celui de la Culture, étaient impliqués. Le Premier ministre, très entaché par ce scandale, avait alors remanié son gouvernement mais son parti avait fortement chuté dans les enquêtes d'opinion.

La coalition organisée autour de Poursuivons le changement s'est fixé plusieurs priorités : mettre fin à la corruption et au vol, destituer le procureur général Ivan Guechev, ne pas augmenter les impôts et améliorer la collecte des taxes, réformer les secteurs de la santé et de l'éducation, attirer les investissements étrangers dans les technologies avancées, encourager les entreprises orientées vers l'export, accorder davantage de liberté aux petites et moyennes entreprises (PME), répartir équitablement la prospérité et rétablir la confiance des citoyens dans leurs institutions… La coalition libérale est favorable à l'ancrage de la Bulgarie dans l'Union européenne et dans l'OTAN.

Poursuivons le changement a formé un gouvernement avec le Parti socialiste bulgare, Un tel peuple existe et Bulgarie démocratique, coalition libérale qui rassemble Oui, Bulgarie !, les Démocrates pour une Bulgarie forte (DSB) et les Verts. L'accord qui unit ces trois forces est centré sur la lutte contre la corruption, la réforme de la justice et la modernisation du système de santé. Le gouvernement est dirigé par Kiril Petkov.

Résultats des élections législatives du 14 novembre 2021 en Bulgarie
Participation : 38,4%

Formations politiques	Nombre de voix	% des suffrages	Nombre de sièges
Poursuivons le changement (PP)	673 170	25,3	67
Citoyens pour le développement européen de la Bulgarie (GERB)	596 456	22,4	59
Mouvement pour les droits et les libertés (DPS)	341 000	12,8	34
Parti socialiste bulgare (BSP)	267 817	10,1	26
Un tel peuple existe (ITN)	249 743	9,3	25
Bulgarie démocratique (DB)	166 968	6,2	16
Renaissance (Vazrazhdane, V)	127 568	4,8	13
Lève-toi Bulgarie ! Sortez les bandits !	60 055	2,2	0
Autres	175 589	5,6	0
Indépendants	182	0	0
Aucun de ces choix	35 754	1,3	

Élection présidentielle, 14 et 21 novembre 2021

Le chef de l'État bulgare sortant Roumen Radev a été réélu président de la République de Bulgarie le 21 novembre 2021. Soutenu par le Parti socialiste (BSP), Poursuivons le changement (PP), Un tel peuple existe (ITN) et Lève-toi Bulgarie ! Sortez les bandits !, il a recueilli 66,7 % des suffrages, alors que Anastas Gerdjikov, recteur de l'université Saint-Clément-d'Ohrid de Sofia, appuyé par Les Citoyens pour le développement européen de la Bulgarie (GERB) et l'Union des forces démocratiques (ODS), n'a obtenu que 31,8 % des voix. Les deux candidats avaient recueilli respectivement 49,4 % et 22,8 % lors du premier tour de scrutin du 14 novembre. Le président de la République sortant avait échoué de peu à s'imposer dès le premier tour de scrutin en raison du grand nombre de candidats (21).

Seuls un tiers des Bulgares ont rempli leur devoir civique au second tour : la participation s'est élevée à 33,6 %, soit 5 points de moins que le 14 novembre.

La réélection de Roumen Radev renforce la victoire aux élections législatives de la coalition Poursuivons le changement, conduite par Kiril Petkov et Asen Vasilev. Le chef de l'État est populaire dans son pays, notamment en raison de son soutien aux manifestants de l'été 2020. « C'est un général, un homme viril, catégorique dans ses opinions, nationaliste modéré. Il s'est forgé une image de chef » souligne Anna Krasteva, professeur de sociologie politique de la Nouvelle Université bulgare. « Roumen Radev n'est plus considéré comme l'homme de Moscou. Les axes classiques de division en Bulgarie – Est-Ouest, droite-gauche – ont été dépassés par un nouvel axe commun à toutes les élections de cette année : le ras-le-bol après dix ans d'ère Boïko Borissov » souligne son collègue Antony Todorov.

Résultats de l'élection présidentielle des 14 et 21 novembre 2021 en Bulgarie
Participation : 40,5 % (premier tour) et 34,8 % (second tour)

Candidats	Premier tour		Second tour	
	Nombre de voix	% des suffrages	Nombre de voix	% des suffrages
Roumen Radev (indépendant)	1 322 385	49,4	1 539 650	66,7
Anastas Guerdjikov (GERB)	610 862	22,8	733 791	31,8
Mustafa Karadayi (Mouvement pour les droits et les libertés, MDL)	309 681	11,5		
Kostadin Kostadinov (Renaissance, V)	104 832	3,9		
Lozan Panov	98 488	3,6		
Luna Yordanova	21 733	0,8		
Volen Nikolov Siderov (Ataka, A)	14 792	0,5		
Svetoslav Vitkov (La Voix du peuple)	13 972	0,5		
Milen Mihov (Mouvement national, IMRO)	13 376	0,5		
Rosen Milenov (indépendant)	12 644	0,4		
Goran Blagoev	12 323	0,4		
Veselin Mareshki (Volya, V)	10 536	0,3		
Valeri Simeonov (Front national pour le salut de la Bulgarie, NFSB)	8 568	0,3		
Nikolay Malinov (Russophiles pour la renaissance de la patrie)	8 213	0,3		
Tsveta Kirilova (indépendante)	7 706	0,2		
Aleksandar Tomov (Parti social-démocrate)	7 235	0,2		
Boyan Rasate (Union nationale bulgare-Nouvelle démocratie)	6 798	0,2		
Marina Malcheva (indépendante)	6 315	0,2		
Zhelyo Zhelev	6 154	0,2		
Blagoy Petrevski	5 518	0,2		
Yolo Denev (indépendant)	5 394	0,2		
Maria Koleva	4 666	0,1		

CHYPRE

Élections législatives, 30 mai 2021

Sept formations politiques sont représentées au sein de la nouvelle Vouli Antiprosopon (Chambre des représentants), chambre unique du Parlement chypriote, désignée le 30 mai 2021, soit une de moins que dans la précédente assemblée.

Le Rassemblement démocratique (DISY), parti du président de la République Níkos Anastasiádis, situé à droite sur l'échiquier politique, est arrivé en tête des élections législatives du 30 mai. Le parti a recueilli 27,7 % des suffrages et a conquis 17 sièges, soit 1 de moins qu'en 2016. La formation, qui obtient le résultat le plus faible de son histoire, échoue à obtenir la majorité absolue. À l'issue du scrutin, le chef de l'État a maintenu son gouvernement, minoritaire, qui comprend le Rassemblement démocratique et le Mouvement des écologistes-Coopération citoyenne (KOSP).

Le Parti progressiste des travailleurs (AKEL) reste la première formation d'opposition. Il a obtenu 22,3 % des voix et 15 élus (– 1). Ce résultat est également le plus faible jamais obtenu par la formation. Le Parti démocratique (DIKO), positionné au centre gauche, a pris la troisième place avec 11,2 % des suffrages, remportant 9 sièges (=) et réussissant à maintenir son nombre de députés en dépit de la présence de la formation dissidente du Front démocratique (DIPA) (6,1 % des voix et 4 élus).

Chacun des deux grands partis politiques chypriotes enregistre un recul par rapport aux élections de 2016, ce qui témoigne du mécontentement des électeurs à l'égard des formations traditionnelles. Le Front populaire national (ELAM), parti de droite radicale et nationaliste, a pris la quatrième place du scrutin avec 6,7 % des suffrages et 4 sièges (+ 2). « Je pense que le Front populaire national est le vainqueur incontestable des élections législatives, commente l'analyste politique Andromachi Sophocleous, et c'est un problème pour les gens qui croient dans une solution fédérale au problème de la division de Chypre. Ce résultat sera également utilisé par les cercles nationalistes du nord de l'île. » Pour Christoforos Christoforou, chercheur au Centre chypriote des affaires européennes et internationales de l'université de Nicosie, également le Front populaire national et le Front démocratique sont les véritables vainqueurs des élections du 30 mai qui constituent un échec pour les deux partis principaux de l'île.

De son côté, Hubert Faustmann, professeur de relations internationales à l'université de Nicosie, pense qu'« il existe une volonté de changement, que de nombreux électeurs sont insatisfaits et fatigués de la classe politique et du parlement, de la corruption, mais que le vote de protestation est fragmenté, le taux d'abstention élevé, et qu'aucune personnalité n'est là pour incarner le mécontentement ». Nicos Trimikliniotis, professeur de sociologie à l'université de Nicosie, ajoute : « Sur le plan politique, Chypre est devenu une île très polarisée, les jeunes ne veulent manifestement plus des pratiques corrompues du passé. Le Front populaire national a joué un rôle destructeur en déplaçant la rhétorique vers la droite et en permettant au discours public de devenir plus raciste et anti-immigrants à un moment où de plus en plus de demandeurs d'asile arrivent à Chypre. »

La participation s'est maintenue par rapport au précédent scrutin. Elle s'est élevée à 65,7 %, soit seulement 1,02 point de moins que celle enregistrée lors des élections de 2016. Rappelons que le vote est obligatoire à Chypre.

Les élections législatives du 30 mai ont eu lieu dans un contexte marqué par le scandale des « passeports dorés ». Durant plusieurs années, Chypre a en effet délivré des passeports à des milliers d'investisseurs étrangers en échange d'un investissement de leur part de 2,5 millions d'euros sur l'île (somme qui pouvait consister en l'achat d'une résidence). Lancé en 2007, le Cyprus Investment Programme (CIP) s'est surtout développé après la crise économique de 2013, alors que le pays était au bord de la faillite. Selon le ministère de l'Intérieur, environ 4 000 étrangers ont bénéficié de ce programme qui a généré quelque 8 milliards d'euros de recettes. Ce dispositif peut être aisément utilisé par des personnes liées au crime organisé, auxquelles il permet d'infiltrer l'Union européenne. Ce système favorise la corruption et le blanchiment d'agent. En 2020, dans un reportage, des journalistes de la chaîne Al-Jazeera se sont fait passer pour des représentants d'un personnage fictif possédant un important casier judiciaire qui souhaitait avoir accès au programme d'investissement à Chypre. Le film montre que plusieurs fonctionnaires et personnalités haut placées n'ont pas hésité à aider cette personne à obtenir un passeport chypriote. À la suite de la diffusion de ce reportage, le président du parlement Demetris Syllouris (Mouvement solidaire, KA), impliqué dans la transaction, a été contraint à la démission. Ce système de « passeports dorés » a été supprimé le 1er novembre 2020.

Interrogés dans le cadre d'une enquête réalisée par l'institut d'opinion IMR et l'université de Nicosie pour CyBC, un tiers des Chypriotes (34 %) citent la corruption comme le principal problème du pays.

Résultats des élections législatives du 30 mai 2021 à Chypre
Participation : 65,7 %

Formations politiques	Nombre de voix	% des suffrages	Nombre de sièges
Rassemblement démocratique (DISY)	99 328	27,7	17
Parti progressiste des travailleurs (AKEL)	79 913	22,3	15
Parti démocratique (DIKO)	40 395	11,2	9
Front populaire national (ELAM)	24 255	6,7	4
Mouvement pour la social-démocratie (EDEK)	24 022	6,7	3
Front démocratique (DIPA)	21 832	6,1	3
Mouvement des écologistes-Coopération citoyenne (KOSP)	15 762	4,4	2
Autres	49 092	14,7	0
Indépendants	3 113	0,2	0

PAYS-BAS

Élections législatives, 15, 16 et 17 mars 2021

Le Parti populaire pour la liberté et la démocratie (VVD), formation libérale du Premier ministre sortant Mark Rutte, a remporté pour la quatrième fois consécutive les élections législatives aux Pays-Bas. Le parti a obtenu 21,8 % des suffrages et 34 sièges (soit 1 élu de plus qu'en 2017) à la Chambre des États généraux, chambre basse du parlement néerlandais, lors du scrutin, organisé sur plusieurs jours, entre le 15 et le 17 mars 2021, en raison de la pandémie de Covid-19.

Les Démocrates 66 (D66), qui regroupent les libéraux réformateurs de centre gauche, ont pris la deuxième place du scrutin avec 15 % des voix et 24 sièges (+ 5). Ce résultat, le plus élevé jamais atteint par ce parti, a constitué la surprise de ces élections. Les Pays-Bas sont en effet traditionnellement marqués par une certaine méfiance vis-à-vis de l'Union européenne, notamment pour des raisons historiques, le royaume batave s'étant en effet construit comme un pays ouvert sur le monde, plus global qu'européen, ce qui explique son opposition à la construction d'une Europe fédérale. Les Démocrates 66 ont attiré des électeurs des partis traditionnels de droite mais surtout de gauche, qui ont en effet réalisé de piètres performances à ces élections législatives.

Le Parti du travail (PvdA), conduit par Lilianne Ploumen qui, en janvier dernier, a dû remplacer à la tête de la formation Lodewijk Asscher[28] contraint à la démission et le Parti socialiste (SP), formation de gauche radicale, ont remporté respectivement 5,7 % et 5,9 % des suffrages et chacun 9 élus (soit un maintien pour le premier et un recul de 5 sièges pour le second). La Gauche verte (GL) a recueilli 5,1 % des voix et a vu son nombre d'élus quasiment divisé par deux : 8 sièges (– 6).

Comme en 2017, le déclin est surtout celui du PvdA, longtemps leader de la gauche néerlandaise. Comme l'écrit Cas Mudde, professeur à l'université de Géorgie, aux États-Unis, « le Parti du travail néerlandais est touché par la "pasokisation" qui, à chaque élection, réduit l'influence des partis sociaux-démocrates, comme c'est le cas par exemple pour le Mouvement socialiste panhellénique (Pasok) en Grèce ou pour le Parti socialiste (PS) en France ».

Le Parti de la liberté (PVV), formation populiste de droite, a pris la troisième place du scrutin. Il a obtenu 10,7 % des voix et 17 députés (– 3). Chris Aalberts, chercheur en science politique à l'université Erasmus de Rotterdam, estime que « le programme de Geert Wilders, discriminatoire à l'égard des musulmans et des personnes possédant un second passeport, a été rédigé de manière que Geert Wilders soit assuré de ne jamais faire partie du gouvernement et qu'il puisse rester dans l'opposition, car c'est ce qu'il préfère ».

De son côté, le Forum pour la démocratie (FvD), formation populiste de droite, a remporté 3,2 % des voix et 8 sièges (+ 6). « Le Forum pour la démocratie a réussi à se démarquer : il est le seul parti à faire campagne sur le conspirationnisme, il explique que le gouvernement cherche à supprimer les libertés individuelles en se servant de la crise sanitaire » analyse Sarah de Lange, professeur de science politique de l'université d'Amsterdam. L'Appel chrétien-démocrate (CDA), formation de centre droit membre du gouvernement sortant, est en recul. Il a obtenu 9,5 % des suffrages et 15 sièges (– 4). Enfin, quatre nouvelles formations font leur entrée à la Chambre des États généraux, qui accueillera au total dix-sept partis, un chiffre égal à celui du parlement issu des élections de 1918.

28. Lodewijk Asscher était accusé, avec d'autres, d'avoir fermé les yeux sur des dysfonctionnements qui ont conduit à l'accusation, à tort, de 26 000 familles de fraude aux allocations familiales entre 2013 et 2019. Ces familles ont été sommées de rembourser des dizaines de milliers d'euros prétendument perçus de façon indue. Nombre d'entre elles ont dû, pour ce faire, quitter leur domicile, travailler plus pour trouver l'argent nécessaire, affronter des situations extrêmement difficiles. En outre, il a été démontré qu'une partie des allocataires faussement accusés, environ 11 000 personnes, ont été ciblés par profilage ethnique, comme le fait de détenir une double nationalité, ce qui est bien sûr totalement illégal.

Les Pays-Bas sont gouvernés selon le modèle du polder qui repose sur la discussion et le consensus. Les gouvernements comprennent toujours plusieurs formations politiques. Le nombre de partis candidats pour les législatives des 15,16 et 17 mars 2021 (37), un record depuis près d'un siècle (1922), témoigne cependant de l'importante fragmentation de la scène politique néerlandaise et de sa fragilisation.

Le taux de participation a été l'un des plus élevés enregistrés dans le royaume batave : 79,3 %, soit 2,6 points de moins qu'en 2017.

« Je pense qu'en général, les gens sont satisfaits de la façon dont la crise de la Covid-19 est gérée, analyse Chris Aalberts. Bien sûr, il y a des critiques, mais je dirais qu'il s'agit de critiques mineures. Les gens estiment que le Premier ministre Mark Rutte gère correctement la crise. Ils veulent qu'il reste jusqu'à la fin de cette crise et nous verrons ce qu'il se passera après. De nombreuses personnes s'attendent à ce que le gouvernement à venir reste en place pendant un an, peut-être un an et demi, jusqu'à ce que la crise se termine. Quand elle sera finie, alors, nous aurons de véritables élections. » De son côté, Tom-Jan Meeus, journaliste politique au quotidien *NRC Handelsblad*, pense que si « ces élections législatives constituent une victoire pour les partis du centre, elles n'ont pas apporté de changement pour les formations de la droite radicale qui ne dépassent pas les 18 % de suffrages habituels et elles sont un échec pour les partis de la gauche radicale ».

Les négociations pour former le nouveau gouvernement ont été très longues (271 jours). Au bout du compte, Mark Rutte a reconduit la coalition gouvernementale sortante qui rassemble sa formation et Les Démocrates 66, l'Appel chrétien-démocrate et l'Union chrétienne (CU).

Résultats des élections législatives des 15, 16 et 17 mars 2021 aux Pays-Bas
Participation : 79,3%

Formations politiques	Nombre de voix	% des suffrages	Nombre de sièges
Parti populaire pour la liberté et la démocratie (VVD)	2 279 130	21,8	35
Démocrates 66 (D66)	1 565 861	15,0	23
Parti de la liberté (PVV)	1 124 482	10,7	17
Appel chrétien-démocrate (CDA)	990 601	9,5	15
Parti socialiste (SP)	623 371	5,9	9
Parti du travail (PvdA)	597 192	5,7	9
Gauche verte (GL)	537 308	5,1	8
Forum pour la démocratie (FvD)	523 083	5,0	8
Parti des animaux (PvdD)	399 750	3,8	6
Union chrétienne (CU)	321 275	3,3	5
Volt Nederland	252 480	2,4	3
Juiste Antwoord 2021 (JA21)	246 620	2,3	3
Parti politique réformé (SGP)	215 249	2,1	3
Denk	211 237	2	3
50 Plus	106 702	1	1
Mouvement paysan-citoyen (BoerBurgerBeweging, BBB)	104 319	1	1
Bij1	872 378	0,8	1
Autres	206 954	2,6	0

PORTUGAL

Élection présidentielle, 24 janvier 2021

Le président de la République sortant, Marcelo Rebelo de Sousa, a été réélu le 24 janvier 2021 pour un second mandat à la tête du Portugal dès le premier tour de scrutin, un classique dans le pays où, à l'exception de Mário Soares (Parti socialiste, PS) en 1986, tous les présidents de la République ont été désignés dès le premier tour depuis la Révolution des Œillets de 1974. Lors de l'élection présidentielle, les Portugais cherchent moins à élire un chef d'État partisan qu'à nommer un arbitre du jeu politique. Ce scrutin est donc souvent très personnalisé.

Marcelo Rebelo de Sousa a recueilli 60,6 % des suffrages et il a largement devancé Ana Gomes (PS), qui se présentait sans l'aval de sa formation et qui a obtenu 12,9 % des voix. André Ventura, dirigeant de la formation populiste Chega (CH), député, commentateur sportif de la chaîne de télévision Correio da Manhã TV (CMTV) et chroniqueur du quotidien *Correio da Manhã*, est arrivé en troisième position, avec 11,9 % des suffrages.

La participation a été la plus faible jamais enregistrée pour une élection présidentielle dans le pays : elle s'est élevée à 39,2 % mais les observateurs politiques s'attendaient à une abstention encore plus importante en raison de l'explosion des cas de Covid-19 dans le pays et du confinement de la population.

« Marcelo Rebelo de Sousa est perçu comme proche et à l'écoute, souligne Patricia Lisa, chercheuse au Real Instituto Elcano. Il s'est montré très présent dans les coups durs, notamment les incendies de 2017. Il a su manifester l'empathie dont la population avait particulièrement besoin au sortir de plusieurs années de grave crise économique ». « Les autres candidats ne l'ont pas vraiment affronté, ils sont venus profiter de la campagne électorale pour faire passer leurs messages et pour renforcer leur image en prévision des élections locales de l'automne prochain » indique Antonio Costa Pinto, professeur de science politique à l'université de Lisbonne.

Marcelo Rebelo de Sousa s'est vu reprocher sa proximité avec le Premier ministre socialiste Antonio Costa avec lequel il cohabite en bonne entente, ce qui a sans doute bénéficié à André Ventura, qui se posait en candidat antisystème. Celui-ci n'est cependant pas parvenu à se hisser sur la deuxième marche du podium mais son résultat témoigne d'une progression de sa formation. Cette poussée populiste constitue une nouveauté au Portugal, qui faisait exception en Europe en raison de l'absence de tout parti populiste d'importance dans le pays. Cécile Gonçalves, historienne de l'École des hautes études en sciences sociales (Ehess), y voit le signe que « la jeune démocratie portugaise devient une démocratie comme les autres ». « Il y avait jusque-là une aversion pour les extrêmes, constate l'historienne. Le Parti national rénovateur faisait 0,2-0,5 % des suffrages, c'était un phénomène résiduel. Depuis la crise économique de 2008, toutefois, le discours anti-immigration se fait entendre, comme le discours islamophobe, alors que les musulmans sont peu nombreux dans le pays. »

Résultats de l'élection présidentielle du 24 janvier 2021 au Portugal
Participation : 39,2 %

Formations politiques	Nombre de voix	% des suffrages
Marcelo Rebelo de Sousa (Parti social-démocrate-Parti populaire, PSD-PP)	2 531 692	60,6
Ana Gomes (Parti socialiste, PS)	540 823	12,9
André Ventura (Chega, CH)	497 746	11,9
João Ferreira (Parti communiste, PCP)	179 764	4,3
Marisa Matias (Bloc des gauches, BE)	165 127	3,9
Tiago Mayan Gonçalves (Initiative libérale, IL)	134 991	3,2
Vitorino Silva (davantage connu sous le nom de Tino de Rans) (Réagir, Inclure, Recycler, RIR)	123 031	2,9

RÉPUBLIQUE TCHÈQUE

Élections législatives, 8 au 9 octobre 2021

Réunies au sein d'une coalition afin d'écarter le Premier ministre sortant Andrej Babiš du pouvoir, les trois formations de l'opposition de droite – le Parti démocrate-civique (ODS), l'Union chrétienne-démocrate-Parti du peuple (KDU-CSL) et Tradition, responsabilité, prospérité 09 (TOP 09) – ont remporté leur pari. Le 9 octobre 2021, la coalition Spolu (« Ensemble ») a recueilli 27,7 % des suffrages et a remporté 71 sièges à la Chambre des députés, chambre basse du Parlement tchèque (+ 29 par rapport au précédent scrutin de 2017 où les partis concouraient de façon indépendante).

ANO (qui signifie à la fois « Oui » et « Action des citoyens insatisfaits »), formation populiste dirigée par Andrej Babiš, l'un des hommes les plus riches du pays, propriétaire du conglomérat Agrofert et du groupe de médias Mafra, a obtenu 27,1 % des voix et 72 élus, 6 de moins qu'en 2017 mais 1 de plus que la coalition Spolu. ANO possède un électorat stable qui comprend de nombreuses personnes âgées de plus de 55 ans. Sa généreuse politique sociale à l'égard des retraités et des personnes les plus démunies lui a permis d'attirer de nombreux électeurs qui votaient auparavant pour les sociaux-démocrates.

Piráti a Starostové (PaS), coalition qui réunit le Parti pirate (CSP) et Maires et Indépendants (STAN), a recueilli 15,6 % des suffrages et a remporté 37 sièges (+ 9). Au vu des résultats des votes préférentiels, STAN a confirmé son ancrage local. Le parti a largement devancé son partenaire de coalition en nombre d'élus, puisqu'il a obtenu 33 des 37 sièges remportés par la coalition. Liberté et démocratie directe (Svoboda a přímá demokracie, SPD), formation populiste de droite, a pris la quatrième place du scrutin législatif mais elle a enregistré un recul avec 9,5 % des voix et 20 élus (– 2).

La gauche tchèque a subi un très sérieux revers et elle disparaît de la Chambre des députés. Le Parti communiste de Bohême et Moravie (KSCM), dernière formation communiste non réformée d'Europe centrale, a recueilli 3,6 % des suffrages, soit un résultat au-dessous du seuil de 5 % des voix qu'un parti doit impérativement atteindre pour être représenté au Parlement. La formation a perdu ses 15 élus. « La base électorale des communistes est en train de disparaître, de quitter la formation au profit d'autres partis, indique Otto Eibl, professeur de science politique de l'université Masaryk de Brno. Ils ne sont manifestement pas en mesure de se renouveler pour assurer leur survie ». Un constat que confirme Josef Mlejnek, politologue de l'université Charles de Prague : « En soutenant le gouvernement, les communistes ont perdu leur statut de parti protestataire. Il existe maintenant des formations protestataires plus actives. En outre, Andrej Babiš a récupéré une partie des électeurs retraités qui votaient auparavant pour les communistes ou plus largement à gauche. »

Le Parti social-démocrate (CSSD), présidé par le vice-Premier ministre et ministre de l'Intérieur Jan Hamáček et membre de la coalition gouvernementale sortante, a subi le même sort que les communistes en recueillant 4,6 % des voix et en perdant 15 députés.

La participation a été élevée : 65,4 %, soit 4,5 points au-dessus de celle enregistrée lors des élections de 2017.

Deux mois après les élections législatives, la coalition Spolu et la coalition Piráti a Starostové ont signé un accord de gouvernement. Le 28 novembre 2021, le dirigeant du Parti démocrate-civique Petr Fiala a été officiellement nommé Premier ministre de la République tchèque à la tête d'un gouvernement qui rassemble les trois partis de la coalition Spolu et les deux formations de la coalition Piráti a Starostové.

Résultats des élections législatives des 8 et 9 octobre 2021 en République tchèque
Participation : 65,4%

Formations politiques	Nombre de voix	% des suffrages	Nombre de sièges
Coalition Spolu (« Ensemble »)	1 493 905	27,7	71
ANO	1 458 140	27,1	72
Coalition Piráti a Starostové (PaS)	839 776	15,6	37
Liberté et démocratie directe (SPD)	513 910	9,5	20
Serment (P)	251 562	4,6	0
Parti social-démocrate (CSSD)	250 397	4,6	0
Parti communiste de Bohême et Moravie (KSCM)	193 817	3,6	0
Autres	370 583	7,3	0

ANNÉE 2022

AUTRICHE

Élection présidentielle, 9 octobre 2022

Alexander Van der Bellen, chef de l'État sortant et ancien porte-parole des Verts (1997-2008), a été réélu à la présidence de la République d'Autriche dès le premier tour de scrutin le 9 octobre 2022. Il a recueilli 56,6% des suffrages, soit un résultat plus élevé que celui qu'il avait obtenu lors du second tour de la présidentielle de 2016 (53,7% des voix).

Il a devancé Walter Rosenkranz (Parti de la liberté, FPÖ) et *ombudsman* du Conseil national (Nationalrat), chambre basse du Parlement autrichien, qui a obtenu 17,6% des suffrages. Tassilo Wallentin a pris la troisième place du scrutin avec 8,3% des voix, suivi de près par Dominik Wlazny, surnommé Marco Pogo, leader du groupe punk Turbobier (chanteur et guitariste) et dirigeant du Parti de la bière (Bier Partei), qui a recueilli 8,1% des suffrages.

La participation a été légèrement inférieure à celle enregistrée lors du premier tour de l'élection de 2016. Elle s'est élevée à 65,1% soit 3,4 points de moins.

Alexander Van der Bellen était soutenu par le Parti social-démocrate (SPÖ), Les Verts (DG), sa formation d'origine, et Nouvelle Autriche (NEOS). Le Parti populaire (ÖVP) n'avait pas présenté de candidat contre lui mais ne lui avait pas expressément accordé son soutien, se contentant de lui souhaiter « le meilleur dans cette élection à venir ». Traditionnellement, les formations autrichiennes ne présentent pas de candidat contre le président de la République sortant lorsque celui-ci est candidat à sa propre succession.

Alexander Van der Bellen a connu un premier mandat agité, puisque pas moins de cinq chanceliers se sont succédé entre 2016 et 2022. Le chef de l'État a également dû faire face à la pandémie de Covid-19 et à la guerre en Ukraine. Rappelons que l'Autriche est un pays neutre – la neutralité perpétuelle du pays est inscrite dans la Constitution depuis le 26 octobre 1955 – et qu'elle n'adhère à aucune alliance militaire (Vienne n'est donc pas membre de l'OTAN).

Populaire auprès de ses compatriotes, Alexander Van der Bellen a su incarner la stabilité dont les Autrichiens avaient besoin en ces temps troublés. Il s'est présenté comme « le seul à pouvoir éviter le chaos » a commenté le politologue Thomas Hofer.

Walter Rosenkranz, peu connu du grand public, rêvait d'une revanche sur le précédent scrutin de 2016 qui avait été très serré entre Alexander Van der Bellen et Norbert Hofer (FPÖ). Le Parti de la liberté ne s'est cependant toujours pas remis des scandales de corruption qui ont entraîné la démission de Heinz-Christian Strache du gouvernement et de la direction de son parti en 2019 après la révélation d'une grave tentative de corruption.

Résultats de l'élection présidentielle du 9 octobre 2022 en Autriche
Participation : 65,1 %

Candidats	Nombre de voix	% des suffrages
Alexander Van der Bellen	2 299 590	56,6
Walter Rosenkranz (Parti de la liberté, FPÖ)	717 097	17,6
Dominik Wlazny (Parti de la bière, Bier Partei)	337 010	8,3
Tassilo Wallentin	327 214	8,1
Gerald Grosz	225 942	5,5
Michael Brunner (L'Humain, la liberté, les droits fondamentaux, MFG)	85 465	2,1
Heinrich Staudinger	64 411	1,5

BULGARIE

Élections législatives, 2 octobre 2022

Quatrième scrutin législatif et toujours aucune issue pour la Bulgarie qui ne sort pas de la crise politique dans laquelle elle se trouve engluée depuis plus de deux ans. Les Citoyens pour le développement européen de la Bulgarie (GERB, qui signifie « blason » en bulgare), dirigé par l'ancien Premier ministre (2009-2013, 2014-2017 et 2017-2021) Boïko Borissov, sont arrivés en tête des législatives du 2 octobre 2022. La formation a recueilli 24,4 % des suffrages et remporté 67 sièges (+ 8 par rapport au scrutin de novembre 2021). Elle est suivie par Poursuivons le changement (PP), coalition de l'ex-chef du gouvernement (2021-2022) Kiril Petkov, qui a obtenu 19,5 % des voix et 53 sièges (– 14).

Le Mouvement pour les droits et les libertés (DPS), formation représentant la minorité turcophone, a pris la troisième place du scrutin avec 13,2 % des suffrages et 36 élus (+ 2). Viennent ensuite Vazrazhdane (V, Renaissance), parti nationaliste favorable à la sortie de la Bulgarie de l'Union européenne et de l'OTAN et à un rapprochement avec la Russie, qui a enregistré une forte progression (9,8 % des voix et 27 députés, + 14), et le Parti socialiste bulgare (BSP), qui a obtenu 8,9 % des suffrages et 25 sièges (– 1). Au total, sept formations politiques seront représentées dans le prochain parlement bulgare qui sera donc tout aussi fragmenté que le précédent.

La participation a été très faible, ce qui s'explique en partie par une certaine fatigue électorale pour les Bulgares qui viennent de connaître leur quatrième scrutin législatif en dix-huit mois. Quatre électeurs sur dix se sont rendus aux urnes (39,3 %).

L'invasion de l'Ukraine par les forces armées russes le 24 février 2022 avait considérablement ébranlé le gouvernement formé par Kiril Petkov, qui s'était fortement divisé sur le soutien à apporter à Kiev (le BSP s'opposant par exemple à toute livraison d'armes à l'Ukraine). PP avait condamné Moscou et s'était engagé aux côtés de Kiev. Le Premier ministre avait refusé d'ouvrir un compte en roubles pour payer ses livraisons de gaz. Conséquence : la Russie avait coupé le robinet du gaz vers la Bulgarie (qui importe 90 % de son gaz de son voisin oriental). Cette décision avait conduit à une rupture complète des relations entre le Premier ministre Kiril Petkov et le président de la République de Bulgarie Roumen Radev. Le GERB avait vu dans les divisions du gouvernement une opportunité à saisir et avait déposé une motion de défiance à l'égard de la coalition de Kiril Petkov, qui avait chuté, une première dans l'histoire de la Bulgarie, conduisant à l'organisation de nouvelles élections. « La guerre en Ukraine a provoqué un nouveau clivage dans la politique bulgare, entre les pro-Européens et les pro-atlantistes, d'un côté, et les pro-Russes, de l'autre, analyse Dimitar Ganev, sociologue de l'institut d'opinion Trend Research Center. Certains partis politiques exploitent la position traditionnellement favorable des Bulgares à l'égard de la Russie et cherchent ainsi à attirer de nouveaux électeurs. »

Parvan Simeonov, analyste politique au sein de l'institut d'opinion Gallup International, fait quant à lui le constat suivant : « Lors des précédents scrutins législatifs, le clivage se faisait sur le modèle de gouvernance des dix dernières années, incarné par l'ancien Premier ministre Boïko Borissov et par son parti. Cette fois-ci, les principaux enjeux concernent la stabilité et le maintien des prix bas, et la gestion des conséquences de la guerre. La principale division du pays se situe désormais entre l'Est et l'Ouest plutôt qu'entre le statu quo et le changement. »

Les élections législatives du 2 octobre consacrent le maintien de la popularité de Boïko Borissov. Il a été néanmoins impossible au GERB de former une majorité de gouvernement, la quasi-totalité des partis refusant de s'allier avec ce parti.

Les élections du 2 octobre n'ayant pas permis de former un gouvernement stable, un nouveau scrutin sera organisé en 2023, dans un contexte de forte inflation et de stagnation économique. La Bulgarie a ainsi chuté de quatre places dans l'Indice de développement humain 2021 : classée 68e, elle est l'unique État membre de l'Union européenne à ne pas faire partie de la catégorie des pays les plus développés.

Résultats des élections législatives du 2 octobre 2022 en Bulgarie
Participation : 39,3 %

Formations politiques	Nombre de voix	% des suffrages	Nombre de sièges
Citoyens pour le développement européen de la Bulgarie (GERB)	634 627	24,4	67
Poursuivons le changement (PP)	506 099	19,5	53
Mouvement des droits et des libertés (DPS)	344 512	13,2	36
Renaissance (Vazrazhdane, V)	254 952	9,8	27
BSP pour la Bulgarie (BSP)	232 958	8,9	25
Bulgarie démocratique (DB)	186 528	7,1	20
L'Essor bulgare (BV)	115 872	4,4	12
Un tel peuple existe (ITN)	96 071	3,7	0
Autres	134 217	5,1	0
Aucun de ces choix	87 635	3,3	0

DANEMARK

Élections législatives, 1er novembre 2022

Le Bloc rouge des forces de gauche est arrivé en tête des élections législatives danoises du 1er novembre 2022. Le Parti social-démocrate (SD), dirigé par la Première ministre sortante Mette Frederiksen, a recueilli 27,5 % des suffrages et remporté 50 des 179 sièges du Folketing, chambre unique du Parlement danois, soit 2 élus de plus que lors des élections de 2019. La formation reste de loin la première du pays.

Le Parti socialiste populaire (SF) a obtenu 8,2 % des voix et 15 sièges (+ 1) ; la Liste de l'unité-Alliance rouge-verte (E) a recueilli 5,1 % des suffrages et conquis 9 sièges (– 4) et l'Alternative (A), formation écologiste et proeuropéenne, a obtenu 3,3 % des suffrages et 6 sièges. En revanche, le Parti social-libéral (RV) a été sanctionné pour avoir été à l'origine de la chute du gouvernement[29] et de l'organisation d'élections anticipées (de 7 mois). La formation avait lancé un ultimatum à Mette Frederiksen pour convoquer des élections générales au plus tard à l'ouverture de la session du Parlement le 4 octobre 2022. Le parti a obtenu 3,7 % des voix et a divisé son nombre d'élus par deux : 7 (– 9), soit l'un des résultats les plus faibles de son histoire. Ensemble, ces cinq formations obtiennent donc 48,1 % des suffrages et 87 sièges. Les forces de gauche remportent également 2 sièges au Groenland et 1 aux îles Féroé, ce qui leur permet d'atteindre la majorité des 90 sièges.

Le Bloc bleu des forces de droite a obtenu 41,1 % des voix et 72 sièges. Le Parti libéral (V) a recueilli 13,3 % des voix et il a divisé son nombre de députés par deux : 23 élus (– 20), son plus faible résultat depuis les législatives de 1988. Les Démocrates du Danemark (Æ), récemment fondés par Inger Stojberg, l'ex-ministre de l'Immigration et de l'Intégration (2015-2019) et ancienne membre du Parti libéral, fait son entrée au Parlement, avec 8,1 % des suffrages et 14 députés. L'Alliance libérale (LA) a obtenu 7,8 % des suffrages

29. Cette motion de censure était une conséquence de la gestion du scandale des visons. En novembre 2020, environ 16 millions de visons ont été tués par décision du gouvernement après l'identification d'un variant du coronavirus dans les élevages du pays. Il semble cependant que le gouvernement a outrepassé ses pouvoirs en prenant la décision de supprimer les visons car il ne disposait d'aucune base légale pour se faire. Le 30 juin 2022, une commission d'enquête a affirmé que Mette Frederiksen avait délibérément trompé ses compatriotes mais qu'elle avait été ignorante du fait que l'abattage des visons avait été une action illégale. La Première ministre a mis en avant le facteur risque, arguant du fait qu'elle se devait de protéger la population.

et 14 sièges (+ 10) ; le Parti populaire conservateur (KF) a recueilli 5,5% des voix et 10 sièges (– 2) et le parti nationaliste de la Nouvelle Droite (D), 3,6% des voix et six élus.

Le Parti du danois (DF), formation populiste de droite, enregistre un net recul : il a obtenu 2,6% des voix et remporté 5 sièges (– 11), soit son plus faible résultat depuis vingt-quatre ans et son entrée au Folketing. Enfin, les Modérés (M), formation non alignée et n'appartenant à aucun des deux blocs, créée par l'ancien Premier ministre (2015-2019) et ex-dirigeant du Parti libéral Lars Lokke Rasmussen, font leur entrée au Parlement. Ils ont obtenu 9,2% et 16 élus.

La participation s'est élevée à 84,1% (– 0,4 point), quasiment équivalente à celle enregistrée lors des législatives de 2019. Il s'agit cependant du taux le plus faible depuis 1990.

Mette Frederiksen a reconnu que le gouvernement sortant (un gouvernement minoritaire formé par le SD seul et soutenu par les autres formations de gauche) ne disposait plus de la majorité dans le pays. La Première ministre sortante a répété qu'elle maintenait une main tendue vers les partis du centre de l'échiquier politique. Durant la campagne électorale, elle s'était déclarée favorable à la constitution d'un gouvernement de grande coalition dans un mouvement qui casserait le système traditionnel de la politique des deux blocs. « Il ne s'agit pas de penser bloc rouge ou bloc bleu mais de savoir où est le bon sens » avait affirmé de son côté Lars Lokke Rasmussen qui a ajouté, au moment de remplir son devoir civique : « Nous ferons tout notre possible pour être le trait d'union, c'est l'idée. »

Lars Lokke Rasmussen fait figure d'homme expérimenté qui sait très bien faire valoir ses intérêts. « Il a été extrêmement habile, en se plaçant au-dessus des autres candidats et en faisant campagne pour un gouvernement au centre, sans dire qui il pourrait soutenir au poste de Premier ministre » estime Rune Stubager, professeur de science politique de l'université d'Aarhus. Dans le contexte actuel, son expérience en tant que ministre de l'Intérieur et de la Santé, au début des années 2000 (2001-2007), a aussi contribué à sa crédibilité. « Si Mette Frederiksen parvient à attirer Lars Lokke Rasmussen dans cette voie et à passer à l'acte, elle peut faire de sa victoire un tournant historique dans la politique danoise » affirme Christian Jensen rédacteur en chef du quotidien *Politiken*.

Le 15 décembre 2022, Mette Frederiksen a formé son deuxième gouvernement. Celui-ci rassemble les sociaux-démocrates, les Modérés et les libéraux.

Résultats des élections législatives du 1er novembre 2022 au Danemark
Participation : 84,1 %

Formations politiques	Nombre de voix	% des suffrages recueillis	Nombre de sièges
Parti social-démocrate (SD)	973 244	27,5	50
Parti libéral (V)	470 289	13,3	23
Modérés (M)	327 659	9,3	16
Parti socialiste populaire (SF)	292 915	8,3	15
Démocrates du Danemark (Æ)	285 614	8,1	14
Alliance libérale (LA)	278 098	7,8	14
Parti populaire conservateur (KF)	194 808	5,5	10
Liste de l'unité-Alliance rouge-verte (E)	182 305	5,1	9
Parti social-libéral (RV)	133 802	3,7	7
La Nouvelle Droite (D)	129 410	3,7	6
L'Alternative (A)	117 629	3,3	6
Parti du peuple (DF)	93 100	2,6	5
Chrétiens-démocrates (K)	18 503	0,5	0
Autres	36 003	1,0	0

FRANCE

Élection présidentielle, 10 et 24 avril 2022

Le président de la République sortant Emmanuel Macron (La République en marche, LREM) a été réélu pour un second mandat à la tête de la France le 24 avril 2022, avec 58,5 % des suffrages. Il a devancé sa rivale Marine Le Pen (Rassemblement national, RN), qui a obtenu 41,4 % des voix. Les deux candidats avaient remporté respectivement 27,8 % et 23,1 % des suffrages lors du premier tour du 10 avril. Pour Marine Le Pen, il s'agit d'un résultat jamais atteint dans l'histoire de son parti, et ce en dépit de la présence d'Éric Zemmour (Reconquête !), autre candidat de la droite radicale. Jean-Luc Mélenchon (La France insoumise, LFI), qui a pris la troisième place, avec 21,9 % des suffrages, a bénéficié du vote utile de la part des électeurs de gauche puisqu'il était le mieux placé de ce camp politique dans les enquêtes d'opinion préélectorales.

Le principal parti de la droite de gouvernement, les Républicains (LR), sort laminé. Sa candidate Valérie Pécresse a obtenu 4,7 % des voix. Ensemble, les deux partis qui ont gouverné successivement sous la Ve République depuis sa création en 1958 n'ont jamais obtenu un résultat aussi faible : 6,5 % des suffrages pour LR et le Parti socialiste (PS). En 2012, François Hollande (PS) et Nicolas Sarkozy (Union pour un mouvement populaire, UMP) avaient atteint ensemble 55,8 % des suffrages. Emmanuel Macron a donc réussi une performance jusqu'alors inédite : il devient en effet le premier de la Ve République à être réélu hors période de cohabitation.

Les cartes montrent que les électeurs du président de la République sortant sont largement des urbains et des personnes diplômées, issues des catégories socioprofessionnelles les plus favorisées, tandis que les partisans de Marine Le Pen viennent davantage des classes populaires et des personnes qui connaissent des difficultés à assurer leur quotidien. Beaucoup sont des laissés-pour-compte de la mondialisation. L'électorat du chef de l'État est aussi plus âgé que celui de sa rivale.

Marine Le Pen a une fois encore été battue par le front républicain, c'est-à-dire l'union des électeurs derrière la personne qui lui est opposée pour éviter que la droite radicale arrive au pouvoir. On notera cependant que l'entreprise de dédiabolisation menée par la candidate du RN depuis plusieurs années a porté ses fruits, puisque celle-ci a rassemblé plus de quatre électeurs sur dix, le résultat le plus élevé jamais atteint par sa formation et un record en Europe pour un parti d'extrême droite.

La participation s'est élevée à 71,9 % (73,6 % au premier tour). Elle est la plus faible jamais enregistrée à une élection présidentielle, à l'exception de celle de 1969.

La scène politique française, qui depuis des décennies se divisait entre gauche et droite, sort décomposée de cette élection présidentielle. Le clivage progressistes *vs* nationalistes s'est confirmé. Sur l'échiquier politique s'affrontent, d'un côté, des forces radicales – de droite (32,5 %) et de gauche (25,6 %) – et, de l'autre, un centre modéré qui comprend une partie de la social-démocratie et des forces libérales (38,7 %).

Résultats de l'élection présidentielle des 10 et 24 avril 2022 en France
Participation : 73,6% (premier tour) et 71,9% (second tour)

Candidats	Premier tour		Second tour	
	Nombre de voix	% des suffrages	Nombre de voix	% des suffrages
Emmanuel Macron (La République en marche, LREM)	9 783 058	27,8	18 768 639	58,5
Marine Le Pen (Rassemblement national, RN)	8 133 828	23,1	13 288 686	41,4
Jean-Luc Mélenchon (La France insoumise, LFI)	7 712 520	21,9		
Éric Zemmour (Reconquête !)	2 485 226	7,1		
Valérie Pécresse (Les Républicains, LR)	1 679 001	4,7		
Yannick Jadot (Europe Écologie-Les Verts, EELV)	1 627 853	4,6		
Jean Lassalle (Résistons !)	1 101 387	3,1		
Fabien Roussel (Parti communiste français, PCF)	802 422	2,2		
Nicolas Dupont-Aignan (Debout la France, DLF)	725 176	2,1		
Anne Hidalgo (Parti socialiste, PS)	616 478	1,7		
Philippe Poutou (Nouveau Parti anticapitaliste, NPA)	268 904	0,7		
Nathalie Arthaud (Lutte ouvrière, LO)	197 094	0,5		

Élections législatives, 12 et 19 juin 2022

Ensemble !, la coalition de la majorité présidentielle qui rassemble La République en marche (LREM), parti du président de la République Emmanuel Macron, le Mouvement démocrate (MoDem) de François Bayrou, et Horizons, parti de l'ancien Premier ministre (2017-2020) Édouard Philippe, et qui était arrivée légèrement en tête lors du premier tour de scrutin le 12 juin avec 25,7% des suffrages, a obtenu lors du second tour des législatives le 19 juin au total 245 sièges sur les 577 qui composent l'Assemblée nationale, chambre basse du Parlement français. Elle échoue donc à obtenir la majorité absolue.

La Nouvelle Union populaire écologique et sociale (Nupes), qui regroupe La France insoumise (LFI), le Parti socialiste (PS), le Parti communiste français (PCF) et Europe Écologie-Les Verts (EELV) et qui talonnait Ensemble ! au premier tour avec 25,6% des voix, a conquis 131 sièges. Avec 89 députés, le Rassemblement national (RN), parti de droite radicale de

Marine Le Pen, rivale malheureuse d'Emmanuel Macron lors de l'élection présidentielle des 10 et 24 avril, s'offre une représentation inespérée avec un mode de scrutin majoritaire à deux tours et une progression de 81 sièges par rapport au scrutin de 2017. Le parti va donc former un groupe parlementaire pour la troisième fois seulement depuis 1956. En 1986, le Front national (FN), ancêtre du RN, avait été « aidé » par le scrutin proportionnel grâce auquel il avait augmenté le nombre de ses élus. Les Républicains (LR), parti de droite, ont obtenu 61 sièges. Ils perdent 51 élus et leur statut de premier groupe d'opposition.

La participation a été faible : elle s'est élevée à 46,2 % le 19 juin, un taux inférieur de 1,5 point à celui mesuré au premier tour du scrutin (47,5 %). Un chiffre qui confirme le recul de la participation entre les deux tours des législatives que l'on observe depuis 2002.

L'opinion selon laquelle des élections législatives qui suivent de quelques semaines le scrutin présidentiel constituent une simple chambre d'enregistrement du résultat du scrutin précédent et qu'elles permettent au chef de l'État tout juste désigné d'obtenir une majorité de gouvernement a donc été battue en brèche. Le premier tour des législatives apparaît sinon comme un vote sanction contre le président de la République pourtant réélu le 24 avril précédent, à tout le moins comme l'expression d'un doute sur son programme ou sur sa vision pour la France. De plus, l'absence de réelle campagne électorale a sans doute accru cette incertitude parmi les électeurs.

Les Français ont utilisé à leur façon le mode de scrutin majoritaire en vigueur pour les deux scrutins (présidentiel et législatif). Ils ont reconduit Emmanuel Macron à la tête de l'État mais sans toutefois lui donner une majorité absolue lors des législatives qui ont suivi. Lors du premier tour de ce scrutin, ils ont voté pour les formations de gauche. La coalition Ensemble ! s'est évertuée à construire un front anti-Mélenchon figure de roue de la Nupes entre les deux tours, alors même que les forces de gauche avaient fait le plein dès le 12 juin et qu'elles ne disposaient d'aucune réserve. C'est donc en votant pour le Rassemblement national que les électeurs ont exprimé leur opposition lors du second tour en élisant un grand nombre de membres de ce parti.

Les Français ont clairement signifié à Emmanuel Macron qu'ils souhaitaient limiter et rééquilibrer ses pouvoirs. Le président de la République va devoir composer avec son opposition, ou plutôt avec ses oppositions, pour faire voter les réformes qu'il estime nécessaires au pays. Au mieux, les élections législatives de 2022 pourraient redonner du pouvoir au Parlement, mais rien n'est moins certain. En revanche, une chose est sûre : la nouvelle Assemblée nationale est le parfait symbole des fractures de la France. « Le quinquennat qui s'ouvre va être très compliqué, pense Gilles Ivaldi, chercheur en science politique à Sciences Po. La polarisation qui sort des urnes forme trois camps qui s'affrontent et que tout oppose. L'Europe, l'économie, l'immigration, la sécurité, ils ne sont d'accord sur rien. »

Le 16 mai 2022, Emmanuel Macron avait nommé Elisabeth Borne au poste de Première ministre. Le 4 juillet, elle a formé un gouvernement, qui a été remanié à l'issue des élections législatives. Celui-ci rassemble des membres de la majorité présidentielle (La République en marche, le Mouvement démocrate, Horizons, Agir) et des personnes issues des divers gauche et des divers droite.

Résultats des élections législatives des 12 et 19 juin 2022 en France
Participation : 47,5% (premier tour) et 46,2% (second tour)

Formations politiques	Premier tour			Second tour			Total sièges
	Nombre de voix	% des suffrages	Sièges	Nombre de voix	% des suffrages	Sièges	
Ensemble !	5 857 364	25,75	1	8 002 407	38,57	244	245
Nouvelle Union populaire écologique et sociale (Nupes)	5 836 079	25,66	4	6 555 984	31,60	127	131
Rassemblement national (RN)	4 248 537	18,68	0	3 589 269	17,30	89	89
Les Républicains (LR)	2 370 440	10,42	0	1 447 877	6,98	61	61
Reconquête (REC !)	964 775	4,24	0				0
Divers gauche	713 574	3,14	0	443 274	2,14	22	22
Écologistes	608 314	2,67	0				0
Divers droite	530 782	2,33	0	231 073	1,11	10	10
Régionalistes	291 384	1,28	0	264 802	1,28	10	10
Divers centre	283 612	1,25	0	99 122	0,48	4	4
Divers extrême gauche	266 412	1,17	0	11 229	0,05	0	0
Droite souverainiste	249 603	1,10	0	19 306	0,09	1	1
Union des démocrates et indépendants (UDI)	198 062	0,87	0	64 444	0,31	3	3
Divers	192 624	0,85	0	18 296	0,09	1	1
Parti radical de gauche (RDG)	126 689	0,56	0				0
Divers extrême droite	6 457	0,03	0				0

HONGRIE

Élections législatives, 3 avril 2022

L'Alliance des jeunes démocrates-Union civique hongroise (Fidesz-MPSZ), formation du Premier ministre sortant Viktor Orbán, a obtenu une large victoire aux élections législatives du 3 avril 2022 en Hongrie : le parti a recueilli 54,1 % des suffrages et a remporté 135 sièges au total (+ 2 par rapport aux législatives de 2018)[30]. Le dirigeant de la Hongrie a donc signé sa quatrième victoire consécutive. Il peut même s'enorgueillir d'avoir conservé sa majorité des deux tiers de députés au parlement, ce qui lui permet d'amender la Constitution.

Unis pour la Hongrie (EM), alliance de six formations d'opposition – le Parti socialiste (MSZP), la Coalition démocratique (DK), le Parti du dialogue pour la Hongrie (PM), Faire de la politique autrement-Parti vert hongrois (LMP), Momentum (MM) et le Mouvement pour une meilleure Hongrie (Jobbik) – conduite par Péter Márki-Zay, a obtenu 38 % voix et 57 sièges (– 6).

Notre patrie (MHM), formation qui se présente ouvertement comme un parti homophobe, antitsigane et antisémite, créée en 2018 contre la volonté de normalisation et de recentrage politique de Gábor Vona, à l'époque dirigeant du Mouvement pour une meilleure Hongrie, fait également son entrée à l'Országgyűlés, chambre unique du Parlement hongrois, avec 5,8 % des suffrages et 76 élus.

La participation a été quasiment équivalente à celle enregistrée lors des élections de 2018 : 69,5 % (+ 2 points).

Les Hongrois ont plébiscité la position prudente de Viktor Orbán dans le conflit ukrainien. Celui-ci, proche du Président russe Vladimir Poutine, a souhaité prendre une position neutre lors de l'invasion de l'Ukraine par Moscou. Si la Hongrie a accueilli des réfugiés, elle refuse d'envoyer une aide militaire à Kiev et elle a interdit le transfert d'armes létales par son territoire. Viktor Orbán a sans doute aussi été aidé par le leader de l'opposition Péter Márki-Zay, qui a déclaré à la télévision, respecter les décisions que prendrait l'OTAN, y compris si des troupes hongroises devaient être envoyées en Ukraine. Viktor Orbán a eu beau jeu par la suite de commenter : « La gauche veut offrir du sang aux gens à la place du pétrole. Choisir

30. Les résultats donnés ici en pourcentage des suffrages sont ceux du seul vote au scrutin proportionnel, le résultat en sièges est celui des deux modes de scrutin (proportionnel et majoritaire).

la gauche, c'est choisir la guerre. Nous voulons la paix. Avec nous, la Hongrie restera en dehors du conflit. ». « Le choix entre l'Est et l'Ouest, dont l'opposition veut faire le principal enjeu de l'élection, est moins puissant dans l'opinion publique que le choix proposé par l'Alliance des jeunes démocrates-Union civique entre la guerre et la paix. » a indiqué le politologue Robert Laszlo durant la campagne. « Le gouvernement a réussi à circonscrire la problématique de l'invasion russe en Ukraine à une question très simple : la Hongrie doit-elle prendre part à la guerre ? Ce message a été bien plus efficace que celui de l'opposition, qui a axé ses critiques sur les liens de Viktor Orbán avec le Kremlin. » affirme quant à lui Et Bulcsú Hunyadi, politologue de l'institut de recherche Political Capital.

Les Hongrois ont également validé la politique de Viktor Orbán qui mêle redistribution sociale et conservatisme. Le Premier ministre sortant se targue de garantir la stabilité du pays et il a toujours affirmé que son seul objectif était que chaque Hongrois puisse bénéficier de la transition, ce dont la population lui est redevable. « Pour l'opposition, c'était un exercice très délicat de promettre des changements sans vraiment toucher aux bases de ce système social, analyse la politologue Eszter Soos. Une partie de leur message disait : Viktor Orbán doit partir mais plusieurs choses perdureront, par exemple les allocations familiales et le système de taxation. Le message était ambigu. »

Le 24 mai 2022, Viktor Orbán a formé son gouvernement qui rassemble uniquement des membres du Fidesz-MPSZ.

Résultats des élections législatives du 3 avril 2022 en Hongrie
Participation : 69,59 %

Partis	Scrutin majoritaire			Scrutin proportionnel			Total sièges
	Nombre de voix	% des suffrages	Sièges	Nombre de voix	% des suffrages	Sièges	
Coalition Alliance des jeunes démocrates-Union civique hongroise-Parti populaire démocrate-chrétien (FIDESZ-MPSZ-KDNP)	2 823 419	52,52	87	3 060 706	54,13	48	135
Coalition Unis pour la Hongrie	1 983 708	36,90	19	1 947 331	34,44	38	57
Mouvement Notre patrie (MHM)	307 064	5,71	0	332 487	5,88	6	6
Autres	258 255	4,8	1	290 706	5,12	0	1

ITALIE

Élections parlementaires, 25 septembre 2022

Les forces de droite sont arrivées largement en tête des élections parlementaires organisées en Italie le 25 septembre 2022. Fratelli d'Italia (FdI), parti de droite radicale conduit par Giorgia Meloni, a recueilli plus d'un quart des suffrages (26 %), à la Chambre des députés, devenant la première formation politique italienne dix ans seulement après sa création. La Ligue (L), formation populiste de droite dirigée par Matteo Salvini, a en revanche divisé son résultat par deux : 8,7 % des voix. Enfin, troisième composante de l'union des droites, Forza Italia (FI), formation de l'ancien président du Conseil (1994-1995, 2001-2006 et 2008-2011) Silvio Berlusconi, s'est maintenue mais à un niveau faible (8,1 % des suffrages, la moitié de son résultat de 2018). « Depuis plusieurs années, les partis d'extrême droite rassemblent près de 40 % des intentions de vote, analyse Sofia Ventura, politologue de l'université de Bologne. Mais il y a un jeu de vases communicants entre la Ligue et Fratelli d'Italia : lorsque le premier baisse dans les sondages, c'est le second qui en profite. »

Au total, la coalition formée par Fratelli d'Italia, la Ligue et Forza Italia a recueilli 43,8 % des suffrages à la Chambre des députés (237 sièges) et 43,7 % des voix au Sénat (115 élus). Elle a remporté la majorité absolue dans chacune des chambres, une nécessité pour gouverner en Italie.

La coalition des forces de gauche emmenée par le Parti démocrate (PD), dirigé par l'ancien président du Conseil (2013-2014) Enrico Letta, qui rassemble Démocrates Europa + (EU +), Europa verde, Engagement civique (IC) de Luigi Di Maio et l'Alliance verts et gauche (AVS), a enregistré une lourde défaite. Elle a recueilli 26,1 % des suffrages à la chambre basse (85 élus) et 26,1 % des voix au Sénat (44 sièges). L'appel au vote utile pour faire barrage à Giorgia Meloni n'a pas fonctionné. Le Parti démocrate a obtenu 19 % des voix. « Enrico Letta avait l'ambition de réformer le parti, commente Marc Lazar, historien et sociologue à Sciences Po, mais la tenue de ces élections anticipées ne lui en a pas laissé le temps. De plus, la formation est toujours tiraillée entre sa composante centriste et sa composante radicale. »

Le Mouvement 5 étoiles (M5S), formation populiste conduite par Giuseppe Conte, a bien résisté, même s'il a lui aussi divisé son résultat par deux par rapport aux élections de 2018 : 15,4 % des voix à la Chambre des députés (52 élus) et 15,3 % des voix au Sénat (28 sièges). Le parti a fait de la défense des Italiens les plus défavorisés sa priorité. Enfin, la coalition centriste, nommée Terzo Polo (« Troisième pôle ») et formée par Carlo Calenda, dirigeant d'Azione (Az), et par Matteo Renzi, leader d'Italia Viva (IV), a recueilli 7,8 % des suffrages à la chambre basse (21 députés) et 7,6 % au Sénat (9 sièges).

La participation s'est élevée à 63,7 %, en net recul par rapport au scrutin de 2018 (– 9,3 points).

Les élections avaient été anticipées de quelques mois après que le Mouvement 5 étoiles a choisi de déclencher une crise politique et de faire du président du Conseil Mario Draghi un bouc émissaire pour se repositionner en force d'opposition et récupérer des électeurs dans la perspective du scrutin à venir. La Ligue et Forza Italia lui ont emboîté le pas pour s'affirmer, eux aussi, comme des forces d'opposition au pouvoir en place et pour exister face à Fratelli d'Italia. Giuseppe Conte a donc fait un cadeau inespéré à ces deux partis qui ont pu faire tomber le gouvernement sans avoir à en assumer la responsabilité. L'offensive contre Mario Draghi avait commencé plusieurs semaines auparavant lorsque le Mouvement 5 étoiles et la Ligue s'étaient élevés contre l'envoi d'armes à Kiev.

Comme le relève le Centre italien d'études électorales, Fratelli d'Italia et la Ligue ont remporté ensemble « le pourcentage le plus élevé de votes jamais enregistré par des partis d'extrême droite dans l'histoire de l'Europe occidentale de 1945 à aujourd'hui. » Selon Luca Sollai, chercheur de l'université de Montréal, « cette percée du fascisme n'est pas nostalgique. Giorgia Meloni n'a pas mis le fascisme en avant pendant sa campagne électorale ». « Nous sommes devant un vote de protestation en faveur de Fratelli d'Italia, qui était, jusqu'à la veille des élections, un parti d'opposition » a-t-il précisé. En effet, la formation victorieuse des élections du 25 septembre n'a participé à aucun gouvernement depuis sa création, en 2012. Elle s'est d'ailleurs appuyée sur ce fait pour attirer les électeurs méfiants à l'égard de la politique et des politiciens.

Pour Marc Lazar, l'alliance de la droite et de l'extrême droite en Italie a été rendue possible par « l'opération politique de Silvio Berlusconi » qui a choisi en 1994 de faire une large alliance avec la Ligue du Nord, alors régionaliste, et avec l'Alliance nationale, un parti issu du fascisme : « Cet accord fait qu'il n'existe pas d'interdit politique et moral aujourd'hui » explique-t-il.

Le 22 octobre, Giorgia Meloni, première femme à accéder à la fonction de présidente du Conseil en Italie, a formé son gouvernement qui regroupe des membres de sa formation, de la Ligue et de Forza Italia. Sa marge de manœuvre sera sans doute très faible sur le plan économique mais elle pourrait imprimer sa marque sur les questions de société et sur la gestion de l'immigration. Les partis de la coalition sont divisés sur certains sujets comme le soutien à accorder aux Italiens face à la hausse des prix de l'énergie, la baisse de la fiscalité ou l'éventuelle suppression du revenu de citoyenneté. Il existe également une opposition idéologique entre Forza Italia et ses deux alliés sur le souverainisme ; de même, Fratelli d'Italia est en désaccord avec ses partenaires sur la question de la guerre en Ukraine, puisque le parti de Giorgia Meloni a très fermement condamné l'invasion du pays par les forces russes et qu'il soutient fermement l'OTAN.

Résultats des élections parlementaires du 25 septembre 2022 en Italie

Chambre des députés

Participation : 63,79 %

Formations politiques	Nombre de voix	% des suffrages	Nombre de sièges
Coalition de droite	12 300 244	43,8	237
Coalition de gauche	7 358 738	26,1	85
Mouvement 5 étoiles (M5S)	4 339 813	15,4	52
Troisième pôle (Azione- Italia Viva, Az-IV)	2 186 747	7,8	21
Autres	1 956 089	6,9	4

Sénat

Participation : 63,81 %

Formations politiques	Nombre de voix	% des suffrages	Nombre de sièges
Coalition de droite	12 285 071	43,7	115
Coalition de gauche	7 329 652	26,1	44
Mouvement 5 étoiles (M5S)	4 319 697	15,3	28
Troisième pôle (Azione- Italia Viva, Az-IV)	2 138 092	7,6	9
Autres	2 039 111	7,3	4

LETTONIE

Élections législatives, 1er octobre 2022

Nouvelle Unité (JV), parti libéral du Premier ministre sortant Krišjānis Kariņš, est arrivé en tête des élections législatives du 1er octobre 2022 en Lettonie. La formation a recueilli 19,1 % des suffrages et a remporté 26 des 100 sièges du Parlement letton, soit le triple de son nombre d'élus aux législatives de 2018 (+ 18).

Le contexte de guerre en Ukraine dans lequel était organisé le scrutin a certainement joué pour beaucoup dans cette victoire du premier chef de gouvernement letton à conserver son poste au terme d'une législature complète de quatre ans et dans le choix de la stabilité exprimé par les électeurs de la république balte. La campagne électorale a en effet été dominée par les questions de sécurité nationale.

Le contexte explique également la déroute de la formation historique des russophones, Harmonie (S), premier parti d'opposition et de Lettonie depuis dix ans. Celui-ci ne passe pas le seuil des 5 % des suffrages indispensable pour être représenté à la Saeima, chambre unique du Parlement letton. Son dirigeant, Jānis Urbanovičs, avait pourtant sans équivoque pris position en faveur de l'Ukraine, alors qu'en 2014, Harmonie avait choisi de rester neutre lors de l'invasion de la Crimée par l'armée russe et que le parti avait maintenu ses liens avec Vladimir Poutine. La formation a obtenu 4,8 % des voix et perdu ses 23 députés. La popularité et les résultats électoraux qui ont longtemps été ceux d'Harmonie s'expliquaient par la capacité de la formation d'unifier les russophones de Lettonie derrière un programme de gauche qui mettait l'accent sur les droits de la minorité qu'ils représentaient, et notamment sur les questions linguistiques. L'invasion de l'Ukraine par la Russie a tout bouleversé et elle a divisé l'électorat russophone. « Harmonie a dû faire un choix entre agir de manière responsable au sujet de la guerre en Ukraine ou jouer de manière populiste avec la sécurité nationale et les intérêts de l'État, soulignait le député européen Nils Ušakovs, ancien dirigeant d'Harmonie (2005-2019) et ex-maire de Riga (2009-2019). Certains de nos électeurs sont restés chez eux, d'autres sont allés voter pour de nouveaux partis qui représentent une orientation géopolitique différente. » Le politologue Filips Rajevskis pense de son côté que « les électeurs russophones ont su dépasser leur identité, qu'ils ont voté en faveur des partis lettons et que cela est très positif ».

L'Union russe de Lettonie (LKS), formation non représentée au parlement depuis 2006 et qui a refusé de condamner Moscou à la suite de l'invasion de l'Ukraine par l'armée russe, a subi le même sort qu'Harmonie.

L'Union des Verts et paysans (ZZS) a pris la deuxième place des élections législatives avec 12,5 % des suffrages et 16 sièges (+ 5). Elle est suivie de la Liste unie (AS), alliance des Verts et de formations écologistes conservatrices, qui a recueilli 11,1 % des voix et a remporté 15 élus ; de l'Alliance nationale (AN), qui a obtenu 9,4 % des suffrages et 13 sièges (=) et de Pour la stabilité ! (S !), parti populiste issu d'une scission d'avec Harmonie, qui a recueilli 6,8 % des suffrages et remporté 11 sièges.

La participation s'est élevée à 59,4 %, soit au-dessus de celle enregistrée lors des élections de 2018 (+ 5,1 points). Il s'agit du taux le plus élevé depuis le scrutin de 2011.

Le Premier ministre sortant Krišjānis Kariņš a formé le 14 décembre 2022 un gouvernement unissant son propre parti , l'Alliance nationale et la Liste unie.

Résultats des élections législatives du 1er octobre 2022 en Lettonie
Participation : 59,4 %

Formations politiques	Nombre de voix	% des suffrages	Nombre de sièges
Nouvelle Unité (JV)	173 425	19,1	26
Union des verts et des paysans (ZZS)	113 676	12,5	16
Liste unie (AS)	100 631	11,1	15
Alliance nationale (NA)	84 939	9,4	13
Pour la stabilité ! (S!)	62 168	6,8	11
Lettonie d'abord (LPV)	57 033	6,3	9
Les Progressistes (P)	56 327	6,2	10
Développement/Pour ! (AP)	45 452	5	0
Harmonie (S)	43 943	4,8	0
Autres	166 045	18,3	0

MALTE

Élections législatives, 26 mars 2022

Le Parti travailliste (PL) du chef du gouvernement sortant Robert Abela, au pouvoir depuis neuf ans dans l'archipel, s'est largement imposé dans les urnes le 26 mars 2022 à Malte, remportant sa troisième victoire consécutive aux élections législatives, après celles de 2013 et de 2017. Il s'agit du premier succès pour Robert Abela, qui avait remplacé Joseph Muscat à la tête du gouvernement en janvier 2020. La formation de gauche a recueilli 55,1 %

des suffrages et elle a remporté 38 sièges (+ 1 par rapport au scrutin de 2017). Ses adversaires du Parti nationaliste (PN) ont obtenu 41,7 % des voix et 29 sièges (+ 1).

La participation a été la plus faible jamais enregistrée depuis l'indépendance de l'archipel en 1974: elle s'est élevée à 85,6 %, soit 6,3 points de moins que celle des législatives de 2017. Pour la première fois depuis 1996, la participation s'établit au-dessous des 90 %. Les Maltais restent cependant, de loin, les Européens les plus nombreux à se rendre aux urnes à chaque élection, en dehors de toute obligation de vote.

Le Premier ministre sortant a fait campagne sur sa gestion de la crise sanitaire consécutive à la pandémie de coronavirus, plutôt appréciée par ses compatriotes, et sur le bilan économique de son gouvernement. La croissance du PIB de l'archipel a augmenté de plus de 9 % en 2021. Le taux de chômage est au plus bas, les coûts de l'énergie ont été gelés et, enfin, les impôts sont restés stables. Le gouvernement a promis de dépenser 200 millions d'euros, une somme qui s'ajoute donc aux 200 millions déjà débloqués afin d'atténuer les effets de la récente hausse des prix de l'énergie due à la guerre en Ukraine.

Robert Abela dirige Malte depuis le 13 janvier 2020. Il a succédé à Joseph Muscat, mis à mal par l'arrestation du *businessman* Yorgen Fenech, accusé de complicité dans l'assassinat de la blogueuse Daphne Caruana Galizia qui travaillait sur les Malta Files et qui a été tuée par l'explosion de sa voiture piégée le 16 octobre 2017, à Bidnija[31].

Le Parti travailliste reste très critiqué sur sa gouvernance et sur sa gestion de l'État de droit. Plusieurs de ses responsables sont accusés de corruption. Après l'invasion de l'Ukraine par les forces de Moscou le 24 février 2022, le gouvernement maltais a également beaucoup attendu avant de suspendre l'attribution de passeports dorés aux citoyens russes, une mesure qui constituait une source de revenu importante pour l'archipel.

---

31. Entre novembre 2019 et janvier 2020, de nombreuses manifestations ont eu lieu à Malte à la suite des révélations faites sur l'assassinat de Daphne Caruana Galizia qui ont mis au jour les liens existants entre Keith Schembri, chef de cabinet du Premier ministre Joseph Muscat, et une entreprise de Dubaï, 17 Black, impliquée dans l'affaire des Panama Papers. Le PDG de 17 Black, Yorgen Fenech, a été interpellé le 20 novembre 2019 alors qu'il tentait de fuir l'archipel. Les manifestants réclamaient la démission du gouvernement et Joseph Muscat, soupçonné d'ingérence dans l'enquête, a fini par se résoudre à quitter ses fonctions de Premier Ministre le 1er décembre de cette même année. Une dizaine de personnalités maltaises ont été arrêtées dans l'enquête sur l'assassinat de Daphne Caruana Galizia. En février 2021, Vincent Muscat a plaidé coupable et il a été condamné à quinze ans de prison. Le 14 octobre 2022, George et Alfred Degiorgio ont été condamnés à quarante ans de prison chacun pour avoir fabriqué, posé et fait exploser la bombe ayant tué la journaliste maltaise.

Le Premier ministre a pris des mesures pour renforcer la bonne gouvernance, l'État de droit et la liberté de la presse et pour démocratiser les institutions de l'archipel. Il a notamment supprimé le pouvoir accordé au chef du gouvernement de nommer les juges et le chef de la police. « Robert Abela a dirigé dans une situation difficile, estime Andrew Azzopardi, professeur de l'université de Malte, et c'est pourquoi je pense qu'il bénéficie d'un immense soutien. Entre le conflit en Ukraine et la pandémie de Covid-19, les gens ne veulent pas aggraver la situation en y ajoutant de l'instabilité politique. » De son côté, le Parti nationaliste, qui avait fait campagne sur la dénonciation de l'assassinat de Daphne Caruana Galizia et sur la corruption, bien réelle à Malte, n'est cependant pas parvenu à convaincre les Maltais de la nécessité d'une alternance politique et du fait qu'ils représentaient une réelle force politique alternative. Neuf ans d'opposition n'auront pas suffi aux nationalistes pour parvenir à s'unir autour d'un projet. Aujourd'hui, les tensions internes demeurent vives au sein de la principale formation d'opposition.

Résultats des élections législatives du 26 mars 2022 à Malte
Participation : 85,63%

Partis	Nombre de voix	% des suffrages	Nombre de sièges
Parti travailliste (PL)	162 707	55,1	38
Parti nationaliste (PN)	123 233	41,7	29
Alternative démocratique-Parti démocratique (AD-PD)	4 747	1,6	0
Parti du peuple (PP)	1 533	0,5	0
ABBA	1 364	0,4	0
Volt Malta	382	0,1	0
Indépendants	1 282	0,4	0

PORTUGAL

Élections législatives, 30 janvier 2022

Le Parti socialiste (PS), conduit par le Premier ministre sortant António Costa, s'est largement imposé dans les urnes lors des élections législatives du 30 janvier 2022 au Portugal, obtenant la majorité absolue à l'Assemblée de la République, chambre unique du Parlement portugais. Le scrutin était anticipé de quasiment une année. Les socialistes ont recueilli 42,5% des suffrages et ils ont remporté 120 sièges, soit 12 de plus que lors des législatives de 2019. Le Parti social-démocrate (PSD), formation d'opposition de droite, reste très loin derrière les socialistes : il obtient 28,4 % des voix et 72 élus (– 7).

« Le bipartisme résiste encore bien au Portugal, prévoyait avant les élections António Costa Pinto, professeur à l'Institut de sciences sociales de l'université de Lisbonne, car toute la frange anti-partis, anti-corruption ne vote pas. Le Parti socialiste et le Parti social-démocrate devraient encore contrôler environ les deux tiers des sièges au parlement. »

Chega (CH, « Assez »), formation populiste de droite, est devenue la troisième force politique du pays avec 6,1 % des suffrages et 12 élus (+ 11). La percée des populistes de droite est réelle et importante au Portugal, où cette tendance politique était jusqu'alors absente, ce qui faisait du pays une sorte d'exception en Europe.

À l'origine des législatives anticipées, la gauche radicale s'est effondrée. Le Bloc des gauches (BE) a recueilli 4,5 % des suffrages et il a remporté 5 sièges (– 14) et la Coalition démocratique unitaire (CDU) a obtenu 4,4 % des voix et réduit son nombre d'élus par deux : 6 (– 6).

Le 27 octobre 2021, la Coalition démocratique unitaire et le Bloc des gauches, alliés du Parti socialiste, s'étaient joints aux quatre partis de l'aile droite du Parlement dans leur opposition au projet de Loi de finances prévu pour 2022. Celui-ci n'avait pu être adopté et quelques jours plus tard, le président de la République Marcelo Rebelo de Sousa avait annoncé sa décision de dissoudre l'Assemblée de la République, entraînant la convocation d'élections anticipées.

Enfin, le Centre démocrate social-Parti populaire (CDS-PP), formation chrétienne-démocrate longtemps alliée du Parti social-démocrate avec lequel il a souvent gouverné et aujourd'hui en proie à de fortes divisions, quitte le Parlement. Il a recueilli 1,6 % des voix et il a perdu ses cinq députés.

La participation s'est établie à 51,4 %, soit exactement au même niveau que lors du scrutin de 2019.

Les élections législatives de 2022 constituent la troisième victoire consécutive du Parti socialiste conduit par António Costa. « En dépit d'un certain désenchantement envers le Parti socialiste, estime la politologue Marina Costa Lobo, la plupart des électeurs jugent qu'António Costa possède davantage de compétences et d'expérience pour gouverner que Rui Rio, le dirigeant du Parti social-démocrate. » Pour sa part, Patricia Lisa, analyste politique au Real Instituto Elcano, considère que « la victoire d'António Costa est un pari sur la stabilité et la continuité et que les Portugais ont sanctionné ceux qui ont été jugés responsables de la crise politique ». Les élections législatives ont mis au jour la fragmentation de la droite portugaise.

Les divisions internes qui affectent chacune des deux principales formations – le Parti social-démocrate et le Centre démocrate social-Parti populaire – ont permis, d'une part, à un petit parti comme Initiative libérale (IL) de progresser (5% des suffrages et 8 élus) et, d'autre part, à la formation de droite populiste Chega de se renforcer.

Le Portugal va recevoir 16,6 milliards d'euros de fonds européens qui lui ont été alloués dans le contexte de la crise sanitaire consécutive à la pandémie de Covid-19. Enjeu principal du projet de Loi de finances de 2022 (dont le vote avait fait chuter le gouvernement), cette somme, conséquente, doit permettre de relancer l'économie du pays mais aussi d'améliorer le pouvoir d'achat des Portugais.

Le 30 mars 2022, António Costa a formé son gouvernement qui regroupe des membres du Parti socialiste et quelques indépendants.

Résultats des élections législatives du 30 janvier 2022 au Portugal
Participation : 51,4%

Partis	Nombre de voix	% des suffrages	Nombre de sièges
Parti socialiste (PS)	2 302 601	42,5	120
Parti social-démocrate (PPD/PSD)	1 539 415	28,4	72
Chega (CH)	399 659	7,3	12
Initiative libérale (IL)	273 687	5	8
Bloc de gauche (BE)	244 603	4,5	5
Coalition démocratique unitaire (CDU)	238 920	4,4	6
Centre démocrate social/Parti populaire (CDS/PP)	89 181	1,6	0
Personnes-Animaux-Nature (PAN)	88 152	1,6	1
Libre (L)	71 232	1,3	1
Madère d'abord (PPD/PSD.CDS-PP)	50 636	0,9	3
Alliance démocratique (AD)	28 330	0,5	2
Autres	91 299	1,6	0

SLOVÉNIE

Élections législatives, 24 avril 2022

Le Mouvement pour la liberté (GS) emmené par Robert Golob, est arrivé très largement en tête des élections législatives du 24 avril 2022 en Slovénie, les premières à ne pas être anticipées dans le pays depuis le scrutin de 2008.

Il a recueilli 34,4% des suffrages et il a remporté 41 des 90 sièges du Državni zbor, chambre basse du Parlement slovène.

Il a donc largement devancé le Parti démocrate (SDS) du Premier ministre sortant Janez Janša, qui a obtenu 23,4% des voix et 27 élus (+ 2 par rapport aux législatives de 2018). Ce dernier a fait face à de nombreux mouvements de protestations au cours de ses deux années au pouvoir. Les Slovènes sont descendus dans la rue à plusieurs reprises pour exprimer leur mécontentement et les parlementaires de l'opposition ont déposé de nombreuses motions de défiance contre son gouvernement. Janez Janša avait également été rappelé à l'ordre par l'Union européenne, notamment pour son manque de respect de la pluralité des médias.

« Le vote a été un vote contre Janez Janša, analyse Miha Kovač, professeur à l'université de Ljubljana. Contre une Slovénie qui suivrait le chemin ouvert par la Hongrie, contre la démocratie illibérale, contre la prise de contrôle par le gouvernement de la télévision publique, contre le contrôle du pouvoir judiciaire. »

Nouvelle Slovénie (NSi) a pris la troisième place du scrutin avec 6,8% des suffrages et 8 députés (+ 1). Le parti est suivi par deux des formations de la Coalition de l'arc constitutionnel (KUL), formée par quatre partis d'opposition de gauche – les Sociaux-Démocrates (SD), la Liste Marjan Šarec (LMS), le Parti d'Alenka Bratušek (SAB) et La Gauche (L) – dans la perspective des élections législatives du 24 avril 2022 afin d'évincer le Premier ministre sortant Janez Janša du pouvoir. Les Sociaux-démocrates ont recueilli 6,6% des voix et remporté 7 sièges (– 3) et La Gauche (L), a, de justesse, réussi à dépasser le seuil de 4% des voix indispensable pour être représenté au parlement : elle a obtenu 4,4% des suffrages et 5 élus (– 4).

Les Slovènes se sont fortement mobilisés pour ces élections législatives. La participation s'est élevée à 70,9%, soit 18,3 points de plus que lors du scrutin de 2018 et le taux le plus élevé depuis 2000.

Comme souvent en Slovénie – Zoran Janković (Slovénie positive, PS) en 2011, Miro Cerar (Parti de Miro Cerar, SMC), en 2014 et Marjan Šarec (Liste Marjan Šarec, LMS), en 2018 –, un nouvel acteur a émergé sur la scène politique nationale à l'occasion d'un scrutin législatif. En 2022, il s'est agi de Robert Golob, qui a dirigé pendant plus de dix ans la compagnie de distribution d'électricité nationale du pays GHen-I, avant de reprendre Dej, parti écologiste créé en 2021 par l'ancien ministre de l'Environnement et de l'Espace (2018-2019) Jure Leben, qu'il a rebaptisé Mouvement pour la liberté (GS). L'homme n'est toutefois pas un novice en politique. Il a été vice-président de Slovénie positive, puis vice-président de l'Alliance Alenka Bratušek (ZaAB). Robert Golob avait fait des élections du 24 avril un « référendum sur la démocratie ». Durant sa campagne électorale, il a promis de bâtir une « société libre et ouverte ». Son programme, écologiste et proeuropéen, se situe au centre-gauche.

Robert Golob a formé son gouvernement qui a obtenu la confiance du parlement slovène le 1er juin. La coalition rassemble le Mouvement pour la liberté, les Sociaux-démocrates, La Gauche, le Parti d'Alenka Bratušek et le parti populiste de la Liste Marjan Šarec (LMS).

Résultats des élections législatives du 24 avril 2022 en Slovénie
Participation : 70,9 %

Partis	Nombre de voix	% des suffrages	Nombre de sièges
Mouvement pour la liberté (GS)	410 769	34,4	41
Parti démocratique slovène (SDS)	279 897	23,4	27
Nouvelle Slovénie-Parti chrétien populaire (NSi)	81 794	6,8	8
Sociaux-démocrates (SD)	79 709	6,6	7
La Gauche (Levica)	53 234	4,4	5
Liste Marjan Šarec (LMS)	44 401	3,7	0
Autres	242 489	20,3	0

Élection présidentielle, 23 octobre et 13 novembre 2022

La tradition a été respectée en Slovénie où les forces de gauche ont conservé la présidence de la République, un poste qu'elles occupent depuis l'indépendance du pays, en 1991. Nataša Pirc Musar a en effet remporté l'élection présidentielle le 13 novembre 2022, lors du second tour de scrutin, avec 53,89 % des suffrages. L'avocate, commissaire pour l'accès à l'information publique (*ombudsman*) entre 2004 et 2014, se présentait en candidate indépendante, mais elle était soutenue par les anciens chefs de l'État Milan Kučan (1991-2002) et Danilo Türk (2007-2012), ainsi que par le Parti de la jeunesse-Verts européens (SMS) d'Igor Juričić et le Parti pirate. Pour le second tour de scrutin, elle a également reçu l'appui du Premier ministre Robert Golob (Mouvement pour la liberté, GS) et de ses partenaires de gauche au gouvernement, les Sociaux-démocrates (SD) et La Gauche (Levica).

Nataša Pirc Musar a devancé Anže Logar (Parti démocrate, SDS), ancien ministre des Affaires étrangères (2020-2022) du gouvernement de Janez Janša (SDS), qui a recueilli 46,11 % des voix. Il était arrivé en tête du premier tour du 23 octobre avec 33,95 % des suffrages. Nataša Pirc Musar, distancée (26,88 % des suffrages), disposait cependant d'importantes réserves de voix. Nouvelle Slovénie (NSi) avait été la seule formation à exprimer son soutien à Anže Logar pour le second tour.

Un peu plus de la moitié des Slovènes se sont rendus aux urnes (53 %) le 13 novembre, soit davantage que lors du premier tour (+ 1,3 point).

La victoire de Nataša Pirc Musar témoigne de la continuité du soutien au camp de la gauche modérée en Slovénie après les élections législatives du 24 avril 2022. Les électeurs modérés ont voté contre le candidat du Parti démocrate lors du second tour de scrutin : « Anže Logar a à son passif plus de vingt ans de bons et loyaux services dans un parti fortement hiérarchisé où tout le monde doit répondre au président (Janez Janša), ce qui suggère qu'il risque de n'être qu'une simple marionnette s'il est élu » avait ainsi mis en garde Uroš Esih, journaliste au quotidien *Delo*. « Anže Logar a visiblement été rattrapé par sa proximité passée avec le controversé ancien Premier ministre Janez Janša » a déclaré Vlado Miheljak, professeur de sociologie politique de l'université de Ljubljana. « Le vrai perdant de la soirée n'est pas Anže Logar mais bien Janez Janša » a-t-il ajouté.

Au cours de ses deux années au pouvoir (2020-2022), l'ancien Premier ministre a fait face à de nombreux mouvements de protestation aussi bien de la part de ses compatriotes, qui sont descendus dans la rue à plusieurs reprises pour exprimer leur mécontentement, que des parlementaires de l'opposition, qui ont déposé de nombreuses motions de défiance contre son gouvernement, en vain toutefois. Janez Janša avait également été rappelé à l'ordre par l'Union européenne, notamment pour non-respect de la pluralité des médias.

Le 13 novembre 2022, Nataša Pirc Musar est donc devenue la première femme à accéder à la présidence de la République de Slovénie.

Résultats de l'élection présidentielle des 23 octobre et 13 novembre 2022 en Slovénie

Participation : 51,7 % (premier tour) et 53 % (second tour)

Candidats	Premier tour		Second tour	
	Nombre de voix	% des suffrages	Nombre de voix	% des suffrages
Nataša Pirc Musar (indépendante)	234 361	26,88	483 812	53,89
Anže Logar (Parti démocrate, SDS)	296 000	33,95	414 029	46,11
Milan Brglez (indépendant)	134 726	15,45		
Vladimir Prebilič (indépendant)	92 456	10,60		
Sabina Senčar (indépendante)	51 767	5,94		
Janez Cigler Krajl (Nouvelle Slovénie, NSi)	38 113	4,37		
Miha Kordiš (La Gauche, Levica)	24 518	2,81		

SUÈDE

Élections législatives, 11 septembre 2022

Les Suédois ont dû attendre deux jours après la clôture du vote avant de savoir qui de la gauche ou de la droite avait remporté les élections législatives du 11 septembre 2022. Finalement, la victoire est revenue aux forces de droite, qui rassemblent les Démocrates de Suède (DS) formation de droite radicale, le Parti des modérés (M), les Chrétiens-Démocrates (KD) et les Libéraux (L). Ensemble, elles ont recueilli 49,6 % des suffrages et ont remporté 175 sièges.

De leur côté, les forces de gauche, qui comprennent le Parti social-démocrate (SAP) de la Première ministre sortante Magdalena Andersson, le Parti de gauche (V), le Parti de l'environnement-Les Verts (MP) et le Parti du centre (C), ont obtenu 48,8 % des voix et 174 sièges.

Les sociaux-démocrates ont réalisé un résultat élevé : 30,4 % des suffrages et 7 élus supplémentaires par rapport au scrutin de 2018. À gauche, le Parti de l'environnement-Les Verts augmente également son nombre d'élus (+ 2). À droite, les Démocrates de Suède réalisent une percée avec 20,5 % des voix et 73 députés (+ 11). Rappelons que la formation recueillait 2,9 % des suffrages aux législatives de 2006, 5,7 % des voix quatre ans plus tard et 17,5 % en 2018. En 2022, elle devient la deuxième formation du royaume scandinave devant le Parti des modérés (M) qui obtient 19,1% de voix et 68 élus. Les Démocrates de Suède ont dépassé les 40 % de suffrages dans plusieurs municipalités du sud de la Suède. En revanche, le Parti du centre perd 7 élus et les Libéraux, 4.

La participation, toujours élevée en Suède, a été légèrement plus faible que lors des législatives de 2018 : elle s'est élevée à 84,2 %, soit 2,9 points de moins.

« Il y a quatre ans, il était encore impensable que les autres partis coopèrent avec les Démocrates de Suède, analyse Anders Ravik Jupskås, du Centre de recherche sur l'extrémisme de l'université d'Oslo, notamment à cause des racines néonazies de ce parti, qui le distinguent de presque tous les autres populistes. C'est dire l'importance du séisme : non seulement la droite classique a accepté le soutien de l'extrême droite, une première dans ce pays scandinave, mais elle est devancée par les Démocrates de Suède, qui deviennent le deuxième parti du pays en rassemblant 20,5 % des voix. » La rupture du cordon sanitaire entre les forces de droite modérée et les populistes de droite a eu lieu dans le royaume scandinave le 20 janvier 2020, lorsque le dirigeant du Parti des modérés, Ulf Kristersson, s'est déclaré prêt à coopérer avec les Démocrates de Suède en raison de leur évolution, qualifiée par lui de « positive », au cours des dernières années : « Les Démocrates de Suède ont un passé et des racines troubles, a-t-il alors déclaré, et ils doivent le régler, mais ce qui m'intéresse est la politique. Je veux résoudre de grandes questions. ».

En novembre 2021, les formations de droite ont présenté un budget commun avec les Démocrates de Suède, celui-ci a été adopté par le Riksdag, chambre unique du Parlement suédois, le gouvernement de Magdalena Andersson, minoritaire, étant empêché de faire voter son propre projet. En juin 2022, les Démocrates de Suède ont également initié une motion de censure contre le ministre de l'Intérieur et de la Justice Morgan Johansson (SAP), qu'il accusait de laxisme face au crime organisé, un fléau qui, ces dernières années, a pris de l'ampleur dans une Suède peu habituée à un niveau élevé de violence.

La formation populiste a encore tenté de faire chuter le gouvernement à quelques semaines des élections législatives du 11 septembre et de générer une crise politique. Soutenue par l'ensemble des forces de droite, elle a néanmoins échoué, à une voix près.

« Nous n'avons jamais eu auparavant une campagne électorale où nous discutions de la loi et de l'ordre, de la lutte contre le crime autant que cette année » souligne Henrik Ekengren Oscarsson, professeur de science politique de l'université de Göteborg. La campagne a en effet été dominée par l'insécurité, un thème que les Démocrates de Suède relient à celui de l'immigration.

Le 18 octobre 2022, Ulf Kristersson a formé un gouvernement qui comprend sa propre formation, les Libéraux et les Chrétiens-Démocrates. Selon l'accord de Tidö, du nom du château où ont eu lieu les négociations entre les partis de droite, cette coalition bénéficie du soutien des Démocrates de Suède au Parlement. Jamais dans l'histoire de la monarchie scandinave, la droite radicale n'avait fait partie d'une majorité de gouvernement.

Résultats des élections législatives du 11 septembre 2022 en Suède
Participation : 84,2%

Partis	Nombre de voix	% des suffrages	Nombre de sièges
Parti social-démocrate (S)	1 964 474	30,3	107
Démocrates de Suède (SD)	1 330 325	20,5	73
Parti des modérés (M)	1 237 428	19,1	68
Parti de gauche (V)	437 050	6,7	24
Parti du centre (C)	434 945	6,7	24
Chrétiens-démocrates (KD)	345 712	5,3	19
Parti de l'environnement Les Verts (MP)	329 242	5,1	18
Les Libéraux (L)	298 542	4,6	16
Autres	100 076	1,5	0

ANNÉE 2023

BULGARIE

Élections législatives, 2 avril 2023

Les Citoyens pour le développement européen de la Bulgarie (GERB) sont arrivés en tête des élections législatives du 2 avril en Bulgarie. Ce scrutin était le cinquième de ce type à se tenir dans le pays depuis le mois d'avril 2021. Le parti de l'ancien Premier ministre (2009-2013, 2014-2017, 2017-2021) Boïko Borissov reste la formation la plus importante du pays. Elle rassemble environ un quart des votants (25,3 % des suffrages) et elle a conquis 69 des 240 sièges de l'Assemblée nationale (Narodno sabranie), chambre unique du Parlement (+ 2 par rapport aux élections législatives du 2 octobre 2022).

Le GERB a devancé la coalition libérale Poursuivons le changement (PP), qui se présentait alliée à Bulgarie démocratique (DB), qui regroupe Oui Bulgarie, les Démocrates pour une Bulgarie forte et les Verts, qui a obtenu 25,5 % des voix et 64 élus.

Renaissance (Vazrazhdane, V), parti nationaliste, favorable à la sortie de la Bulgarie de l'Union européenne comme de l'OTAN et à un rapprochement du pays avec la Russie a pris la troisième place avec 13,58 % des suffrages (37 sièges, + 10). Il est suivi du Mouvement pour les droits et les libertés (DPS), parti représentant la minorité turcophone qui a obtenu 13,18 % des voix et 36 élus (=). Le Parti socialiste (BSP) a recueilli 8,56 % des suffrages (23 députés, – 2) et enfin, la formation populiste Un tel peuple existe (Ima takuv narod, ITN) a obtenu 3,94 % des voix et 11 sièges.

Six partis politiques seront donc représentés dans le prochain Parlement bulgare.

La participation a été faible : seuls quatre électeurs sur dix (40,6 %) se sont rendus aux urnes, soit + 1,3 point par rapport lors des précédentes élections législatives du 2 octobre 2022.

La volonté de mettre fin à ces scrutins à répétition (cinq en deux ans), les considérables difficultés économiques du pays ainsi que la concession faite par Boïko Borissov d'accepter le principe d'un mécanisme de contrôle du procureur général Ivan Guechev, accusé depuis plusieurs années d'empêcher la poursuite des enquêtes sur les oligarques soumis à des sanctions internationales, ont permis la signature le 22 mai d'un accord entre le GERB et PP. Celui-ci prévoit la formation d'un gouvernement de coalition composé d'experts pour une période d'au moins dix-huit mois, avec une rotation tous les neuf mois du Premier ministre et du vice-Premier ministre entre membres des deux formations.

Le 6 juin, Nikolai Denkov (PP) a été nommé Premier ministre d'un gouvernement d'union nationale. Il doit être remplacé par Mariya Gabriel (GERB) dans neuf mois, soit en mars 2024.

Ivan Guechev a été révoqué de ses fonctions le 12 juin par le Conseil supérieur de la magistrature. Une première dans l'histoire de la République de Bulgarie.

Résultats des élections législatives du 2 avril 2023 en Bulgarie
Participation : 40,63 %

Formations politiques	Nombre de voix	% des suffrages	Nombre de sièges
Citoyens pour le développement européen de la Bulgarie (GERB)	669 924	25,39	69
Poursuivons le changement- Bulgarie démocratique (PP-DB)	621 069	23,54	64
Renaissance (Vazrazhdane, V)	358 174	13,58	37
Mouvement des droits et des libertés (DPS)	347 700	13,18	36
Parti socialiste (BSP)	225 914	8,56	23
Un tel peuple existe (Ima takuv narod, ITN)	103 971	3,94	11
Autres	180 514	7,63	0
Indépendants	924	0,04	0
Aucun de ces choix	109 095	4,14	

CHYPRE

Élection présidentielle, 4 et 12 février 2023

Nikos Christodoulides, ancien ministre des Affaires étrangères (2018-2022) et ex-porte-parole du gouvernement (2013-2018), a remporté le 12 février 2023 l'élection présidentielle organisée à Chypre avec 51,97 % des suffrages lors du second tour. Ancien membre du Rassemblement démocratique (DISY), soutenu par le Parti démocratique (DIKO), le Mouvement pour la social-démocratie (EDEK) et le Mouvement de solidarité (DIPA), il se présentait en indépendant.

Il a devancé Andreas Mavroyiannis, qui a obtenu 48,03 % des voix, lui aussi candidat indépendant soutenu par le Parti progressiste des travailleurs (AKEL) et le parti de gauche Génération changement.

La participation s'est élevée à 72,45 %, soit – 0,40 point par rapport au premier tour du 4 février et – 1,52 point par rapport au second tour de l'élection présidentielle de 2018.

Nikos Christodoulides a su se positionner en candidat capable d'unir les Chypriotes au-delà des affiliations partisanes et des clivages idéologiques, ce qui lui a permis d'être élu à la tête de l'État sans le soutien d'aucun des deux « grands » partis.

Le Parti progressiste des travailleurs enregistre sa troisième défaite consécutive à l'élection présidentielle. La formation avait pourtant choisi de soutenir un candidat capable de rallier et d'unir un grand nombre de personnes sur son nom, au-delà des lignes partisanes traditionnelles. Cette stratégie n'a pas été payante.

Le 12 février, Nikos Christodoulides est devenu le plus jeune chef de l'État chypriote.

Rappelons que la Constitution de 1960 n'est plus appliquée dans l'île depuis les troubles intercommunautaires de 1963. Par conséquent, le président de la République de Chypre, élu au suffrage universel pour un mandat de cinq ans, occupe la fonction de chef du gouvernement.

Résultats de l'élection présidentielle des 5 et 12 février 2023 à Chypre
Participation : 72,05% (premier tour) et 72,45% (second tour)

Candidats	Nombre de voix (premier tour)	% des suffrages (premier tour)	Nombre de voix (second tour)	% des suffrages (second tour)
Nikos Christodoulides (indépendant)	127 305	34,02	204 867	51,97
Andreas Mavroyiannis (indépendant)	117 627	29,60	189 335	48,03
Averof Neofytou Rassemblement démocratique, (DISY)	103 755	26,11		
Christos Christou (Front populaire national, ELAM)	24 002	6,04		
Achilleas Demetriades (indépendant)	8 124	2,04		
Constantinos Christofides Nouvelle vague)	6 321	1,59		
Georgios Colocassides (indépendant)	5 284	1,33		
Alexios Savvides (indépendant)	2 393	0,60		
Charalampos Aristotelous (indépendant)	866	0,22		
Celestina de Petro (indépendant)	574	0,14		
Andronicos Zervides (indépendant)	341	0,09		
Ioulia Khovrina Komninou (Parti républicain uni)	331	0,08		
Andreas Efstratiou (indépendant)	299	0,08		
Loukas Stavrou (Reconstruction nationale communautaire)	165	0,04		

ESPAGNE

Élections parlementaires, 23 juillet 2023

Le Premier ministre sortant Pedro Sanchez (Parti socialiste ouvrier espagnol, PSOE) a en partie réussi son pari : si sa formation n'est pas arrivée en tête des élections parlementaires qui se sont tenues le 23 juillet, elle s'est néanmoins maintenue de façon suffisante pour empêcher le Parti populaire (PP), principale formation de droite du pays, d'obtenir une majorité, y compris en s'alliant avec le parti de droite populiste Vox.

Dirigé par Alberto Nunez Feijoo, le Parti populaire a en effet recueilli 33,05 % des suffrages et il a conquis 137 sièges au Congrès des députés (48 de plus que lors des précédentes élections parlementaires du 10 novembre 2019. Il a devancé le Parti socialiste ouvrier, qui a obtenu 31,70 % des voix et 121 élus (– 3).

Vox est en recul : il a recueilli 12,39 % des suffrages et il a remporté 33 sièges (– 19). En revanche, Yolanda Diaz, avocate et ministre de l'Emploi du gouvernement sortant de Pedro Sanchez, a elle aussi réussi son pari : son mouvement Sumar (Additionner), qui rassemble seize partis politiques à gauche du Parti socialiste ouvrier, a obtenu 12,31 % des voix et 31 députés, un résultat quasiment équivalent à celui obtenu par Unidas Podemos en 2019.

Le Parti populaire s'est également imposé au Sénat où il a conquis 120 sièges. Le Parti socialiste ouvrier a obtenu 73 sénateurs.

Contrairement à ce qui était attendu, l'organisation des élections parlementaires au cœur de l'été n'a pas démobilisé les Espagnols : la participation s'est élevée pour le Congrès des députés à 69,95 %, soit 3,72 points au-dessus de celle enregistrée lors des précédentes élections parlementaires du 10 novembre 2019 (70,13 % pour les élections sénatoriales).

Le scrutin anticipé du 23 juillet était consécutif à la décision du Premier ministre sortant Pedro Sanchez de dissoudre les Cortes generales (Parlement espagnol) après la victoire du Parti populaire aux élections régionales, provinciales et municipales qui se sont tenues le 28 mai dernier dans une grande partie de l'Espagne. Pedro Sanchez a compris qu'il lui serait difficile de continuer à gouverner le pays durant encore six mois en étant attaqué par l'opposition de droite comme par ses alliés de la gauche radicale ou encore par les formations séparatistes. Sa décision lui évitait également de voir son autorité de dirigeant du Parti socialiste ouvrier et de leader de la majorité sortante contestée.

Le dirigeant du Parti populaire n'a pu que constater que sa proposition d'« abroger le sanchisme » n'avait pas séduit ses compatriotes. « Il y a un choix à faire entre Pedro Sanchez et l'Espagne et je n'ai aucun doute que la majorité des Espagnols choisiront l'Espagne » a-t-il répété durant sa campagne électorale. La position modérée que souhaitait incarner Alberto Nunez Feijoo n'aura toutefois pas été suffisante pour rassurer et attirer une majorité d'Espagnols.

Les accords conclus entre le Parti populaire et Vox dans une demi-douzaine de régions et 140 municipalités, dont quatre capitales de province, à l'issue des élections régionales, provinciales et municipales du 28 mai ont sans doute, comme l'espérait Pedro Sanchez, détourné un nombre conséquent d'électeurs centristes de la principale formation d'opposition.

Vox a quant à lui pâti en partie du vote utile qui s'est porté sur le Parti populaire comme de quelques unes des premières mesures adoptées localement par ses élus qui ont effrayé certains électeurs.

Pedro Sanchez aura réussi à mobiliser les sympathisants socialistes qui étaient restés chez eux ou qui avaient préféré la droite le 28 mai dernier tout comme les électeurs basques et catalans plutôt favorables à la gauche qui ne votaient pas le 28 mai dernier. Il a également su mettre en avant dans sa campagne électorale son bilan économique et social (croissance du PIB de 5,40 % l'an passé et 5,50 % prévus pour 2023, marché de l'emploi dynamique – plus faible taux de chômage depuis 2008 –12,80 % –, faible inflation – 1,90 % en juin dernier –, augmentation du salaire minimum de 736 euros en 2019 à 1 080 euros aujourd'hui (sur quatorze mois, soit 1 260 euros sur 12 mois), réalignement des pensions de retraite sur l'inflation, élargissement des droits des travailleurs précaires, mise en place d'un revenu minimum vital, etc.).

Tous ces éléments ne lui ont pas permis de remporter les élections parlementaires mais ils ont en revanche suffi pour priver le Parti populaire d'une réelle victoire.

En dépit de sa première place, le Parti populaire n'a pas été en capacité de former de gouvernement y compris en s'alliant à la droite populiste de Vox.

En novembre, Pedro Sanchez a signé un accord avec Sumar, le Bloc national galicien (BNG), la Gauche républicaine de Catalogne (ERC), le Parti nationaliste basque (EAJ/PNV), la coalition Compromis (qui rassemble trois formations valenciennes), la Coalition canarienne (CC) et enfin Junts per Catalunya (JxCat), formation indépendantiste dirigée par Carles Puigdemont, ancien président de la Généralité de Catalogne (2016-2017), destituée en 2017 après avoir organisé un référendum interdit par la justice sur l'indépendance de la Catalogne.

Poursuivi par la justice espagnole, il fait l'objet d'un mandat d'arrêt international. En échange de ses voix, la formation catalane a obtenu l'adoption d'une loi d'amnistie pour les indépendantistes, une mesure que Pedro Sanchez qualifiait d'« anticonstitutionnelle » durant la campagne électorale.

Le Premier ministre sortant a donc été réinvesti le 16 novembre et se succède à lui-même. En s'alliant aux indépendantistes catalans, il prend le risque – important – de renforcer la droite radicale espagnole.

Résultats des élections parlementaires du 23 juillet 2023 en Espagne

Congrès des députés

Participation : 70,04 %

Formations politiques	Nombre de voix	% des suffrages	Nombre de sièges
Parti populaire (PP)	8 091 840	33,05	137
Parti socialiste ouvrier espagnol (PSOE)	7 760 970	31,70	121
Vox	3 033 744	12,39	33
Sumar (S)	3 014 006	12,31	31
Gauche républicaine de Catalogne (ERC)	462 883	1,89	7
Junts per Catalunya (JxCat)	392 634	1,60	7
Euskal Herria Bildu (EH Bildu)	333 362	1,36	6
Parti nationaliste basque (EAJ/PNV)	275 782	1,12	5
Bloc nationaliste galicien (BNG)	152 327	0,62	1
Coalition canarienne (CC)	114 718	0,46	1
Union du peuple navarrais (UPN)	51 764	0,21	1
Autres	1 004 057	3,29	0

Sénat

Participation : 70,04 %

Formations politiques	Nombre de sièges
Parti populaire (PP)	120
Parti socialiste ouvrier espagnol (PSOE)	73
Euskal Herria Bildu (EH Bildu)	4
Gauche républicaine de Catalogne (ERC)	3
Parti nationaliste basque (EAJ/PNV)	4
Junts per Catalunya (JxCat)	1
Union du peuple navarrais (UPN)	1
Groupement socialiste gomérien (ASG)	1
Groupement indépendant d'El Hierro (AHI)	1
Vox	0
Autres	0

ESTONIE

Élections législatives, 5 mars 2023

Le Parti de la réforme (ER), libéral, dirigé par la Première ministre sortante Kaja Kallas, est sorti largement victorieux des élections législatives organisées le 5 mars. Il a recueilli 31,24 % des suffrages et remporté 37 sièges, soit 3 de plus que lors des précédentes élections du 3 mars 2019. Il a devancé le Parti conservateur populaire (EKRE), formation populiste de droite, qui devient le deuxième parti du pays mais qui est en recul avec 16,05 % des voix et 17 élus (– 2). Le Parti du centre (K), formation de gauche emmenée par l'ancien Premier ministre (2016-2021) Juri Ratas, a pris la troisième place du scrutin mais il est également en recul avec 15,28 % des suffrages et 16 députés (– 10). En recueillant 13,33 % des voix, le parti Estonie 200, formation libérale, fait son entrée au Parlement : il a remporté 14 élus (+ 14). Le Parti social-démocrate (SDE) a obtenu 9,27 % des suffrages et 9 sièges (– 1). Il a devancé Isamaa (I), formation chrétienne-démocrate en recul qui a recueilli 8,21 % des voix et a remporté 8 sièges (– 4).

La participation, s'est élevée à 63,50 %, soit quasiment équivalente à celle enregistrée lors des élections de mars 2019. Pour la première fois, plus de la moitié des Estoniens (50,97 %) ont voté par internet.

La guerre en Ukraine a sans conteste pesé sur les élections. L'Estonie, dont plus d'un quart (28,5 %) de la population est russophone, a été l'un des premiers pays à aider l'Ukraine, à laquelle elle a envoyé des missiles antichars dès les premières semaines de février 2022. La Première ministre Kaja Kallas avait également demandé à l'Union européenne d'imposer des sanctions à la Russie après la reconnaissance par Vladimir Poutine des républiques de Donetsk et de Louhansk (21 février 2022). Les Estoniens ont particulièrement apprécié la gestion de la crise puis de la guerre entre Moscou et Kiev par leur chef de gouvernement et son positionnement de partisane inconditionnelle de l'Ukraine. L'Estonie reste le pays du monde qui a le plus contribué à l'équipement militaire des Ukrainiens proportionnellement à son PIB par habitant. De même, elle est l'État européen qui a accueilli le plus grand nombre d'Ukrainiens par rapport à sa population (qui s'élève à 1,3 million de personnes) : environ 124 000 réfugiés depuis le 24 février 2022. 77 000 vivent toujours en Estonie.

Martin Helme, qui a répété qu'il fallait être plus conciliant avec la Russie et qui a fait campagne pour l'arrêt des livraisons d'armes à Kiev et l'arrêt de l'accueil des réfugiés ukrainiens et la baisse de l'immigration pour protéger les travailleurs estoniens, n'a pas convaincu ses compatriotes.

De même, le Parti du centre a perdu son statut de premier opposant. Au début du mois de mars 2022, il avait condamné l'invasion de l'Ukraine par les forces armées russes. « Le Parti du centre ne possède plus l'image d'un parti de gauche classique et il n'est plus associé avec la politique russe. Il perd ainsi une partie de sa base électorale. Parmi les russophones, un tiers soutient l'Ukraine, un tiers est pro-Poutine et le dernier tiers a peur de s'exprimer » analyse Tonis Saarts, professeur de science politique de l'université de Tallinn.

« Le débat politique actuel transcende les lignes ethniques. Avant, la plupart des russophones votaient pour le Parti du centre, maintenant les gens se déterminent davantage en choisissant entre aspirations populistes et volonté de réforme » a déclaré Tarmo Jüristo, fondateur de la Fondation citoyenne libérale (SALK), qui précise que les jeunes électeurs se font de moins en moins les défenseurs des intérêts d'une communauté lorsqu'ils déposent leur bulletin dans l'urne. « La population russophone en Estonie n'est pas un groupe homogène » a souligné Marek Tamm, historien, professeur d'histoire culturelle à l'université de Tallinn, qui affirme que, selon les enquêtes d'opinion, la moitié des russophones sont opposés à la guerre de la Russie en Ukraine. Seuls un quart y seraient favorables.

Le 17 avril, la Première ministre Kaja Kallas a été reconduite à son poste. Elle a formé un gouvernement unissant sa formation du Parti de la réforme, à Estonie 200 et au Parti social-démocrate.

Résultats des élections législatives du 5 mars 2023 en Estonie
Participation : 63,53 %

Formations politiques	Nombre de voix	% des suffrages	Nombre de sièges
Parti de la réforme (ER)	190 632	31,24	37
Parti conservateur populaire (EKRE)	97 966	16,05	17
Parti du centre (K)	93 254	15,28	16
Estonie 200 (E200)	81 329	13,33	14
Parti social-démocrate (SDE)	56 584	9,27	9
Isamaa (I)	50 118	8,21	8
Autres	34 528	5,65	0
Indépendants	5 888	0,96	0

FINLANDE

Élections législatives, 2 avril 2023

Le Parti de la coalition nationale (KOK), emmené par Petteri Orpo, est arrivé en tête des élections législatives organisées le 2 avril. Il a recueilli 20,82 % des suffrages et conquis 48 sièges à l'Eduskunta/Riksdag, chambre unique du Parlement, soit + 10 par rapport au précédent scrutin législatif du 14 avril 2019. Il devance de peu le Parti des Finlandais (Perus S), formation populiste de droite, nationaliste et eurosceptique, qui a obtenu le résultat le plus élevé de son histoire : 20,06 % des voix et 46 élus (+ 7). Le Parti social-démocrate (SDP) a pris la troisième place avec 19,95 % des suffrages et 43 sièges (+ 3).

Le trio de tête est suivi par le Parti du centre (KESK), qui est en net recul avec 11,29 % des suffrages et 23 sièges (– 8) ; l'Alliance des gauches (VAS), parti de gauche radicale, a obtenu 7,06 % des voix et 11 élus (– 5) ; la Ligue verte (VIHR) a aussi enregistré un revers : 7,04 % des suffrages et 13 élus (– 7) ; le Parti du peuple suédois (SFP), représentant les intérêts de la minorité suédophone, obtient 4,31 % des voix et 9 élus (=) ; le Parti chrétien-démocrate (SKL), 4,22 % des suffrages et 5 députés (=) et enfin le parti libéral du Mouvement maintenant (LN) a obtenu 2,42 % des voix et conserve son siège.

La participation a été supérieure de + 3,98 points à celle enregistrée lors des élections du 14 avril 2019 et s'élève à 72,71 %.

« Le débat de la campagne électorale a été relativement classique opposant ceux qui désirent une politique fiscale plus disciplinée et des coupes budgétaires à ceux qui veulent préserver les dépenses sociales » a analysé Teivo Teivainen, professeur de science politique à l'université d'Helsinki. L'opposition a accusé les sociaux-démocrates d'avoir augmenté la dette publique, passée au cours de la dernière législature de 65 % à 73 % du PIB.

Petteri Orpo a reproché aux sociaux-démocrates de vouloir « résoudre tous les problèmes en utilisant la dette et en augmentant les impôts ». À l'inverse, il souhaite mettre en place un plan d'austérité de 6 milliards d'euros et il préconise de réduire certaines dépenses sociales pour remettre les comptes à l'équilibre et relancer la croissance. La Finlande est également entrée en récession économique et devrait afficher une croissance négative en 2023.

De son côté, le Parti des Finlandais se veut anti-élites, opposé à tout approfondissement de l'Union européenne et défenseur de la culture nationale finlandaise et de la souveraineté du pays. Il fait des services publics une priorité et il refuse toute coupe dans les services sociaux. Pour la formation, le but de l'État est d'assurer la sécurité et de protéger les Finlandais.

Le 20 juin, Petteri Orpo a été nommé Premier ministre. Sa coalition gouvernementale regroupe son Parti de la coalition nationale, le Parti des Finlandais, le Parti du peuple suédois et le Parti chrétien-démocrate.

Résultats des élections législatives du 2 avril 2023 en Finlande
Participation : 72,71 %

Formations politiques	Nombre de voix	% des suffrages	Nombre de sièges
Parti de la coalition nationale (Kok)	644 555	20,82	48
Parti des Finlandais (Perus S)	620 981	20,06	46
Parti social-démocrate (SDP)	617 552	19,95	43
Parti du centre (Kesk)	349 640	11,29	23
Alliance des gauches (Vas)	218 430	7,06	11
Ligue verte (VIHR)	217 795	7,04	13
Parti du peuple suédois (SFP)	133 518	4,31	9
Parti chrétien-démocrate (SKL)	130 694	4,22	5
Mouvement maintenant (LN)	74 995	2,42	1
För Åland (ÅS)	11 452	0,37	1
Autres	75 466	2,43	0
Indépendants	556	0,02	0

GRÈCE

Élections législatives, 21 mai 2023

Nouvelle Démocratie (ND), parti conduit par le Premier ministre sortant Kyriakos Mitsotakis, a remporté une large victoire lors des élections législatives organisées le 21 mai en Grèce recueillant 40,79 % des suffrages et 146 des 300 sièges de la Vouli (– 12 par rapport aux précédentes élections législatives du 7 juillet 2019), chambre unique du Parlement. Le parti échoue de peu à obtenir la majorité absolue qui s'établit à 151 élus.

La Coalition de la gauche radicale-Alliance progressiste (SYRIZA), dirigée par l'ancien Premier ministre (janvier-août 2015 et septembre 2015-juillet 2019) Alexis Tsipras, a subi en revanche une sévère défaite, obtenant 20,07 % des voix et 71 élus (– 15).

Le Mouvement socialiste panhellénique-Mouvement pour le changement (PASOK-KINAL) peut également s'estimer satisfait de son résultat. Avec 11,46 % suffrages et 41 sièges, il a multiplié par deux son nombre d'élus (+ 19). Le Parti communiste (KKE) a pris la quatrième place du scrutin : 7,23 % des voix et 28 élus (+ 13).

La Coalition de la gauche radicale-Alliance progressiste est donc à la peine et elle a perdu de nombreux députés alors que deux autres forces de gauche, le Mouvement socialiste panhellénique-Mouvement pour le changement et le Parti communiste, ont progressé. Une partie des électeurs d'Alexis Tsipras ne lui ont sans doute pas pardonné d'avoir mis en œuvre de très strictes mesures d'austérité lors de ses quatre années au pouvoir alors qu'il avait été élu sur le rejet de la politique d'austérité.

Solution grecque (EL), parti ultranationaliste de droite radicale, a recueilli 4,45 % des voix et 16 élus. En revanche, le Front de désobéissance réaliste européen (MeRA25), parti de gauche radicale de l'ancien ministre des Finances (janvier-juillet 2015) Yanis Varoufakis, a échoué à dépasser le seuil des 3 % des suffrages indispensable pour être représenté au parlement et il a perdu ses 9 députés.

La participation a été légèrement supérieure à celle enregistrée lors des précédentes élections législatives du 7 juillet 2019 : elle s'est élevée à 60,94 %, soit + 3,16 points.

L'ampleur de la victoire de la Nouvelle Démocratie a surpris. « L'amélioration du climat économique est une carte importante pour le parti au pouvoir. Ces deux dernières années, l'économie grecque s'est fortement redressée, les exportations ont augmenté de manière impressionnante, tout en attirant des activités commerciales internationales à forte valeur ajoutée » a souligné Manos Matsaganis, professeur de finances publiques de l'université polytechnique de Milan.

« La logique de la stabilité a gagné les Grecs qui ont été traumatisés par les années de crise économique. Les électeurs n'ont pas cru à la possibilité d'un gouvernement de coalition qui n'est pas dans la culture grecque » a précisé le politologue Manos Papazoglou. « Les partis politiques grecs n'ont pas cette culture, d'autant que les Grecs gardent de mauvais souvenirs de coalitions passées » a déclaré Constantinos Filis, directeur de l'Institut des relations internationales.

Comme attendu, aucun gouvernement n'a pu être formé à l'issue des élections législatives du 21 mai. Ces dernières étaient organisées à la proportionnelle intégrale (pour la première fois depuis trente-trois ans), un mode de scrutin qui rend difficile la formation d'une majorité de gouvernement.

Kyriakos Mitsotakis a exclu de constituer une coalition pour provoquer la tenue de nouvelles élections avec un nouveau mode de scrutin qui accorde au parti qui arrive en tête obtient une prime qui peut aller jusqu'à cinquante sièges supplémentaires, ce qui pourrait lui permettre de dégager une majorité absolue et de constituer un gouvernement stable.

Résultats des élections législatives du 21 mai 2023 en Grèce
Participation : 60,94 %

Formations politiques	Nombre de voix	% des suffrages	Nombre de sièges
Nouvelle Démocratie (ND)	2 407 860	40,79	146
Coalition de la gauche radicale-Alliance progressiste (SYRIZA)	1 184 500	20,07	71
Mouvement pour le changement-Mouvement socialiste panhellénique (PASOK-KINAL)	676 166	11,46	41
Parti communiste de Grèce (KKE)	426 741	7,23	26
Solution grecque (EL)	262 529	4,45	16
Autres	945 054	16	0

Élections législatives, 26 juin 2023

La Nouvelle Démocratie (ND), parti conduit par Kyriakos Mitsotakis, a de nouveau remporté une large victoire lors des élections législatives organisées le 26 juin en Grèce avec 40,56 % des suffrages et 158 des 300 sièges de la Vouli, chambre unique du Parlement, (+ 12 par rapport au précédent scrutin législatif du 21 mai dernier). Le parti obtient cette fois la majorité absolue.

La Coalition de la gauche radicale-Alliance progressiste (SYRIZA), dirigée par l'ancien Premier ministre (janvier-août 2015 et septembre 2015-juillet 2019) Alexis Tsipras, a quant à elle subi une nouvelle sévère défaite, obtenant 17,83 % des voix et 47 élus (– 24).

Le Mouvement socialiste panhellénique-Mouvement pour le changement (PASOK-KINAL) a pris la troisième place avec 11,84 % suffrages et 32 sièges (– 9). Il est suivi par le Parti communiste (KKE) : 7,69 % des voix et 21 élus (– 5). Viennent ensuite Les Spartiates, parti de l'ancien porte-parole du parti d'extrême droite Aube dorée (XA), Ilias Kassidiaris, qui purge actuellement une lourde peine de prison mais qui a mené sa campagne depuis sa cellule. Il a recueilli 4,68 % des suffrages et 12 sièges. Solution grecque (EL), parti ultranationaliste de droite radicale, a recueilli 4,44 % des voix et remporté aussi 12 élus. Le Mouvement patriote démocratique-Victoire (Niki), parti de droite radicale, fait son entrée à la Vouli avec 3,70 % et 10 élus. Enfin, Cap sur la liberté (PE), parti de gauche de l'ancienne membre de la Coalition de la gauche radicale-Alliance progressiste Zoé Konstantopoulou, ex-présidente du parlement grec (février-août 2015), a obtenu 3,17 % et 8 sièges.

Les élections législatives du 25 juin étaient consécutives à l'échec des politiques à former un gouvernement à l'issue du précédent scrutin du 21 mai en Grèce qui avait été remporté par la Nouvelle Démocratie mais sans majorité absolue. Elles se sont déroulées avec un mode de scrutin semi-proportionnel qui prévoit l'octroi d'une prime au parti qui arrive en tête du scrutin. Celle-ci peut aller jusqu'à cinquante sièges.

Seul un Grec sur deux s'est rendu aux urnes. Comme attendu, la participation a donc été plus faible que celle enregistrée le 21 mai dernier : elle s'est élevée à 53,74 % (– 7,20 points).

La victoire était attendue et la dynamique était clairement du côté de Nouvelle Démocratie, qui avait obtenu 146 sièges le 21 mai dernier, soit seulement cinq de moins que la majorité absolue. L'écart entre le premier parti de droite – la Nouvelle Démocratie – et celui de gauche – la Coalition de la gauche radicale-Alliance progressiste – (20,72 points le 21 mai), le plus important jamais enregistré depuis le retour de la Grèce à la démocratie en 1974, s'est de nouveau élargi : 22,73 points le 25 juin.

La surprise du scrutin est venue de la poussée de la droite radicale. Deux nouveaux partis font leur entrée au Parlement grec tandis que Solution grecque se maintient : Les Spartiates, parti d'extrême-droite, dirigés par un homme, condamné à treize ans et demi ans de prison ferme pour avoir dirigé une organisation criminelle impliquée dans l'assassinat en 2013 de Pavlos Fyssas, rappeur et militant antifasciste, et dans des tentatives d'homicides sur des pêcheurs égyptiens et des syndicalistes communistes en 2012 et 2013 d'un côté et le Mouvement patriote démocratique-Victoire (Niki), parti xénophobe, homophobe, anti-avortement, anti-divorce de l'autre.

« Les déboires de SYRIZA reflètent en partie le désabusement durable d'une partie de la gauche face à la volte-face du parti en matière économique[32]. SYRIZA a modifié sa stratégie et s'est déplacée idéologiquement vers le centre pour obtenir une partie des voix qui s'y trouvent mais cela n'a pas fonctionné » a analysé Marina Prentoulis, professeur de science politique à l'East Anglia University (Royaume-Uni). La déroute de SYRIZA signe sans doute la fin de l'ère Tsipras.

Kyriakos Mitsotakis a formé son gouvernement le 27 juin. Celui-ci rassemble des membres de sa formation de la Nouvelle Démocratie et des experts indépendants.

32. La formation a appliqué de sévères mesures d'austérité réclamées par les créanciers internationaux de la Grèce (Union européenne, Banque mondiale, Fonds monétaire international) après son arrivée au pouvoir en 2015, en dépit du vote de la majorité des Grecs qui s'étaient prononcés par référendum contre une telle politique et malgré ses promesses de campagne électorale.

Résultats des élections législatives du 26 juin 2023 en Grèce
Participation : 53,74 %

Formations politiques	Nombre de voix	% des suffrages	Nombre de sièges
Nouvelle Démocratie (ND)	2 115 322	40,56	158
Coalition de la gauche radicale-Alliance progressiste (SYRIZA)	930 013	17,83	47
Mouvement pour le changement-Mouvement socialiste panhellénique (PASOK-KINAL)	617 487	11,84	32
Parti communiste de Grèce (KKE)	401 224	7,69	21
Les Spartiates	243 922	4,68	12
Solution grecque (EL)	231 491	4,44	12
Mouvement patriote démocratique-Victoire (Niki)	193 124	3,70	10
Cap sur la liberté (PE)	165 523	3,17	8
Front de désobéissance réaliste européen (MeRA25)	130 178	2,50	0
Autres	186 923	3,59	0

LUXEMBOURG

Élections législatives, 8 octobre 2023

Le Parti chrétien-social (PCS/CSV), emmené par Luc Frieden, est le grand vainqueur du scrutin organisé le 8 octobre au Luxembourg. Il a recueilli 29,21 % des suffrages et a remporté 21 sièges, soit un nombre égal à celui conquis lors des précédentes élections législatives du 14 octobre 2018. Il a devancé le Parti démocratique (PD/DP) du Premier ministre sortant Xavier Bettel, qui a obtenu 18,70 % des voix (troisième en nombre de voix mais deuxième en nombre de sièges) et 14 élus (+ 2) et, juste derrière, le Parti ouvrier socialiste (POSL/LSAP), membre de la coalition gouvernementale sortante, qui a recueilli 18,91 % des suffrages et conquis 11 sièges (+ 1).

L'autre vainqueur du scrutin est le Parti réformiste d'alternative démocratique (ADR), formation populiste de droite, qui est devenue la quatrième force politique du pays avec 9,27 % et 5 élus (+ 1).

En revanche, Les Verts/Dei Greng (LV-DG), membres de la coalition gouvernementale sortante, ont enregistré un recul important : ils ont recueilli 8,55 % et ont remporté 4 sièges (– 5). Remportant moins de 5 sièges, les écologistes ne seront donc pas en mesure de constituer un groupe parlementaire. La défaite est sévère et elle peut surprendre dans un moment où les questions écologiques sont au cœur du débat politique.

Le Parti pirate (PPL) enregistre une légère hausse, avec 6,74 % des suffrages et 3 élus (+ 1). Enfin, La Gauche/Dei Lenk (LG/DL), parti d'extrême gauche, se maintient avec 3,93 % des voix, et 2 députés (=).

La participation s'est élevée à 87,18 %, soit – 5,58 points par rapport à celle enregistrée lors des précédentes élections législatives du 14 octobre 2018. Le vote est obligatoire dans le Grand-Duché. Les Luxembourgeois résidant à l'étranger ou en dehors de la commune où ils sont appelés à voter ou encore ceux âgés de plus de soixante-quinze ans sont toutefois exemptés de cette obligation.

Après un retrait de dix ans de la scène politique, la désignation de Luc Frieden, ancien ministre de la Justice et des Finances et actuel président de la Chambre de commerce et de l'Eurochambre, comme tête de liste du Parti populaire chrétien-social pour les élections législatives du 8 octobre s'est révélé judicieuse puisque l'homme a su obtenir une victoire nette qui permet à sa formation de retrouver le pouvoir. Le 17 novembre, Luc Frieden est devenu Premier ministre d'un gouvernement qui réunit sa formation et le Parti démocratique.

Résultats des élections législatives du 8 octobre 2023 au Luxembourg
Participation : 87,18 % (le vote est obligatoire dans le Grand-Duché)

Formations politiques	Nombre de voix	% des suffrages	Nombre de sièges
Parti populaire chrétien-social (PCS/CVS)	1 099 427	29,21	21
Parti ouvrier socialiste luxembourgeois (POSL/LSAP)	711 890	18,91	11
Parti démocratique (PD/DP)	703 833	18,70	14
Parti réformiste d'alternative démocratique (ADR)	348 990	9,27	5
Les Verts/Dei Gréng (LV/DG)	321 895	8,55	4
Parti pirate (PPL)	253 554	6,74	3
La Gauche/Dei Lénk (LG/DL)	147 839	3,93	2
Fokus	93 839	2,49	0
Liberté/Fräiheet!	42 643	1,13	0
Parti communiste luxembourgeois (PCL/KPL)	24 275	0,64	0
Les Conservateurs (DK)	8 494	0,23	0
Volt	7 001	0,19	0

PAYS-BAS

Élections législatives, 22 novembre 2023

Grosse surprise aux Pays-Bas où le Parti de la liberté (PVV), formation de droite radicale dirigée par Geert Wilders, est arrivé largement en tête des élections législatives du 22 novembre.

La formation a recueilli 23,49 % des suffrages et conquis 37 sièges, soit 20 de plus que lors du précédent scrutin des 15, 16 et 17 mars 2021. Les dernières enquêtes d'opinion préélectorales attestaient d'une remontée de la formation quelques jours avant le scrutin mais aucun sondage n'avait anticipé une telle percée. La veille du vote, seulement quatre électeurs sur dix (40 %) se disaient sûrs de leur choix. Le nombre de partis en lice (27), important, et le renouvellement de la plupart des têtes de listes par rapport à 2021 rendaient également difficile d'anticiper le vote des Néerlandais. Selon Benjamin Leruth, professeur de science politique de l'université de Groningue, environ un tiers des électeurs changent de parti à chaque nouvelle élection.

« Vous pouvez parler de tremblement de terre. Personne ne s'attendait à ce résultat, pas même Geert Wilders » a affirmé Rene Cuperus de l'institut Clingendeal. Fait exceptionnel : la Commission européenne, qui ne commente jamais les résultats des élections nationales organisées au sein des États membres, a publié une déclaration : « Nous comptons toujours sur la forte implication des Pays-Bas dans l'Union européenne » peut-on y lire.

Le Parti de la liberté est arrivé en tête dans les villes de Rotterdam, La Haye et Maastricht. Il obtient ses résultats les plus élevés dans le sud et le nord-est des Pays-Bas.

Les partis du gouvernement sortant ont essuyé un revers important. Le Parti populaire pour la liberté et la démocratie (VVD), du Premier ministre sortant Mark Rutte, a recueilli 15,25 % des suffrages et remporté 24 sièges (– 10). Les Démocrates 66 (D66) ont obtenu 6,29 % des voix et 10 élus (– 14) et L'Appel chrétien-démocrate (CDA) a recueilli 3,31 % des suffrages et conquis 5 sièges (– 10).

L'Alliance Parti du travail-Gauche verte (PvdA-GL), emmenée par Frans Timmermans, ancien commissaire européen à l'Action pour le climat (2019-2023), a pris la deuxième place du scrutin, loin derrière le Parti de la liberté, avec 15,75 % des voix et 25 élus (+ 8 par rapport au résultat des deux formations lors des dernières élections). La coalition de gauche s'est imposée dans la capitale Amsterdam, à Utrecht et à Groningue.

Le Parti socialiste (SP), formation de gauche radicale, comme le Parti pour les animaux (PvdD), ont pâti du vote utile en faveur de la coalition conduite par Frans Timmermans, un vote choisi par une partie des électeurs de plus en plus inquiets au fur et à mesure que la menace d'une victoire de Geert Wilders se faisait jour dans les enquêtes d'opinion. Ces deux formations ont recueilli respectivement 3,14 % des voix (4 députés, – 5) et 2,25 % des suffrages (3 sièges, – 3).

L'alliance Parti du travail-Gauche verte a devancé le Nouveau Contrat social (NSC), formation récemment fondée et positionnée au centre sur l'échiquier politique, qui a pris la troisième place du scrutin en obtenant 12,85 % des voix et 20 députés. Longtemps en tête des enquêtes d'opinion, le Mouvement agriculteur-citoyen (BBB) a finalement obtenu 4,65 % 7 (+ 6)

Six autres formations seront représentées dans la Chambre des États généraux, chambre basse du Parlement néerlandais.

Au total, les partis de droite remportent les deux tiers des votes de ces élections législatives du 22 novembre.

La participation s'est élevée à 77,60 %, soit 2,06 points au-dessous de celle enregistrée lors des précédentes élections législatives des 15, 16 et 17 mars 2021.

Comment expliquer le succès de Geert Wilders ? Présent depuis des années sur la scène politique néerlandaise où il a connu des fortunes diverses, l'homme a récemment effectué un virage vers un programme plus social. « Il existe des problèmes plus importants que la lutte contre le flot de demandeurs d'asile et d'immigrants » a-t-il déclaré. Le dirigeant du Parti de la liberté s'est notamment intéressé aux questions de pouvoir d'achat (si l'immigration est une question importante, « les Néerlandais s'inquiètent encore plus de savoir s'il leur reste encore de l'argent dans leur portefeuille » a-t-il indiqué), d'accès aux soins, de retraite, de logement.

L'homme, qui pour la première fois se disait « prêt à gouverner », est également apparu serein et apaisé lors des débats télévisés préélectoraux au point d'y avoir gagné le surnom de Geert Milders (Geert le doux).

« Geert Wilders est resté le même mais son ton a quelque peu changé. Ce qui a changé aussi, c'est qu'il y a désormais plus de partis radicaux et que Geert Wilders apparaît presque comme un modéré. D'autant que certains partis traditionnels se sont aussi rapprochés du Parti de la liberté, sur des thèmes tel que celui de l'immigration, central pendant la campagne » a souligné Kristof Jacobs, politologue de l'université de Nimègue. « Les autres partis ont commis une erreur stratégique en se concentrant sur l'immigration, faisant ainsi le jeu du Parti de la liberté » a affirmé Diederick van Wijk de l'institut Clingendael.

En effet, le dirigeant populiste de droite a indéniablement profité de la présence du thème de l'immigration et de l'asile au cœur des débats politiques. Les élections du 22 novembre avaient été anticipées de deux ans après la démission le 7 juillet de Mark Rutte qui avait échoué à faire adopter par son gouvernement un projet de loi contribuant à réduire l'accueil des demandeurs d'asile aux Pays-Bas. Beaucoup ont reproché au Premier ministre de s'être servi de la question du droit d'asile comme prétexte pour provoquer un retour anticipé aux urnes en fixant à ses partenaires de coalition gouvernementale des conditions qu'il savait ne pouvoir être acceptées.

Par ailleurs, en indiquant qu'elle n'excluait pas de gouverner avec le Parti de la liberté, la dirigeante libérale Dilan Yesilgöz-Zegerius a contribué à légitimer et même à renforcer cette formation et son dirigeant. « Le Parti populaire pour la liberté et la démocratie, formation de la droite classique du gouvernement, a fortement contribué à lever le cordon sanitaire en présentant à plusieurs reprises le Parti de la liberté comme un partenaire fréquentable » a déclaré Niek Pas, politologue de l'université d'Amsterdam.

Geert Wilders doit désormais parvenir à trouver une majorité parlementaire et à former un gouvernement. L'Alliance Parti du travail-Gauche verte (PvdA-GL) a affirmé qu'elle ne coopérerait pas avec le Parti de la liberté. « Le moment est venu pour nous de défendre la démocratie », a affirmé Frans Timmermans. Dilan Yesilgöz-Zegerius a déclaré que sa formation pourrait considérer apporter un soutien parlementaire à une coalition formée par Geert Wilders. « Nous sommes prêts à gouverner. C'est un résultat difficile. Nous discuterons de la manière dont nous pourrions contribuer au mieux » a déclaré pour sa part Pieter Omtzigt.

Geert Wilders a quant à lui évoqué la formation d'une coalition gouvernementale comprenant outre sa propre formation le Nouveau Contrat social et le Mouvement agriculteur-citoyen. Cependant, les trois partis disposent ensemble de 64 sièges à la Chambre, soit douze de moins que la majorité absolue.

Résultats des élections législatives du 22 novembre 2023 aux Pays-Bas
Participation : 77,60%

Formations politiques	Nombre de voix	% des suffrages	Nombre de sièges
Parti pour la liberté (PVV)	2 446 338	23,49	37
Alliance Parti du travail-Gauche verte (PvdA-GL)	1 640 865	15,75	25
Parti populaire pour la liberté et la démocratie (VVD)	1 588 436	15,25	24
Nouveau Contrat social (NSC)	1 338 408	12,85	20
Démocrates 66 (D66)	655 389	6,29	10
Mouvement agriculteur-citoyen (BBB)	483 817	4,65	7
Appel chrétien-démocrate (CDA)	344 926	3,31	5
Parti socialiste (SP)	327 196	3,14	4
Denk (DENK)	246 546	2,37	3
Parti pour les animaux (PvdD)	234 721	2,25	3
Forum pour la démocratie (FvD)	232 312	2,23	3
Parti politique réformé (SGP)	217 287	2,09	3
Union chrétienne (CU)	212 455	2,04	3
Volt	178 588	1,71	2
Juiste Antwoord 2021 (JA 21)	71 208	0,68	1
Autres	196 627	1,90	0

POLOGNE

Élections parlementaires, 15 octobre 2023

Les trois coalitions constituées par des partis d'opposition – la Coalition citoyenne (KO) de Donald Tusk, Troisième voie (Trzecia Droga) et La Gauche – ont remporté les élections parlementaires du 15 octobre en Pologne. La Coalition citoyenne est organisée autour de la Plateforme citoyenne (PO) de l'ancien Premier ministre (2007-2014) et ex- président du Conseil européen (2014-2019), Donald Tusk et de trois autres partis (Moderne, Les Verts, Z, Initiative polonaise, iPL). La coalition de la Troisième voie rassemble deux partis centristes (Pologne 2050 et la Coalition polonaise, dominée par le Parti paysan, PSL). Avec La Gauche, ces deux coalitions obtiennent 53,71 % des suffrages et 248 des 460 sièges que compte la Diète (Sejm), chambre basse du Parlement.

La coalition Droite unie et la Confédération liberté et indépendance, recueillent ensemble 42,54 % des voix et remportent 212 sièges. La première est emmenée par Droit et justice (PiS) parti conservateur du Premier ministre sortant Mateusz Morawiecki et dirigé par Jaroslaw Kaczynski, aux côtés de quatre autres partis et quelques personnalités indépendantes ; elle est arrivée en tête du scrutin parlementaire du 15 octobre. Parti ultra-nationaliste dirigé par Slawomir Mentzen, la Confédération liberté et indépendance a réalisé une contre-performance par rapport à ce qu'indiquaient les enquêtes d'opinion préélectorales.

La Coalition citoyenne a remporté 41 sièges au Sénat et la coalition Droite unie, 34. Troisième voie a obtenu quant à elle 11 élus à la Chambre haute et La Gauche, 9.

Les Polonais se sont pressés aux urnes pour ce que d'aucuns avaient qualifié de scrutin le plus important depuis 1989, année de la chute du communisme en Pologne. « Ce qui est en jeu, c'est l'avenir de la démocratie en Pologne et l'avenir de la Pologne en tant que démocratie et État de droit » avait déclaré Dorota Dakowska, professeur de science politique à Sciences Po Aix-en-Provence. Près des trois quarts des Polonais ont voté (74,38 %), soit un nombre record depuis le retour de la démocratie dans le pays il y a trente-quatre ans et un taux de 12,64 points supérieur à celui enregistré lors des précédentes élections de 2019. La mobilisation a été particulièrement importante dans l'ouest et le nord-ouest de la Pologne, une partie du pays qui vote traditionnellement en faveur de la Plateforme citoyenne. La forte mobilisation des femmes et surtout des jeunes a été fatale à Droit et justice. La participation des femmes s'est élevée à 73,2 % (pour 61,5 % en 2019), celle des moins de trente ans s'est établie à 68,8 % pour 46,5 % il y a quatre ans.

Les Polonais ont également suivi Donald Tusk et l'opposition qui avaient appelé au boycottage des référendums organisés le jour des élections parlementaires. Seuls 40 % des Polonais se sont prononcés sur les quatre questions posées[33], soit un nombre insuffisant pour valider ces consultations populaires pour lesquelles il était obligatoire qu'au moins la moitié des électeurs inscrits votent.

Donald Tusk a su mener une campagne éloignée de l'orthodoxie budgétaire qui avait été fatale à son parti lors des élections parlementaires du

33. Les questions posées aux Polonais étaient les suivantes : – Êtes-vous favorable à la vente bradée des actifs de l'État à des entités étrangères ? – Êtes-vous favorable à la hausse de l'âge de la retraite à 67 ans pour les hommes et les femmes ? – Êtes-vous favorable à la suppression de la barrière construite entre la Pologne et la Biélorussie ? – Êtes-vous favorable à l'admission de milliers de migrants illégaux en Pologne conformément au mécanisme de relocalisation forcée imposé par l'Union européenne ?

25 octobre 2015. Fondée sur le libéralisme économique, la formation qu'il dirige défend désormais certaines mesures sociales-démocrates comme la hausse des dépenses de santé. Elle surenchérit même parfois sur les propositions d'aide sociale de Droit et justice ; elle promet dans tous les cas de ne pas abandonner ou de ne pas amender les différentes mesures sociales prises par le pouvoir en place au cours des huit dernières années. Ainsi, le dirigeant de la Plateforme citoyenne a proposé de voter dès cette année la revalorisation de l'allocation familiale, une promesse de campagne de Droit et justice pour 2024. Il s'est également engagé à ne pas relever l'âge de départ à la retraite qui s'établit aujourd'hui à 60 ans pour les femmes et à 65 ans pour les hommes. Donald Tusk avait fait passer cet âge à 67 ans en 2012, une mesure qui lui est encore reprochée actuellement.

Surtout, l'ancien président du Conseil européen a assuré qu'il débloquerait les fonds issus du plan de relance européen « dès le lendemain de son élection ». La récente réforme judiciaire votée par Droit et justice a en effet conduit au blocage par les institutions européennes du versement à Varsovie de 35 milliards d'euros, soit la part du Fonds du plan de relance voté à l'issue de la pandémie de Covid-19 en faveur de la Pologne. Ce blocage dure depuis deux ans. Donald Tusk a également affirmé que l'autre première mesure qu'il souhaite voir mise en place concerne la légalisation de l'interruption volontaire de grossesse jusqu'à douze semaines. Plus largement, le dirigeant de la Plateforme citoyenne veut restaurer la position de son pays sur la scène internationale et renforcer la coopération avec ses partenaires européens.

Donald Tusk et ses alliés se sont imposés au terme d'une campagne qui a été d'une grande violence. Jaroslaw Kaczynski n'a pas hésité à qualifier le leader de l'opposition de « personnification du mal en Pologne », « le mal à l'état pur » dont les partisans « devraient être exterminés ». Dans les discours de Droit et justice, l'ancien président du Conseil européen était toujours décrit comme un traître à la nation pour avoir signé des accords sur le gaz avec la Russie et comme le « larbin de l'Allemagne » en raison des bonnes relations qu'il a entretenues avec l'ancienne chancelière allemande Angela Merkel (Union chrétienne-démocrate, CDU, entre 2005 et 2021).

Beaucoup d'analystes politiques craignaient qu'un troisième mandat de Droit et justice n'ancre l'autoritarisme en Pologne. « Droit et justice a fait main basse sur le patriotisme et les valeurs conservatrices, si chères au cœur des Polonais, et il les a confisquées » a souligné Aleksander Hall, historien, ancien député et ministre (sans portefeuille) du gouvernement de Tadeusz Mazowiecki (1989-1990).

Le pouvoir sortant a su constituer une classe moyenne, notamment en mêlant redistribution sociale et conservatisme grâce à un vaste et généreux programme d'aides sociales mais au détriment d'investissements à long terme ; l'inflation (14,4 % en 2022) commençait également à peser sur les capacités de redistribution du pouvoir. « Ils ont profondément changé la structure de la dépense publique, avec des versements directs pour de nombreuses catégories de population mais des services publics en piteux état, surtout dans l'éducation » a précisé Hanna Cichy responsable des études économiques chez Polityka Insight. « Toutes les politiques de ce pouvoir se caractérisent par une vision de court terme, selon une logique électoraliste. Le manque de vision stratégique de développement à long terme de Droit et justice laisse présager une atrophie économique et sociale particulièrement dommageable » a indiqué Edwin Bendyk, président de la Fondation Stefan-Batory.

Donald Tusk a été désigné Premier ministre le 11 décembre par 248 voix (201 contre) à la Diète. Son gouvernement comprend des membres de sa formation, la Plateforme citoyenne, ainsi que des membres du Parti paysan, de Nouvelle gauche (NL), de la formation centriste Pologne 2050 (PL 2050) et de Moderne (Nowoczesna, .N).

L'opposition reste puissante. Droit et justice dispose de nombreux contre-pouvoirs, le parti contrôle en effet plusieurs institutions d'État, le système judiciaire et de plusieurs médias. En outre, le mandat présidentiel du chef de l'État Andrej Duda (PiS), qui dispose d'un droit de veto sur les lois adoptées par le parlement, court jusqu'à l'été 2025.

Résultats des élections parlementaires du 15 octobre 2023 en Pologne

Diète

Participation : 74,38 %

Formations politiques	Nombre de voix	% des suffrages	Nombre de sièges
Droite unie (ZP)	7 640 854	35,38	194
Coalition citoyenne (KO)	6 629 402	30,70	157
Troisième voie (TD)	3 110 670	14,40	65
La Gauche (Lewica)	1 859 018	8,61	26
Confédération (WiN)	1 547 364	7,16	18
Autres	803 366	3,76	0

Sénat
Participation : 74,31 %

Formations politiques	Nombre de sièges
Coalition citoyenne (KO)	41
Troisième voie (TD)	11
La Gauche (Lewica)	9
Indépendants	4
Droite unie (ZP)	34
Confédération (WiN)	0
Autres	1

RÉPUBLIQUE TCHÈQUE

Élection présidentielle, 13-14 janvier et 27-28 janvier 2023

Petr Pavel, qui se présentait en candidat indépendant, a largement remporté le second tour de l'élection présidentielle en République tchèque. Il a recueilli 58,32 % des suffrages alors que son adversaire, l'ancien Premier ministre (2017-2021)» devant Andrej Babis (Action des citoyens insatisfaits, ANO), a obtenu 41,67 % des voix.

La participation s'est établie à 70,25 %, soit la plus haute jamais enregistrée lors d'un scrutin présidentiel et 2,01 points au-dessus du taux enregistré lors du premier tour des 13 et 14 janvier.

Cette élection était un affrontement entre deux personnalités mais surtout entre deux façons de faire de la politique. « L'élection présidentielle est en quelque sorte un référendum sur la démocratie libérale, car elle oppose Andrej Babis à deux opposants démocrates libéraux » a déclaré l'analyste politique Jiri Pehe. Par ailleurs, il s'agissait de voir si la droite, qui s'était imposée lors du scrutin législatif des 8 et 9 octobre 2021, pouvait de nouveau l'emporter. La coalition au pouvoir Spolu (Ensemble), qui rassemble le Parti démocrate-civique (ODS) du Premier ministre Petr Fiala, l'Union chrétienne-démocrate-Parti du peuple (KDU-CSL) et Tradition, responsabilité, prospérité 09 (TOP 09), soutenait Petr Pavel.

Le général (à la retraite), ancien président du comité militaire de l'OTAN et chef d'état-major de l'armée tchèque (2012-2015) avait reçu au second tour le soutien de Danuse Nerudova (indépendante), arrivée en troisième position avec 13,93 % des suffrages lors du premier tour, de Pavel Fischer (indépendant) (6,75 % des voix) et de Marek Hilser (indépendant) (2,56 %).

Petr Pavel a mis en avant son expérience internationale et diplomatique, qui constitue indéniablement un atout pour négocier avec les chefs d'État. « En promettant l'ordre, il mord sur un électorat nationaliste, très loin de sa base électorale libérale pro-européenne plutôt citadine » a affirmé Lukas Macek, directeur du campus de Sciences Po de Dijon, spécialisé sur l'Europe centrale.

« Petr Pavel n'est associé à aucun parti et il n'a pas mené de carrière politique, cela le rend acceptable aux yeux d'une large partie de la population tchèque » a indiqué Jan Charvat, enseignant de science politique à l'université Charles de Prague. « Il n'est ni un idéologue ni un homme de parti. Il est comme la coalition au pouvoir davantage europragmatique qu'euroenthousiaste » a souligné Jacques Rupnik, politologue à Sciences Po et spécialiste de l'Europe centrale.

La rhétorique conflictuelle d'Andrej Babis n'aura donc pas fonctionné. L'homme, qui était soutenu par le président sortant Milos Zeman, s'est avéré trop clivant et trop controversé, une personnalité détestée par un trop grand nombre de personnes pour pouvoir rassembler une majorité sur son nom.

Résultats de l'élection présidentielle des 13-14 et 27-28 janvier 2023 en République tchèque
Participation : 68,24 % (premier tour) et 70,25 % (second tour)

Candidats	Premier tour		Second tour	
	Nombre de voix	% des suffrages	Nombre de voix	% des suffrages
Petr Pavel (indépendant)	1 975 056	35,40	3 359 151	58,32
Andrej Babis (Action des citoyens insatisfaits, ANO)	1 952 213	34,99	2 400 046	41,67
Danuse Nerudova (indépendante)	777 080	13,93		
Pavel Fischer (indépendant)	376 705	6,75		
Jaroslav Basta (Liberté et démocratie directe, SPD)	248 375	4,45		
Marek Hilser (indépendant)	142 912	2,56		
Karel Divis (indépendant)	75 475	1,35		
Tomas Zima (indépendant)	30 769	0,55		

SLOVAQUIE

Élections législatives, 30 septembre 2023

Comme annoncé par les enquêtes d'opinion mais de façon plus large que prévu, Direction-Démocratie sociale (SMER-SD), parti social-démocrate dirigé par l'ancien Premier ministre (2006-2010 et 2012-2018) Robert Fico est arrivé en tête des élections législatives du 30 septembre (anticipées d'un an) en Slovaquie avec 22,95 % des suffrages et 42 des 150 sièges du Conseil national de la République (Narodna rada Slovenskej republiky), chambre unique du Parlement (soit + 4 par rapport aux précédentes élections législatives du 29 février 2020). Slovaquie progressiste (PS), parti social-libéral et pro-européen, a pris la deuxième place avec 17,96 % des voix et 32 sièges (il n'était pas représenté dans le parlement sortant).

Cinq autres formations ont obtenu des élus. Hlas Social-démocratie, (Voix en slovaque), créé en 2020 par l'ancien Premier ministre (2018-2020) Peter Pellegrini après sa sécession du SMER-SD, a recueilli 14,70 % des suffrages et 27 sièges (il s'agit de la première participation de ce parti à des élections législatives) ; le Parti des gens ordinaires et des personnalités indépendantes (OL'aNO), emmené par l'ancien Premier ministre (2021-2022) Igor Matovic, a obtenu 8,90 % des voix et 16 sièges (– 37) ; le Mouvement chrétien-démocrate (KDH) obtient 6,82 % des suffrages et 12 sièges, ce qui lui permet de revenir au Parlement ; le parti libéral Liberté et solidarité (Sloboda a Solidarita, SaS), 6,32 % des voix et 11 élus (– 2) et le Parti national (SNS), nationaliste et populiste, retrouve les bancs du Parlement avec 5,63 % des suffrages et 10 sièges. Les formations qui avaient remporté les précédentes élections législatives de 2020 ont donc toutes connu un sérieux revers.

La participation a été supérieure à celle enregistrée il y a trois ans et demi s'élevant à 68,42 % (+ 2,62 points).

Comme Igor Matovic lors du dernier scrutin, Robert Fico s'était positionné en premier opposant au pouvoir en place. Les trois dernières années consécutives à la victoire des anti-Fico en 2020 ont été marquées par une accumulation de scandales et de décisions incohérentes. Au total, la Slovaquie a connu pas moins de trois gouvernements en trois ans.

L'ancien Premier ministre s'est aussi fortement radicalisé, une stratégie pour attirer sur son nom les suffrages des électeurs de droite radicale indispensables pour retrouver le pouvoir. Il s'est déclaré prêt à s'allier avec les formations représentant cette tendance politique comme le Parti national slovaque ou Republika. Ce faisant, l'ancien Premier ministre s'est rapproché des positions défendues par le chef du gouvernement hongrois Viktor Orban (Alliance des jeunes démocrates-Union civique, FIDESZ-MPSZ). La partie a été d'autant plus facile que les forces de droite demeurent très fragmentées en Slovaquie.

« Retrouver le pouvoir est pour Robert Fico un enjeu personnel, ces élections législatives ne concernent pas seulement la politique mais son avenir personnel » déclarait en amont du scrutin Jana Vargovcikova, maître de conférences en science politique à l'Institut national des langues et civilisations orientales (Inalco). « Robert Fico est un technicien du pouvoir, de loin le meilleur en Slovaquie. Il n'a pour l'heure aucun concurrent » a souligné Michal Vasecka du *think tank* Bratislava Policy Institute de Bratislava. « Un choix assez tranché s'impose aux électeurs. D'un côté, avec Michal Simecka [34], nous avons les tenants d'une orientation pro-occidentale qui se réclament d'un fonctionnement de l'État conforme aux standards de l'Union européenne sur le plan de l'État de droit et de la qualité de la démocratie. De l'autre côté, avec Robert Fico, nous observons une orientation beaucoup plus ambiguë, voire ouvertement pro-russe, anti-américaine, anti-occidentale, anti-OTAN et anti-Union européenne, avec une conception de la démocratie plus proche du discours idéologique qu'on peut entendre du côté des gouvernements au pouvoir en Hongrie ou en Pologne » avait analysé à la veille du scrutin Lukas Macek, directeur du campus de Sciences Po à Dijon, spécialiste de l'Europe centrale.

Robert Fico a promis durant la campagne électorale que sa première action de chef du gouvernement sera de couper l'aide militaire à l'Ukraine. Bratislava est l'un des plus importants soutiens à Kiev : accueil des réfugiés, mise à disposition d'une flotte d'avions de combat, dont 13 MiG-29, et d'un système de défense antiaérienne. « Aidons si possible, mais les intérêts de la Slovaquie passent en premier » a répété le dirigeant de SMER-SD qui n'a pas hésité à déclarer que « la guerre en Ukraine a commencé en 2014 lorsque des fascistes ukrainiens ont tué des victimes civiles de nationalité russe » ou qui a affirmé que l'OTAN avait davantage attaqué Moscou que ce dernier n'avait agressé Kiev. Robert Fico a su attirer les électeurs avec ses propos anti-européens, en condamnant la décision d'imposer des sanctions à la Russie.

« Il y a le discours électoral et puis il y a ce que la responsabilité gouvernementale imposera de faire. Évidemment, ils sont moins « ukrainophiles » et moins engagés que le gouvernement sortant mais en même temps, il n'y a pas eu de remise en cause de la question de l'accueil et de l'aide humanitaire.

---

34. Michal Simecka est le dirigeant de Slovaquie progressiste.

Ce dont il a été question, c'est de la fourniture d'armement » modère, Étienne Boisserie professeur d'histoire de l'Europe centrale à l'Inalco « La tâche de l'Occident est de veiller à ne pas perdre la Slovaquie et à s'engager à dialoguer de manière constructive avec Robert Fico, mais Moscou se réjouit de ce qui est perçu comme des fissures dans la partie orientale de l'Europe et du fait que la Hongrie n'est plus seule » a affirmé Milan Nic du Conseil allemand des relations extérieures.

Le 25 octobre, Robert Fico a formé un gouvernement qui comprend sa propre formation, le Parti national slovaque et Hlas Social-démocratie. Une coalition peu stable au point que beaucoup d'observateurs politiques envisagent déjà que Hlas Social-démocratie pourrait avoir avantage à se tourner vers d'autres partis pour former un gouvernement et renvoyer Direction-Démocratie sociale dans l'opposition.

Robert Fico a tenu sa promesse et il a annoncé immédiatement après son investiture interrompre l'aide militaire à destination de l'Ukraine.

Résultats des élections législatives du 30 septembre 2023 en Slovaquie
Participation : 68,42 %

Formations politiques	Nombre de voix	% des suffrages	Nombre de sièges
Direction-Social-démocratie (SMER-SD)	681 017	22,95	42
Slovaquie progressiste (PS)	533 136	17,96	32
Hlas Social-démocratie (HLAS-SD)	436 415	14,70	27
Parti des gens ordinaires et des personnalités indépendantes (OL'aNO)	264 137	8,90	16
Mouvement chrétien-démocrate (KDH)	202 515	6,82	12
Liberté et solidarité (SaS)	187 645	6,32	11
Parti national slovaque (SNS)	166 995	5,63	10
Republika	141 099	4,75	0
Autres	335 025	11,2	0

Table des matières

Achevé d'imprimer
sur les presses de la Nouvelle Imprimerie Laballery
58500 Clamecy

N° d'impression : 403417
Achevé dimprimer : mars 2024
Dépôt légal : avril 2024

Imprimé en France